Otto Henne am Rhyn

Das Buch der mysterien Geschichte der geheimen Lehren,

Gebräuche und Gesellschaften aller Zeiten und Völker

Otto Henne am Rhyn

Das Buch der mysterien Geschichte der geheimen Lehren,
Gebräuche und Gesellschaften aller Zeiten und Völker

ISBN/EAN: 9783743655867

Hergestellt in Europa, USA, Kanada, Australien, Japan

Cover: Foto ©ninafisch / pixelio.de

Weitere Bücher finden Sie auf **www.hansebooks.com**

Das
Buch der Mysterien.

Geschichte
der geheimen Lehren, Gebräuche und Gesellschaften
aller Zeiten und Völker.

Von

Dr. Otto Henne am Rhyn,
Staatsarchivar.

Dritte, bis auf die Gegenwart fortgeführte Auflage.

Leipzig,
Verlag von Max Spohr.
1891.

Vorwort.

Das vorliegende Buch hat den Zweck, eine Seite der menschlichen Geistesthätigkeit, welche bisher noch nie in zusammenhängender Weise behandelt worden ist, von einem einheitlichen Standpunkte aus zu überblicken. Dieser Standpunkt ist derjenige freier Forschung und unbefangener Kritik, der Unabhängigkeit von Glaubensdiktaten und von Formenzwang, und der Gerechtigkeit gegen alle historischen Gebilde. Es walten, sogar unter zahlreichen Kreisen der gebildeten Menschheit, so unklare und verworrene Ansichten über die mehr oder weniger geheimen Lehren, Gebräuche und Gesellschaften der verschiedenen Völker und Zeiten, daß es gerechtfertigt erscheint, die Geschichte derselben nach den besten Quellen übersichtlich darzustellen. Ein unmittelbarer Zusammenhang verbindet die einzelnen Teile dieses weltgeschichtlichen Gemäldes allerdings nicht; aber sie sind verknüpft durch den Grundgedanken, daß die Menschen in den verschiedensten Ländern zu allen Zeiten für die Drangsale in Mißverhältnissen des Lebens ihren Trost in Verhältnissen gesucht haben, in welchen sie gegen das Eindringen Unberufener geschützt waren. Gegenüber zahlreichen Entstellungen und Mißdeutungen dieser Verhältnisse soll in diesem Buche über dieselben die ungeschminkte Wahrheit an das Tageslicht gebracht werden.

Der ersten vor zwanzig Jahren erschienenen Auflage sind in der vorliegenden, den seitherigen Forschungen gemäß, bedeutende Verbesserungen, sowie, was die seither verflossene Zeit betrifft, wesentliche Vermehrungen beigefügt worden.

St. Gallen, Weihnachten 1889.

Der Verfasser.

Inhalt.

Erster Abschnitt. Die Mysterien des Morgenlandes und der Naturvölker.

Seite

1. Einleitung 1
2. Die Götter 5
3. Aegypten 10
4. Die höhere Entwickelung der ägyptischen Religion . 13
5. Eine Reformation im Nillande 17
6. Das Totenreich der Aegypter 20
7. Die Geheimlehre der Priester des Nillandes . . . 22
8. Babylon und Ninive 27
9. Zoroaster und die Perser 33
10. Brahmanen und Buddhisten 34
11. Geheimbünde der Naturvölker 36

Zweiter Abschnitt. Die griechischen Mysterien und die römischen Bacchanalien.

1. Hellas 39
2. Der hellenische Götterdienst 42
3. Die hellenischen Mysterien 47
4. Die Eleusinien 51
5. Die Mysterien von Samothrake 61
6. Die Mysterien von Kreta 62
7. Die Dionysien 63
8. Die römischen Bacchanalien 67
9. Die entarteten Mysterien des Orients 70

                                                                  Seite
Dritter Abschnitt. Der pythagoreische Bund und
andere geheime Gesellschaften.
    1. Pythagoras 76
    2. Die Pythagoreer 84
    3. Die Orphiker 89
    4. Geheimnisvolle Personen des Altertums 91

Vierter Abschnitt. Menschensohn und Gottessohn.
    1. Griechentum und Judentum 96
    2. Die Essener 100
    3. Das Christentum 103
    4. Jesus 107
    5. Die ersten Christen 113
    6. Das neue Testament 117
    7. Die Elemente der Kirche 121

Fünfter Abschnitt. Pseudo-Messias und Lügenprophet.
    1. Apollonios von Tyana 123
    2. Alexander der Lügenprophet 130

Sechster Abschnitt. Die Ritter des Tempels.
    1. Das Mittelalter 135
    2. Der Tempelorden 139
    3. Die Geheimnisse der Templer 145
    4. Der Templer Untergang 150

Siebenter Abschnitt. Die Femgerichte.
    1. Gerichtswesen im Mittelalter 157
    2. Das heimliche Gericht 162
    3. Das Ende der Feme 170

Achter Abschnitt. Die Bauhütte des Mittelalters.
    1. Die Baukunst des Mittelalters 172
    2. Die deutsche Bauhütte 175
    3. Die französischen Handwerksgesellen 181
    4. Die englischen Masonen 184
        Anhang. Die Kalandsbrüder 186

Neunter Abschnitt. Die geheimen Gesellschaften
des Reformationszeitalters.
    1. Die altevangelischen Gemeinden 188
    2. Die sogenannten Wiedertäufer 193

  3. Der Jesuitenorden 197
  4. Die jesuitische Moral 204
  5. Astrologen und Alchemisten 211

Zehnter Abschnitt. Entstehung und Verfassung des Freimaurerbundes.
  1. Entstehung des Freimaurerbundes 215
  2. Verfassung des Bundes 221
  3. Die Loge 225
  4. Die verfolgten Freimaurer 229

Elfter Abschnitt. Die Geheimbünde des achtzehnten Jahrhunderts.
  1. Allerlei Geheimbündeleien 234
  2. Einwirkung dunkler Gewalten 239
  3. Hochgradschwindel 241
  4. Apostel des Unsinns 245
  5. Das schwedische System 256
  6. Die neuen Rosenkreuzer und ihre Geistesverwandten . 258

Zwölfter Abschnitt. Die Illuminaten und ihre Zeit.
  1. Das Zeitalter der Aufklärung 267
  2. Die Illuminaten 271
  3. Nachahmungen der Illuminaten 280
  4. Unterdrückung der Freimaurerei in Oesterreich . . . 282
  5. Die Freimaurer und die französische Revolution . . 285

Dreizehnter Abschnitt. Politische und soziale Geheimbünde der neuesten Zeit.
  1. Deutschland 287
  2. Frankreich 295
  3. Italien 297
  4. Griechenland 304
  5. Rußland und Polen 305
  6. Großbritannien 311
  7. Nordamerika 314
  8. China 315
  9. Die internationale Anarchie 319
  10. Das internationale Gaunertum 323

Vierzehnter Abschnitt. Allerlei Erscheinungen im Geheimbundwesen.

    1. Die Gesellschaften der Witzbolde 328
    2. Nachahmungen älterer Mysterienbünde 330
    3. Nachahmungen der Freimaurerei 335
    4. Anfeindungen der Freimaurerei 340

Fünfzehnter Abschnitt. Die Freimaurerei der Gegenwart und der Bund der Zukunft.

    1. Die Sammlung der Trümmer 344
    2. Die Freimaurerei im Roman 348
    3. Fortschrittliche Bestrebungen 351
    4. Die Freimaurerei der neuesten Zeit 354
    5. Der Bund der Zukunft 363

Alphabetisches Register 366

Erster Abschnitt.

Die Mysterien des Morgenlandes und der Naturvölker.

1. Einleitung.

Das Geheimnisvolle und Rätselhafte hatte zu allen Zeiten einen ganz besondern Reiz für den Menschen. Wißbegierde ist uns angeboren; schon das Kind fragt bei jedem Anlasse: was ist das, wozu dient dieses, warum ist jenes so und so beschaffen? Es quält die Eltern förmlich mit Fragen, ist unerschöpflich im Aufwerfen neuer, und zwar oft so unerwarteter und schwieriger, daß der weiseste Philosoph in Verlegenheit geriete, wenn er sie lösen sollte. Und dieser Forschertrieb behält auch im erwachsenen Menschen die Oberhand. Auch Dieser möchte wissen, was hinter jedem herabgelassenen Vorhange, in jedem verschlossenen Zimmer sich befindet, in jedem uneröffneten Briefe steht. Und ist er von solch kleinlichen Dingen übersättigt, so möchte er weiter forschen, in's Unendliche, in's Schrankenlose eindringen, den Schleier heben, der das wunderbare Bild von Sais deckt, durch den Wald sich schlagen, in welchem Dornröschen seinen hundertjährigen Schlummer vollenden muß, von dem Baume der Erkenntnis, der ihm verboten ist, die golden lockenden Früchte pflücken. Er möchte titanisch den Himmel stürmen und dahin sich schwingen „wo kein Hauch mehr weht und wo der Markstein der Schöpfung steht." Und sieht der gepeinigte und unersättliche Faust endlich ein:

. . . . . „Daß wir nichts wissen können,
so will's ihm schier das Herz verbrennen."

So muß er sich fortwährend darüber ängstigen, daß er das große Rätsel des Seins nicht ergründen, ja nicht einmal fassen kann. Warum, fragt er sich, ist überhaupt etwas? Und das, was ist, woher kommt es und wohin führt es? Ja, ihr Titanen, und würdet ihr den Olymp auf den Ossa und den Pelion auf den Olymp stellen, — ihr werdet diese Fragen nimmer beantworten. Und arbeiteten alle Hinterlader und Zündnadeln der modernen Menschenmordkunst, wetteifernd im Hinmetzeln der Ebenbilder Gottes, — wir stehen nichts destoweniger vor demselben schwarzen Thore mit dem Fragezeichen, wo Millionen eingetreten sind, um nimmer wiederzukehren. Und würden Oceane von Tinte auf Weltkugeln von Papier verschrieben, um die Frage des Verhältnisses zwischen Dies- und Jenseits zu erörtern, — wir erführen nicht, wo der denkende Inhalt des winzigsten Menschenschädels hingerät, wenn seine Zeit um ist! Und ein Caligula hätte es nicht erfahren, wenn das römische Volk einen einzigen Hals gehabt und er ihn durchschnitten, ein Nero nicht, wenn er auch tausend Städte statt einer niedergebrannt und alle Sterbliche in Pechfackeln verwandelt, — ein Archimedes nicht, wenn er den richtigen Standpunkt gefunden hätte, um die Erde aus ihren Angeln zu heben. Ohnmächtiges Geschlecht der Menschen! Du stehst und staunst vor dem Unerklärlichen, Unbegreiflichen und wirst es niemals begreifen und erklären, wirst in deinem armen Gehirne weder jemals fassen können, daß das Sein einen Anfang und ein Ende haben, noch jemals, daß es ohne Anfang und Ende ewig fortdauern und sich schrankenlos ausbreiten könne, immer weiter und immer weiter hinaus in den uferlosen Raum des Alls! Mit Gewalt muß sich der Denkende von dieser Folgerung losreißen, um nicht von den Mächten des Wahnsinns umfangen zu werden, und der strebende, fortschreitende Mensch wendet sich dem Sichern, Klaren und Begreiflichen zu, während der müßige Buddha-Jünger in seiner Verzweiflung am Erfassen des Seins sich nach Nirwana, der ewigen Ruhe und Sorglosigkeit des Geistes, der Entführung aus dem bunten Weltgetriebe der Sansara sehnt und es als das höchste Glück, als die einzige Seligkeit preist!

So ist die Menschheit von einem gigantischen Geheimnisse umgeben, von einem Geheimnisse, das niemals erfunden wurde, weil es sich uns gewaltsam aufdrängt, weil wir wissen, daß es ist und wahrnehmen, daß es uns auf Schritt und Tritt verfolgt. Der Mensch ist aber zu stolz, als daß er den Gedanken ertragen könnte, etwas nicht ebenfalls schaffen zu können, — er will es in allem der schöpferischen Urkraft gleich thun. Das Ewige, Unbegreifliche schuf Welten, die keines Sterblichen Augen erblicken kann, — der Mensch setzt Gläser vor seine Augen und — erblickt sie! Das Ewige ließ Welten um Welten sich bewegen, und zwar in einer Weise, die uns Menschen lange täuschen und die Erde für den Mittelpunkt des Alls halten ließ; aber die Menschen rechneten und maßen und entdeckten, daß ihr Riesenball ein Stäubchen unter Weltkolossen ist! Das Ewige ließ auf der Erde Berge emporsteigen und Ströme sich mit Wasser füllen; die Menschen gingen hin und warfen selbst Berge auf und gruben Flüsse und Seeen. Unermeßliche Meere wurden zwischen die Kontinente gesetzt; — die Menschen fuhren hinüber und fanden niegesehene Ufer. Den Blitz, der aus den Wolken fährt und hundertjährige Riesenbäume, wie die Paläste der Mächtigen, zerschmettert, ahmten die Menschen nach und senden mit seiner Hülfe Briefe über Erdteile und durch Meere, ja sie fingen die in ihm wirkende Kraft auf und brannten sie in Glühlampen mit wunderbar magischem Lichte. Den Dampf, in den sich das Wasser verflüchtet, spannen sie vor Wägen und treiben mit ihm Schiffe über den Ocean. Das Licht der Sonne fangen sie auf und malen Bilder damit. Ja, das Ewige selbst gestalten sie nach ihrer Phantasie und geben ihm Namen und Eigenschaften, einen Thron und einen Hofstaat, eine Gestalt, ja sogar einen Sohn! Und um nichts schuldig zu bleiben, um es in Allem dem Unerforschlichen selbst gleich zu thun, setzen sie seinem großen, ewigen Geheimnis der Schöpfung und Ewigkeit, das sie nicht begreifen können, andere Geheimnisse entgegen, die sie selbst erfunden, — ein Geheimnis der Menschwerdung, der Auferstehung, der Erlösung, der Dreieinigkeit u. s. w., und muten ihren Mitmenschen zu, dieselben als Geheimnisse anzuerkennen und anzustaunen, als Wahrheit anzubeten, was menschlicher Eigendünkel aushecke, um mit dem Ewigen wetteifern zu können!

Diese Schöpfung von Geheimnissen durch die Menschen, die keckste zugleich und die nutzloseste That der Sterblichen, eine That, welche Brüder gegen Brüder mit Mordwerkzeugen bewaffnete und die Saaten der Erde mit Blut überschwemmte, weil nicht Alle glauben wollten, was ihnen Andere als Geheimnis ausgaben, — diese That hat „fortzeugend Böses stets geboren," und doch auch wieder eben hierdurch Gutes veranlaßt, weil es ja doch dieselbe Kraft ist, die „Böses will und Gutes schafft!" Geheimnisse also von Menschen erfunden, ziehen sich durch die ganze Weltgeschichte, „sie erben sich, wie Gesetz' und Rechte, gleich einer ewigen Krankheit fort und pflanzen von Geschlecht sich zu Geschlechte, und ziehen sacht von Ort zu Ort." Die Geheimnissucht steckt an; wer von Geheimnissen hört, will selbst wieder welche schaffen und anderen damit imponieren. Da schließen sie sich im geheimnisvolle Gemächer ein, die armen Sterblichen, schwören furchtbare Eide, Niemanden zu verraten, was Andere schon wissen, stellen Sinnbilder auf, die sie so oder anders deuten, sprechen in eigentümlichen Zungen, geben sich sonderbare Zeichen, flüstern sich geheimnisvolle Worte zu, nehmen andere unter bald furchtbaren, bald harmlosen Proben und Ceremonien in ihre geheimen Verbindungen auf und bilden Aristokratien des Geistes, des Glaubens oder der Barmherzigkeit, der Kunst oder der Wissenschaft, ja sogar des Humors und der Thorheit!

So entstanden die **Geheimlehren**, so die **Geheimbünde**; erstere, um letztere zusammenzuhalten, letztere, um erstere zu verbreiten und zu befestigen! Eine Hand wäscht die andere. In allen Zeiten, bei allen Völkern, finden wir diese Mysterien, in den verschiedensten Formen und zu den verschiedensten Zwecken, aber immer in der Grundform der Abschließung der Eingeweihten von den Profanen, und zu dem Hauptzwecke, Macht und Einfluß zu gewinnen und zu behaupten. Nebenzwecke aber, d. h. solche, welche auch ohne Geheimlehren und Geheimbünde verwirklicht werden könnten, wurden stets sehr verschiedene verfolgt, ja die widersprechendsten. Bald galt es, politische oder soziale Freiheit und religiöse oder wissenschaftliche Aufklärung zu verbreiten und zu befördern, bald dieselbe zu unterdrücken, — bald suchte man sich selbst zu bereichern, bald übte man mit Aufopferung Wohlthätigkeit gegen Bedürftige, — bald pflog man die Schönheit, um nach ihren Regeln Kunstwerke zur Verherrlichung des Ewigen zu errichten, bald verspottete man alles Ideale, sowie die ganze Welt und sich selbst, bald unterfing man sich nichts geringeres als die gesamte menschliche Gesellschaft zu zerreißen und in ein Chaos zu verwandeln!

Ein buntes, bewegtes Gemälde! Priester schreiten voran, in langen Gewändern, das Haupt bekränzt, das heilige Bild der Isis tragend oder der Demeter von Eleusis Hymnen singend. Es folgen die wildbegeisterten Schwärme der Bachantinnen, und in scharfem Gegensatze dazu die Philosophen des pythagoräischen Bundes in ihren weißen Mänteln, mit vornehmem Lächeln auf den Pöbel blickend, — die anspruchlosen Essener, die das Kreuz des Leidens auf sich nehmen, die römischen Kollegien und später die englischen und deutschen Zünfte der Bauleute, mit Hammer, Zirkel und Winkelmaß, die Tempelritter im weißen Mantel mit rotem Kreuz, im trotzigen Gesichte Verachtung aller Autorität verratend, die Väter der Gesellschaft Jesu, in schwarzem Talar und viereckiger Mütze, den scheinheiligen Blick zu Boden gesenkt, ein Leichnam in der Hand der Obern, hierauf Lords und Gelehrte und Männer aller Stände in weißen Schürzen und blauen Bändern und zuletzt ein Gemenge von verschieden geschmückten Gestalten, aus dem nicht klug zu werden ist.

Betrachten wir nun die einzelnen Gruppen dieses reichen Gemäldes! Zuerst begegnen uns die Priester der sogenannten heidnischen Religionen des Altertums. Wir kennen sie als Leute von zweifacher Zunge. Dem Volke gaben sie andere Lehren, als den Eingeweihten ihrer Geheimbünde, ihrer Mysterien. Wie kam das, wie erklärt es sich, und wie ist es zu rechtfertigen?

2. Die Götter.

Um diese Fragen zu beantworten, müssen wir die Entstehung des religiösen Bewußtseins in den Menschen und dessen Gestaltungen durch verschiedene Perioden verfolgen, eine Seite unserer Geistesthätigkeit, welche sich eben an die vergeblichen Versuche einer Ergründung des Ewigen, Unerforschlichen knüpft und daher notwendig mit den ersten Äußerungen menschlicher Geheimnissucht in Verbindung steht.

Wenn der Mensch in den grauen Zeiten unentwickelter Kulturzustände, als Höhlenbewohner oder Pfahlbauer, sein Tagewerk vollbracht hatte, wenn für seine Kinder ein Obdach bereitet und ihr Hunger gestillt war, so hob sich sein Blick im frohen Bewußtsein erfüllter Pflicht über die rohe Sinnlichkeit empor und betrachtete seine Umgebungen aufmerksamer, als es bei der sauern Arbeit um den Broterwerb möglich gewesen war. Da fiel in die staunenden Augen wohl vor Allem das blaue Himmelsgewölbe, an welchem bei Tag die leuchtende und erwärmende, aber auch schmerzhaft blendende und brennende Sonne, bei Nacht der sanfte, schwärmerisches Licht verbreitende Mond und die unzähligen flimmernden und funkelnden Sterne in ihren seltsamen, unverrückbaren Gruppierungen dahin schwebten. Und unten bot sich den Blicken dar das umgebende Land, und der Mensch freute sich an den grünen duftenden Wäldern, an den imposanten grauen Felsen mit ihren wechselnden Gestalten, an den schneebedeckten und eisstarrenden Riesenkegeln der Alpen, an den wilden tosenden Bergbächen, an den spiegelklaren lachenden Seeen, an den blumenreichen, üppig begrasten Wiesen. Oder er betrachtete auch mit Furcht und Zagen die sturmgepeitschten brandenden Wogen der See, die Schrecken des Donners und des Blitzes, die verzehrende Gewalt des Feuers, die Verwüstungen des Sturmwindes, den zermalmenden Sturz geborstener Berge, die alles mitleidlos fortschwemmenden Fluten ausgetretener Ströme.

Dem Menschen imponierten diese Äußerungen der Naturkräfte, die angenehmen wie die furchtbaren, und er erkannte seine Nichtigkeit und Ohnmacht ihnen gegenüber, beugte sich vor ihnen und — betete an. Indem er dies that, mußte er sich aber das, was er verehrte, als Person denken können; denn womit wir verkehren, das muß uns in irgend einer Weise gleichstehen, wenn auch nicht im Punkte der Macht, doch in jenem der Wesenähnlichkeit. Diese Personifikation der Naturkräfte begann notwendig mit denjenigen Wesen, welche den individuellsten Charakter besitzen. Es sind dies auf der Erde Felsen, Berge, Bäume, Tiere, Flüsse, Seeen, am Himmel Sonne, Mond und Sterne, zwischen beiden Wolken und Winde, Blitz und Donner, endlich das Feuer, dessen Erzeugung der Anfang der menschlichen Kultur war.

Weiteres Beobachten der Natur führte die Menschen vom Einzelnen zum Allgemeinen. Jenes war leichter aufzufassen, dieses schwer zu begreifen und erforderte zur Erfassung seines

Wesens schon gereifteres Nachdenken. Aus der einfachen Verehrung entwickelte sich die Sage, die Mythologie, meist wohl in folgender Weise.

Dem Menschen, der von dem wahren Verhältnisse der Himmelskörper nicht unterrichtet ist, muß alles Existierende in zwei Hauptteile zerfallen, in den Himmel über uns und in die Erde unter uns. Mit „Himmel und Erde" beginnt jede Mythologie und Kosmogonie, jede Göttersage und Weltschöpfung. Himmel und Erde sind dem Israeliten die ersten Werke des Ewigen, dem Chinesen „Vater und Mutter aller Dinge", dem Hellenen und Germanen die ersten Götterwesen (Uranos und Gäa, Wodan und Ertha). Bei fortgesetztem Nachdenken darüber, wie denn alles, was uns freut sowohl, als was uns erschreckt, entstanden sein möchte, wurden Himmel und Erde als geschlechtliche Wesen gedacht, er als das fruchtbringende, erhabene, hohe, männliche, dem namentlich Blitz und Donner zu Gebote standen, sie als das fruchttragende, empfangende, duldende, weibliche Element; sie vermählen sich, und wer sonst wollten ihre Kinder sein, als unter jenen Wesen, die als einzeln für sich bestehende bereits Gegenstände der Verehrung waren, diejenigen, deren Entstehung wir nicht so mit ansehen können, wie die der organischen Erdenwesen, der Pflanzen und Tiere, welche daher etwas Geheimnisvolles sind und von denen wir nicht begreifen, durch welche Mittel sie, die fußlosen, sich in jenen lichten Höhen fortbewegen. Sonne, Mond und Sterne wurden daher die Götterkinder jener Göttereltern, oder vielmehr: die ersten Götterwesen erhielten die erst später begriffenen beiden großen Hälften des Alls zu Eltern. Unter den Gestirnen aber ist der Sonnenball der alles überstrahlende, bevorzugte Gott, der bei seinem Emportauchen im lichten Osten die Geschwister wie mit einem Zauberschlage zum Gehorsam zwingt und allein herrscht in einem Meere von Licht und Herrlichkeit. Seine Lieblingsschwester zugleich und Gattin ist die liebliche Mondgöttin, und der beiden Lauf durch den Himmel, ihr Aufgang und Untergang, ihr Leuchten und Verschwinden, ist die unerschöpfliche Quelle von Sagen der phantasiereichsten, buntesten Art, wobei indessen vielfache Verwechselungen vorkamen, derselbe Held bald als Himmel, bald als Sonne, dieselbe Heldin bald als Erde, bald als Mond er-

schien und auftrat. Die Phantasie entdeckte dabei an Sonne
und Mond so viele bunte Eigenschaften, daß sie solche von=
einander trennte und nach und nach besondere Personen aus
ihnen gestaltete. Die aus dem Meere emporsteigende und wieder
im Meere niedertauchende Sonne, dies wunderbare Schauspiel
des Südens, wurde zum Meergotte Poseidon (Neptun) und
die unsichtbare, nachts in der „Unterwelt" weilende Sonne zum
Gotte des Schattenreiches, Pluton, und so die verschiedenen
Thätigkeiten und Wirkungen der Sonne zu verschiedenen Göttern.
Ebenso vervielfältigte sich aber auch der Mond in seinen ver=
schiedenen Gestalten, als wachsender, voller und abnehmender,
auf= oder untergehender, zu Gruppen von drei oder vier
Schwestern (Grazien, Parzen, Furien) und zu mannigfachen
andern Gestalten bald ernster, strenger, keuscher, bald reizender,
lieblicher und hingebender Göttinnen oder zu solchen schöner
Menschentöchter, die von Göttern geliebt werden und wieder
Göttern und Helden das Dasein schenkten. So entstanden
ganze Familien von Vater, Mutter, Söhnen, Töchtern und
Enkeln, es entstanden Göttergeschlechter und Götterdynastien,
von denen die einen die andern bekämpften und verdrängten,
es entstanden große, erhabene Götter=Epopöen, Tragödien und
Romane. Bieten ja die mannigfaltigen wunderbaren Vorgänge
am Himmel, bei Tag und bei Nacht, des Stoffes genug zu den
reizendsten und erschütterndsten Sagen und Verwickelungen!
Und das unzählbare Heer der Sterne, diese Millionenschar
funkelnder Punkte am Firmament, lieferte ja mit den Bildern,
die man sich bei Betrachtung ihrer Gruppen dachte, wieder so
viele Gestalten zu thaten= und farbenreichen Erzählungen, daß
des Lebens und Webens in dieser wunderbaren Welt der Licht-
und Himmelskinder kein Ende wurde! Bald war es eine
Herde, von sorgsamen Hirten gehütet, bald eine Jagd, von
kühnen Jägern unternommen, bald eine Fahrt beherzter See=
fahrer, das goldene Fließ zu erobern, d. h. das blinkende Gold
des Sternenhimmels. Bald waren es die glänzenden Äpfel
der Hesperiden, bald die tausend Augen des wachsamen Argos.
Und die Tiere dieser Herde, dieser Jagd gewannen Gestalt;
die lebhafte Einbildungskraft der Kinder des Südens schuf sich
Umrisse aus den Figuren, welche die Sterne bilden; sie zeich=
nete in die Felder des glänzenden Mantels der Nachtgöttin

den Widder, den Stier, den Bock, das Zicklein (Capella), den Schwan, den Adler, den Hasen, den Löwen, den Bären, den Hund, den Jäger (Orion), den Hirten (Bootes), den Drachen, der die Hesperidenfrüchte hütet, den Helden, der sie holt und dem Ungeheuer auf den Kopf tritt (Herakles), und so die übrigen Bilder, welche alle zu Gegenständen des ungeheuern Sagengewebes der Götter- und Heroenwelt wurden und darin ihre ausgeprägte Bedeutung erhielten.

In solchem Lichte erscheint die Mythologie, wie sie die neuere wissenschaftliche Forschung auf der Grundlage einer Personifikation der Naturkräfte begründet hat. Im Laufe der Geschlechter und der Jahrhunderte hat zwar das Volk und haben die Völker den wahren Sinn der vom Vater auf den Sohn überlieferten Götter- und Heldensagen vergessen und hielten alles für wirklich vorgefallene Begebenheiten, wie noch heutzutage die in der Bibel beider Testamente aufgezeichneten Allegorien morgenländischer Phantasie vom Volke und von den Schwärmern für solche gehalten werden. Hervorragende Geister aber durchschauten den wahren Sachverhalt und fanden den wirklichen Sinn der Mythen bald wieder heraus. Ein Aristoteles, ein Plutarch u. a. sprachen es in ihren Werken offen aus, was von dem Überlieferten zu halten sei; nicht so die schlaueren Priester in ihren Tempelwänden. Ihre geheimen Lehren hatten wohl ohne Zweifel mehr oder weniger rationalistische Deutung der Mythen, und darauf gestützt eine reinere Gotteslehre zum Inhalte, wenn auch anzunehmen ist, daß eine solche, um das Geheimnisvolle dieser Bünde zu wahren und den priesterlichen Einfluß nicht entbehrlich werden zu lassen, von allerlei mystischen, symbolischen und allegorischen Zuthaten nicht frei und vor allem mit gewissen dramatischen Vorstellungen und moralisierenden Ceremonien verbunden war.

Die Länder des Altertums, von denen wir mit Zuverlässigkeit wissen, daß sie sogenannte Mysterien, d. h. Geheimbünde mit priesterlicher Leitung besaßen, sind Ägypten, Chaldäa und Griechenland.

3. Ägypten.

Wie die Quellen des Nils bis auf die neueste Zeit, so sind uns auch bis jetzt die Quellen der Kultur des von jenem Strome bewässerten Landes verborgen geblieben. Wir wissen wohl ungefähr, wie die Bevölkerung Ägyptens zusammengesetzt war; sie bestand nämlich aus einem Urstamme, dessen physische Merkmale nach schriftlicher und bildlicher Überlieferung darauf hinweisen, daß er von negerischer Rasse war, und aus einem siegenden Stamme, welcher derselben Rasse angehörte, wie die Bewohner Europas von Alters her, wahrscheinlich aus Asien her im Nillande eingedrungen ist, sich der Herrschaft über dasselbe bemächtigt und in der Folge mit den Urbewohnern vermischt hat. Der hauptsächlichste Beförderer der ägyptischen Kultur war aber stets der Nilstrom, im Lande Hapi genannt, indem er Bodengestalt, Klima, Jahreszeiten und demzufolge auch die Sitten und Gebräuche der Bewohner von Ägypten durch seine jährlich im Sommer und Herbst das Land überschwemmenden und befruchtenden Fluten, wesentlich bestimmte. Kemt, d. h. das dunkle Land, hieß daher Ägypten im Munde der Eingebornen nach der vom Strome hergeführten fruchtbaren Schlammerde. Aber darunter war nur das Nilthal verstanden, das im Osten und Westen von steinigen Wüsten mit wenig Oasen begrenzt wird, welche die Ägypter nicht zu ihrem Lande rechneten. Die Semiten nannten das Land Misr oder Misraim, die Griechen erst den Fluß, später aber das Land (warum weiß man nicht) Aigyptos und dann den Strom Neilos (Nil). Es ist von jeher ein Land der Rätsel, dieses Nilland. Wo entspringt sein Strom? Warum überschwemmt er das Land im Sommer und Herbst? Wozu stehen diese gewaltigen Pyramiden, an die bis heute noch kein Turm hinangereicht hat, als der einfältige Eifelturm? Was wurde in diesen Tempeln getrieben, die so geheimnisvoll ineinander geschachtelt waren? Was steckt hinter jenen sonderbaren Zeichen, den Hieroglyphen? Warum tragen die Götter Tierköpfe, warum die Sphinx umgekehrt einen Menschenkopf auf dem Löwenleib? Mysterien über Mysterien, auch ohne priesterliche Geheimlehre!

Um dieses Land ungestört beherrschen zu können, teilten

die Sieger allen Grundbesitz und allen Einfluß unter sich, indem sie sich in zwei erbliche Stände sonderten, in die Priester, welche die Geister, und in die Krieger, welche die Leiber der Unterworfenen regierten. Die letzteren zerfielen ebenfalls in mehrere Abteilungen, und zwar, da die verschiedenen Berichte sich widersprechen, am wahrscheinlichsten in sechs, nämlich in Künstler, Handwerker, Kaufleute, Schiffer, Ackerbauer und Hirten, unter welchen letztern wieder die Schweinehirten, wegen des unreinen Tieres, das sie hüteten, die verachtetsten Ägypter waren. Es ist indessen, nach dem gegenwärtigen Standpunkte der Forschung, mit Sicherheit auszusprechen, daß diese Abteilungen des unterworfenen Volksstammes keine Kasten nach indischer Art, sondern blos Berufsarten waren, indem es dem Herkommen gemäß (nicht aber Gesetz) war, daß der Sohn den Beruf des Vaters fortsetzte.

Während nun von den beiden herrschenden Ständen die Krieger das Militärwesen und die Staatsverwaltung unter sich hatten und in der Regel auch die Könige lieferten, waren die Priester die Inhaber der Rechtspflege und der Wissenschaft und schrieben dem Volke vor, was es zu glauben hatte, während sie unter sich und mit den von ihnen Eingeweihten wesentlich anders dachten.

Die ägyptische Religion hat einen astronomischen Grundzug. Die regelmäßigen Nilüberschwemmungen, welche eine genaue Einteilung des Jahres mit sich brachten, mußten, um von den Menschen rechtzeitig vorausgesehen zu werden, schon frühe zur gewissenhaften Beobachtung des Laufes der Gestirne führen, und die Pracht des Sternhimmels in jenen Gegenden nahe der Tropen, wo beinahe kein einziges Sternbild für immer unsichtbar bleibt, begünstigte die Pflege dieser Wissenschaft. Die Ägypter betrachteten zwar die Herrlichkeiten des Himmels nicht mit der Nüchternheit der Chinesen, die darin blos Objekte des Zählens und Messens sahen; aber doch fehlte ihnen die idealistische Phantasie der Europäer; ihre Personifikationen der Gestirnwelt haben daher etwas Dumpfes, Verworrenes, Unschönes.

Das für uns mächtigste Gestirn, die Sonne, mußte den Ägyptern auch der älteste und mächtigste Gott sein. Sein Name war Ré, welcher später, als die Sonne auch bei ihnen nach ihren verschiedenen Eigenschaften sich in mehrere Personen spaltete, zum Beinamen derselben wurde. So löste sich schon früh die aufgehende Sonne als jugendlich=kriegerischer Gott H o r o s von ihm ab, und ihm wurde, zugleich als Gegensatz und Zwillings= bruder, S e t, der Geist der Finsternis, an die Seite gesetzt. Als Mütter erhielt er die Göttinnen des Himmels, J s i s, H a t h o r und N e i t. Dazu kamen der Mondgott A a h und die Götter der verschiedenen Sterne und Sternbilder.

Mehr als diese allgemein, im ganzen Lande verehrten Gottheiten, galten indessen bei dem weniger gebildeten Teile des Volkes die Gottheiten der einzelnen Orte und Gaue, wie noch jetzt bei uns das eigentliche Volk mehr an seinem einzel= nen Heiligen hängt, als an Gott und Christus. Allerdings waren einige der schon genannten Götter und Göttinnen, Rè, den Höchsten, ausgenommen, ebenfalls örtliche Schutzgottheiten. Diejenigen Götter aber, welche dies ausschließlich waren, bil= deten die große Mehrheit. Jedes Gau hatte seinen besonderen Gott und für denselben einen besondern Kultus. Er wurde als Herr seines Gaues betrachtet und hatte keine andere Bestimmung, als diese. So war Ptah nichts anderes als der Herr und Gott von Memfis, A m o n der von Theben, N e i t die Herrin und Göttin von Sais u. s. w. Doch hatten einige Gaue ge= meinsame Götter, wenigstens dem Namen nach.

Zu solchen Gaugöttern haben sich sehr oft heilige Gegen= stände, namentlich von Geistern bewohnte B ä u m e und T i e r e entwickelt. Der Fetischdienst der schwarzen Urbevölkerung spielte mit denselben in die gebildetere Religion der hellfarbigen Er= oberer des Nillandes hinein und gewann darin einen sehr um= fangreichen Raum.*) Es gab wenige in Ägypten einheimische Tiere, die nicht, als Hüllen von Göttern, an einem oder an mehreren Orten verehrt wurden. Daß dies den Tieren nicht um ihrer selbst willen geschah, zeigt am besten die Art, wie man die Götter abbildete, nämlich meist mit einem Menschen= leib und dem Kopfe des ihnen geweihten Tieres, teilweise aber ganz in Menschengestalt. So trug Amon, der Gott von Theben,

---

*) Wir benutzen im folgenden besonders Eb. M e y e r s „Ge= schichte des alten Ägyptens" (Berlin 1887) und verweisen bezüglich alles Näheren auf dieses treffliche Werk.

den Kopf eines Widders, Hathor von Anut den einer Kuh, Anubis eines Schakals, Bast einer Katze, Sechet einer Löwin, Sebak eines Krokodils u. s. w. In diesem Sinne, weil man glaubte, daß Götter in ihnen wohnten, wurden denn auch die betreffenden Tiere selbst verehrt wie z. B. der Stier Hapi (griechisch Apis) in Memphis, der Bock von Mendes u. a. Diese Verehrung galt der ganzen Gattung, als deren Vertreter bestimmte Individuen in den Tempeln aus Abgaben der Gläubigen gehalten und von eigener Dienerschaft gepflegt wurden. Jede Verletzung dieser Fetische wurde streng, ihre Tötung sogar mit dem Tode bestraft. Etwas anders war es aber, wenn ein Gott die Bitten der Gläubigen, z. B. um Regen, nicht erhörte und anhaltende Trockenheit eintrat; dann ließen die Priester seinen Fetisch dafür büßen. Zuerst drohten sie ihm, wenn dies aber nicht half, so töteten sie das heilige Tier, aber insgeheim; das Volk durfte es nicht erfahren.

4. Die höhere Entwickelung der ägyptischen Religion.

Je mehr Ägypten in der Kultur und in der Staatseinheit vorschritt, desto mehr traten die örtlichen Gottheiten und der Tierdienst in den Hintergrund und nahm die Bedeutung der Lichtgottheiten, der Sonnengötter Ré und Horos und ihres Kreises, zu. Es bildeten sich Mythen über ihr Leben und ihre Schicksale, in denen ihre Kämpfe gegen die Finsternis die Hauptrolle spielten. Den Sonnenlauf dachte man sich in dem wasserreichen Nilthale nicht wie die Fahrt eines Wagens, auf dem die Perser ihren Mitra und die Griechen ihren Helios dahinfahren ließen, sondern als die einer Nilbarke, auf welcher Ré durch den Ozean des Himmels schiffte. Bald ließ man ihn im Kampfe mit dem finstern Set unterliegen, bald im Westen in das Reich der Unterwelt versinken und den jungen Horos, den Sonnengott des kommenden Tages an seiner Stelle die Fahrt durch den Himmel unternehmen. Dieser sich ewig verjüngende Sonnengott, der dabei doch immer derselbe blieb, so daß dieselbe Göttin bald seine Mutter, bald seine Gattin hieß, war so sehr der Hauptgott, ja der eigentliche Gott

Ägyptens, daß sein Bild, der Sperber, zur Bezeichnung des Begriffes „Gott" überhaupt wurde und in der Schrift zur Bezeichnung jedes Gottesnamens als eines solchen diente. Die Himmelsgöttinnen dagegen, die Mütter und Frauen der Sonnengötter, erhielten das Abzeichen der Kuh.

Aus diesem Gedanken geht hervor, daß die Religion des Nillandes sich auf langsamem Wege zum Monotheismus befand, — allerdings nicht für das Volk, das diesen Gang der Sache nicht begriffen hätte, wohl aber für die Priester. Die sich nach und nach ausbildenden Geheimlehren oder Mysterien derselben beschäftigten sich nicht, wie das Volk, mit dem bloßen Dasein, sondern vornehmlich mit der Bedeutung der Götter. Das Nachdenken über dieselben mußte aber schließlich zu der Überzeugung führen, daß alle Götter wesentlich dasselbe bedeuten und ihre Mehrzahl daher nur eine Form sei. Vorläufig machte diese Entwickelung bei dem Sonnengotte Halt und vollzog sich zuerst in der unterägyptischen Stadt Anu, welche die Griechen Heliopolis (Sonnenstadt) nannten, indem deren Gott Tum mit Rê verschmolzen wurde. Dies geschah unter der vierten Dynastie, deren Herrscher die großen Pyramiden von Gize bei Memfis bauten; aber mit der Zeit wurden auch die übrigen Gaugötter in der Priesterlehre zu bloßen Namen oder Gestalten des Sonnengottes. Eine der wichtigsten dieser Umgestaltungen ist aber die Deutung des Osiris, des Gottes der oberägyptischen Stadt Abbu (griechisch Abydos), als des Gottes der untergegangenen Sonne, der die Unterwelt, das Reich des Todes regierte. Isis wurde seine Schwester und Gattin, Set zugleich sein Bruder und sein Mörder, Horos sein ihn nach dem Untergange als neue Sonne ersetzender Sohn und zugleich sein Rächer an Set, den er besiegt, aber da er ihn nicht völlig vernichten kann, ihm die Wüste als Reich überläßt, während er selbst das Nilthal behält. Dieser Götterroman wurde an öffentlichen Festen dramatisch dargestellt; aber nur die Eingeweihten, d. h. die Priester und die von ihnen ins Geheimnis gezogenen Angehörigen wußten die Bedeutung des Dargestellten. Selbst der Name des Osiris und sein Aufenthalt im Totenreiche wurden geheim gehalten, und man sprach öffentlich nur vom „großen Gott", der „im Westen" wohne.

Neben den Mysterien des Osiris, den am weitesten verbreiteten, gab es noch solche anderer zu Sonnengöttern gewordener Gaugottheiten in Ägypten, und der Sonnenmythos wurde noch weiter ausgebildet. So wurde Thot, der Gott von Hermopolis, dessen Tier der Vogel Ibis war, zum Helfer des Horos im Kampfe mit Set und zugleich zum Mondgotte, zum Gotte des Zeitmaßes und der Ordnung, zum Erfinder der Schrift und Offenbarer der heiligen Bücher. Nur Memfis, die Hauptstadt des alten Reiches, hielt ihren Gott Ptah für zu erhaben, um an der Verwandlung der übrigen Götter teilzunehmen; denn er galt seinen Verehrern als der Vater aller Götter, der Schöpfer der Welt und der Menschen, und älter als Rè, und war ja ohnehin der Gott des Königshofes. Aber gerade deshalb entging er später dem Schicksale nicht, ebenfalls zum Sonnengotte zu werden. Ihm war das berühmteste Objekt des ägyptischen Tierdienstes heilig, der Apis (Hapi), der heilige Stier von Memfis, wie bei vielen anderen Völkern ein Bild der Sonne und zugleich des fruchtbringenden Nil, von dem er den Namen hatte. Er mußte schwarz sein, mit einem weißen Fleck auf der Stirne, zweifachen Haaren im Schweife und einem Gewächs unter der Zunge, welches die Gestalt des heiligen Käfers hatte oder zu haben schien. Die Priester suchten ihn unter den weidenden Kälbern aus, wie ihre Kollegen in Tibet das Kind, das den Dalai-Lama vorstellen muß, und brachten ihn nach dem Tempel des Ptah in Memfis, wo er bis an sein Lebensende unterhalten und nach letzterem vom ganzen Lande betrauert wurde, bis ein Nachfolger gefunden war. Daß er, wenn er länger als 25 Jahre lebte, im Nil ertränkt worden sei, ist eine Sage; denn die Urkunden lehren, daß ihrer mehrere über 25, die meisten aber nur 17—18 Jahre lebten. Der tote Apis wurde als Mumie prachtvoll bestattet und durch Inschriften als Gott gefeiert. Nach dem Volksglauben wurde er durch einen Lichtstrahl aus dem Monde erzeugt, der auf eine noch unberührte Kuh fiel. Gegenständen der Verehrung wurde eben schon früh eine übernatürliche Erzeugung zugeschrieben. Das Verhalten des Apis bei verschiedenen Gelegenheiten wurde als Orakel angesehen, wie denn die Ägypter auf solche viel hielten und dasjenige des Gottes Amon in der ganzen alten Welt berühmt war.

Eine andere nicht an einen besondern Ort gebundene, nicht

ganz, sondern nur halbtierische Gestalt des Sonnengottes war
der im Nillande tausendfach in Stein gebildete S p h i n x, ein
Löwe mit einem Menschenkopf, dessen berühmtestes Exemplar
bei den großen Pyramiden von Gize liegt. Ganze Alleen
solcher Bilder führten zu den größten Tempeln. In Ägypten
war der Sphinx männlich gedacht, sein Kopf der eines Königs
und seine Bedeutung die des Sonnengottes Harmachis, einer
Vereinigung von Rè und Horos (Ra-Harmchuti). In späterer
Zeit wurde die Sphinx-Gestalt auch nach Asien und Griechen=
land übergetragen und hier zu einer weiblichen, die als Sinn=
bild des Rätselhaften und Geheimnisvollen galt und noch jetzt
bei uns als solches benutzt wird.

Nachdem alle oder beinahe alle ägyptische Stadt= und
Gaugötter zu Gestalten oder Erscheinungen des Sonnengottes ge=
worden, suchte man sie in ein System zu bringen. An der
Spitze desselben stand, wie früher Rè, dem man aber einen
Vater gab, der freilich kleiner war als er, nämlich N u n u,
den Gott des Chaos, aus dem die Welt entstanden, den Ur=
grund alles Seins, natürlich eine dem Volke fremde Schöpfung
der priesterlichen Spekulation. Rè galt als der erste göttliche
Beherrscher der Erde. Als seine Genossen galten die Sterne;
sein Nachfolger wurde sein Sohn S c h u, (mit einem Löwen=
kopfe abgebildet), der Luftgott, der die Stützen des Himmels
schuf. Auf ihn folgten der Gott K e b und die Göttin N u t,
die Eltern des O s i r i s und der I s i s, die dann ihre Herr=
schaft antraten, und denen, nach der Usurpation des Set, der
Rächer Horos und die Göttin Hathor folgten. Eine zweite
Klasse bildeten die niederen Götter, wie Thot, Anubis u. a.,
eine dritte die örtlichen Götter, welche in Götterkreise zerfielen,
deren jeder ihrer neun in sich begreifen sollte, die aber der
Zahl nach in Wirklichkeit verschieden waren, da sie jeweilen
die an einem und demselben Orte verehrten Götter umfaßten,
so daß manche der höheren Götter auch unter ihnen wieder
vorkamen, aber doch hier anders gedacht wurden als in ihrer
höhern Eigenschaft. Diese Götterkreise bildeten oft Familien
von Vater, Mutter und Kindern. Einen Kultus gab es einzig
für sie, für die Himmelsgötter aber nur, sofern sie auch Erd=
götter waren. Im Laufe der Zeit erhielten jedoch mehrere
der Ersteren, wie z. B. Isis einen Kult, den sie bis dahin

nicht gehabt hatten; überhaupt vermehrte sich die Zahl der Götter, und nicht nur dieser, sondern auch der untergeordneten Dämonen, in kolossalem Maße. Bei alledem aber betrachteten die Ägypter ihre Götter weder als Ideale des Guten, noch suchten sie das gute Verhalten der Menschen als eine Notwendigkeit zu erfassen, sondern betrachteten den gesamten Götterdienst lediglich als einen Weg zu persönlichen Vorteilen, die sie von den Göttern hofften.

Je größer aber die Zahl der Götter wurde, gesto geringer wurde der Unterschied zwischen ihnen und desto auffallender der Fortschritt zur thatsächlichen Alleinherrschaft und Einheit des Sonnengottes, bei den Priestern nämlich, — nicht beim Volke. Rè wurde bei ihnen in der That mit der Zeit zum einzigen Gotte und zum Schöpfer der Welt. Dies geschah, indem die Priester der bedeutenderen Städte die erwähnte Götterverschmelzung von Heliopolis auf die Götter i h r e r Tempel übertrugen. Jede Priesterschaft pries ihren Ortsgott als den höchsten und vereinigte ihn zugleich mit Rè, welcher Name dem ursprünglichen beigefügt wurde z. B. Tum-Rè, Amon-Rè. Nachdem Theben zur Reichshauptstadt geworden, erhielt natürlicherweise sein Gott A m o n den Vorrang und galt als der eigentliche Sonnengott. Und als Theben in der Blüte stand, zu Anfang des sogenannten neuen Reiches, war es „allen ‚Wissenden' geläufig, daß der Sonnengott der Eine wahre Gott war, der sich selbst geschaffen und den man in Wirklichkeit unter den zahllosen Göttergestalten allein verehrte." Ja, man scheute sich nicht, auch den bösen Gott Set als eine Form des Rè zu erklären und in der Sonnenbarke fahren zu lassen. Auch der Mondgott Thot wurde als der bezeichnet, der sich selbst geschaffen habe. Der König, als Herr des ganzen Landes, betete mit denselben Worten an jedem Orte zu dessen Gott als dem Herrn des Himmels und der Erde.

5. Eine Reformation im Nillande.

Und so ist es kein Wunder, daß ein eigenartiger Charakter, dem die Macht dazu vergönnt war, auf den Gedanken verfallen konnte, das, was bereits nach der Lehre der Priester thatsächlich bestand, auch öffentlich vor aller Welt zur Anerkennung zu bringen. Es war der Pharao Amenhotep IV. von der 18. Dynastie (ungefähr 1460 vor Chr.), welcher die Macht der Priester so hoch gestiegen fand, daß er darin eine starke Gefahr für das Ansehen des Königtums erblicken mußte. Kaum hatte er den Thron bestiegen, so erklärte er als einzigen Gott die Sonne und zwar nicht unter irgend einer der menschlichen Gestalten, unter denen sie bis dahin verehrt worden, sondern geradezu unter der ihr eigentümlichen Form der Sonnenscheibe (ägyptisch aten), unter welcher sie bereits in Heliopolis angebetet wurde, einer Gestalt, welche „ihre in Hände auslaufenden Strahlen zu den Menschen herabsendet." Er ließ alle Bilder der nicht mit der Sonne zusammenfallenden Götter zerstören, nahm den Namen Chuenaten, d. h. Abglanz der Sonnenscheibe an, verließ Theben und baute östlich vom Nil in Mittelägypten eine neue Residenz unter dem Namen Chut'aten, d. h. Wohnsitz der Sonnenscheibe. Da dem neuen Glauben nichts störender im Wege stand, als die Verehrung Amons, des Gottes der Hauptstadt Theben, so wurde nicht nur dessen Bild, sondern sogar sein Name, überall wo er angebracht war, auf allen Gräbern und Tempelwänden ausgelöscht und ausgemeißelt, sogar da, wo er blos den Beinamen früherer Pharaonen bildete. Auch die Priester der abgesetzten Götter in Theben und einigen anderen Städten (nicht im ganzen Reiche) verloren ihr Amt, und die reichen Güter ihrer mächtigen Körperschaften wurden konfisziert. Natürlich folgten die Beamten des Hofes und Staates „pflichtschuldigst" dem Beispiele ihres Herrn: aber nur ein kleiner Teil der Priester zog das Brot der Überzeugug vor. Der königliche Reformator ging indessen noch weiter. Er hob den Gebrauch auf, die Bilder der Monarchen nach einem hergebrachten einförmigen Typus darzustellen und setzte an dessen Stelle sein wahres Porträt, obschon er häßlich war und das Siegel schwächlicher Körperbeschaffenheit an sich trug. Der herrschende Knechtssinn folgte ihm aber auch darin, indem nicht nur seine Gattin und Kinder, sondern auch die unter seiner Regierung abgebildeten Unterthanen ihm ähnlich dargestellt wurden. Ein großer Sonnentempel erhob sich in Chut'aten, und der Pharao gab ihm seine Priester nach eigener Wahl.

Kaum aber war Chuenaten (nach einer Regierung von

etwa 12 Jahren) in's Jenseits gegangen, so „brach sein Werk
zusammen." Er hatte keinen Sohn, und die Schwiegersöhne,
die ihm folgten, kehrten, nicht ohne blutige Kämpfe mit der
Gegenpartei, nach und nach zum Gotte Amon und nach Theben
zurück; aber die wieder zur vollen alten Macht emporgestiegenen
Priester verfolgten das Andenken dieser Herrscher, weil sie doch
„Ketzer" gewesen waren. Erst ihre Nachfolger wurden wieder
als rechtgläubig angesehen. Die Tempel der Sonnenscheibe
wurden niedergerissen, das Bild und der Name Chuenaten's
„überall vertilgt, die halbvollendete Sonnenstadt von Grund
aus zerstört," die Konfiskation der Kirchengüter aufgehoben,
die Tempel, Bilder und Priester Amons wieder hergestellt. —
Seitdem ist das geistige Leben Ägyptens erstarrt, und keine
Bewegung, kein Fortschritt hat mehr die althergebrachten Ansichten und die geheimnisvolle Macht der Priester des alten
Landesglaubens gestört. Das Volk sank in geistloses Formel-
wesen zurück, versumpfte immer mehr in geistiger Beziehung
und ergab sich, da ihm seine Priester den Geist und das Leben
absperrten, der Zauberei und dem Dämonenglauben. Um es
von dem wahren Gotte abzuziehen, wurde es zur göttlichen
Verehrung der verstorbenen Könige und Königinnen angehalten,
und auch die Götter und Göttinnen mußten als solche betrachtet werden, die einst auf Erden regiert hatten. Daneben
beschäftigten die Priester das Volk durch pracht- und glanzvolle
Opfer, Umzüge und Festlichkeiten. Den Abstand zwischen den
Priestern, denen indessen der Pharao gleich gehalten wurde, auch
wenn er nicht aus ihrer Kaste stammte, und dem Volke drücken
auch die ägyptischen Tempel mit ihren verschiedenen Abteilungen aus, deren Innerstes oder Allerheiligstes (Abyton) gewiß den Geheimnissen der Priester diente, während dem Volke
nur der eigentliche Tempel mit seinen Vorhöfen offen stand.
Wahrscheinlich diente den priesterlichen Zwecken auch das berühmte Labyrinth in der Nähe des Möris-Seees bei der
Krokodilstadt. Es galt als ein unergründliches Gewirre von
Gemächern; Herodot berichtet, daß ihrer 1500 über und eben-
soviel unter der Erde lagen, welche letzteren nicht gezeigt wurden,
weil sie die Särge der Könige und der heiligen Krokodile enthielten. Er sowohl, als Diodor, Strabon und Plinius sind
voll des Ruhmes der Pracht dieses Riesenpalastes, in dessen

verborgenen Gemächern ohne Zweifel auch für die Mysterien Raum war.

6. Das Totenreich der Ägypter.

Endlich spielen die Geheimlehren der Priester auch in den Vorstellungen der Ägypter vom Tode und vom Jenseits ihre Rolle, mit denen das Volk von sich aus sicher keine tieferen Gedanken verband, während es die Ansichten der Gelehrten nicht begreifen konnte.

Nach der ägyptischen Lehre vom Menschen hatte dieser drei Bestandteile, die ganz materiell gedachte Seele (ba), welche beim Tode in Vogelgestalt aus dem Leibe herausflatterte, und dem immateriellen Geist (ka), welcher sich zum Menschen etwa so verhielt, wie ein Gott zu dem Tiere, in dem er wohnte, und beim Tode als „Traumbild" sich von ihm trennte. Auch die Götter hatten ihr ka und ihr ba. Das Fortleben beider Wesen nach dem Tode war dadurch bedingt, daß der Körper der Mumie einbalsamiert und in Felsengräbern oder Grab= gebäuden (deren bedeutendste die Pyramiden waren), be= stattet wurde, und daß seine Angehörigen den Toten mit Speise, Trank und Kleidung versahen. Die Familien deckten daher auch ihren Toten den Tisch und brachten ihnen Opfer. Der Geist des Verstorbenen kam zu Osiris, dem Herrn der andern Welt, welche im Westen als ein üppiges Gefilde (Aaru) gedacht wurde, um dessen Früchte man nicht zu arbeiten brauchte, sondern die jenes glückliche Land ohne Mühe darbot. Durch die Zauberformeln aber, durch welche Horos den ermordeten Osiris wieder belebt hatte, wird der Tote nicht nur ebenfalls wieder lebendig, sondern er wird geradezu mit Osiris vereinigt und daher in den Bestattungsformeln, welche das sog. Toten= buch bilden, als „Osiris" mit Beifügung seines wirklichen Namens angerufen. Daher darf er nun auch auf der Sonnen= barke fahren und im Jenseits ein herrliches Leben führen und unter den Sternen wandeln wie die Götter selbst. Die Ab= bildungen an den Wänden der Grabkammern zeigen indessen, daß sich die Ägypter das jenseitige Leben so ziemlich wie das diesseitige, nur bequemer und reichlicher vorstellten; der Tote ist mitten unter Genüssen (Gastmählern, Güterbesitz, Jagd,

Schifffahrt, Musik u. s. w.) abgebildet, die dem wirklichen Leben des Nillandes entnommen sind. Aus den Texten des Totenbuches, die den Verstorbenen mit ins Grab gegeben wurden und sich rastlos vermehrten, ersehen wir indessen, daß diese Vorstellungen im „mittlern Reiche" geistigern Gehalt haben als im „alten". In diesen Texten spricht der Tote selbst, indem er sich mit irgend einem Gotte oder auch mit einem nach dem andern Eines nennt (nicht mehr blos mit Osiris; denn nach der damals ausgebildeten Lehre sind ja alle Götter nur Einer). Der Weg des Toten nach der andern Welt ist der Weg der Sonne von Osten nach Westen, auf welchem er aber der Hilfe des Zaubers gegen mannigfache ihn bedrohende Dämonen und Ungeheuer bedarf. Dort angekommen, erhält er die Fähigkeit, sich in der Gestalt von Göttern, Menschen oder Tieren nach Belieben auf die Erde zu begeben, ja sogar wenn er Lust hat, in seinen alten Körper zurückzukehren. Man gab zu dieser Zeit den Toten Puppen von Holz oder Thon mit Werkzeugen ins Grab, damit sie ihn im Jenseits bedienen. Im „neuen" Reiche werden die Ausmalungen des Jenseits und des Weges dahin ausführlicher und phantastischer. Auch erscheint hier das vielbesprochene „Totengericht", welches die Griechen aus Mißverstand in das Diesseits unmittelbar vor die Bestattung verlegt haben, das aber nur in das Jenseits gehört. Osiris bildet dasselbe mit 42 Richtern, vor denen der Ankömmling zu versichern hat, daß er keine von 42 Sünden begangen habe, wie z. B. „Nicht habe ich Unrecht gethan, nicht habe ich gestohlen, ich habe keinen Menschen hinterlistig erschlagen, kein heiliges Tier getötet" u. s. w. — Alles dies war aber mehr eine Zauberformel zur Erlangung der Seligkeit nach ägyptischen Begriffen, als eine der Wahrheit gemäße Abschwörung der Sünde zum Zwecke sittlicher Reinheit. Auf einer Abbildung des Totengerichtes im „Totenbuche" wird indessen der Verstorbene von der Göttin der Wahrheit und Gerechtigkeit (Ma) in den Palast des Osiris eingeführt und seine Sünden und Verdienste werden auf einer Wage abgewogen. Als Ankläger ist das Nilpferd Amam, als Verteidiger der Gott Thot gegenwärtig.

7. Die Geheimlehre der Priester des Nillandes.

Belehrt uns nun auch das vorstehend Gesagte im ganzen über das Verhältnis zwischen den Priestern und dem Volke auf dem Gebiete der ägyptischen Religion, so sind wir deshalb noch nicht im klaren über das Wesen und den Inhalt der priesterlichen Geheimlehre und über die Organisation der Teilnehmer an derselben; wir sind in dieser Hinsicht wesentlich auf Nachrichten griechischer Schriftsteller, die nicht immer zuverlässig sind, und auf Vermutungen oder Schlüsse angewiesen.

Ohne Zweifel bedingte die Geheimlehre eine Art geheimer Gesellschaft, welche wohl aus den höheren Klassen der Priester bestand und örtliche, nur locker mit einander verbundene Abteilungen hatte. Bestimmt berichtet wird, daß auch der jedesmalige Pharao in die Verbindung eingeweiht wurde. Der König war demnach außer den Priestern der einzige Ägypter, der die Geheimlehren kannte, — und so war im Lande selbst jeder Gefahr des Verrates derselben möglichst vorgebeugt! Da nun aber die Priester in dieser Beziehung Fremden gegenüber weniger zu befürchten hatten, indem solche das Land wieder verließen, vielmehr Gelegenheit hatten, ihr Licht stark leuchten zu lassen und ihre Gelehrsamkeit in hohen Ruf zu bringen, so waren sie oft bereit, ausgezeichnete Fremdlinge, besonders Griechen, einzuweihen. Von fabelhaften Personen werden unter jenen, die „des Wissens heißer Durst nach Ägypten trieb, der Priester geheime Weisheit zu erlernen," die Sänger Orpheus, Musaios und Homer, von historischen die Gesetzgeber Lykurgos und Solon, der Geschichtschreiber Herodot, die Philosophen Thales, Pythagoras, Platon, Demokritos, der Mathematiker Archimedes und viele andere genannt.

Nicht immer aber wurde es Diesen leicht, den Schleier der über dem Nil schwebenden Geheimnisse zu lüften. Pythagoras z. B., obschon von dem Könige Aahmes (griech. Amasis) empfohlen, wandte sich umsonst an die Priester in Heliopolis und Memfis, und erhielt erst, nachdem er sich der für diesen Stand vorgeschriebenen Beschneidung unterworfen, von Jenen zu Diospolis Unterricht in ihren verborgenen Wissenschaften.

Bei der Aufnahme in diese Geheimlehre fanden sehr weitläufige und vieldeutige Ceremonien statt und mußten die Eingeweihten in gewissen Zwischenräumen eine Anzahl von Graden oder Erkenntnißstufen durchlaufen, bis sie die ganze von den Priestern gelehrte Weisheit erfuhren. Über die Art und Weise dieses Herganges und den Unterschied seiner Stadien besitzen wir aber leider keine zuverlässigen Berichte.

Nicht viel mehr als von den Formen, wissen wir vom Inhalte der ägyptischen Geheimlehre, indem alle Eingeweihten zum strengsten Stillschweigen über Das, was sie erfahren, verpflichtet waren. Es fehlt uns jedoch nicht an einzelnen Andeutungen von kompetenter Seite, nach welchen wir in der Hauptsache kaum irre gehen können. Nach der Angabe des griechischen Geschichtschreibers Diodor, welcher zur Zeit des Cäsar und Augustus lebte und selbst in Ägypten eingeweiht wurde, hätten Orpheus, oder vielmehr der nach ihm benannte Bund, die griechischen Mysterien, — Lykurgos und Solon ihre Gesetzgebungen, Pythagoras und Platon ihre philosophischen Systeme, Pythagoras überdies seine mathematischen und Demokritos seine astronomischen Kenntnisse von den ägyptischen Priestern erlangt. Was nun die hier erwähnten exakten Wissenschaften betrifft, so konnte die ägyptische Geheimlehre darüber nichts enthalten, was nicht mit den damaligen wissenschaftlichen Hülfsmitteln Jedem zu erforschen möglich war und was als astronomische Kenntnis der Ägypter aus ihrer Kalendereinteilung hervorgeht, und wenn von diesen Kenntnissen dem Volke grundsätzlich nichts mitgeteilt wurde, so war dies eine ungerechtfertigte Geheimniskrämerei, — keine Geheimlehre. Was aber die Gesetzgebung betrifft, so sind diejenige des Lykurg und Solon zu sehr von einander verschieden und in zu ausgesprochenem Grade spartiatisch und athenisch gedacht, als daß wir daraus klug werden könnten, was in dieser Beziehung gelehrt wurde. Wahrscheinlich ist, daß die beiden griechischen Gesetzgeber blos die ägyptischen Gesetze benützt und ihre Ideen im übrigen den Bedürfnissen ihrer Heimatstaaten angepaßt haben. Da die ägyptischen Priester zugleich die Richter dieses Landes waren, so ist auch nicht anzunehmen, daß ihre gesetzgeberischen Ideen, die sie ja frei anwenden durften, zu den von ihnen bewahrten Geheimnissen gehörten.

Aus hieroglyphischen Überlieferungen schließt man indessen, daß in Ägypten unter der Leitung der Priester höhere Schulen bestanden, und es ist daher anzunehmen, daß jene Griechen an diesen Anstalten sich in der Gesetzgebung und in den exakten Wissenschaften der Ägypter unterrichteten.

Wohl waren die Hieroglyphen, d. h. jene Abart der ägyptischen Schrift, welche aus Bildern wirklicher Gegenstände gebildet war, nur dem Priestern bekannt, aber in älterer Zeit nur deshalb, weil das übrige Volk nicht lesen und schreiben konnte. In späterer Zeit gab es eine besondere Volksschrift, welche aus den Hieroglyphen entstanden war (die demotische), ähnlich der ebenfalls, aber schon früher, aus den letzteren abgekürzten Priesterschrift (der hieratischen).

Anders verhält es sich mit philosophischen und religiösen Anschauungen, in welchen keine klare, unwiderlegbare Forschung möglich ist, wie in den exakten Wissenschaften, und keine praktische Anwendung, wie in der Gesetzgebung und Schriftkunde, — vielmehr der Hypothese und willkürlichen Behauptung, mithin auch der Mystik und Symbolik, ein weites Feld eingeräumt ist. Solche waren daher offenbar der Gegenstand dessen, was blos den in Ägyptens Mysterien Eingeweihten bekannt, vor dem Volke aber in damaliger Zeit mit einigem Grunde geheim gehalten wurde, da es sich hier um die Existenz des Priesterstandes handelte, der ja keine Bedeutung mehr haben konnte, wenn das Volk erfuhr, daß er dem allgemeinen Glauben nicht huldige. Von den Priestern aber war nicht zu erwarten, daß sie ihre einflußreichen Stellungen und ihre großen Vorrechte, wozu namentlich Steuerfreiheit gehörte, um der Volksaufklärung willen preisgaben, namentlich da das Volk eine solche Aufklärung nicht einmal verstanden hätte.

Keinem Zweifel kann also wohl unterliegen, daß die Geheimlehre der ägyptischen Priester zugleich philosophisch und religiös war, d. h. daß sie was im Gebiete des Glaubens Überliefertes prüfte, auslegte und daraus annahm, was sie für vernünftig, und verwarf, was sie für unvernünftig hielt, — und sie unterschied sich hierdurch scharf vom Volksglauben, der das Überlieferte blind als ausgemachte Wahrheit hinnahm, an welcher nicht gezweifelt werden durfte.

Von welchen Grundsätzen war nun aber die philo=

sophische Religion der ägyptischen Priester geleitet? Mit Beseitigung aller willkürlichen und gekünstelten Vermutungen schließen wir ans verschiedenen klaren Andeutungen, daß dieselbe einen monotheistischen Charakter hatte, d. h. einen einzigen **persönlichen Gott** annahm, und dagegen sowohl die Vielgötterei und den Tierdienst, als die materiellen Vorstellungen des Volksglaubens von den Vorgängen nach dem Tode verwarf. Ja, wir halten es für nicht unwahrscheinlich, daß die Geheimlehre in manchen Kreisen weiter ging als der königliche Reformator Amenhotep IV. oder Chuenaten, und nicht gleich ihm ein Geschöpf, die Sonnenscheibe, sondern den unsichtbaren Schöpfer selbst, den sie als Nunu, Vater des Ré und Urheber aller Dinge, bezeichnete, als den wahren Gott betrachtete, wie denn auch im ägyptischen Totenbuche und in späteren Schriften ein „Baumeister (Demiurgos) des Weltalls" genannt wird, ohne einen besonderen Gottesnamen zu tragen. So sagt denn auch Plutarch in seinem scharfsinnigen und verdienstvollen Werke „über Isis und Osiris" (67.68): Die Gottheit sei kein verstand- oder seelenloses, den Menschen unterwürfiges Wesen (Anspielung auf den Tierdienst!), — und weiterhin: es gebe nur ein vernünftiges Wesen, welches die Dinge ordne, eine sie regierende Vorsehung und untergeordnete Kräfte, welche über die einzelnen Dinge gesetzt seien und bei verschiedenen Völkern herkömmlicher Weise verschiedene Verehrung und Benennung haben; und so haben auch die Eingeweihten bald dunklere Symbole, bald deutlichere, wodurch sie den Verstand zum Göttlichen hinführen, obwohl nicht ohne Gefahr, in die Sümpfe des Aber- oder in die Abgründe des Unglaubens zu fallen. Deßwegen müsse man zu solchen Dingen ganz besonders die Philosophie als Führerin ($\mu\nu\sigma\tau\alpha\gamma\omega\gamma\delta\varsigma$) wählen, um von allen Lehren und Gebräuchen der Mysterien eine richtige Ansicht zu gewinnen.

Neben dieser Annahme eines einheitlichen, persönlichen Schöpfers mußte natürlich die ägyptische Mythologie als Wahn erklärt und ihre wahre Bedeutung dargelegt werden. Daß diese Auslegung der Mythen als personifizierter Naturvorgänge einen Hauptbestandteil der Mysterien ausgemacht habe, geht aus folgenden Zeugnissen gelehrter (und teilweise eingeweihter) Griechen unzweifelhaft hervor. Plutarch z. B. („über Isis und

Ofiris" 3.): ein leinenes Gewand und ein geschorener Bart machen noch nicht zu einem Isisdiener; Der nur sei ein wahrer solcher, der sich über die bei diesem Götterdienste vorkommenden Gebräuche und Handlungen gehörig belehren lasse, vernünftig darüber nachforsche und über die darin enthaltene Wahrheit nachdenke. Ferner (8.): es sei nichts Unvernünftiges, nichts Fabelhaftes oder Abergläubisches, wie einige meinen, in den Gebräuchen der ägyptischen Priester enthalten; bei dem Einen vielmehr finde sich ein moralischer und brauchbarer Grund; bei dem Andern liege er in einer artigen Geschichte oder in einer Naturbegebenheit. Und (9.): die Philosophie der Priester sei meist in Fabeln und Erzählungen gehüllt, die nur einen schwachen Schimmer von Wahrheit enthalten, wie sie auch wirklich selbst dadurch, daß sie vor die Tempel Sphingen stellen, andeuten, daß ihre Götterlehre eine rätselhafte Weisheit enthalte. „So hatte das Bild der Göttin Neit zu Sais, welche man auch für die Isis hält, folgende Inschrift: „„Ich bin das All, das gewesen ist, das ist, und das sein wird; mein Gewand hat noch kein Sterblicher aufgedeckt."" . . . . . Endlich (11.): wenn man die ägyptischen Mythen über die Götter höre, von ihrem Herumirren, von den Zerstückelungen und manchen anderen Ereignissen der Art, so müsse man sich an das Vorherbemerkte erinnern, um sich zu überzeugen, daß nichts von dem, was erzählt werde, wirklich so vorgefallen sei. — Damit übereinstimmend, wenn auch rätselhafter, äußert sich der vorsichtigere Herodot (II. 61.): „Am Feste der Isis in der Stadt Bubastis schlagen sich nach der Opferung Alle, Männer und Weiber, wohl viele tausend Menschen. Doch den, um deßwillen sie sich schlagen, zu nennen, wäre Sünde für mich."

Es wurden mithin den Eingeweihten alle Sagen und Gebräuche der ägyptischen Volksreligion in rationalistischer Weise erklärt. Viele Einzelnheiten dieser Erklärung sind uns zwar verloren gegangen; allein das Verlorene kann kaum von wesentlichem Werte für uns gewesen sein und ist schwerlich zu bedauern.

8. Babylon und Ninive.

Schon in den Überlieferungen des klassischen Altertums wetteiferte an Ansehen mit der geheimen Wissenschaft der Priester Ägyptens diejenige ihrer Amtsbrüder in Chaldäa oder Babylonien, dem Kulturreiche am unteren Tigris und Euphrat, von welchen Assyrien, das Land am oberen Tigris, nur eine Kolonie war. Nach den neuesten Forschungen erstreckt sich jedoch dieser Wetteifer auch auf die Frage, welche Kultur älter sei, die am Nil oder die an den Zwillingsströmen Westasiens?

Wir wissen nun aber von dem Verhältnis zwischen Priestern und Volk Chaldäa's auf dem Gebiete der dortigen Religion noch weit weniger, als von demselben Verhältnis in Ägypten, so wenig wir auch von letzterm wissen, und wir müssen uns daher auf eine kurze Darlegung jener Religion und auf schwache Andeutungen jenes Verhältnisses beschränken.

Die chaldäische Religion ist, wie sich jetzt unzweifelhaft erwiesen hat, ursprünglich das Werk eines am unteren Tigris und Euphrat angesiedelten turanischen oder ural-altaischen (mit den Türken verwandten) Volksstammes, dessen Angehörige Sumerier oder Akkadier (oder mit beiden Namen) genannt werden, und ihr Grundstock war*) „der den Turkvölkern eigentümliche Schamanismus." Die ältesten religiösen Schriften dieses Volkes, von welchem die Keilschrift herstammt (deren älteste Form, eine Strichschrift, merkwürdige Ähnlichkeit mit den chinesischen Zeichen darbietet), bestehen in Formeln, durch welche böse Geister beschworen wurden, die man sich meist in Gruppen von sieben und aus der Wüste kommend vorstellte. Über diesen Dämonen stand der Geist des Himmels (In-lilla, später Anu, d. h. Himmel genannt), und nach ihm hatte das meiste Ansehen der Geist der Erde (In-kia oder Ea), später zugleich Geist des Wassers; so entwickelten sich aus den höheren Geistern immer mehr Götter und Göttinnen. Die älteste Göttin war Ba'u, welche das Chaos oder das „Urwasser" bedeutet. Nach ihr kam die „Tochter des Himmels," zuerst Anun, später

---
*) Wir folgen hier dem Werke von Fr. Hommel, Geschichte Babyloniens und Assyriens, Berlin 1895 ff.

Ninni oder Ninna, noch später Istar genannt. Merkwürdig und doch nicht aufgehellt ist die Übereinstimmung zwischen den Ägyptern und Chaldäern, welche beide, ungeachtet der Verschiedenheit ihrer Sprache, aus dem Begriffe der „Wassertiefe" (Nun) Namen ältester Gottheiten (hier Anun, dort Nunu, oben S. 16) bildeten.

Die von den Sumeriern geschaffene Grundlage der chaldäischen Kultur und Religion wurde von einem semitischen Volksstamme, den eigentlichen Babyloniern und Assyrern, ausgebaut, dessen Spuren sich schon nahe an 4000 v. Chr. finden und dessen Herrschaft 2500 v. Chr. gesichert erscheint. Der oberste Gott dieses Stammes hieß einfach „Gott" (in seiner Sprache Ilu) oder „der Herr" (Baal). Als seine Bilder wurden Sonne und Sterne verehrt. Die Fortdauer nach dem Tode wurde in ein Schattenreich (Schualu, hebräisch Scheol) verlegt. Diese Religion vermischte sich mit derjenigen der Sumerier. Die Götter Auu und Ilu wurden zu dem einem Himmelsgott Bel und Istar wurde seine Gattin. Weitere sumerische Götter wurden mit den von den Semiten verehrten Planeten in Verbindung gebracht, so Marduk mit dem Jupiter, Ninbar mit dem Saturn, Nirgal mit dem Mars, Nabu mit dem Merkur, während Istar besondern Bezug auf die Venus erhielt. Eine Art von Dreiheit bildeten Samas, der Sonnen-, Sin, der Mond- und Ramman, der Gewittergott. In ähnlicher Weise wurden Anu, der Geist des Himmels, und Ea, der Geist der Erde dem Bel an die Seite gesetzt. Dieses System wurde um 1900 v. Chr. vollendet und blieb das nämliche in Assyrien, nur daß dieses seinen Landesgott Assur an die Spitze der Götter stellte.

Die Priester der Babylonier und Assyrer waren sehr angesehen,. Bei diesen standen sie unter dem Könige, der zugleich Oberpriester war; bei jenen nahmen sie eine unabhängigere und einflußreichere Stellung ein und leiteten das gesamte Volk, dessen Gaben sie ungemein bereicherten, am Gängelbande.

Aus diesem Grunde und aus dem Umstande, daß sie heilige Bücher besaßen, denen sie einen übernatürlichen Ursprung zuschrieben, ist mit Wahrscheinlichkeit zu schließen, daß sie, wie ihre Kollegen in Ägypten, eine geheime Verbindung bildeten, welche den tiefern Sinn ihrer Lehren vor dem ungebildeten Volke verborgen hielt. Bei der Bedeutung der babylonisch-assyrischen Gottheiten, die wir oben mitgeteilt und als eine durchweg astronomische und meteorologische erkannt haben, ist nicht daran zu zweifeln, worin die Geheimlehre dieser Priester bestand. Die Chaldäer waren im gesamten Altertum als Beobachter der Gestirne bekannt. Mögen sie nun auch, wie wahrscheinlich, mehr Astrologen (Sterndeuter) als Astronomen (Sternkundige) gewesen sein, so mußten sie doch soviel von den Gestirnen, sowie auch vom Himmel und vom Wetter verstehen, um diese Gegenstände nicht als Götter, sondern als das zu betrachten, daß sie wirklich sind. Wir glauben daher, daß die chaldäischen Priester unter sich die Dinge, die sie dem Volke für Götter ausgaben, einfach als Himmel, Sonne, Mond, Planeten, Blitz und Donner betrachteten

Zu den Geheimnissen der Priester gegenüber dem Volke mögen indessen teilweise auch die nur Ersteren bekannten **Mythen und Legenden** gehört haben, von welchen, wie von der gesamten, auf Backsteinen eingegrabenen, ursprünglich sumerischen aber auch semitisch übersetzten, und in letzterer Sprache vermehrten Keilschriftlitteratur, dem Volke mitgeteilt worden sein mag, was es fassen konnte. Die ältesten Erzeugnisse dieser Litteratur waren die schon angedeuteten Beschwörungsformeln. Ihnen folgten Bußpsalmen und Götterhymnen. Daß diese mindestens zwei Jahrtausende vor unserer Zeitrechnung entstandenen Dichterwerke zu den Urbildern der hebräischen Psalmen gehören, mögen folgende Verse zeigen, in welchen ein Priester im Namen eines Büßenden die Göttin anruft:

> O Herrin, deinem Knecht, „es ist genug,"
>   verkünde ihm, dein Herz beruhige sich!
> Deinem Knecht, welcher ich übles gethan,
>   Erbarmen gewähre ihm!
> Dein Angesicht wende ihm zu,
>   nimm an sein Flehen!
> Deinem Knechte, welchem du zürnest,
>   sei mit ihm gnädig!
> O Herrin, meine Hände sind gebunden,
>   ich umklammere Dich!

Manche mythologische Gedichte, ja die meisten und ein großer Teil aller, welche jene Litteratur umfaßt, sind so dunkel und unverständlich, daß sie notwendig einen Schlüssel gehabt haben müssen, welcher nur den Priestern bekannt war. Aus ihrer großen Anzahl sind für uns von besonderem Interesse natürlich jene nicht sumerisch, sondern blos semitisch und nur in Bruchstücken vorhandenen, welche an die uns bekannte Bibel anklingen. Erzählt ja diese Büchersammlung selbst (1. Mos. XI. 31), daß Abraham, der Stammvater der Israeliten, aus Ur in Chaldäa, nach Kanaan gewandert sei. Kann auch Abraham, wie jeder andere Völkerstammvater, kaum eine wirkliche Person und kaum etwas anderes als die Bezeichnung für einen Stamm sein, so muß dies doch als ein Zeugnis dafür gelten, daß die Israeliten aus Chaldäa gekommen sind, bei welcher Wanderung sie ohne Zweifel alte mythische Überlieferungen mitgenommen haben, die sie später in selbständiger Weise bearbeiteten und gewissermaßen aus dem Polytheistischen in das Monotheistische übersetzten, wobei dieselben den Charakter höherer Bildung und größerer Klarheit gewannen.

Unter diese mythischen Erzählungen gehört vor allem der Bericht von der **Weltschöpfung**. Das erste von demselben vorhandene Bruchstück beginnt mit den Versen:

> Als droben noch nicht genannt wurde der Himmel,
> drunten die Erde einen Namen noch nicht hatte
> und die Wassertiefe, die unanfängliche,
>   war ihre Erzeugerin,
> das Chaos des Meeres ihrer aller Gebärerin,
> da vereinigten sich in eins zusammen ihre Wasser.
> Das Dunkel war noch nicht hinweggenommen,
> eine Pflanze war noch nicht aufgeschossen.
> Als von den Göttern noch keiner hervorgegangen war,
> und sie noch keinen Namen hatten,
> da wurden auch die großen Götter erschaffen u. s. w.

Das zweite Bruchstück sagt: „Er (der Gott Anu) hatte gut gemacht den Standort .... der großen Götter; die Sterne setzte er hin, er bestimmte das Jahr und über dasselbe grenzte er einen Abschluß". Weiter werden den Planeten ihre Bahnen angewiesen, der Mond und dann die Sonne erschaffen. Das dritte Bruchstück läßt die Tiere, „das Vieh des

Feldes und das Gewürm des Feldes" entstehen. — An die Erzählung vom Sündenfall erinnert ein altbabylonisches Bild, auf dem ein Baum mit Früchten, rechts ein Gott, links ein Weib und hinter ihm eine Schlange abgebildet sind. Daß die Lage des Paradieses chaldäischen Verhältnissen entnommen ist, hat Friedrich Delitzsch nachgewiesen, indem er zeigte, daß die zwei unbekannten der vier Paradiesströme (die zwei bekannten sind Tigris und Euphrat), nämlich Pischon (Pisanu) und Gichon (Guchanu) Arme des Euphrat sind.

Ebenso wie die hebräische Sage von der Schöpfung ist auch die von der Sinflut, auch Sintflut d. h. großen Flut, aus religiösen Gründen Sündflut genannt, einem chaldäischen Muster nachgebildet. Der chaldäische Noah heißt Samas-Napischtim (Sonne des Lebens) und erzählt das Ereignis folgendermaßen: der Gott Ea hatte ihm das zur Bestrafung der Menschen wegen ihrer Sünden herannahende Verhängnis angezeigt, worauf er auf Befehl des Gottes ein großes Schiff baute und alle seine Habe, seine Verwandten, seine Dienerschaft, sowie die Haustiere und wilden Tiere hineinbrachte. Die Götter ließen nun einen Sturm losbrechen und rückten mit den Geistern in den Kampf, um alles Lebende zu vernichten. Aber die Flut reichte bis zum Himmel und bedrohte selbst die unteren Götter, die sich zu den oberen flüchten mußten, welche ihre Maßregel bereuten. Nach sieben Tagen aber legte sich der Sturm, das Wasser sank; Samas-Napischtim öffnete das Fenster seines Schiffes, das am Berge Nizir stehen blieb, ließ nach weiteren sieben Tagen eine Taube ausfliegen, die aber noch keinen Ruheplatz fand, denn eine Schwalbe, der es ebenso ging, darauf einen Raben, der von den Leichen der Ertrunkenen fraß.

Nun konnte Samas-Napischtim die Tiere hinauslassen, errichtete einen Altar und opferte, wozu die Götter sich versammelten „gleich Massen von Fliegen." Dann versöhnte sich der Gott Bel, der die Flut angeordnet hatte, mit den ihm darüber zürnenden Göttern, führte den Samas-Napischtim und dessen Gattin heraus und schloß einen Bund mit ihnen und dem Volke. Die beiden Gatten aber wurden von den Göttern in die Ferne entführt, um ewig zu leben.

Der chaldäische Sintflutbericht bildet indessen nur einen Teil eines größern Dichtwerkes, eines Epos, welches aus zwölf

Thontafeln bestand und die Schicksale und Thaten eines Helden
enthält, in welchem der biblische Nimrod gefunden zu sein
scheint. Das Alter dieses Werkes setzt man in das 23. Jahr=
hundert v. Chr. Die Thaten des Gischdubarra oder Namraßit,
wie der Held im Gedichte heißt, erinnern lebhaft an den
hellenischen Herakles, dessen Mythos vielleicht ursprünglich
daraus geschöpft hat. Der Held ist ein Nachkomme des Samas=
Napischtim, den er in seiner Zurückgezogenheit aufsucht, um für
seine Krankheit Heilung zu finden, und der ihm bei diesem An=
laß die Geschichte von der Flut erzählt. Mit jener Krankheit
ist er aber von der Göttin Anatu zur Strafe heimgesucht
worden, weil er die Liebe der Göttin Istar verschmäht hatte.
Ein kleines Gedicht nun schildert anschaulich und ergreifend,
wie Istar in ihrem Schmerze über diese Zurückweisung in der
Unterwelt Hilfe sucht. „Istars Höllenfahrt", wie das Gedicht
von seinem ersten deutschen Übersetzer Eberhard Schrader
betitelt ist, mutet ähnlich an wie Dante's „Hölle." Ja noch
mehr: in seinen Anfangsversen bedient es sich beinahe derselben
Worte wie der große Florentiner, der natürlich von dem chal=
däischen Gedichte so wenig etwas wußte wie die ganze Welt
vom Falle Babylons bis vor etwa zwanzig Jahren. Istar
geht nämlich, wie der Dichter sagt:

>   nach dem Hause, dessen Betreter nicht mehr herauskommt,
>   nach dem Pfade, dessen Zugang nicht zurückführt,
>   nach dem Hause, dessen Betreter dem Lichte entrückt ist,
>   dem Orte, da Staub ihre Nahrung, ihre Speise Kot,
>   da Licht sie nicht schauen, in Finsternis wohnen u. s. w.

In der Unterwelt herrscht als Herrin die Göttin Allatu.
Sie ist Istars Gegenbild; wie diese (als Tochter des Mond=
gottes) der aufgehende Mond oder der Morgenstern, ist jene
der untergegangene Mond oder der Abendstern. Beide sind
die einander bekämpfenden Gegensätze eines Wesens, was
vielleicht auf eine tiefere ethische Richtung der chaldäischen Ge=
heimlehre hindeutet. — Die Hölle hat sieben Abteilungen, die
durch Thore getrennt sind. An jedem derselben wird der ein=
tretenden Göttin, wie der Wächter des Höllenthores sagt, weil
die „Fürstin der Erde" es so mit ihren Besuchern halte, ein
Stück ihrer Ausstattung abgenommen, und zwar an der ersten

Pforte die Krone, an der zweiten die Ohrringe, an der dritten das Halsgeschmeide, an der vierten der Mantel, an der fünften der mit Edelsteinen besetzte Gürtel, an der sechsten die Arm- und Fußspangen und an der siebenten die letzte Hülle. Wir halten es für möglich, daß hierin eine symbolische Andeutung auf Einrichtungen und Gebräuche der chaldäischen Geheimlehre verborgen ist, die recht wohl sieben Grade der Einweihung haben konnte, die durch besondere Abteilungen einer verborgenen Örtlichkeit und durch neue Enthüllungen von Geheimnissen unterschieden waren, bis sie mit vollständiger Enthüllung derselben endeten. — Die Herrin der Unterwelt leistet aber Istar nicht nur keine Hilfe, sondern behandelt sie feindselig und überhäuft sie mit leiblichen Übeln. Auf der Erde aber hört, da Istar die Göttin der Liebe ist, alle Paarung bei Menschen und Tieren auf, was endlich die Götter bewegt, von Allatu die Freilassung Istars zu verlangen. Mit Widerstreben willigt sie ein; Istar wird geheilt und entlassen und erhält an jedem Thore das ihr Entrissene wieder zurück. Das Gedicht hatte die besondere Bestimmung, vom Totenpriester den trauernden Hinterbliebenen zum Troste hergesagt zu werden, um zu zeigen, daß die Pforten der Unterwelt nicht unüberwindlich sind, sondern daß für die Schatten eine Möglichkeit sei, noch zum Lande der Seligen (wo Istar wohnt) zu gelangen. —

9. Zoroaster und die Perser.

Mußten uns schon in Chaldäa die Spuren wirklicher Geheimlehren der Priester dunkel und unaufgehellt erscheinen, so verschwinden solche, je weiter wir uns von den alten Kulturmittelpunkten Nordafrika's und Westasiens entfernen, immer mehr, wenn es auch an Analogien nirgends fehlt. In Persien, dessen sonstige Kultur ein Ableger der chaldäischen ist, waren die Priester (Athravan) der Lichtreligion Zarathustra's oder Zoroasters die oberste von drei Klassen des Volkes und von den beiden anderen, den Kriegern und Ackerbauern, mehr abgeschlossen als diese unter sich. Ursprünglich ein medischer Stamm, heirateten sie nur unter sich und besaßen allein im Lande höhere Bildung. Der König wurde wie in Ägypten unter sie aufgenommen. Sie wanderten vielfach als Lehrer im Lande umher, belehrten aber in religiöser Beziehung nur ihre Standesgenossen. Ihr Oberster hieß nach dem Religionsstifter Zarathustrotema, d. h. dem Zarathustra am nächsten stehend, und hatte seinen Sitz in der heiligen Stadt Ragha (jetzt Rai), deren Bewohner aber (wie die neueren Roms) im Rufe des Unglaubens standen. Die Priester allein regierten dort und kein weltlicher Beamter hatte dort zu befehlen. Aber auch im übrigen Lande betrachteten sich die Priester als nur unter den Befehlen des Zarathustrotema stehend.

Sie waren überdies Ärzte, Stern- und Traumdeuter, Schreiber, Richter, Beamte, Dolmetscher u. s. w. Das Volk beschäftigten sie ausschließlich mit Verehrung des heiligen Feuers, Anhören ihres Hersagens von Stücken der heiligen Bücher und zahllosen Ceremonien der Reinigung von Sünden gegen die Religionsvorschriften. Alles dies deutet auf des Bestehen eines Mysterienbundes der Priester hin, welcher den eigentlichen Inhalt der Lehren ihrer Religion vor jedem Uneingeweihten geheim hielt und allein wußte, was dem Kampfe zwischen der guten Welt des Ormuzd und der bösen des Ahriman ursprünglich zu Grunde lag, nämlich wahrscheinlich der Wechsel zwischen Tag und Nacht oder Sommer und Winter.

10. Brahmanen und Buddhisten.

Ähnlich lagen die Dinge in Indien. Hier trennte eine noch tiefere Kluft die Priester, welche die oberste Kaste, die der Brahmanen noch heute bilden, vom Volke, als in Persien. Sie dürfen mit Leuten keiner anderen Kaste Gemeinschaft haben und von Niemandem etwas annehmen als von Kastengenossen. Sie stehen außerhalb des Staates und seiner Gesetze und haben ihre eigenen. Vom Volke werden sie wie Götter angesehen; sie und ihre Schüler, die Brahmatscharin, beleben, wie das Atharva-Veda (Ceremonialgesetzbuch) sagt, beide Welten, ja sie haben Himmel und Erde festgestellt, brachten die Religion, die Götter und die Unsterblichkeit hervor, erzeugten die Welt, unterdrückten die Dämonen. Dies spiegelten sie dem Volke vor; da sie aber natürlich wußten, daß es sich nicht so verhält, so bestand folgerichtig eine Geheimlehre unter ihnen, und sie bildeten einen Mysterienbund, dessen Glieder allein wußten, wie es sich verhielt und daß das Volk belogen wurde. Der religiöse Standpunkt war daher ein völlig anderer unter den Brahmanen und den übrigen Hindus. Jene waren Pantheisten, diese Götzendiener. Jener Pantheismus war der Inhalt der heiligen Bücher, welche die zweite und dritte Kaste (Krieger und Ackerbauer) nicht verstanden, und die vierte, die dienende (und zahlreichste), gar nicht lesen durfte.

Nach dieser Lehre waren alle Götter und die gesamte Schöpfung aus der Ewigkeit (Aditi) entsprungen. Büßer und Einsiedler standen in den Augen der Brahmanen höher als Könige und Helden, ja sogar höher als Götter. Aber auch das Einsiedlerwesen genügte ihnen nicht, weil auch die zwei nächsten Kasten daran teilnehmen durften. Als ihr besonderes Organ schufen sie daher die Idee einer Art von Weltseele, das Atman-Brahman (das All-Ich oder Ich-All), dessen Lehre der Brahmane Jabschnavaltja feststellte, von der sie aber selbst sagten, daß der Mensch sie nicht begreifen, daß man Niemanden darüber belehren könne. Auf diese Weise der Ohnmacht, das Rätsel des Seins zu lösen, preisgegeben, verfielen die Brahmanen auf den Gedanken, die Welt nur als Schein, als Traum der Weltseele zu betrachten und ergaben sich infolge dessen der Auffassung, daß alles Irdische nichtig sei, — dem Pessimismus. Sie erdichteten ungeheure Weltperioden, in deren Verlaufe die Welt immer schlechter wurde und die Wesen stets nur geboren wurden um zu leiden, zu sterben und entweder in der Seelenwanderung zu neuem Leiden zu erwachen oder in schauerlich ausgemalten Höllen zu büßen. Da das Volk von alle dem wohl nur die Höllenqualen begriff, gaben ihm die Brahmanen auch noch einen höchsten Gott, der denselben Namen erhielt, wie ihre Weltseele, Brahma, und diesem eine Gattin, Saraswati. Sie bemühten sich, den Brahma als Schöpfer zu beschäftigen, ließen ihn aber dabei doch nur eine passive Rolle spielen, womit das Volk so wenig zufrieden war, daß es anderen Göttern, besonders dem glänzenden Vischnu und dem furchtbaren Siva, größere Aufmerksamkeit erwies. Erst weit später wurden die drei Götter zu einer Art von Dreieinigkeit verbunden, die aber eigentlich nur ein dreiköpfiges Bild war und weder Tempel noch Opfer erhielt. So versanken die Brahmanen immer mehr in unfruchtbare Spekulation, während sich das Volk in die Parteien der Bischnuiten und Sivaiten teilte, und die Religion der Hindus erlebte den tiefen Verfall, in dem sie sich heute befindet.

Vor diesem Verfalle hatte sie im 6. Jahrhundert vor Chr. Bubbha zu retten versucht. Der Bubbhismus ist keine neue Religion, sondern nur eine Reform des Brahmanismus; aber weil er in Vorderindien keinen festen Boden fassen konnte und diesen schließlich ganz verlor, dagegen in Hinterindien, Tibet, China und Japan großen Anhang gewann, hat er durch Vermischung mit den alten Religionen dieser Länder einen mehrfachen eigentümlichen Charakter angenommen. Erwachsen ist er aus einem Mönchsorden, welchen Sibbhartha, später Bubbha, der Vollendete genannt, stiftete. Seine Lehre war rein ethisch und gipfelte in dem Grundsatze, daß nur alles Loslösen von irdischen Dingen Heil und Frieden gewähre. Bubbha selbst war ziemlich streng in der Aufnahme seiner Jünger, so daß seine Lehre zu seiner Zeit manches von einer Geheimlehre hatte. Nach seinem Tode aber, als erst er selbst, dann mehrere angeblich vor ihm erschienene und nach ihm zu erwartende Bubbhas zu Göttern erhoben wurden, und dazu noch die indischen Götter und diejenigen der Völker kamen, zu denen der Bubbhismus drang, und diese Religion sonach unter dem Volke zu einer polytheistischen entartete, legten die Gebildeten die ursprüngliche Lehre des Stifters in verschiedenen Schulen bald so, bald anders aus, indem sie sich namentlich darüber stritten, ob das von Bubbha gepriesene Nirvana (wörtlich: das Auslöschen) der Tod und das Nichts oder ein seliger Zustand sei. So erhielt der Bubbhismus der Priester und Schriftgelehrten manche Ähnlichkeit mit einer Geheimlehre; doch ist nichts von förmlicher Organisation einer solchen bekannt.

11. Geheimbünde der Naturvölker.

Selbst unter den sogenannten Naturvölkern, d. h. jenen Völkern, die von der Natur abhängiger sind, als sie von ihnen, haben Geheimlehren und Geheimbünde der Priester, die freilich bei den roheren Stämmen nur Zauberer sind, ihre Analogien. — Die Priester von Hawaii, welche in dieser

Hinsicht nach den Kulturvölkern wohl am höchsten stehen, besitzen eine eigene Weltschöpfungslehre in ihrer Sprache, welche sehr hohe Gedanken enthält und in ergreifender Weise schildert, wie auf die Finsternis (Po) das Licht (Ao) folgte (näher dargelegt in Bastians „heiliger Sage der Polynesier").

Die Zauberer der Naturvölker bilden in allen Erdteilen, wo noch solche leben, geheime Gesellschaften, die ihre Kniffe dem an sie felsenfest glaubenden Volke verheimlichen. Die Angekoks der Eskimos, die Medizinmänner der nordamerikanischen Indianer, die Schamanen der sibirischen Völker, sowie die verschiedene Namen führenden Zauberer der afrikanischen und anderen Stämme bilden meist abgeschlossene Kasten, vererben ihre angebliche Kunst, Wetter zu machen, Krankheiten zu heilen, Diebe zu entdecken, Hexerei zu vereiteln u. s. w. auf ihre Nachkommen, bereiten sich auf ihr „Amt" durch sonderbare Prüfungen und Ceremonien vor und erscheinen in phantastischen Aufzügen. Bei den Zulukaffern sondert sich der, welcher ein Zauberer werden will (meist der Enkel eines solchen), vom gewöhnlichen Leben ab, hat sonderbare Träume, sucht die Einsamkeit auf, springt in Sätzen umher, stößt Schreie aus, fängt Schlangen, welche andere Kaffern nicht berühren, empfängt schließlich den Unterricht eines ältern Zauberers und wird von der Versammlung dieser Charlatane förmlich aufgenommen. Es giebt dort auch Zauberinnen, welche eine ähnliche Einweihung durchmachen.

Unter den Naturvölkern giebt es aber noch anderweitige Geheimbünde. Auf den Gesellschaftsinseln, d. h. auf Tahiti und Umgebung bilden die Häuptlinge unter dem Namen Erih oder Areoi einen Bund, den sie auf den Kriegsgott Oros zurückführen. In zwölf Klassen mit eigenen Großmeistern geteilt, welche sich durch die Art ihrer Tätowierung unterscheiden, halten sie fest zusammen, üben gegen einander unbegrenzte Gastfreundschaft, leben chelos, töten ihre natürlichen Kinder und enthalten sich jeder Arbeit. Ein Teil von ihnen besucht die verschiedenen Inseln und führt vor dem Volke Tänze und Festspiele auf.

Auf den mikronesischen Inseln bestehen ähnliche Gesellschaften, Klöbbergöll genannt, welche in besonderen Häusern zusammenwohnen, den Häuptlingen im Kriege als

Gefolge dienen und für sie bestimmte Arbeiten verrichten. Es giebt dort auch Weiberklubs, deren Gliedern bei Festen zu Ehren fremder Gäste kleinere Hilfeleistungen obliegen.

Auf der Insel Neubritannien (jetzt als deutsche Besitzung Neupommern) besteht eine geheime Verbindung, welche Duk=Duk heißt und deren schreckhaft maskierte Eingeweihte die Rechtspflege besorgen, Bußen einziehen und bis zu den Strafen des Hausanzündens und Tötens vorgehen können. Sie erkennen sich durch geheime Zeichen und von ihren Festen ist jeder Uneingeweihte bei Todesstrafe ausgeschlossen. Mangel an staatlicher Ordnung treibt die Völker im Interesse der Sicherheit zu derartigen Mitteln, wie auch das folgende Beispiel zeigt.

In Westafrika giebt es zahlreiche Geheimbünde der Neger, deren Mitglieder sich durch weißen Kalkanstrich auszeichnen, den sie bei der Einweihung erhalten. Ihr Zweck ist die Verfolgung und Bestrafung der Verbrecher und die Eintreibung der Steuern. Diese Bünde besitzen in jedem Orte eigene Häuser und verpflichten ihre Angehörigen zur tiefsten Verschwiegenheit. Sogar die Naturvölker haben somit ihre gegeheime Polizei und ihre heimlichen Gerichte.

Zweiter Abschnitt.

Die griechischen Mysterien und die römischen Bacchanalien.

1. Hellas.

Die Geschichte der geheimen Verbindungen führt uns von den fremdländischen Gestaden überseeischer Länder an die unserem heimischen Europa angehörenden sonnigen offenen Küsten von Hellas. Wir finden ein ganz von Halbinseln und Inseln gebildetes Land, unter tiefblauem, südlichem Himmel, in blühenden Gärten und schattigen Hainen ein üppiges Pflanzenleben entfaltend. Kräftig tost des herrlichen Meeres schäumende Brandung in den links und rechts und überall sich öffnenden Buchten; Schiffe kommen an und fahren ab mit schallendem Ruderschlag und schwellendem Segel, und geben Zeugnis von regem Verkehr und Handel mit der Außenwelt, vom Fuße des Kaukasos im goldreichen Kolchis bis zu den Säulen des Herakles im Lande der Hesperiden und darüber hinaus in den schrankenlosen Okeanos. Und an den Ufern erheben sich Städte, — stufenartig erhöht, Säulengänge schmücken ihre Ränder und und ziehen sich an den Gebäuden hin, aus denen die hohen Giebeldächer der Tempel hervorragen, gestützt von schlanken, blumen= oder schnecken= oder auch einfach quadergekrönten Säulen. Dazwischen bewegt sich ein lebhaftes, melodisch zugleich und kräftig sprechendes, feurig blickendes Volk in leichtem Gewande, Gestalten, wie sie sich die Phantasie als Ideal menschlicher Schönheit vorstellt. Und damit ist die eigentümliche Gabe, der hohe Vorzug dieses Volkes ausgedrückt, sie bestehen in dem Sinne für das Maß und die Harmonie in Nachahmung der natürlichen Schönheit durch das Mittel erst des Holzes, dann des Steins und endlich des Metalls. Der Gedanke an Kunst und Schönheit erweckt immer auch den an Griechenland. Ewig wird das alte Hellas unser Vorbild in der Pflege der Schönheit bleiben, und nichts kann die bildende Kunst erreichen, was nicht schon an jenen gesegneten Gestaden der Thalassa erreicht worden wäre.

Alles griechische Leben drehte sich um Staat und Religion. Da indessen in jenem die Idee der Schönheit wenig Gelegenheit hat, sich geltend zu machen, so nahm sie mit um so mehr Erfolg das Gebiet des Glaubens an übersinnliche Dinge für sich in Anspruch. Die griechische Religion ist ein eigentlicher Kultus der Schönheit. Ihr Ursprung ist derselbe, wie wir ihn bereits als denjenigen sämtlicher polytheistischen Religionen des Altertums skizziert haben; er liegt in einer Personifikation der Naturkräfte und Weltkörper, nur daß dieselbe sich ganz anders entwickeln mußte, als bei den für Schönheit unempfänglichen, nur barocke, widernatürliche und häßliche Götterbilder hervorbringenden morgenländischen Völkern. Die Griechen verehrten in ihren grauen Urzeiten allerdings zuerst die Naturmächte unter der Gestalt von Tieren, worunter namentlich die Schlangen, als fußlose Bilder der Gestirne, eine große Rolle spielten, wie noch jetzt im Märchenglauben des Volkes. Mit der Zeit vermischte sich Tier- und Menschengestalt, es entstanden Gottwesen mit Tierköpfen, Pferdeleibern (Kentauren), Bocksfüßen (Satyrn); aber schon früh brach die angeborene Anlage der Hellenen hervor und die Bilder ihrer Götter wurden nach und nach Ideale der höchsten körperlichen Vollkommenheit, die man kannte, also der menschlichen Gestalt. Allerdings haben auch sie, gleich den Orientalen, die ursprüngliche astronomische und physikalische Bedeutung ihrer Mythen vergessen; allein während ihren Nachbarn jenseits des Meeres, wenigstens der Masse des Volkes, die aus Naturkräften zu Göttern gewordenen Wesen reine Fetische waren, die nur in dem Stoffe existierten, aus dem sie gebildet worden, — Gegenstände dumpfer Scheu und wilder Furcht, — verwandelten sich dem Hellenen die Naturwesen in ethische (sittliche) Mächte, in Ideen, die er sich unter schöner Gestalt versinnbildlichte, die er nicht scheute, sondern mit denen er umging wie mit Seinesgleichen, und von denen seine Dichter sangen, wie von Helden sterblicher Geschlechter. Darin besteht die eigentliche Charakteristik der griechischen Götterverehrung.

Die Hellenen kannten kein Dogma, kein Glaubensbekenntnis, keinen Religionsunterricht, keine Offenbarung. Wenn man bei ihnen nur überhaupt die Götter, als Repräsentanten sittlicher Grundsätze ehrte, so that man den religiösen Pflichten Genüge; in welcher Weise, wo, wann und wie oft man es that, das war jedem überlassen, darum bekümmerte sich kein anderer. Freilich müssen wir an die sittlichen Grundsätze, welche die Götter vertraten, seitdem ihre eigentliche Herkunft vergessen war, nicht unsere heutigen Maßstäbe legen. Die Griechen waren in dem, was wir jetzt moralisch nennen, nicht sehr skrupulös, und es bedarf wahrlich ihrer großen Verdienste um die Schönheit, um uns mit ihrem großen Mangel an Verdiensten um die Tugend auszusöhnen. Es waren namentlich die beiden Punkte der Redlichkeit und der Keuschheit, in denen sie gar viel zu wünschen übrig ließen; aber wie war es anders zu erwarten, da sie in ihren Göttern, wie sie solche im Laufe der Zeiten mißverständlich auffassen lernten, ein keineswegs erbauliches Beispiel sittlicher Grundsätze, deren Vertreter dieselben doch sein sollten, vor sich hatten! Indessen wird der Geist der Geschichte auch den Griechen aus dem Grunde immerhin viel verzeihen, weil sie viel geliebt haben!

So wenig streng und bindend war der griechische Götterglaube, daß die einzelnen Teile dieses Volkes keineswegs über die Zahl und den Rang der Götter einig waren. Unter die zwölf obersten Götter des Olympos zählte man hier Diesen nicht, dort Jenen. Hier erwies man dem Einen mehr Ehre, dort einem Andern, gerade wie heutzutage noch in katholischen Gegenden den verschiedenen Heiligen. Ja, Lokalgötter, wie z. B. Athene (Minerva) in Athen, erfuhren oft weit mehr Verehrung als Zeus, der Vater der Götter und Herrscher im Donnergewölk. Der Schönheitskultus ging selbst so weit, die Götter zu vervielfältigen und sie, nach berühmten Bildern, in solche verschiedener Örtlichkeiten zu spalten, die man wirklich nach und nach für verschiedene Wesen hielt, so daß selbst ein Sokrates zweifeln konnte, ob Aphrodite (Venus) Urania und

Aphrodite Pandemos eine und dieselbe Person seien oder nicht. Noch mehr, man schuf sogar anonyme Götter, wenn die bekannten nicht ausreichten, z. B. einen „größten", sowie „reine", „sühnende", „gute", „herrschende", und, wie wir aus der Apostelgeschichte wissen, „unbekannte Götter". Was nun den Charakter all dieser Götterwesen betrifft, so waren dieselben den Griechen, diesem Volke, das überall Schönheit suchte, — weder Ungeheuer wie die ägyptischen, indischen, phönikischen, noch körperlose Geister, wie die persischen und israelitischen, — sondern Menschen, die nicht sterben konnten, — mächtige Wesen mit menschlichen Gefühlen, Neigungen und Leidenschaften. Die Griechen kannten keinen Jahve, — freilich aber auch keinen Teufel! Weder fehlerlos, noch tugendlos waren die Götter, — eben wie sie selbst! Allerdings fanden sich bei ihnen noch Überbleibsel jenes Stadiums der Mythologie vor, auf welchem Menschen- und Tiergestalt vermischt wurde. Es zeigt sich dies in den Kentauren, der Chimära, dem Minotauros, den Satyrn u. s. w.; allein diese Wesen waren nur noch Gegenstände der Sage, in welcher sie bald die schrecklichen, bald die lustigen Rollen spielten; göttliche Verehrung wurde ihnen nicht mehr erwiesen. Ebenso verhielt es sich mit Dämonen und Plaggeistern (Aliterien, unsere Gespenster!), welche ebenso wenig der Religion, sondern dem Aberglauben und hier und da der Poesie angehörten. Daß wirkliche Menschen von Göttern erzeugt und nach ihrem Tode als Heroen verehrt, wenn auch nicht gerade immer (wie z. B. Herakles) vergöttert werden konnten, paßt vollkommen in das griechische Prinzip des Anthropomorphismus (der Menschenverwandlung). In Hellas wurden Menschen zu Göttern, — im Christentum Gott zu einem Menschen. Bei der Heroisierung ging es übrigens nicht weniger willkürlich zu, als bei der römisch-päpstlichen Heiligsprechung.

2. Der hellenische Götterdienst.

Die griechische Religion war Staatsanstalt. Ihr Mangel an Dogmen milderte zwar die sonstige Gefährlichkeit dieser Anordnung für die Freiheit des Gedankens; aber auf der andern Seite wurde hierdurch der Glaube zum Deckmantel für das Treiben politischer Parteien. So wurde z. B. Sokrates unter

dem Vorwande seines Abfalles von der öffentlichen Religion
durch eine ihm feindliche politische Partei aus dem Wege ge=
räumt. Ketzergerichte ohne politische Veranlassung waren fremd
in Griechenland, und ungescheut sprachen sowohl die Philosophen,
als die in die Mysterien Eingeweihten ihre vom offiziellen
Götterglauben beidseitig abweichenden Überzeugungen aus, ja
das Lustspiel und zwar sogar jenes des konservativen Aristo=
phanes, führte auf der Bühne die Götter in den lächerlichsten
und entwürdigsten Situationen vor. Der Staat war zufrieden,
wenn der öffentliche Gottesdienst, dessen Feste er bestimmte und
dessen Opfer er vorschrieb, seinen Fortgang hatte; die Meinungen
der Einzelnen waren ihm gleichgültig; er sorgte weder für die
Pflege positiven, noch für die Unterdrückung negativen Glaubens.
Man betrachtete den Kultus als eine Art von Rechtsverhältnis
zwischen den Göttern und den Menschen; jene hatten Opfer,
diese Hülfe in Anspruch zu nehmen, beide das Umgekehrte
hinzugeben. Die Tempelschändung und die Zerstörung heiliger
Dinge waren daher schwere Verbrechen. Man brauchte nicht
an die Wunder der Götterbilder zu glauben; aber man mußte
sie stehen lassen. Und da nun einmal die Götter offiziell
als existierende Rechtswesen anerkannt waren, so wurden, wenn
man klagte, aber auch **nur dann,** — ihre Leugnung, Ver=
höhnung und Verspottung als höchster Grad der Injurie an=
gesehen und mit Verbannung bestraft. All dies war weder
Fanatismus, noch Intoleranz, sondern einfach eine eingewurzelte
Vorstellung und Auffassung von Recht und Unrecht. Daß es
so war, beweist auch der Umstand, daß der Einführung fremder
Götter und ihres Kultus gar nichts in den Weg gelegt wurde,
wenn nur die einheimischen Gebräuche unverletzt blieben; es konnte
sogar vorkommen, daß solche fremde Götter, wenn ihr Dienst
Anklang fand, in den Staatskultus aufgenommen wurden.

Eine solche für das Altertum höchst bedeutende Religions=
freiheit, welche jedenfalls die des Mittelalters weit übertrifft,
wo selbst die Übertretung der Fastengebote hier und da mit
dem Tode bestraft wurde, — und welcher eine Ketzerverbrennung
auf bloßen Verdacht des Unglaubens, wie in Spanien, undenk=
bar war, — konnte natürlich nur bestehen, wo es keine
Priesterkaste, ja nicht einmal überhaupt einen besonderen
Priesterstand gab. Religiöse Handlungen konnten von

verschiedenen Personen ausgeübt werden. Im Namen des
Staates verkehrten die Könige, oder wenn er eine Republik
war, deren oberste Beamte mit den Göttern, d. h. sie besorgten
die Opfer, — für die Familie übte der Hausvater dieses Recht.
Nur in den Tempeln oder andern dem Gottesdienste geweihten
Lokalitäten waren Priester als solche angestellt, hatten aber
außerhalb derselben nichts zu thun, also z. B. auf das Ge=
wissen der Menschen in keiner Weise einzuwirken. — Der
Priester besorgte also einfach in seinem Heiligtume das, was
das Staatsoberhaupt oder der Familienvater in seinem Kreise
that. Von Vorrechten und Einfluß der Priester, wie in
Ägypten, war in Hellas keine Rede; es konnte hier also auch
keine priesterlichen Geheimbünde, — es konnte keine für sich
abgeschlossene priesterliche Wissenschaft geben. Die griechischen
Staaten besaßen eine wohlgegliederte Hierarchie von Beamten,
welche, ohne Priester zu sein, die vom Staate angeordneten
religiösen Ceremonien besorgten. Ihre Ämter waren oft, wie
diejenigen der Priester beinahe immer, infolge von Stiftungen
in gewissen Familien erblich. Das Priestertum gewisser Gott=
heiten wurde von Frauen verwaltet, und es gab Götter und
Göttinnen, bei welchen nur unverheiratete Priester angestellt
sein konnten; auch anderweitige Beschränkungen in der Lebens=
weise kamen vor. Daß Angehörige der benachteiligten Stände
in Aristokratien und Nichtbürger in Demokratien vom Priesteramte
ausgeschlossen waren, lag in den politischen Verhältnissen begründet.

So wenig als an bestimmte Personen, war der griechische
Kultus an bestimmte Orte gefesselt. Die Götter waren überall;
die höchsten wohnten auf dem Olympos, andere im Meere, in
der Unterwelt, in Hainen, Bäumen, Flüssen, Bergen, Grotten
u. s. w. Alles war den Hellenen gotterfüllt, und ihre Religion
daher eigentlicher Pantheismus. Außer den Tempeln wurden
an allen möglichen Orten Altäre errichtet, in den Häusern, an
den Straßen, in Wäldern, und zwar desto größere, je höher
der Rang des betreffenden Gottes war. Wenn sie zu keinem
Tempel gehörten, so hieß der Ort, wo sie sich befanden,
τέμενος, heiliger Hain. — Beide aber, Tempel und Haine,
waren Asyle für Schutzflehende, so weit und so lange die Ver=
hältnisse die Schonung solcher gestatteten. Der Natur der
Sache gemäß waren Götterbilder noch häufiger als

Altäre. Eine einfache Einweihung genügte zu ihrer Verehrung, die übrigens Geschmackssache der einzelnen war, und letztere ließen oft ihren Ärger und Zorn über nicht erhörte Gebete an den Bildern mit derselben Naivität aus, wie noch jetzt Spanier und Italiener an ihren Heiligenbildern, und ebenso gut, wie diese leider noch jetzt, konnten auch jene weinen, Blut schwitzen und die Augen verdrehen.

Die Verehrung, die man den Göttern darbrachte, bestand:

1) in Anrufungen mit Worten, welche wieder zerfielen in Gebete (sie wurden bald vor den Götterbildern, bald gegen den angeblichen Wohnsitz der Götter selbst hingewandt, bald leise, bald laut gesprochen, bald gesungen), in Eide, wobei man die Götter zu Zeugen der Wahrheit anrief, und die zuweilen zu einer Art Ordal oder Gottesurteil ausarteten, und in Flüche oder Verwünschungen, wodurch die Götter zur Rache an Missethaten angerufen wurden, eine Form, welche sogar von Staatswegen Anwendung fand;

2) in Weihgeschenken ($\dot{\alpha}\nu\alpha\vartheta\dot{\epsilon}\mu\alpha\tau\alpha$), die ungefähr den katholischen Votiven entsprachen, Gegenstände verschiedenster Art, die man den Götterbildern zu Füßen legte, — selbst Tiere, die ihnen zu Ehre gefüttert wurden, und Menschen, die sich ihrem Dienste widmeten, wie noch jetzt die von ihren Eltern zu Mönchen und Nonnen bestimmten Kinder;

3) in Opfern; sie waren meist Trank- und Speiseopfer, die man vor ihnen ausgoß oder verbrannte, auf besondere Veranlassungen aber Sühnopfer, bei denen Tiere geschlachtet wurden, um den Zorn der Götter abzuwenden, oder Zweckopfer, bei Weissagungen und Verträgen (Friedensschlüssen, Bündnissen u. s. w.) und vor dem Beginn von Schlachten; Menschenopfer kamen nur in den ältesten Zeiten häufiger, später nur noch an todgeweihten Verbrechern oder gefangenen Feinden vor.

Besteht die Religion im Glauben an überirdische Mächte und in Verehrung derselben, so hat dagegen der Wunderglaube seine Wurzel in der Meinung, daß diese Verehrung durch Einwirkung ihrer Objekte auf die Körperwelt erwidert werde. Der Wunderglaube ist somit ein Spiegelbild, das dem wirklichen Bilde beinahe jeder Religion unfehlbar folgt und ihre Ausartung in's Ungeheuerliche veranlaßt. Eine derartige Einwirkung der übersinnlichen Welt wird Offenbarung genannt. In dieser Beziehung nun unterschied sich die griechische Religion von anderen Glaubensformen dadurch, daß sie keine offizielle, feststehende Offenbarung annahm, an die zu glauben jedermann verpflichtet wäre, wohl aber für besondere Fälle die Möglichkeit einer Offenbarung der Götter festhielt, — ein Glaube, den selbst die bedeutendsten griechischen Philosophen, wie namentlich Sokrates und die Stoiker, aus voller Überzeugung teilten und verteidigten. War nun schon die Erhörung der Gebete und die Entscheidung der Ordalien ein schwacher Anfang von Offenbarung, so erstieg dieser Wahnglaube noch höhere Stufen der religiösen Ausartung in der Mantik, den Orakeln und den Beschwörungen.

Die Mantik oder Seherei war entweder unabsichtlich oder absichtlich. Die unabsichtliche bestand im Traume während des Schlafens, und in der Ekstase, oder Vision während des Wachens. Absichtliche Mantik wurde dagegen getrieben durch die sog. Zeichendeuterei. Ein Seher ($\mu\acute{\alpha}\nu\tau\iota\varsigma$) wurde ein Mann genannt, welcher solche Zeichendeuterei ausübte, sei es, daß er dabei von seiner Phantasie betrogen war oder blos vorgab, von göttlicher Begeisterung ergriffen zu sein. Sage und Geschichte erzählen von berühmten Sehern, welche aus dem Vogelfluge, den Lufterscheinungen, dem Stande der Gestirne und in späterer Zeit aus den Eingeweiden der Opfertiere wahrsagten, auch die Träume deuteten und auf Verlangen Ekstasen oder Visionen hatten, wofür sie sich ihre Kassen reichlich füllen ließen. Es gab ganze Geschlechter von Sehern. Aber auch ohne solche zu fragen und ohne selbst welche zu sein, gaben sich einzelne damit ab, wie noch heute abergläubiges Volk, aus verschiedenen Vorgängen des gewöhnlichen Lebens oder auch aus besonders veranstalteten Verumständungen ihr Schicksal zu erfahren. Dahin gehörte z. B. die Buchstabenweissagung, indem man die 24 Buchstaben des Alphabets in Kreisform auf den Boden zeichnete, auf jeden ein Korn legte, einen Hahn hineinstellte und Acht gab, welche Körner er wegpickte, (Alektryomantie) oder auch auf eine Schüssel, über die man dann einen an einem Faden hängenden Ring schwingen ließ, u. s. w.

Die Orakel sind eigentlich blos eine an bestimmte Orte (Tempel oder andere Heiligtümer) gebundene und bestimmten

Personen übertragene Mantik; sie hießen deshalb auch μαντεία. Es gaben mehrere Gattungen derselben:

1) Zeichenorakel, deren ältestes und berühmtestes dasjenige des Zeus zu Dodona in Epeiros war, indem es schon bei Homer erwähnt wird. Die Priester des dortigen Heiligtums weissagten aus dem Rauschen der heiligen Eiche, zogen vor dem Altar Lose oder befragten ein geweihtes Erzbecken.

2) Spruchorakel; sie waren fast sämtlich dem Apollon geweihte Heiligtümer und in Griechenland, wie in Kleinasien, überall zerstreut. Das angesehenste unter ihnen war dasjenige zu Delphi, dessen Priesterin, die Pythia, eine Jungfrau, sich bei Befragung des Orakels auf einen Dreifuß setzte, der über einem Dünste ausströmenden Erdschlund stand, und, hiervon berauscht, Worte äußerte, die dann von den Priestern in Verse oder Sprüche eingekleidet wurden, wobei anfangs Selbsttäuschung, später immer mehr Betrug die Hauptrolle spielte.

3) Traumorakel endlich gab es an mehreren Heiligtümern des Asklepios (Äskulap, Gott der Gesundheit), wohin sich Kranke bringen ließen, um aus den Träumen, die sie dort hatten, von den Priestern des Asklepios Belehrung über ihre Heilung zu erhalten; das berühmteste war zu Epidauros in Argolis.

Beschwörungen, welche sich bis zur Zauberei (Magie) verstiegen, waren im alten Griechenland, besonders seit dessen Verkehr mit dem Morgenlande, sehr im Schwange; es wurden jedoch mit richtigem Takte, nicht die alten hellenischen, sondern nur fremde Götter und Dämonen dabei in Anspruch genommen. Man glaubte an Beschwörung des Wetters, Verwandlung der Menschen in Tiere, Gewinnung von Liebe durch Tränke u. s. w., wie der heutige Aberglaube immer noch, und wandte Zauberformeln an, welche aus unverständlichen, keiner Sprache angehörenden Worten zusammengestoppelt waren.

3. Die hellenischen Mysterien.

So waren Götterglaube und Wunderglaube, oder Bild und Spiegelbild der griechischen Religion beschaffen. Beide bildeten die Volksreligion, die Religion des Gefühls, die Götterverehrung auf ihrem ursprünglichen, ästhetischen Standpunkte. Schon in den ältesten Zeiten stand aber der Volksreligion, wie wir schon in Ägypten gesehen haben, ein Kultus der Priester mit ihren Eingeweihten und Auserwählten, der Religion des Gefühls eine solche der Reflexion, der Gottesverehrung vom naiven, ästhetischen Standpunkte eine solche vom sentimentalen, romantischen, mystischen, welche namentlich auch den ethischen Standpunkt für den Glauben zu erobern und ihm unterzuordnen suchte, gegenüber. Diese letztere Religionsgattung ist hervorgegangen aus dem mystischen Gedanken, daß das Individuum vom Göttlichen wesentlich verschieden, ihm untergeordnet, von ihm abhängig sei, kurz aus der **Gottentfremdung**, zu welcher der Aberglaube der Mantik, der Orakel und der Magie bereits einen Übergang andeutet. Es ist der durch Reflexion gewonnene Drang, **den verlorenen Gott zu suchen**, der auf diesem Standpunkte in Hellas die **Mysterien** schuf, hervorgerufen durch den Mangel an Befriedigung mit Göttern, die dem Menschen gleich waren. Die Mysterien verleugnen den Ursprung der Religion aus dem Gefühl, sie verwerfen die Abhängigkeit derselben von Schönheit und Kunst, sie denken und grübeln über den verlorenen Gott und suchen ihn, indem sie alles Leben und Weben seinem Dienst unterordnen, indem sie das menschliche Thun und Treiben, also die Moral, nach dem Glauben richten, indem sie entweder menschliches Können oder menschliches Wissen verachten. In den griechischen Mysterien wurde zwar die Kunst der Volksreligion entlehnt und benützt, aber nicht selbständig gepflegt, ihr kein besonderer Charakter eingeprägt, und die Wissenschaft ganz bei Seite gelassen. Denn da in Hellas die Wissenschaft frei und an keinen Priesterstand gefesselt war, konnten hier die Mysterien nichts leisten; denn es blieb ihnen nichts übrig. **Kein griechischer Philosoph**, so viele ihrer waren, hat die Lehre der Mysterien zu seinem System benützt, ja sie nur einer Rücksicht gewürdigt. Die Mysterien waren was sie überall waren und noch sind: ein sich in sich selbst versenken, ein Deuten von göttlichen Dingen, ein Trauern um verlorene Göttlichkeit und Suchen derselben, ein Ringen nach Vereinigung mit Gott, nach Gnade und Erlösung, ein Schwelgen in den Vorstellungen von einem leidenden und sterbenden Gotte und von Aufenthalten der Seele nach dem Tode, von Offenbarung, Menschwerdung und Auferstehung, welche alle das Göttliche auf die Erde und das Menschliche in den Himmel ziehen, und eine Darstellung all dieser Ideen durch dramatische Vorgänge und Ceremonien, bei denen berückende und blendende Einwirkung auf die Sinne die Hauptsache thun mußte.

Die griechischen Mysterien waren demnach ein vollendeter Gegensatz zum eigentlichen Griechentum. Heiterkeit, Lebenslust, Klarheit in Fühlen und Denken, Abwesenheit alles Dunstes und Nebels waren die Kennzeichen des echten Hellenen, dessen Götterbilder daher mit ihren prachtvollen, sichern, vollen, runden Umrissen noch jetzt diesen Charakter verraten, und dessen Aberglaube sogar die Dinge einfach nahm, wie sie ihm erschienen. Dagegen waren Düsterkeit, Trauer, verschwommene, krankhafte, lichtscheue Phantastik, Symbolik, Mystik, Deutelei und Frömmelei in den Mysterien zu Hause. Dort Tag, hier Nacht, dort Wirklichkeit, hier Suchen und Wünschen, dort Sein, hier Schein, dort Wachen, hier Traum, dort Sättigung am Vorhandenen, hier Hunger und Durst nach nie zu erreichender Wahrheit. Die Mysterien waren daher ihrer ganzen Natur nach ungriechisch, fremd, abnorm. Sie paßten nicht auf hellenischen Boden, nicht in ihre Gegenwart; sie waren die Einleitung in eine Zukunft, in welcher Einer auftreten sollte, um alle die herrlichen Göttergestalten des Olympos, des Okeanos und des Hades (des Himmels, des Meeres und der Unterwelt) in die ewige Nacht der Vergessenheit zu stürzen.

Doch folgt indessen aus der Verschiedenheit zwischen den griechischen Mysterien und dem öffentlichen Leben des Volkes noch keineswegs, daß ihre Eingeweihten sich in dem mystischen Treiben nicht befriedigt gefühlt hätten, wenigstens teilweise. Wer sich in das Gefühl eines Bedürfnisses nach anderm, als die Zeit und der Ort, wo er lebt, ihm bieten, hineinvertieft und hineinlebt, der fühlt am Ende in seinem Grübeln selbst die Befriedigung jenes Bedürfnisses. Sentimentale, romantische, phantastische und mystische Seelen mußten sich daher in den Mysterien ungemein wohl befinden, während praktische, klare, naturwüchsige, konsequent denkende Geister von ihnen kalt gelassen wurden. Hören wir daher die Äußerungen zweier berühmter Mysten, eines Griechen und eines Römers, freilich

Beide aus der Zeit des Sinkens der Blüte ihrer Nation.
Euripides, der Tragiker, singt:
"O selig wem das Glück, die Götterweih'n zu kennen
Verlieh! Er heiliget sein Leben!"

Und der vielfach gelehrte (wenn auch charakterlose) Cicero läßt (de legibus II. 14) den Markus zu Attikus sagen: "Denn so viel Herrliches und Göttliches meines Bedünkens dein Athen hervorgebracht und in das menschliche Leben eingeführt hat, so ist doch nichts besser, als jene Mysterien, wodurch wir aus einem rohen und wilden Leben zur Menschlichkeit herausgebildet und gemildert worden sind. Auch haben wir, wie sie Einweihung (initia) genannt werden, so dadurch in der That die ersten Grundsätze (principia, Homonym von initia, beides heißt auch: Anfänge) des Lebens kennen, und nicht nur mit Freudigkeit leben, sondern auch mit einer bessern Hoffnung sterben gelernt." Dem Lichte folgt aber der Schatten, und der römische Polyhistor fährt gleich darauf fort: "Was mir aber an dem nächtlichen Gottesdienste mißfällt, geben die römischen Dichter an. Was hätte, wenn diese Freiheit in Rom gegeben wäre, Jener (der berüchtigte Clodius ist gemeint) gethan, welcher überdachte Unzucht in den Gottesdienst brachte, auf welchen nicht einmal aus Versehen ein Blick geworfen werden soll?"

Die griechischen Mysterien waren indessen keineswegs eine einheitliche Anstalt mit gemeinsamen Lehren und Grundsätzen, sondern eine Vielheit von besonderen lokalen Anstalten und Systemen, die unter sich in keinem Zusammenhange standen, vielmehr sehr bedeutende Verschiedenheiten darboten. Auch waren sie kein Monopol der Priester oder überhaupt einer besondern Menschenklasse; es wurde grundsätzlich Niemand davon ausgeschlossen, als solche, die sich selbst durch ihre Lebensweise der Einweihung unwürdig machten. Daher waren die griechischen Mysterien sehr verbreitet und ungemein zahlreich an Teilnehmern, zu welchen ohne Ausnahme alle Personen gehört haben sollen, welche irgendwie Ansehen genossen und Einfluß ausübten.

Den Ursprung der griechischen Mysterien findet man in dem Gebrauch der Reinigungen und Sühnungen. In den ältesten Zeiten Griechenlands finden wir nur körperliche

Reinigungen, welche bei religiösen Handlungen vorgeschrieben waren, um den Göttern nicht mit unreinem Leibe nahen zu können. Nach und nach gewann die Idee der Reinigung auch einen moralischen Sinn, und zwar in Folge des Gefühls der Gottentfremdung. Der Mensch mußte nicht nur von Schmutz, sondern auch von Sünden und Fehlern rein sein, um der Gottheit nahen zu dürfen, und wenn eine Schuld auf ihm lastete, mußte er sie sühnen, wie z. B. Orestes in den erschütternden Tragödien des Dichterfürsten Aschylos. Mit dem Bewußtsein der Sünde, mit dem Bedürfnis, Verzeihung zu erlangen und zu diesem Ende eine von Sünde freie, also dem Menschen durchaus unähnliche Gottheit zu wissen, beginnt und entwickelt sich die Mystik. Es kamen Sühnungen, namentlich der Blutschuld, nach und nach, und zwar noch innerhalb der Volksreligion, in allgemeine Übung. Sie bestanden in gewissen Ceremonien, bei welchen besonders Tierblut und Rauchwerk in Anwendung kam; dem Einzelnen konnten sie unter mildernden Umständen die Strafe ersparen, von ganzen Städten und Staaten die Flecken tilgen, die wegen Mordthaten bei Aufständen oder Bürgerzwist auf ihnen ruhten. Auch der geschlechtliche Umgang und die Niederkunft der Frauen machten einen geringern Grad von Reinigung notwendig. Bei alle dem kam es jedoch meist auf persönliches Ermessen an; ein Zwang zu den Ceremonien der Reinigung fand nicht statt. Aufgeklärte machten sie ohnehin nicht mit.

Eine besonders bedeutende Stellung nahmen aber die Reinigungen und Sühnungen in allen Mysterien ein, und unter diesen verstand man alle Gottesdienste, welche, weil von geschlossenen Körperschaften, wie Familien oder Gemeinden ausgehend, auch bei weiterer Ausdehnung nicht öffentlich, sondern nur in Gegenwart der Eingeweihten gefeiert wurden. Was von diesen Kulten der ihren Teilnehmer streng gebotenen Verschwiegenheit entschlüpfen und sich in die Kenntnis der Nachwelt hinüberstehlen konnte, ist ungefähr Folgendes.

4. Die Eleusinien.

Der wahrscheinlich älteste, berühmteste und ehrwürdigste unter den einheimischen Geheimdiensten Griechenlands war derjenige der Eleusinien, welcher zu Eleusis in Attika und anderen Orten der Göttin Demeter (römisch Ceres) und ihrer Tochter Persephone (Proserpina), später auch einer männlichen Gottheit geweiht war, welche in den Mysterien selbst Jakchos hieß, in welcher aber die Griechen der Namensähnlichkeit wegen den Bakchos suchten, obschon keine sprachliche Ableitung die Vertauschung von J und B kennt. Jakchos erscheint vielmehr als ein von der Volksreligion unabhängiger Gottesname und sprachlich verwandt mit Jao, Jovis pater (zusammengezogen Jupiter) und dem hebräischen Jahve. Den Namen Jao giebt Diodor (I. 94) dem jüdischen Gotte, und ein vorhandener Orakelspruch des Apollon von Klaros sagt:

Wisse, der sämtlichen Götter Erhabenster nennt sich Jao;
Aïdes erst im Winter und Zeus im beginnenden Frühling,
Helios drauf im Sommer, im Herbst dann milder Jao.

Diese Eigenschaft als Herbstgott führte um so eher auf Bakchos, der nur eine Personifikation der den Wein zeitigenden Sonne ist, und wie Demeter (ursprünglich Γῆμήτηρ, Mutter Erde), die Erdgöttin, zur Beschützerin des Ackerbaues, so wurde Bakchos zum Beförderer des Weinbaues. Ἔλευσις heißt im Griechischen „Ankunft" und soll diesen Namen daher haben, daß Demeter auf ihrer Wanderung zur Aufsuchung der geraubten Tochter unter der Gestalt einer Magd dort ankam, was ähnlich auch von Isis in Ägypten erzählt wird und auf die im Winter der Pflanzenwelt beraubte Erde paßt; den Bewohnern von Eleusis verlieh Demeter zum Danke für ihre Gastfreundschaft die Brotfrucht und die Mysterien. Von Eleusis aus verbreitete sich übrigens der Kultus der beiden verbundenen Gottheiten, über ganz Griechenland und einen Teil von Kleinasien, in etwas veränderter Form auch nach Italien, und an mehreren Orten entstanden Filialanstalten von Eleusis, in welchen dieselben Feste und Geheimdienste gefeiert wurden. Eleusis behielt aber stets den Vorrang. Die dortigen heiligen Gebäude, kunstvoll im dorischen Stil erbaut und prachtvoll eingerichtet, bestanden aus dem Tempel der Demeter und dem „mystischen Hause", in welchen die geheimen Feiern stattfanden. Sie waren durch die mit Tempeln und Heiligtümern reich besetzte „heilige Straße" mit Athen verbunden, wo ebenfalls ein eleufinisches Gebäude stand, in welchem ein Teil der Mysterien gefeiert wurde. Vor dem piräischen Thore daselbst befand sich ein ebenfalls zu diesen Gottesdiensten gehöriges Heiligtum des Jakchos, und noch ein „Eleusinion" (Gebäude für eleusinische Festlichkeiten) in Agrai. Die heiligen Gebäude von Eleusis bestanden bis zur Völkerwanderung, wo sie im vierten Jahrhundert nach Christus von den Goten Alarichs unter Anleitung fanatischer Mönche zerstört wurden.

Die Eleusinien standen von jeher unter der Aufsicht und Leitung des athenischen Staates. Seitdem dieser eine Republik geworden, gingen die Rechte, welche in Bezug auf die dortigen Heiligtümer sonst der König ausgeübt hatte, auf dasjenige Mitglied der obersten Vollziehungsbehörde, der Archonten, über, welches überhaupt die Oberleitung der religiösen Angelegenheiten besorgte und den Titel $\beta\alpha\sigma\iota\lambda\epsilon\iota\varsigma$ (König) trug, weil diese Geschäfte früher die wichtigsten des Königs gewesen waren. Ihm standen vier Räte, Epimeleten zur Seite; zwei davon wurden aus allen Athenern, zwei aber aus den beiden Geschlechtern der Eumolpiden und Keryken zu Eleusis gewählt. Den Bericht über die Verwaltung der Mysterien nahm der große Rat von Athen ($Bov\lambda\eta$) entgegen, indem er sich zu diesem Zwecke im Eleusinion zu Athen versammelte. Das Priestertum der Anstalt blieb stets im Besitze der beiden eleusinischen Geschlechter. Die oberste Persönlichkeit desselben war der Hierophant, welchem eine Hierophantin zur Seite stand. Nach ihnen kamen: der Fackelhalter ($\delta\alpha\delta o\tilde{v}\chi o\varsigma$), der heilige Herold ($\iota\epsilon\rho o\kappa\tilde{\eta}\rho v\xi$) und der Altarpriester ($\acute{o}\ \grave{\epsilon}\pi\grave{\iota}\ \beta\omega\mu\tilde{\omega}$). Auch diese Ämter sollen weibliche Parallelstellen gehabt haben. Diese Priester bildeten zusammen den heiligen Rat, welcher die eigentlichen Mysterienangelegenheiten besorgte.

Es wäre ein großer Irrtum, die eleusinischen Mysterien als einen Ausfluß der Aufklärung oder des Rationalismus betrachten zu wollen. Sie waren vielmehr eine ebenso religiöse und gläubige Anstalt, wie die Volksreligion selbst, nur mit dem Unterschiede, daß die letztere sich begnügte, die Götter zu verehren, die sie sich unter menschlicher Gestalt dachte, während die Mysterien sich in das Verhältnis zwischen Göttlichem und Menschlichem vertieften und das erstere als über dem letzteren stehend, und ihm keineswegs ähnlich auffaßten. Die Religion

der Mysterien oder die mystische wurde daher von den Staats=
behörden mit demselben Eifer und derselben Sorgfalt geschützt
und gepflegt wie die anthropomorphistische. Niemand sah in
jener eine Gefahr für diese, niemand dachte überhaupt daran,
die Mysterien für etwas der Staatsreligion Gefährliches zu
halten. Vielmehr waren dieselben in ganz Griechenland ge=
achtet und verehrt, und wurden, wie Pausanias versichert, als
das neben den olympischen Spielen Bewunderungswürdigste in
Griechenland betrachtet. Beide, Volksreligion und Mysterien,
waren Zweige eines Baumes, des Pantheismus, nur daß
erstere das Göttliche in allem Irdischen schon vorfand, letztere
es erst darin suchten und nach der Vereinigung mit ihm strebten.
Ebenso verfehlt, wie einen Rationalismus, wäre es aber auch,
in den Eleusinien einen Monotheismus suchen zu wollen; denn
Monotheismus d. h. ewige Trennung des Göttlichen und Ir=
dischen ohne alle Hoffnung auf Vereinigung, war rein orien=
talisch und dem überall Göttliches sehenden Griechen unver=
ständlich, wie wir denn auch bei keinem einzigen altgriechischen
Schriftsteller die Vorstellung eines schaffenden Demiurgos (Werk=
meister), wie in Ägypten, oder eines zürnenden und strafenden
Jahve, wie bei den Hebräern, finden. Wer sich daher in
Eleusis einweihen ließ, fiel dadurch nicht vom Glauben ab,
sondern faßte ihn nur anders auf, und zwar auf eine Weise,
wie es die Masse des Volkes nicht verstehen konnte und welche
in späterer Zeit den Untergang der schönen, aber unwahren
und haltlosen Volksreligion beschleunigen mußte. Freigeister,
welche sich von der letztern völlig lossagten, hielten auch nicht
viel von den Mysterien. Ein Alkibiades verspottete beide, und
ein Euripides, wenn er auch in einer Stelle den Mysterien
eine Artigkeit sagte, war doch weit entfernt, ihre Glaubensinnig-
keit zu teilen.

Das öffentliche Ansehen der Eleusinien innerhalb des
offiziellen Heidentums war so groß, daß zwischen kriegführenden
Parteien während der mystischen Weihen Waffenstillstände ge=
schlossen wurden, und daß diejenigen, welche die geheimen Lehren
und Gebräuche von Eleusis verspotteten oder verrieten oder
sich unbefugter Weise unter die Eingeweihten mischten, zur
Todesstrafe oder lebenslänglichen Verbannung verurteilt werden
konnten. Im Jahre 411 vor Chr. wurde der Dichter Diagoras

aus Melos, welcher ein Herakles-Bild ins Feuer geworfen, damit der Heros seine dreizehnte That vollführe, und die Mysterien verraten hatte, wegen Gotteslästerung geächtet. Selbst nach dem Untergange der griechischen Freiheit wandten die römischen Kaiser ihr Interesse den dortigen Heiligtümern zu. Hadrian ließ sich einweihen, Antonin führte in Eleusis Bauten auf, selbst die ersten christlichen Kaiser, wie Konstantius II. und Jovian, nahmen von ihren Verboten der Nachtfeiern die eleusinischen aus, — und nach der gemeldeten Zerstörung der heiligen Gebäude scheinen die Einweihungen bis auf Theodosios fortgedauert zu haben.

Dieses hohe Ansehen der Eleusinien rührte offenbar zuvörderst daher, daß dieselben Göttern der Volksreligion gewidmet waren. Freilich bestand das Patronat der Demeter und des Bakchos blos dem Namen nach und dachten sich die Eingeweihten ganz anderes darunter. Jedenfalls ist es auffallend, daß gerade die beiden jenen Gottheiten besonders geweihten Gaben, Brot und Wein, von späterer, das Heidentum scheinbar ganz abwerfender Mystik als Bestandteile der Handlung aufgenommen wurden, welcher das tiefste Mysterium zu Grunde lag.

Was wir indessen von dem, was in Eleusis gelehrt wurde, sicher wissen, ist folgendes. Die Fabel, welche den dortigen Mysterien zu Grunde lag, war der Raub der Persephone, Demeters Tochter, durch Pluton. Dieser, nach dem Volksglauben der Gott der Unterwelt, der Herrscher des Aufenthalts der sündhaft Verstorbenen, d. h. die Personifikation der untergegangenen Sonne, also der Sonne zur Nachtzeit oder auch zur Winterszeit, raubt die Blumen pflückende Persephone, d. h. die Pflanzenwelt, indem diese bei Eintritt der rauhen Jahreszeit verwelkt und verdorrt, und führt sie mit sich in sein Schattenreich, wo sie nun neben ihm als Königin thront. Ihre Mutter aber, Demeter, als Erdgöttin die Mutter der Pflanzenwelt und also auch die Beschützerin des Ackerbaus, klagt und irrt trauernd umher, weil ja die Erde zur Winterszeit allerdings ihren Schmuck, ihr Liebstes verloren hat. Endlich aber erbarmen sich die Götter der Unglücklichen und bewirken einen Vertrag zwischen ihr und dem Räuber, welcher dahin lautet, daß die Geraubte während des Sommers auf der Ober-, während des Winters in der Unterwelt weilen soll, womit die Symbolisierung der Fruchtbarkeit des Bodens und zugleich die Idee der Auferstehung des Menschen, dessen Leib gleich dem Samenkorn in die Erde gelegt wird, ausgedrückt ist. Die Vereinigung Persephone's mit Bakchos, d. h. dem Fruchtbarkeit befördernden Sonnengotte, ist erst ein Werk der Mysterien und bezieht sich wohl auf die Vereinigung der Menschheit mit der Gottheit, welche das Ziel der Mysterien war. Die Hauptsache des Inhalts derselben war also allem Anscheine nach die Lehre von der persönlichen Unsterblichkeit, angeknüpft an die Thatsache der Rückkehr des Blühens der Pflanzen im Frühling.

Auf die erwähnte Mythe nun beziehen sich die in Eleusis gefeierten Hauptfeste. Es waren deren zwei: die kleinen Eleusinien im Frühling (Monat Anthesterion, März) wo die Geraubte aus der Unterwelt zum Lichte emporstieg, zu Agrai gefeiert, und die großen Eleusinien im Herbste, Monat Boëdromion, Oktober,) wo sie ihrem düstern Gemahl wieder in den Hades folgen mußte, in Athen und Eleusis gefeiert. Nur über den Hergang der letztern wissen wir etwas Näheres. Sie zerfielen in eine Vorfeier zu Athen und eine Hauptfeier zu Eleusis. Die Vorfeier dauerte sechs Tage, nämlich vom 15. bis zum 20. Boëdromion. Am ersten Tage versammelten sich die Eingeweihten aus allen Gegenden, wo die griechische Zunge ertönte und hellenische Herzen für ihre Götter schlugen, in der Bilderhalle ($\Sigma\tau\acute{o}\alpha\ \pi o\iota\varkappa\acute{\iota}\lambda\eta$) zu Athen und wurden durch den Hierophanten, dessen Gehilfen mit lauter Stimme den mit Blutschuld Behafteten den Zutritt verweigerten, mit der Tagesordnung des Festes bekannt gemacht. Der Rest des Tages verlief unter lärmenden Umzügen, bei denen sich wahrscheinlich die Freude auf die bevorstehenden Feierlichkeiten und über das Wiederfinden von Bekannten in der prächtigen Tempel- und Statuenstadt am Ilissos und Kephissos, auf welche die Akropolis mit dem weithin blickenden Athenebild herabsah, Luft machte. Am zweiten Tage wurden alle Mysten durch energische Worte ($\ddot{\alpha}\lambda\alpha\delta\varepsilon\ \mu\acute{v}\sigma\tau\alpha\iota$) an das Ufer des Meeres gerufen, wo sie in der heiligen Salzflut die zur würdigen Festfeier notwendige Reinigung vornehmen mußten. Die vorgeschriebenen Opfer, Opferschmäuse und Umzüge nahmen

die nun folgenden zwei Tage in Anspruch, und die Mysten
benutzten ihre freie Zeit wohl zu Spaziergängen im Schatten
der Bäume und Hallen, zur Ruhe und Erfrischung und zur Be=
willkommung begegnender Bekannter und durchreisender Fremden.
Erst am sechsten Tage fand der Übergang zur Hauptfeier statt,
mittels der großen Jakchos=Prozession, die sich durch das „heilige
Thor" und auf der heiligen Straße nach Eleusis bewegte.
In die Tausende stark, setzte sich der Zug der Mysten, beider
Geschlechter, begleitet von Athens Magistraten und den Priestern,
in Bewegung, die Häupter mit Eppich und Myrte begränzt,
Ähren und Ackergerät und Fackeln tragend; denn wenn man
auch des Tags aufbrach, ging doch die Reise so langsam von
Statten, daß man erst spät ankam, um die Feier in geheiligter
Nacht zu begehen. Jakchos selbst dachte man sich als den
Führer der Menge, und sein Bild wurde in Gestalt eines
Kindes vorangetragen, auch kostbares Spielzeug oder eine
Wiege für dasselbe mitgenommen. Der Zug bewegte sich am
brandenden Meeresufer hin durch denselben blumigen Hain
und Wiesengrund der thriasischen Ebene, auf welchem nach der
Sage Persephone geraubt worden. Vier Stunden betrug der
Weg an Länge; es herrschte aber ungezwungene Heiterkeit,
ihn zu verkürzen, und Aufenthalte bei den verschiedenen
Heiligtümern, mit Befolgung mystischer Gebräuche und Opfern
verbunden, gaben öftern Anlaß zum Ausruhen. Der wild
rauschende Gesang des Jakchos=Liedes erschallte, unterbrochen
durch lebhafte Tänze, Flötenspiel und mächtig durch die Nacht
hintönende Ausrufungen: Jo, Heil Jakchos! Und abwechselnd
damit wurden, wie wir den satirischen Andeutungen darauf
in des Aristophanes Komödie „die Frösche" entnehmen, lose
Scherze getrieben, mit den teilnehmenden Frauen und Mädchen
gekost und geschmollt, auch wohl über den weiten Weg geklagt,
sogar über seinen Nächsten gewitzelt und gespottet; zu solchen
Episoden scheint namentlich der Übergang über die Brücke des
Kephissos Anlaß gegeben zu haben. Frauen pflegten auf dem
Wege zu fahren, bis ein Demagog zur Zeit des Demosthenes
die Abschaffung dieses „Vorrechtes der Reichen" bewirkte. Zu
Kriegszeiten scheint entweder kriegerische Bedeckung den Zug
begleitet zu haben oder derselbe in Schiffen zur See ausge=
führt worden zu sein.

Am ersten Tage der Feier in Eleusiis wurde Abends von allen Mysten gemeinsam der heilige Trank des Kykeon eingenommen, durch welchen Demeter auf ihrer Flucht in Eleusis gestärkt worden, und welcher aus Gerstengraupen, Wein und geriebenem Käse bestand, wozu bald Honig, bald Milch, bald Kräuter und Wasser, bald Salz und Zwiebeln kamen. In den drei folgenden Nächten fanden die mystischen Gebräuche und Einweihungen statt, indem namentlich mit Fackelzügen das Suchen der Persephone durch ihre Mutter dargestellt wurde, — und bei Tag scheinen die Eingeweihten ge fa stet zu haben. Wie weit diese Enthaltsamkeit ging, können wir nicht mehr ergründen. Nach Vollendung der Weihegebräuche verwandelte sich das Fest in ein solches der Freude und war mit gymnastischen Wettspielen verbunden, bis es endlich nach 5 Tagen eleusinischer und 11 Tagen der gesamten Feier mit einer Wasserspende schloß, die nach Sonnenaufgang und Sonnenuntergang gerichtet wurde. Wahrscheinlich zogen die Mysten ebenfalls in Prozession wieder nach der Stadt zurück, wo der Bericht über das Fest dem großen Rate vorgelegt wurde, dessen nicht eingeweihte Mitglieder austreten mußten.

An den genannten Hauptfesten nun, den kleinen und großen Eleusinien, wurden die Einweihungen und Aufnahmen in den Geheimbund der Eleusinischen Mysterien vorgenommen. Diese Einweihungen umfaßten zwei Grade, diejenigen der kleinen und der großen Mysterien. Die Aufnahme in die kleinen Mysterien fand während der kleinen Eleusinien, diejenige in die großen entweder während der nächstfolgenden großen Eleusinien oder nach einigen Jahren an denselben statt. Die Eingeweihten der kleinen Mysterien hießen My sten , die der großen aber E p o p t e n (Anschauende). In beiden Jahresfeiern nahmen die Mysten wahrscheinlich blos an den äußeren Festlichkeiten Anteil; zum Eintritt in das heilige Haus der Weihe zu Eleusis, und damit zur Kenntnis der geheimen Bedeutung der eleusinischen Feste und ihrer Gebräuche, d. h. dessen, was hinter den Mysterien steckte, wurden, wie wir aus der überaus großen Zahl der Mysten wohl mit Recht schließen, blos die E p o p t e n zugelassen.

Wer sich in die Mysterien einweihen lassen wollte, mußte sich an einen eingeweihten athenischen Bürger wenden, welcher,

von den Behörden hierzu ermächtigt, den Vermittler zwischen
ihm und den Priestern machte und daher Mystagog hieß.
In der Regel mußte der Neophyt eine Helene sein; Fremde,
oder wie man in Hellas sagte, „Barbaren," wurden nur zu=
gelassen, wenn sie ausgezeichnete Männer waren, wie z. B. der
skythische Philosoph Anacharsis. Seit der römischen Herrschaft
wurden die Römer den Griechen gleich gehalten. Selbst Sklaven
konnten aufgenommen werden, wenn sie nicht Barbaren waren.
Bezeichnend aber ist, daß zwischen den beiden Geschlechtern
kein Unterschied gemacht wurde. Solche dagegen, auf denen
Blutschuld lastete, waren ausgeschlossen. Die Einweihung zum
Mysten geschah durch verschiedene Gebräuche der Reinigung,
worunter sich auch eine Art von Taufe befunden haben soll.

Die zur Epoptie Emporsteigenden, welche also wahrscheinlich
zum ersten Male das „mystische Haus" betreten durften, ließ
man in demselben Irrgänge durchwandern, und zwar in dichter
Finsternis und durch mancherlei Mühen, Hindernisse und Ge=
fahren. Dann folgten Ceremonien, durch welche der Mut der
Kandidaten auf die Probe gestellt wurde. Man setzte sie in
Schrecken und brachte bei ihnen „Schauer und Zittern, Schweiß
und ängstliches Staunen" hervor. Es ist sehr wahrscheinlich,
daß diese aus den griechischen Vorstellungen von der Unterwelt
hergenommen waren. Auf die Finsternis folgt aber die Helle,
auf den Tartaros das Elysion, die Gefilde der Seligen. Den
Epopten erfreute plötzlich ein wunderbares Licht; freundliche
Gegenden und Wiesen nahmen ihn auf, woraus wir schließen
müssen, daß das „Mystische Haus" mit dem kunstreichsten
theatralischen Apparat von Versenkungen, Zauberlaternen u. a.
mechanischen und optischen Vorrichtungen ausgestattet war. Es
ließen sich himmlische Stimmen und Tönen hören, es zeigten
sich liebliche Tänze, dem Auge und Ohre wurde mit dem
ganzen Aufwande griechischer Kunst geschmeichelt, und endlich
folgte der feierlichste Moment. Der Hierophant öffnete die
Propyläen oder das Allerheiligste des Tempels weit, ließ den
Epopten eintreten, zog die Hüllen von den Götterbildern, deren
eigentliche Bedeutung hiermit wohl offenbar wurde, und zeigte
das Göttliche in seinem strahlendsten Glanze.

Die Eingeweihten trugen zum Kennzeichen einen Faden
um den rechten Arm und den linken Fuß. Daß ihnen bei der

Weihe ein besseres Los in Aussicht gestellt wurde, als das, welches in der Unterwelt die Ungeweihten erwartete, dafür spricht nicht nur etwa der boshafte Aristophanes, der in seinen Fröschen die Mysten geißelt, indem er sie in Myrtenhainen unter Flötenklängen und Tänzen wohnen, die Profanen aber in Finsternis und Morast liegen und Wasser schlappen läßt, sondern sogar der ernste würdige Sophokles in einem von Plutarch angeführten Fragmente, indem er singt: „O dreimal selig jene Sterblichen, welche diese Weihen geschaut haben, wenn sie zum Hades hinabsteigen; für sie allein ist ein Leben in der Unterwelt; für die anderen eitel Drangsal und Not." Es ist eben ein Beweis für die bei geheimen Gesellschaften gar zu gern einreißende Eitelkeit und Selbstüberschätzung. Hatten die Mysterien, wie wohl anzunehmen ist, auch moralische Zwecke, so wurden durch solche Auffassungen dieselben freilich zur Täuschung und verloren ihren Wert. Wie jede Religion, wurde auch die der Mysterien nach und nach zum Formen- und Ceremoniendienst, zum bequemen Mittel, Gnade und Seligkeit zu erlangen, — und wie jeder Geheimbund auch sie zu einem Tummelplatze des Ehrgeizes und der Protektion.

Merkwürdig erscheint indessen die Thatsache, daß die Eleusinien immer an jenen Orten und zu jenen Zeiten am meisten blühten, wo die größte politische Freiheit herrschte. Bekanntlich war Athen der freieste Staat Griechenlands, soweit bei dem Bestehen von Sklaverei von einer Freiheit die Rede sein kann, — und hier waren die Eleusinien zu Hause. In Messenien waren sie vor der Unterjochung dieses Ländchens durch Sparta eingeführt; während der spartischen Herrschaft weiß man nichts von ihnen; aber nach der Befreiung durch Epaminondas erneuerte dort der Athener Metapus die Eleusinien. Auch im freien Hirtenlande Arkadien waren sie stark verbreitet, und zu Feneos befand sich in einem steinernen Behälter ein geheimes Archiv, aus welchem bei der Feier heilige Schriften genommen und den Mysten vorgelesen wurden. Wir können diese Erscheinung nicht anders erklären, als daß da, wo politische Freiheit waltet, der Mensch auch mehr denkt, und verschiedene Ansichten, Meinungen und geistige Lebensäußerungen größern Spielraum finden.

5. Die Mysterien von Samothrake.

Nach den Eleusinien waren in Griechenland die ältesten und angesehensten Mysterien diejenigen der Kabeiren auf der Insel Samothrake. Wer die Kabeiren gewesen, ob Menschen, ob Mittelwesen zwischen Menschen und Göttern, ob Götter, welche und wie viele? darüber ist man noch zu keinem befriedigenden Ergebnis gelangt. Wenn wir indessen aus Allem, was bei den alten Schriftstellern über die Kabeiren gesagt wird, auf ein sehr hohes Alter dieser Gestalten schließen müssen, auf ein Alter, das der Entstehung der einzelnen griechischen Götter weit voraus geht, wenn wir bei Herodot (3, 37) lesen, daß in Ägypten, wo die Kabeiren ebenfalls verehrt wurden, und zwar als Söhne des Hephästos (gemeint ist Ptah, der Gott von Memfis). sie gleich diesem ihrem Vater in ihrem Heiligtum als Zwerge (Pygmäen) abgebildet gewesen seien, über welche Gestalt sich der persische König Kambyses lustig machte, als er Ägypten erobert hatte, wenn wir ferner sehen, daß zu den ältesten Gestalten der Volkssage und des Märchens die Zwerge gehören, welche, gleich dem Hephästos, als Meister in der Schmiedekunst gelten, deren Füße aber unsichtbar oder wenigstens mißgestaltet sind, weil sie eben nichts anderes als die Gestirne bedeuten, die fußlos am Himmel dahin schweben, — so müssen wir in den Kabeiren die ältesten und unvollkommensten, zwerghaften Personifikationen der Gestirne erblicken, welche in dieser Gestalt von einem noch ziemlich rohen Urvolke verehrt und als die Stifter und zugleich Gegenstände eines alten Geheimdienstes angesehen wurden. Daß in Phönikischen „Kabirim" so viel heißt als die „Großen, Mächtigen," ändert an der Sache nichts, da hier „groß" jedenfalls nicht in körperlichem Sinne zu verstehen ist. Ebensowenig ändert es etwas, daß die Kabeiren in Griechenland als den Göttern untergeordnete Wesen betrachtet wurden; denn bei dem Emporkommen eines späteren Göttergeschlechtes wurde stets das frühere herabgesetzt. — Die Mysterien von Samothrake waren also ursprünglich ein Gestirndienst, dessen Bedeutung aber mit der Zeit vergessen wurde. Was nun ihre Form betrifft, so wissen wir hierüber, weil die Insel ziemlich entlegen war, noch weniger, als vom geheimnisvollen Hause zu Eleusis. Aus einer Andeutung bei Herobot (2, 51), daß die Athener ihren Gebrauch, die Bilder des Hermes mit „Phallen" zu versehen, von den auf Samothrake wohnenden Pelasgern gelernt haben, und wer in den Geheimdienst der Kabeiren eingeweiht sei, wisse, was dies heiße, — müssen wir schließen, daß in diesem Geheimdienste die zeugende Naturkraft eine bedeutende Rolle spielte, als deren Symbol der Phallos bei den orientalischen Völkern benützt und von ihnen auf die ursprünglich solcher Obscönität fremden Griechen übertragen wurde. Auch stimmt damit überein, daß man, wie Juvenal sagt, in Liebesangelegenheiten bei den Kabeiren schwor. Vor der Einweihung in die samothrakischen Mysterien mußte man sich einer Reinigung durch Feuer und Räucherungen unterwerfen und eine Art von Beichte ablegen. Plutarch erzählt von einem Sparter, der bei dieser Gelegenheit den Priester gefragt habe, ob er ihm oder den Göttern seine Sünden bekennen müsse, und als der Priester geantwortet: den Göttern, erwidert habe: „nun, so tritt unterdessen bei Seite; ich will es der Gottheit allein sagen." — Es wurden Männer und Frauen, ja sogar Kinder eingeweiht, und die Aufgenommenen erhielten eine purpurfarbene Binde, die sie um den Leib befestigten, in der Meinung, sich hierdurch vor Gefahren auf dem Meere zu schützen.

Die Griechen erzählten von ihren fabelhaften Helden Orpheus, Agamemnon, Odysseus u. s. w., daß sie sich in diese Mysterien hätten einweihen lassen; auch König Philipp II. von Makedonien und seine Gattin Olimpias, die Eltern Alexanders des Großen, unterwarfen sich dieser Ceremonie.

Auf mehreren andern Inseln und an verschiedenen Punkten des griechischen und kleinasiatischen Festlandes gab es ebenfalls Mysterien der Kabeiren.

6. Die Mysterien von Kreta.

Auf der Insel Kreta wurden Mysterien des Zeus gefeiert. Nach der Göttersage war der Vater der Götter und Beherrscher der Welt als Kind vor den Nachstellungen seines Vaters Kronos, der seine übrigen Kinder verschlungen hatte, von der Mutter Rhea nach jener Insel geflüchtet und dort von ihren Urbewohnern, den Kureten, in einer Grotte des

Berges Ida mit Milch und Honig ernährt und bewacht worden, indem sie sich wechselseitig auf die Schilde schlugen, um das Schreien des Kindes zu übertäuben. Auf Kreta zeigte man auch ein Grab des Zeus. Von den dortigen Mysterien wissen wir nur, daß im Frühling in der erwähnten Grotte die Geburt und an dem erwähnten Grabe der Tod des Gottes gefeiert wurde, daß dabei junge Leute, welche die Kureten vorstellten, bewaffnet, tanzend, singend und unter dem Lärm von Erzbecken und Trommeln die Sage von Jupiters Kindheit aufführten. Diodor bemerkt, die kretischen Mysterien hätten sich dadurch von den eleusinischen und samothrakischen unterschieden, daß sie öffentlich ($\varphi\alpha\nu\epsilon\rho\tilde{\omega}\varsigma$) und nicht im Geheimen ($\mu\upsilon\sigma\tau\iota\kappa\tilde{\omega}\varsigma$) gefeiert worden seien, was wir uns aber nicht so auszulegen haben, daß dabei, wie bei einem öffentlichen Gottesdienste, Jedermann ohne Unterschied Zutritt gehabt hätte, womit die Benennung „Mysterien" unvereinbar wäre, sondern so, daß diese Feierlichkeiten nicht bei Nacht, sondern am Tage, und nicht in einem geschlossenen Raume, sondern unter freiem Himmel stattgefunden haben, weil Zeus der Gott des Himmels und des Lichtes war.

7. Die Dionysien.

Ein alt nationaler Gottesdienst in Hellas, in welchen ein mystisches Element erst von außen eingeführt wurde, ist der des Dionysos oder Bakchos, d. h. der das Wachstum des Weines befördernden Sonne, und daher des Vertreters der zeugenden Naturkraft, dessen Verehrung daher vorzugsweise die Körperwelt, die Materie und ihr Leben und Treiben zu verherrlichen bestimmt war. Der Charakter des Bakchosdienstes ist daher ein vorherrschend materialistischer, dem rein körperlichen Genusse, den Lüften des Nahrungs- und des Geschlechtstriebes gewidmeter, — was jedoch nicht verhindert, daß ihm, weil ja der Weinbau, gleich dem Ackerbau, zu den Grundlagen der Civilisation gehört, und weil aus ihm das Drama entstanden ist, auch die geistige Kultur Vieles zu verdanken hat. Es gab nun Feste dieser Gottheit, welche ausschließlich der Volksreligion angehörten, und solche, bei welchen Mysterien vorkamen. Die ersteren hatten ihren Hauptsitz in Attika, die letzteren anderswo, da in dieser Landschaft neben den Eleusinien nicht wohl ein anderer Geheimdienst aufkommen konnte und in denselben Bakchos bereits vertreten war. Unter den nicht mystischen attischen Dionysosfesten, deren es sechs in verschiedenen Monaten des Jahres gab, von der Zeit der Weinlese im Herbst bis gegen den Frühling hin, d. h. so lange der neue Wein gährte, und zwar teils auf dem Lande, teils in der Stadt gefeierte, — heben wir, da dies uns zu weit führen würde, nicht jedes einzelne hervor, sondern erwähnen nur ihre charakteristischen Bestandteile. Es wurden dabei gymnastische Spiele komischer Art ausgeführt; eines derselben bestand z. B. darin, daß junge Leute mit einem Beine tanzend, auf einen mit Luft gefüllten und mit Öl gesalbten Schlauch sprangen und sich auf demselben im Gleichgewichte zu erhalten suchten, was natürlich nicht immer gelang. Es wurden Prozessionen abgehalten, bei welchen sich die Feiernden ohne Unterschied des Geschlechtes und Standes beteiligten. Die Opfergeräte wurden vorangetragen, es folgte der Bock, welcher als Hauptopfer bestimmt war, und mit besonderer Feierlichkeit, das einhergetragene Abbild des Phallos, welches für den Bakchosdienst nach dem angegebenen Charakter desselben besonders bezeichnend ist; und so ferne waren den Griechen unsere Begriffe von Schamhaftigkeit, daß sie dies Symbol als etwas ganz Unanstößiges betrachteten, und sich sogar nicht scheuten, über dasselbe anzügliche Lieder zu singen. Auf das Opfer folgten Scherze, Neckereien, Verkleidungen, und in letzteren Pantomimen, welche die Geschichte des gefeierten Gottes, der bekanntlich nach der Sage abenteuerliche Reisen gemacht, zum Gegenstande hatten. Indem sich zu solchen Darstellungen Chöre von Mehreren verabredeten, und zwischen diesen Chören ein Wettstreit sich entspann, bei dem Jeder es dem Andern zuvorthun, Jeder etwas Vollkommeneres leisten wollte, entstand das Schauspiel, welches man bald Tragödie nannte, weil als Preis für den Sieger ein Bock ($\tau\rho\acute{\alpha}\gamma o \varsigma$) als Opfertier bestimmt war, bald Komödie, wegen der auftretenden Chöre ($\varkappa\tilde{\omega}\mu o\iota$). Erst später gab man erstern Namen blos den ernsten, letztern den heiteren Stücken. Das war die Entwickelung einer der herrlichsten Blüten des griechischen Lebens, die auch in anderen Ländern und späteren Zeiten zur Weckung nationalen Sinnes und feinerer Bildung viel beigetragen hat. Eine besondere Feierlichkeit wurde im Frühling begangen, im Monat Anthesterion (Blumenmonat), der, unserm nordischen Klima sehr unähnlich, in den Februar fiel, wenn man die Fässer öffnete, den ausgegohrenen Wein kostete und in die Krüge füllte. Man trank dabei um die Wette, doch ohne in Unmäßigkeit zu verfallen, und ließ auch die Toten leben. Bei dieser Gelegenheit finden wir auch eine mystische Spur, indem die Gemahlin des Kultusministers, welcher damals den Königstittel trug, die „Königin" (Βασιλισσα), umgeben von vierzehn andern Frauen, im Allerheiligsten des sonst stets verschlossenen älteren Dionysostempels, unter geheimnisvollen Ceremonien und Schwüren ein geheimes Opfer darbrachte.

Zum völligen Mysterium wurde aber die Dionysosfeier in den trieterischen, d. h. nach griechischer Zählweise jedes dritte Jahr, nach unserer alle zwei Jahre gefeierten Dionysien. Diese Art von Festen soll ihren Ursprung in Thrakien haben, also bei dem Urvolke der Pelasger, welches auch, wie wir bereits gesehen, auf der benachbarten Insel Samothrake den sinnlichen feurigen Kultus der Kabeiren beging, verbreitete sich aber von da aus über fast ganz Griechenland. Der düstere und bei Weckung der schlummernden Leidenschaften wild begeisterte Charakter der Thraker teilte sich in diesen Festen, die jedoch eher als sittliche Verirrungen zu bezeichnen sind, den heitern und maßvollen Hellenen mit. Es bezeichnet die Wildheit dieser Kulturerscheinung, daß nach der griechischen Heldensage der große Sänger Orpheus und der König Pentheus von Theben durch die rasenden Mänaden bei Bakchosfesten zerrissen wurden. Ersterer, weil er nach dem Tode seiner geliebten Eurydike von keiner Frauenliebe mehr etwas wissen wollte, Letzterer, weil er die Feier belauschte. Diese wurde nämlich ausschließlich von Frauen begangen, die sich am Weine berauschten und in ihrer Erregtheit keine Grenzen der Vernunft und Menschlichkeit mehr kannten; man nannte sie Mänaden oder Bakchen, und ihre Feste Orgien. Sie fanden auf Bergen und zwischen solchen bei der Nacht unter Fackelschein statt und die teilnehmenden Schönen waren in Hirschkalbfelle gekleidet, mit dem epheu= und weinlaubumrankten Thyrsosstabe bewaffnet, und in fliegenden Haaren, angeblich mit Schlangen in denselben und in den Händen. Die Feier, welche in die

Mitte des milden griechischen Winters, in die Zeit des
kürzesten Tages und der längsten Nacht fiel, dauerte mehrere
Tage und Nächte, während welcher die Mänaden jeden Umgang
mit Männern mieden, opferten, tranken, tanzten, jubelten, mit
Doppelpfeifen und Erzpauken lärmten, ja nach der Sage,
deren Unmöglichkeit auf der Hand liegt, den als Symbol des
Gottes geltenden und zum Opfer bestimmten Stier eigenhändig
zerrissen und sich über sein Schmerzensgebrüll freuten. Diese
Handlung sollte den Tod des Zagreus versinnbildlichen, wie
eine der verschiedenen Gestalten hieß, unter welchen Dionysos
erschienen, und in welcher Gestalt er von den Titanen zerrissen
worden war, weil Zeus ihn zu seinem Nachfolger in der
Weltherrschaft bestimmt hatte, eine Sage, welche von der später
zu erwähnenden Sekte der Orphiker erzählt wurde. Das Fleisch
des Stiers wurde angeblich mit den Zähnen zerrissen und roh
verzehrt. Dann fabelten die rasenden Weiber vom Tode ihres
Gottes, und wie derselbe verloren sei und gesucht werden
müsse. Diese Bemühung blieb aber umsonst und man hoffte
das Wiederfinden von dem Alles belebenden Frühlinge. So
wechselte die Trauer um den Tod des Gottes mit der Fabel über
seine bevorstehende Wiedergeburt. Gleich wild war jedoch diese
geheime Feier nicht überall; in gebildeten Gegenden wurde sie
bedeutend verfeinert. In Attika drang sie in dieser Form gar nie
ein; wohl aber verfügten sich Athenerinnen zu der Feier auf den
Parnassos bei Delphi, den Schnee des Gipfels nicht scheuend.
Hinwieder fand in späteren Zeiten geheimer Dionysoskultus
unter der Form von geheimen Gesellschaften, besonders zur
Zeit des peloponnesischen Bürgerkrieges, in Attika Eingang.
Diese Gesellschaften führten denselben Namen, womit sonst die
fabelhaften Züge und Gefolge der Götter belegt wurden (θίασοι).
Solche „Thiasen" waren dem Fortschreiten des Sternenheeres
entnommen, wie sie in der Mythologie des deutschen Volkes,
die Stürme des Nordens bedeutend, durch das „wilde" oder
„wütende (Wuotans) Heer" vertreten sind. Im sonnigen Süden
nahmen sie aber natürlich nicht jenen düstern, verschwommenen
Charakter an wie im nebligen Norden; wenn auch die Wild=
heit und Aufgeregtheit der Teilnehmer dieselbe wurde, mußten
sie nach griechischer Auffassung in plastischen, deutlichen Ge=
stalten erscheinen und der bildenden Kunst beliebte Gegenstände

zu schönen Darstellungen leihen. So erblicken wir auf den Vasenbildern des Altertums den wohlbeleibten, weinseligen Dionysos, das Haupt von Reben umkränzt, den Leib mit dem Leopardenfelle nachlässig bekleidet, auf seinem Wagen, von Leoparden gezogen, hinter ihm in lustigem Gefolge: den betrunkenen Silen mit dem Weinschlauch im Arme auf seinem Esel reitend und durch Diener festgehalten, damit er nicht herabfalle, die bocksbeinigen und ziegenohrigen Satyren mit ihren schlauen, sinnlichen Gesichtern, die wilden Mänaden mit ihren Thyrsosstäben, Pauken und Flöten, reizende Nymphen, zahme Löwen, Panther 2c., um die Macht des Weines zu versinnbildlichen. Die genannten geheimen Gesellschaften nun waren Erscheinungen, wie sie die Greuel und Verwirrungen eines innern Krieges sehr leicht hervorrufen konnten, nämlich höchst krankhafte und unerfreuliche. Sie waren Zeugnisse davon, worin der schwache Mensch Trost und Zerstreuung sucht, wenn ihn das äußere Leben abstößt und anekelt, nämlich in geistigen und leiblichen Verirrungen und Ausschweifungen. Religiöse Schwärmerei und Sinnlichkeit, so oft und so gerne verbunden und auf beiden Seiten in ihrer Verbindung so leicht alles Maß überschreitend, bildeten den Inhalt des Treibens jener Vereine, die übrigens mit der Sekte der **Orphiker** vielfach zusammenhingen, ohne daß wir jedoch über ihre Organisation etwas näheres wüßten.

8. Die römischen Bacchanalien.

Weit mehr Aufsehen als diese attischen Bacchantenvereine erregten die Greuel der Bacchanalien in **Rom**, wohin sie, wie Livius (XXXIX, 8 ff.) erzählt, gleich einer Seuche aus Etrurien eingeschleppt wurden. Es war ein harter Kampf, den der römische Staat mit den unter heiligem Schleier verhüllten Sittenlosigkeiten kämpfte. Im Laufe der Zeit ging nämlich in der Form des bacchischen Kultus, wie er aus Griechenland hergekommen, eine bedeutende Veränderung vor sich. Die mit der Entartung des Volkes zunehmende Schamlosigkeit drängte das religiöse Element des bacchischen Kultus hinter die Ausschweifung zurück, und die geheimen Bacchusfeste wurden ausschließlich Orgien des Weines und der Unzucht, seitdem eine Priesterin, wie sie vorgab auf göttlichen Befehl(!) die Neuerung getroffen hatte, auch Männer aufzunehmen und die Versammlungen statt jährlich dreimal, monatlich fünfmal und statt am Tag bei Nacht abzuhalten. Zum Scheine blieben die letztern mit einem mystischen Ceremoniell umgeben, das aus Kasteiungen und Waschungen bestand, die der „Einweihung" vorangingen. Dieser Enthaltsamkeit folgten indessen bald um so fürchterlichere Unmäßigkeiten, und man begnügte sich, wie erzählt wird, nicht mehr mit freiwilliger Wollust; — sondern wer sich einfand mußte mitmachen, was getrieben wurde; — nicht mehr mit natürlicher Befriedigung der Triebe, sondern die Bestimmung der Geschlechter wurde auf die empörendste und ekelerregendste Weise verkehrt und verleugnet. Diese heiligen Scheußlichkeiten fanden unter dem entnervten Volke solche Teilnahme, daß die „Eingeweihten" an Zahl stets zunahmen und die vornehmsten Römer sich nicht schämten, von der verworfenen Gesellschaft zu sein, in welche man zuletzt nur noch junge Leute unter zwanzig Jahren aufnahm, um sie zu allem Schlechten mißbrauchen zu können. Es kam endlich bei diesem Anlasse sogar zu förmlichen Verschwörungen gegen die öffentliche Sittlichkeit und Staatsordnung, zu förmlicher Gewerbsthätigkeit mittels falscher Zeugen, Unterschriften und Testamente, zu Vergiftungen und geheimen Mordthaten, zur empörendsten Notzucht, und die Hilferufe der Opfer dieser Verbrechen wurden mit Pauken und Zimbeln übertäubt, — die wegen ihres Widerstandes Gemordeten in verborgene Gruben gesenkt und vorgegeben, sie seien von den Göttern zu sich genommen, so daß die Regierung sich endlich im J. 186 vor Chr. genötigt sah, einzuschreiten. Es geschah dies aus folgender Veranlassung: Ein edler Jüngling, P. Abutius, dessen Vater gestorben war, lebte unter der Vormundschaft seines Stiefvaters T. Sempronius Rutilus. Dieser aber hatte das Vermögen des Stiefsohnes auf solche Art verwaltet, daß er darüber keine Rechenschaft ablegen konnte und daher denselben unschädlich zu machen wünschte. Dazu gab es keinen zweckmäßigern Weg als die Korruption mittels der Bacchanalien. Die schwache Mutter, die ihrem Manne ergeben war, gab daher dem Sohne vor, sie habe den Göttern während seiner Krankheit gelobt, ihn sobald er genesen, dem Dienste des Bacchus zu weihen. Abutius

teilte dieses Vorhaben arglos seiner Geliebten Hispala, einer
Person von nicht besonders gutem Rufe, mit, welche aber gewaltig darüber erschrak und ihn bei allen Göttern bat, von
diesem Vorhaben abzustehen; denn sie sei einst als Magd mit
ihrer Herrin eingeweiht worden und wisse, was dort für gräßliche Dinge geschehen. Er mußte ihr sein Wort geben, sich
dieser Mysterien zu enthalten, und erklärte nun seinen Eltern
fest, daß er sich nicht einweihen lassen werde, was ihnen aber
den Vorwand gab, ihn durch vier Sklaven zum Hause hinauswerfen zu lassen. Er beklagte sich darüber bei seiner Tante
Abutia, und auf deren Rat bei dem Konsul Postumius.
Dieser ließ die Hispala kommen und verhörte sie; aber erst
nachdem er ihr volle Sicherheit verbürgt, legte sie die Furcht
vor der Rache der Eingeweihten ab und bekannte, was sie
vom Treiben derselben wußte. Der Konsul brachte die Sache
sofort vor den Senat, welcher ihn und seinen Kollegen beauftragte, die nötigen Maßregeln zur Unterdrückung dieses Unwesens zu ergreifen. Es wurden Preise für zuverlässige Zeugnisse darüber ausgesetzt, polizeiliche Einrichtungen getroffen,
um das Entfliehen der Schuldigen zu verhüten, und zahlreiche
Verhaftungen vorgenommen. Es waren im Ganzen siebentausend
Personen in den Handel verwickelt, und ganz Italien befand
sich in Aufregung und Furcht vor dem Ausgange der Untersuchung. Der größere Teil der Verhafteten wurde zum Tode,
der kleinere zum Kerker verurteilt. Abutius und Hispala erhielten je hunderttausend Asses (eine römische Münze) aus dem
Staatsschatze und überdies er Freiheit vom Kriegsdienste
und sie vollkommene Ehrenfähigkeit. Der hierauf erlassene
Senatsbeschluß über die Bacchanalien verbot alle Mysterien
in Rom und ganz Italien für immer. Nur mit Erlaubnis
des Senates durften von nun an Versammlungen von höchstens
fünf Personen, aber ohne eigene Priester, bacchische Gottesdienste
halten. So hatte die altrömische Strenge noch einmal über
fremdländische Verderbnis gesiegt. Auf die Dauer aber konnte
diese Maßregel nicht aufrecht erhalten werden; die Mißbräuche
des Bacchus-Kultus dauerten außerhalb Italiens ganz ungestört
fort, und tauchten dann auch in diesem Lande nach und nach,
in der zügellosen Zeit der Kaiser aber mit vollendeter Schamlosigkeit wieder auf, namentlich da die verworfene Messalina

und ähnliche Kaiserbirnen selbst am Hofe die frechsten Orgien feierten.

9. Die entarteten Mysterien des Orients.

Mit dem Dienste des Dionysos nahe verwandt und unter sich sowohl, als mit ihm in Manchem zusammenhängend sind die, gleich seinen Ausschreitungen, aus dem Morgenlande nach Hellas und später nach Rom eingeschmuggelten Mysterien der Göttermutter R h e a oder K y b e l e, des M i t h r a s und des S a b a z i o s, — Alles Figuren, die von der nachher zu erwähnenden Sekte der Orphiker zuletzt zusammengeworfen wurden.

Rhea war die Schwester und Gattin des Kronos (Saturn) und die Mutter des Götterkönigs Zeus, den sie vor dem gierigen Rachen seines Vaters, wie schon erwähnt, nach Kreta flüchtete; sie ist die vergötterte Erde, wie ihre Mutter Gäa, und daher mit anderen Göttinnen, welche dem nämlichen Elemente entsprachen, oft verwechselt, am meisten mit der nach dem Berge Kybelos oder Kybela in Phrygien (in der Mitte Kleinasiens) benannten phrygischen Erdgöttin Kybele, welche nach dortiger Sage von ihrem Vater, dem König Mäon ausgesetzt, von Panthern genährt und von Hirten erzogen war und den schönen Jüngling Attis (später auch Papas, beides heißt „Vater") liebte, dem sie als ihrem Priester Keuschheit auferlegte. Als er dies Gebot zu Gunsten einer lieblichen Nymphe verletzte, machte ihn die Göttin aus Rache wahnsinnig, in welchem Zustande er sich entmannte, weshalb sie verordnete, daß künftig alle ihre Priester Verschnittene sein sollten. Noch unzählige andere, aber teils abgeschmacktere, teils unnatürlichere, teils verkünstelte Mythen wurden von des Attis und der Kybele Schicksalen erzählt, endeten jedoch gewöhnlich damit, daß Attis nebst seiner Mannheit auch sein Leben verlor und daß Kybele, hierüber wahnsinnig, verzweifelt herumirrte. Man gab ihr, wie den Dionysos, ein reiches Gefolge von Menschen und Tieren (der Mond mit dem Sternenheere!) und stellte sie auf einem Wagen, von Löwen gezogen, dar, mit einer Mauerkrone auf dem umschleierten Haupte, den Attis als schwärmend sinnenden jungen Mann unter einem Baume, die phrygische Mütze auf dem Haupte und weite Beinkleider am Leibe. In Phrygien wurde Kybele unter der Gestalt eines einfachen Steines verehrt. Der Schauplatz ihrer Thaten und Leiden wurde in prachtvolle Wildnisse verlegt, in duftige Haine und blumige Wiesen, in Scenen des Hirten- und Jägerlebens. Wie die Züge des Dionysos eine lebenslustige, so zeigten jene der Kybele eine düstere, lebenssatte Wildheit, und so auch ihre Feste, die sich in Allem um den Verlust des Attis drehten, bei denen sein Tod beklagt und eine Fichte oder Pinie feierlich umgehauen wurde, weil seine Katastrophe unter einer solchen stattgefunden. Es erschallte dabei betäubende Musik, und schmetternder Hörnerklang verkündete am zweiten Tage das Wiederfinden des Attis. Der Freudentaumel trieb zu sinnlosem Rasen. Die Priester tanzten wie wahnsinnig, mit Fackeln in den Händen, und rannten mit zerstreutem Haar und wildem Geschrei über Berg und Thal, indem sie sich selbst verwundeten, ja sogar sich entmannten, wie die Sage forderte, und dann bei Umzügen des Abgeschnittene statt des Phallosbildes einhertrugen. Zur förmlichen geheimen Religionsgesellschaft organisiert war der Kybele-Dienst erst in Rom; aber immer noch klebte ihm die orgiastische Wildheit an; die Umzüge fanden nicht in gemessenem Schritt und geordneter Reihenfolge statt, wie bei anderen Kulten, sondern die Eingeweihten rannten ordnungslos und heilige Gesänge heulend durch Dörfer und Städte, bewaffnet mit krummen Hackenmessern, als Symbolen der Entmannung. Man nannte die Priester der Kybele in Rom Galli, d. h. Hähne. Als ihr Dienst sich später weiter verbreitete, verlegten sie sich vielfach auf das Betteln, und in der faulen Kaiserzeit kamen bei ihrem Dienste Abwaschungen mit Stier- und Widderblut vor, wahrscheinlich um den Frühling, in welchem die Sonne in diese Sternbilder tritt, und damit die Wiederkehr der Naturkraft zu feiern. Es ist dies das Thema aller Mysterien des Altertums, ja aller mystischen Richtungen von der ältesten bis auf die neueste Zeit. In allen wird das Erkranken, Leiden und Sterben der Pflanzenwelt im Herbste und ihre Wiedergeburt, Rückkehr, Auferstehung im Frühlinge versinnbildlicht als das Leiden, Sterben und Wiederkommen eines Gottes, und aus diesem Naturkultus wird nach und nach das mystische Gefühl der Entfremdung zwischen Gott und Mensch, das Suchen und Wiederfinden, die Trennung und Wiedervereinigung beider herausgeklügelt, um damit die Unsterblichkeit der Seele den Menschen zur Gewißheit zu bringen. Das Übermaß des Genusses in den Bacchanalien und das Extrem der Verzichtung auf Genuß bei den Kastraten der Kybele sind nur auseinander irrende Äußerungen einer und derselben Lebensanschauung.

Wie nun dieser leidende Gott, die Puppe aller ihre geilen Triebe mit Religion bemäntelnden Wollüstlinge und Abenteurer, aus Thrakien als Zagreus-Dionysos und aus Phrygien als Attis, so wurde er aus Persien als Mithras eingeschleppt. Mithras war bei den alten Persern das Licht, als Person gedacht und so die vorzüglichste Äußerung des guten Gottes, Ormuzd, während von dem bösen Gotte, Ahriman, die Finsternis ausging. Die Verehrung des Mithras ist also eine solche des Lichtes und daher die reinste, welche im Heidentum gedacht werden kann; sie wurde daher auch in den späteren Zeiten des persischen Reiches mit der Verehrung der Sonne vermengt und Mithras als Sonnengott auch in den Kultus europäischer Völker herübergenommen. Man nahm in diesen späteren Zeiten auch eine weibliche Gottheit Mithra an, welche jedoch nicht altpersisch, sondern aus der babylonischen Mylitta, der Mondgöttin, in das Persische übertragen war. Bei den Persern nun weiß man überhaupt nichts von der Existenz geheimer Gottesdienste, mithin auch nichts von Mysterien des Mithras. Bei den Griechen war der Name des Mithras unbekannt, und wenn auch Gründe dafür sprechen, anzunehmen, daß der griechische Held Perseus eigentlich derselbe mit Mithras sei, so wurde ihm doch keine besondere Verehrung erwiesen. Dagegen tauchen in den späteren Zeiten des römischen Reiches unter vielen andern Mysterien auch solche des Mithras auf und sind vor anderen sogar durch zahlreiche, in allen Reichsteilen vom Oriente bis nach Deutschland erhaltene Denkmäler ausgezeichnet. Diese Denkmäler bestehen alle übereinstimmend in einer auf Stein ausgehauenen Abbildung eines jungen Mannes in phrygischer Mütze, welcher in einer Grotte mit einem Dolche einen Stier tötet, umgeben von allerlei anderen Tier- und Menschenfiguren, die sich sämtlich auf Sternbilder beziehen, wie z. B. Skorpion, Hund, Schlange, Rabe u. s. w. Man hat diese Abbildung verschieden ausgelegt. Offenbar hat jene Erklärung das Meiste für sich, welche in dem Jüngling den Sonnengott erblickt, der ja mit Überwindung des Sternbildes des Stieres (im Mai) seine größte Kraft zu entwickeln beginnt.

Die Mysterien des Mithras wurden, gleich der abgebildeten symbolischen Handlung, ebenfalls in Grotten gefeiert und hatten zum ursprünglichen Zwecke die Verehrung des Lichtes und der Sonne und die Verherrlichnng ihres Sieges über die Finsternis, welche erhabene Idee aber, wie bei allen Mysterien, unnützen Schwärmereien und Grübeleien, und in der verdorbenen Kaiserzeit höchst wahrscheinlich sogar ganz schlimmen Auswüchsen weichen mußte, wie in den Bacchanalien. Die Einweihungen waren verwickelter, als in allen griechischen Mysterien. Die Kandidaten mußten sich einer langen Reihe, angeblich 80 Prüfungen unterwerfen, die immer schwieriger wurden, bis sie zur Lebensgefährlichkeit stiegen. Unter den Ceremonien der Aufnahme waren eine Taufe mit Wasser und Einnehmen eines aus Wasser und Mehl gemischten Trankes die Hauptsache. Man stieg durch mehrere Grade zu den höchsten Geheimnissen empor; wahrscheinlich waren ihrer sieben mit eigenen Lehren und Gebräuchen; der unterste war jener der Soldaten, der oberste jener der Väter. Zu Zeiten mußten die Eingeweihten f a s t e n, und die Besitzer der höchsten Grade waren zur E h e l o s i g k e i t verpflichtet. Es sind dies Enthaltsamkeiten, welche den alten Persern unbekannt waren; dagegen wurden aus dem Orient die Menschenopfer mit herübergenommen, welche, so entfesselt war jene Zeit, trotz dem Verbote des Kaisers Hadrian, im Mithrasdienste vorkamen. Kaiser Commodus schlachtete dem Mithras zu Ehren eigenhändig einen Menschen, und die folgenden Kaiser, besonders das Scheusal Heliogabal, setzten diese Greuel fort und machten den reinen Lichtgott zum blutlechzenden Moloch. Sogar nach Einführung des Christentums trug der von demselben abgefallene Kaiser Julian in eifrigem Mithrasdienste sein Heidentum zur Schau und weihte dem Mithras ein Heiligtum in Konstantinopel. Nach ihm aber wurde dieser Dienst (378 n. Christ.) im römischen Reiche verboten und die Grotte zu Rom zerstört. Es waren dem Mithras zu Ehren Münzen geschlagen und Inschriften errichtet worden, mit den Worten: Soli invicto (der unbesiegten Sonne), und ein Fest zu seiner Verherrlichung, das man Natales Solis invicti (den Geburtstag des unbesiegten Sonnengottes) nannte, wurde öffentlich am 25. D e z e m b e r gefeiert, auf welchen nämlichen Tag auch das persische Neujahrsfest (Naurôz) fiel. Als später das Christentum herrschende Religion wurde, die Christen aber den wahren Geburtstag ihres Religionsstifters nicht kannten, setzten sie denselben, als denjenigen der w a h r e n unbesiegten Sonne (in geistiger Beziehung) auf den nämlichen Tag, an dessen Feier man nun einmal gewöhnt war. Eine andere Inschrift, welche der oben erwähnten entspricht, findet sich in jenen Grotten-Denkmälern neben der Stelle am Halse des Stieres, wo derselbe gestochen wird; sie heißt: Nama Sebesio, was aus Sanskrit und persisch gemischt sein und heißen soll: Verehrung dem Reinen! Diese Worte aber weisen auch auf einen neuen Gott und seinen Dienst hin, der in der spätern griechisch-römischen Zeit der herrschenden Mysteriomanie aus Zagreus, Attis und Mithras zusammengeflickt und Sabazios genannt wurde. „Sabazios" werden bei verschiedenen Schriftstellern verschiedenen Götter und Söhne solcher genannt und das Wort kommt wahrscheinlich von $\sigma\alpha\beta\acute{\alpha}\zeta\varepsilon\iota\nu$, zertrümmern, wegen der Wildheit dieses Kultus. Diodor nennt unter diesem Namen den Erfinder des Gebrauchs der Stiere beim Ackerbau, und andere vermengen ihn als Erfinder des Weinbaues mit Bacchos. Es gab in Griechenland einen öffentlichen und einen geheimen Dienst des Sabazios, beide ganz dem bacchischen ähnlich, mit verrenktem Tanz, lärmendem Gesang, tosendem Zimbel- und Paukenschall. Der große Redner und Vaterlandsverräter Äschines, der bekannte Feind des Patrioten Demosthenes, war einer der eifrigsten Sabazianer und wurde für den heiligen Ernst, mit dem er bei den Processionen Schlangen über dem Haupte schwang, von den bigotten alten Weibern mit Schmeichelworten und süßem Backwerk überhäuft. Bei der Einweihung in die geheimen Sabazien wurden den Kandidaten Schlangen durch den Busen gezogen, ein Hirschkalbfell umgehängt, Thon- und Kleienschminke aufgelegt und als mystische Reinigung wieder abgewaschen, und dann mußten sie ausrufen: Dem Übel entrann ich, das Beßre gewann ich ($\text{ἔφυγον κακόν, εὗρον ἄμεινον}$). Vieler Hokuspokus und abgeschmackte Gaukelei war damit verbunden; der eigentliche Zweck aber, dem sich die Eingeweihten beider Geschlechter bei ihren nächtlichen Versammlungen ergaben, war die schamloseste Schlemmerei und Unzucht, wie in den Bacchanalien. Die Sabazios-Priester aber trieben die unverschämteste Bettelei. Für all dies gab das sympolische Spielen mit allerlei philosophischen und theologischen Begriffen blos den Deckmantel ab. Der wenig schüchterne Komiker Aristophanes überschüttete daher auch den Sabazios als „Schofelgott" mit der ganzen reichen Lauge seines unerbittlichen Spottes. —

Und so wurden in der Zeit, als die griechische Philosophie das Reich der olympischen Götter und den Schatten der Unterwelt zu untergraben begann, als alle Gebildeten die schönen Gestalten der Götterwelt für Phantasiegebilde erklärten, auch die Mysterien des Nimbus überirdischer Abkunft entkleidet, und ihr Treiben als ein nicht nur irdisches, sondern mit der Zeit sogar verwerflich und schädlich gewordenes enthüllt, was aber die von aller Sitte und Scham entwöhnten „Eingeweihten" keineswegs verhinderte, ihre heilige Heuchelei fortzusetzen, bis das Heidentum überhaupt seine blutige, grauenvolle Götternacht erlebte.

Dritter Abschnitt.

Der pythagoreische Bund und andere geheime Gesellschaften.

1. Pythagoras.

Alle Mysterien, die wir bisher betrachtet, beruhten auf Gottesdienst und bestanden teils in eigentümlicher Auffassung, teils in Mißbrauch eines solchen. Sie waren zwar alle nur den Eingeweihten zugänglich; allein die Auswahl derselben erfolgte in keineswegs ängstlicher oder sorgfältiger Weise; es konnte thatsächlich Jedermann aufgenommen werden, und manche Kundige behaupten z. B. daß in Athen „Jedermann" in die Eleusinien eingeweiht gewesen sei. Auch suchen wir in dem Inhalte dieser Mysterien umsonst nach einem eigentlichen Zwecke, sofern unter „Zweck" das Bestreben verstanden werden muß, eine Idee zu verwirklichen, etwas Gedachtes zu etwas wirklich Existierendem zu machen. Dieses Bestreben kannten die Mysterien nicht. Ihre Beschäftigung bestand nach Allem, was wir zuverlässig von ihnen wissen, entweder in einer Art von bloßer Illustration oder Verdeutlichung gewisser Ideen, welche wir bereits charakterisiert haben, durch reichhaltige Ceremonien, oder — in ihrer Verderbnis und Entartung — in unmäßiger Sinnlichkeit. Diese Gesichtspunkte verhindern uns, in den bisher betrachteten Mysterien wirkliche „geheime Gesellschaften" oder „Vereine" zu erblicken, deren Charakter denn doch hauptsächlich in einer gewissen Auswahl der Mitglieder und einem gewissen Zwecke des Treibens besteht. Diese Erfordernisse eigentlichen Vereinslebens konnten indessen erst in die Wirklichkeit treten, als ein

gewisser Grad von Bildung erreicht war, der die Menschen
befähigte, sich bestimmte Zwecke vorzusetzen und diejenigen
Personen auszuwählen, die zu deren Einweihung geeignet erschienen, oder mit anderen Worten, als die That an die
Stelle des Träumens und die Achtung des einzelnen
Menschen und seines Wertes an die Stelle seines Zusammen-
werfens mit der Masse getreten war.

Wo aber der Mensch einen Zweck hat und Mitstrebende
auswählt, da hört er auf, blindlings als wahr anzunehmen,
was ihm andere mitteilen.

Sobald die Mysterien nicht mehr Sache großer Vereinigungen,
so zu sagen ganzer Staatsbürgerschaften, wie z. B. der athenischen, sondern engerer, für sich abgeschlossener Vereine waren,
so hörten sie auf, einen vorherrschend religiösen — und begannen dafür, einen menschlichen Charakter zu tragen;
denn eine Religion hat keinen Zweck, sondern sie ist Selbst-
zweck; sie läßt sich nicht benützen, um etwas anderes zu erreichen, sondern sie will selbst das oberste Erreichbare sein.
Die erste historische Vereinigung von rein menschlichem Charakter
ist der pythagoreische Bund.

Der große Philosoph Pythagoras ist eine Art
griechischer Moses oder Jesus, ein Messias, dem großartige
Weisheit, weitreichende Pläne, weltumgestaltende Reformen zugeschrieben werden, welcher neue, der bisherigen Geschichte
seines Volkes fremde Ideen in die Welt brachte, und eine
neue Welt- und Lebensordnung verkündete, welcher Schüler
um sich sammelte, die auf sein Wort schwuren und besondere,
von der übrigen Welt getrennte Interessen verfolgten, welcher
dafür mit seinen Schülern von der sich benachteiligt glaubenden
übrigen Welt angefeindet und angegriffen und zum Martyrer
seiner Grundsätze gemacht wurde, und dessen Geschichte infolge ihres außerordentlichen Inhaltes, sich tief mit der Sage
und Dichtung vermengte und zuletzt als ein Gebilde erschien,
in welchem es schwierig, wenn nicht gar unmöglich ist, die
Grenze der Wahrheit zu entdecken.

Pythagoras war gebürtig von der Insel Samos, wo
er um das Jahr 580, nach anderen zwischen diesem Jahre
und 569 vor Christus, das Licht der Welt erblickte. Es wird
ihm eine bevorzugte und imposante Gestalt zugeschrieben; daß

sein Geist außerordentlich war, beweisen seine wissenschaftlichen
Entdeckungen und sein bewundernswert organsierter Verein von
Jüngern. Schon in seinen jugendlichen Jahren, wird von ihm
erzählt, beschäftigte er sich mit seinen Lieblingswissenschaften,
Mathematik und Musik, deren gegenseitige Verbindung und
Durchdringung als eine That seines Geistes gerühmt wird.
Auf seine Lehrjahre, von denen wir nichts Besonders wissen,
folgten seine Wanderjahre. Und wohin wollte es einen Weis-
heitsburstigen seiner Zeit treiben, als nach dem Wunderlande
am herrlichen Nil, wo das verschleierte Bild zu Sais thronte
und wo das geheimnisvolle Schweigen der Priester in ihren
Tempelhallen einen Schatz verborgener Kenntnisse ahnen lassen
mußte? Ob ihn hierzu Thales, der erste griechische Philosoph,
der selbst in Ägypten gewesen, ermutigt habe, — die aus-
schmückende Sage liebt es, berühmte Männer in gegenseitige
Bekanntschaft zu bringen, — ob ihn der Tyrann von Samos,
Polykrates, an seinen Freund, den Pharao Amasis, empfohlen,
habe, — sicher ist es nicht, — aber auch nicht unwahrscheinlich; denn die Zeitpunkte treffen ein, und zwar um so leichter,
als das Geburtsjahr des Pythagoras so verschieden angegeben
wird. Auch stimmt dazu die Sinnesart des übermütigen
Tyrannen, der es ungemein liebte, das Schicksal herauszufordern,
von dem er sich so sehr bevorzugt glaubte, daß die von unserem
Schiller so schön besungene Sage von seinem Ringe entstehen
konnte, den er in's Meer warf und in einem Fische wieder
fand, und der sich darin gefiel, orientalischen Glanz und
Luxus mit griechischer Bildung zu verbinden und daher berühmte Gelehrte und Dichter an seinen prunkenden Hofe versammelte. Genug, — Pythagoras reiste nach Ägypten; die
Schwierigkeiten, die sich ihm bei den noch nicht so gefällig
wie später gewordenen Priestern des Osiris entgegentürmten,
haben wir bei Anlaß der ägyptischen Mysterien bereits erzählt.
Mit blutigem Opfer erkaufte er sich, ob in Theben oder
Heliopolis oder sonstwo, ist ungewiß, die dortige Geheimlehre
des Einen Gottes. Was konnte er aber mit derselben beginnen? Sein Volk hatte sich, seine Begriffe vom Göttlichen
bereits geschaffen. Sie beruhten auf der Natur und vergeistigten
dieselbe; die Griechen wußten nichts von einer unübersteiglichen
Kluft zwischen Gott und Welt; beide waren ihnen stets ver-

bunden und von einander durchdrungen; diesem Volke konnte man den „Baumeister der Welt", nicht verkünden. Pythagoras mußte sich somit entschließen, von der ägyptischen Weisheit den Griechen mitzuteilen, was er für sie passend fand und fügte sich daher um so lieber der heiligen Pflicht der Eingeweihten, über alles in den Tempeln Gehörte und Gesehene ewiges Stillschweigen zu beobachten, als seine Landsleute auch einen besonders für sie zurechtgelegten Monotheismus nicht verstanden hätten. Denn die innige Verbindung von Gott und Welt war ihnen nicht nur Idee, — sie war Fleisch und Blut geworden, — sie war in den unsterblichen Meisterwerken ihrer Baukunst und Bildnerei, die bei den Kuhhörnern und Sperberköpfen Ägyptens doch gewiß nicht in die Schule gehen konnte, bereits auf's Herrlichste verewigt. Indessen mußte aber die Lehre von Einem Gott einem Geiste wie Pythagoras notwendig imponieren, er mußte darin tiefe Weisheit erblicken, wenn sie ihn auch nicht vollständig befriedigen konnte, und es war daher eine Aufgabe, wie später die des Platon und aller übrigen in Ägypten eingeweihten Griechen, den Einen Gott nach griechischen Begriffen zurecht zu legen, — orientalische Weisheit mit griechischer Phantasie zu verknüpfen.

Die Sage läßt Pythagoras noch in Ägypten weilen, als der Perserkönig Kambyses dieses Land eroberte, und erzählt, daß dieser Wüterich unter anderen Gefangenen auch den griechischen Philosophen nach Babylon habe bringen lassen, wo derselbe mit Zoroaster bekannt geworden und nun, gleich der ägyptischen, auch dessen persische Weisheit sich angeeignet habe. Mit der Zeit des Kambyses fällt allerdings jene des Pythagoras zusammen; allein jene des Zoroaster ist so mythisch und ungewiß und so wenig in irgend einem Jahrhundert unterzubringen, daß diese Erzählung als eine tendenziöse Erdichtung erscheint, um dem allverehrten weisen Lehrer ja kein der damaligen Welt bekanntes Religionssystem entgehen zu lassen.

Als Pythagoras von seinen Reisen zurückkehrte und in der Vaterstadt Samos seine Meisterjahre beginnen wollte, mußte er zu seinem Schmerze erfahren, daß die unabhängige Wissenschaft unter Tyrannen nicht gedeihen konnte. Ein Polykrates begünstigte wohl schmeichelnde Dichter und schönfärbende Geschichtschreiber; aber einen Philosophen, der ihm nichts persönlich Angenehmes zu sagen hatte und zu sagen wußte, hatte er kein Interesse, aufzumuntern und in seinen Forschungen zu unterstützen. Er hatte vielleicht gehofft, wenn dies überhaupt wahr ist, einen Schmeichler und Höfling nach Ägypten empfohlen zu haben, und nun kehrte ein ernst strebender Weiser zurück, der Dreiecke berechnete und die Sterne maß; einen solchen konnte er nicht brauchen. Da setzte Pythagoras, dessen Vorträge in dem durch Tyrannei entnervten Samos keinen Anklang fanden, seinen Wanderstab weiter, d. h. er schiffte sich ein, um Gestade zu gewinnen, welche noch unverdorben, noch empfänglich für uneigennützige Wissenschaft waren, — und solche glaubte er in dem von griechischen Kolonien besetzten, von den griechischen Kämpfen zwischen Adel und Volk und Tyrannis aber noch unberührten Unteritalien zu finden. Diese Gegend, damals Großgriechenland genannt, war für Hellas, was Amerika für uns. Wer sich unterdrückt fühlte von roher Gewalt, wer den Unterhalt seines Lebens zuhause nicht genügend fand, wer für seine Bestrebungen keine Anerkennung erntete, der schiffte über das ionische Meer und nahm an dem neu aufsprossenden Leben der griechischen Kolonien in Italien und Sizilien Teil. Dort lagen an der Ostküste der Halbinsel, welche jetzt Kalabrien heißt, zwei achäische Pflanzstädte, Sybaris und Kroton. Die erste, nach welcher sich Pythagoras anfangs wandte, war aber bereits von der Verderbnis angesteckt, und zwar so sehr, daß der Name der Sybariten mit der Zeit die Bedeutung verweichlichter Schwelger erhalten hat. Kroton war kräftiger und ein geeigneterer Schauplatz für das Wirken des Philosophen, das hier nun seine Blüte und seinen Glanzpunkt erreichte. Die Griechen waren stets nach Neuem begierig (novarum rerum cupidi), und wer ihnen Solches brachte, war willkommen. Nun war den Krotoniaten die Philosophie noch unbekannt; sie empfingen daher ihren Apostel mit Jubel und Begeisterung. Pythagoras begann mit öffentlichen Vorträgen auf dem Rathause, wurde, als diese immer größeren Anklang fanden, von den Behörden zur Erteilung von Ratschlägen in Anspruch genommen und errichtete dann eine Schule, durch welche er seiner öffentlichen Wirksamkeit auch eine private beigesellte. Er wirkte durch Dreierlei:

durch seine Lehren, durch seine Schule und durch den von ihm gestifteten Bund.

Die Lehre des Pythagoras nimmt unter den philosophischen Systemen der Griechen eine ganz eigentümliche Stellung ein. Über den ewigen Widerspruch zwischen Geistigem und Leiblichem, über die Ungewißheit und Dunkelheit des Verhältnisses zwischen beiden und der wahren Beschaffenheit beider half sie sich dadurch hinweg, daß sie die Zahl als die Form zugleich und als den Stoff aller Dinge erklärte. Alles bestand nach ihr aus Zahlen, sowohl die körperlichen Elemente, als die geistigen Kräfte, und die Philosophie wurde daher bei Pythagoras zur Mathematik. Die albernen Spielereien mit den Zahlen, in welche sich die späteren Pythagoreer verirrten, haben jedoch kein Interesse für uns. Wahrscheinlich ist, daß sich der Meister selbst auf die allerdings nicht zu leugnende Thatsache beschränkte, daß der Stoff und das Wesen aller Dinge auf mathematischen Verhältnissen beruhe, eine Ahnung, deren Tiefsinn in so alter Zeit alle Anerkennung verdient. Nur durch die ruhige, unbefangene, mathematische Prüfung des Existierenden wird der menschliche Geist vor blinder Anbetung fremder Behauptungen, die sich auf keine wissenschaftliche Forschung stützen können, bewahrt. Dem Pythagoras und seiner Schule wird die Unterscheidung der Zahlen in gerade und ungerade, das dekadische Zahlensystem, die Quadrat- und Kubikzahlen, sowie der berühmte pythagoreische Lehrsatz, dieser Triumph der Geometrie zugeschrieben.

Mit der Mathematik brachte Pythagoras die Musik in das innigste Verhältnis. Denn da er in den Zahlen die vollkommenste Harmonie fand, so mußte er die Harmonie der Töne als einen notwendigen Teil der Harmonie der Zahlen betrachten. Durch diese Zusammenstellung wurde er zum Erfinder unserer jetzigen Notenleiter von sieben Tönen, der Oktave. Seine Idee der Harmonie fand aber Pythagoras am vollkommensten verkörpert im Weltall, und auch in der Astronomie wurde er der Erste, welcher ahnte, daß die Erde nicht stillstehe, sondern sich um einen Mittelpunkt bewege, daß sie sonach nicht selbst die Hauptsache im Weltgebäude, daß nicht Alles um ihretwillen erschaffen, daß sie nicht die Zwillingsschwester des „Himmels" sei. Es ist dies freilich eine Wahrheit, welche den Stolz des Erdenmenschen sehr herabstimmt, und seinem Eigendünkel, daß der Schöpfer die ganze Welt gewissermaßen nur als ein Theater für ihn zum Dasein gerufen habe, ein gründliches Ende macht, aber auch eine Wahrheit, welche das Gewichtigste dazu beiträgt, eingerosteten Wahn und Aberglauben zu zerstören und die Freiheit der wissenschaftlichen Forschung vor menschlichen Diktaten zu schützen. Allerdings ahnte Pythagoras noch nicht, und konnte bei dem damaligen Mangel an astronomischen Instrumenten nicht ahnen, wie sich die Weltkörper wirklich verhielten, was erst Kopernikus und Kepler entdeckten. Er nahm als Mittelpunkt der Welt ein „Zentralfeuer" an, aus welchem sich alle Weltkörper gebildet haben, — den Sitz der welterhaltenden Kraft, den Schwerpunkt des gesamten Alls. Um dieses Feuer bewegte sich zunächst die „Gegenerde", ein beständiger Begleiter der hierauf folgenden Erde, von welcher Pythagoras glaubte, daß sie zwar rund, aber nur auf der dem Zentralfeuer und der Gegenerde abgewandten Hälfte bewohnt sei. Auf die Erde folgte der Mond, auf diesen die Sonne, welche, wenn sich die Erde mit ihr auf einer Seite des Zentralfeuers befand, den Tag hervorbrachte, während durch ihre Stellung auf verschiedenen Seiten die Nacht entstand. Nach der Sonne kamen die damals bekannten fünf Planeten: Merkur, Venus, Mars, Jupiter und Saturn, und jenseits dieser die Fixsterne, welche wieder durch ein „Feuer des Umkreises" umgeben waren. Gegenerde und Erde brauchten zu ihrem Laufe 24 Stunden, der Mond einen Monat, die Sonne und die Planeten ein Jahr, die Fixsterne eine Periode von mehreren tausend Jahren, welche man ein „großes Jahr" nannte. Sogar die neue Hypothese einer Zentralsonne ahnte also bereits Pythagoras. Auch war er der Erste, welcher den Wechsel der Jahreszeiten aus der schiefen Stellung der Erdachse zur Erd- und Sonnenbahn erklärte. Er soll ferner die Identität des Morgen- und Abendsterns entdeckt haben. Seine Schule hielt den Mond für den Sitz schönerer und größerer Pflanzen, Tiere und Menschen als auf der Erde leben. Die pythagoreische Schule verwarf entschieden die Begriffe von Oben und Unten und nannte das, was der Mitte des Alls näher liegt rechts, was von ihr weiter entfernt ist, links. Die Konsequenz seiner Harmonielehre verleitete ihn aber, den abenteuerlichen Gedanken auszusprechen, daß die Weltkörper bei ihrer Bewegung Töne hervorbrächten, die zusammen eine vollständig harmonische Musik (oder mit besonderem Bezug auf die sieben Planeten — eine Oktave) bildeten und die wir nur deshalb nicht vernähmen, weil wir sie gewohnt seien. Die tiefe Verehrung der Schüler des Pythagoras für ihren Meister verleitete sie indessen zu der überschwänglichen Meinung, daß Er allein bevorzugt sei, die „Harmonie der Sphären", wie er sie nannte, zu hören.

Seine „Harmonie" versäumte aber Pythagoras nicht, aus der Welt der Sphären auch in jene der Menschenseele zu verpflanzen. Durch Harmonie sollte in der letztern der Gegensatz der Vernunft und der Leidenschaft überwunden werden; da aber dieses in der Verbindung von Seele und Leib nie vollständig möglich ist, so erschien dem Weisen von Samos diese Verbindung als eine Zeit der Prüfung und mußte dauern, bis sich der Mensch der Befreiung von derselben würdig gemacht, und wenn dies daher während der Zeit seines Lebens nicht erfolgte, so mußte seine Seele, welche Ansicht Pythagoras offenbar in oder aus Ägypten sich angeeignet hatte, durch Menschen und Tierleiber wandern, bis sie sich würdig zeigte, in einem höheren Reiche des Lichtes ein körperloses Leben der Reinheit und Vollkommenheit zu führen. Seine Schüler hegten auch in diesem Punkte wieder die phantastische Meinung, daß der Meister die Fähigkeit besitze, einen Menschen in dem Körper, in welche seine Seelen gewandert, wieder zu erkennen. Daß er selbst vorgegeben oder gar geglaubt, er befinde sich in der fünften Seelenwanderung seit seiner Geburt, ebenso er sei ein Sohn des Apollon und er besitze eine goldene Hüfte oder einen goldenen Schenkel, sind entweder lächerliche Überschwänglichkeiten seiner phantastischen Schüler oder Spöttereien seine Feinde. Würdig und schön aber sind die Folgerungen, welche er aus seiner Lehre von der fortschreitenden Reinheit des Menschen zog, d. h. die sittlichen Vorschriften, welche er als Mittel zur Erreichung des höchsten Zieles erklärte. Es gehörte dazu ein durchweg reines Leben. Pythagoras lehrte und empfahl Ehrfurcht gegen die Eltern und das Alter, Treue in der Freundschaft, genaue Selbstprüfung, Besonnenheit in allen Handlungen, Vaterlandsliebe u. s. w. Auch sollte nach seiner

Lehre der Mensch stets gewaschen und reinlich gekleidet sein; er soll sich von verunreinigender Speise, zu welcher vor Allem das Fleisch gehörte, und von berauschenden Getränken enthalten, daher blos von Brot und Früchten leben, von welchen letzteren aber die B o h n e n ausgenommen waren: sie galten aus nicht ganz aufgehellten Gründen den Pythagoreern als ein Gegenstand des Abscheues. Was als Speise verboten war, war es auch als Opfer; denn der Gott, den unser Philosoph verehrte, war ein Gott des Lichtes und der Reinheit. Seine Einsicht ließ ihn die Vielheit von Göttern verwerfen; aber über die Art und Weise wie er sich die Einheit der Gottheit dachte, ist nichts näheres bekannt, als daß sein Glaube ein überaus reiner und erhabener war.

2. Die Pythagoreer.

Des Pythagoras Leben ging völlig in dem Wirken für seine S ch u l e und für seinen Bund auf. Beide, Schule und Bund, wurden vielfach mit einander verwechselt und scheinen auch einander vielfach durchdrungen und durchkreuzt zu haben. Die Schule war die Pflanzschule des Bundes, der Bund die praktische Anwendung der Schule. Die Schule ging mithin dem Bunde voran, dessen Mitglieder erst in ihr gebildet werden mußten. — Pythagoras genoß eines unbeschränkten Ansehens bei seinen Schülern; wollten sie etwas als wahr und unumstößlich darstellen, so pflegten sie zu sagen: αὐτὸς ἔφα (Er selbst hat es gesagt). Und dieses Ansehen wuchs um so mehr, als sich die Schule mit der Zeit aus einer öffentlichen in eine geheime umwandelte. Anfangs nämlich wohnte alle Welt den Vorträgen des Philosophen bei, die gebildetsten und die höchststehenden Männer des Staates nicht ausgenommen. Die bloßen Zuhörer hießen Akusmatiker. Wer aber noch in einem Alter stand, um sich weiter ausbilden zu können, und Zeit hatte, sich diesem edlen Triebe hinzugeben, suchte sich unter persönlicher Leitung des Pythagoras, nicht als bloßer Zuhörer, sondern als Studierender, M a t h e m a t i k e r genannt, höhere Kenntnisse anzueignen. Diese Mathematiker bildeten den Kern der Anhänger des Pythagoras. Als sie an Zahl und Einfluß bedeutend zugenommen hatten, wurde es

dem Philosophen möglich, mit Hilfe der ihm zuströmenden
ökonomischen Mittel ein eigenes Gebäude oder vielmehr eine
Anzahl von Gebäuden für seine Lehranstalt errichten zu lassen,
sich darin mit seinen Schülern einzuschließen und der Außenwelt jede Einwirkung auf seinen Unterricht zu entziehen. Diese
Anstalt, Koinobion (Konvikt, Zusammenleben) genannt, bildete
eine Welt für sich und war mit allen Annehmlichkeiten eines
einfachens Lebens, mit Gärten, Hainen, Spaziergängen, Hallen,
Badeplätzen u. s. w. ausgestattet, so daß die Schüler das
Gewühl der übrigen Welt nicht vermißten. Die Akusmatiker
waren nun nicht mehr Leute allerlei Standes, denen der Eintritt geöffnet war, sondern so, oder auch Akustiker (Hörer)
hießen nun die neu aufgenommenen Schüler, welche die Anfangsgründe der Wissenschaften erlernten und sich auf das
höhere Studium derselben vorbereiteten. Sie mußten ein
strenges Stillschweigen beobachten, blinden Gehorsam leisten
und durften den weisen Meister nicht von Angesicht sehen.
Wenn sie zu seinen Vorträgen zugelassen wurden, so verbarg
ein Vorhang den Lehrenden ihren Blicken, daher dessen Schüler
auch eingeteilt wurden in Die innerhalb und Die außerhalb
des Vorhanges. Um in dieses Heiligtum hinter dem Vorhange
zugelassen zu werden, bedurfte es einer Lernzeit von wenigstens
zwei Jahren bis auf fünf, je nach den Fähigkeiten und der
Aufführung des Schülers, nach welcher Zeit er sich strengen
Prüfungen unterwerfen mußte. Über diese Prüfungen ist viel
gefabelt und ohne Zweifel viel in sie hineingefabelt worden,
was anderen späteren Vereinen angehört oder was sich die
Phantasie verschiedener Schriftsteller dabei dachte. Bestand
der Kandidat die Prüfungen nicht, so wurde er ausgestoßen.
Bestand er sie aber gut, so hatte er sich fortan nicht mehr
mit Schweigen und Hören zu begnügen; er konnte nun den
Meister von Angesicht sehen und unter seiner Aufsicht nach
eigener Auswahl sich einem gewissen Studium hingeben, der
Philosophie, Mathematik, Astronomie, Musik u. s. w. Auch
die Gymnastik wurde eifrig betrieben und auf ihrer Grundlage
Diätetik als Heilkunde ausgeübt.

Aus diesen geprüften und bevorzugten Schülern des Pythagoras ging nun dessen berühmter Bund hervor, welcher,
in Übereinstimmung mit der Einteilung der Schule, in äußere

und innere Mitglieder, griechisch Exoteriker und Esoteriker zerfiel. Zu Letzteren gehörten ohne Zweifel die in die höhern Schülerklassen Aufgenommenen, und zwar sowohl die noch in der Schule befindlichen, als die nach vollendeter Ausbildung daraus Entlassenen, deren Gesamtzahl angeblich nie über dreihundert betragen durfte, zu den Ersteren aber Alle, die, ohne in die Schule einzutreten, dem Philosophen anhingen und sich entschlossen, seine Grundsätze, die ihnen durch die früheren öffentlichen Vorträge oder durch Mitteilungen von Schülern bekannt waren, zu befolgen und zu verbreiten. Solcher mögen mehrere Tausende gewesen sein. Ihre Lebensweise war ihrem Ermessen anheimgegeben, während die Esoteriker oder inneren Mitglieder an strenge Regeln gebunden waren. Sie wohnten in der Anstalt, waren stets in weiße Leinwand gekleidet, wuschen und badeten sich täglich in kaltem Wasser, enthielten sich bei ihren gemeinsamen Mahlzeiten (nach Dorischer Art) der vom Meister verbannten Speisen und Getränke und übten praktisch seine Lehren. Dies geschah, indem sie den Tag gewissenhaft einteilten, des Morgens überdachten, wie sie ihn nützlich hinbringen würden, des Abends, ob und wie sie diese Pflicht erfüllt hatten. Harmonie, diese Grundidee der pythagoreischen Lehre, war der Leitstern ihres Handelns. Sie bemühten sich, gegen alle Menschen gerecht, gegen die Fehlenden ernst und sanftmütig, gegen Freunde und Gatten treu, gegen die Gesetze gehorsam, gegen die Unglücklichen wohlthätig, gegen die Wohlthäter dankbar, in Genüssen mäßig zu sein, das gegebene Wort zu halten und durch ihr Benehmen allen Menschen ein gutes Beispiel zu geben. Es wird erzählt, daß sie mehrere Abteilungen bildeten, von denen jedoch nicht sicher ist, ob es aufeinanderfolgende Grade oder nebeneinanderlaufende Zweige waren. Man spricht von Mathematikern, die sich vorzugsweise mit den Wissenschaften, von Theoretikern, die sich mit Ausübung der Sittenlehre, von Politikern, die sich mit dem Staatswesen, und von Sebastikern, die sich mit der Religion beschäftigten. Denn der pythagoreische Bund bildete in seinem Schoß auch eine eigentümliche politische und religiöse Richtung aus. Die Religion der Pythagoreer scheint aus Lehren des griechischen Volksglaubens, der Mysterien, und des Monotheismus der ägyptischen Priester zusammengesetzt gewesen zu sein und hatte einen geheimen Gottesdienst, in welchen nach Art der Mysterien eine ceremonien- und bilderreiche Einweihung stattfand, deren Inhalt jedenfalls die Lehren des Pythagoras bildeten.

Die **politischen** Grundsätze der Pythagoreer liefen, dem abgeschlossenen Charakter des Bundes gemäß, auf eine Veredelung der Dorischen Oligarchie in eine Aristokratie der Bildung hinaus. Die Demokratie war ihnen verhaßt und sie sollen die Demokraten, nach dem von ihnen verabscheuten Gerichte, „Bohnen" genannt haben. Ihr Zweck war daher offenbar, sich selbst großen Einfluß im Staate zu erwerben, Besetzung der Ämter durch ihre Genossen zu erringen und nach den Grundsätzen ihres Meisters zu regieren. Wirklich sollen sie in Kroton, Lokri, Metapont, Tarent und anderen Städten Großgriechenlands diese Ziele ganz oder annähernd erreicht haben. Auf diese Bestrebungen bezogen sich denn auch ohne Zweifel, neben der religiösen Einweihung, die Geheimnisse, welche die Pythagoreer zu bewahren geloben mußten. Um die Einmischung Uneingeweihter fern zu halten, hatten die Bundesmitglieder angeblich ein Erkennungszeichen, welches aus einem in allen Seiten verlängerten und daher einen Stern bildenden Fünfecke (Pentagramm, Pentalfa) bestand, sowie eine symbolische Redeweise, in welcher sie unter anscheinend gleichgiltigen oder unverständlichen Worten ihre Geheimnisse verborgen haben sollen.

Der Bund des Weisen von Kroton erlebte aber nach seiner ruhmreichen, wenn auch kurzen Blüte ein **tragisches Ende**. Die Städte Großgriechenlands waren durch Handel reich geworden, und wir erwähnten bereits des verschwenderischen Wohllebens der Sybariten. Dasselbe erstieg eine solche Höhe des Übermuts und der Zügellosigkeit, daß es einen Aufstand des Volkes hervorrief. Die Handwerker und Krämer schlugen mit grober Faust die vergoldeten Tische zusammen, an denen ihre Unterdrücker schwelgten, fünfhundert Patrizier wurden verbannt, ihre Güter vom Volke eingezogen, und der Volksführer Telys regierte an ihrer Stelle. Die Flüchtlinge hatten sich nach Kroton begeben und, dort nach griechischem Brauche als Hilfeslehende auf die Altäre des Marktes sich setzend, den Schutz dieser Stadt erlangt, wo die Pythagoreer die Herrschaft ausübten. Aus doppeltem Grunde waren nun Diese dem neuen Tyrannen von Sybaris verhaßt, als Feinde der Demokratie und als Beschützer der flüchtigen Oligarchen. Er verlangte daher von Kroton die Auslieferung der Flüchtlinge. Es folgte Weigerung, wie es heißt auf eifriges Betreiben des Pythagoras, und auf diese der Krieg. Mit verzweifeltem Mute wurde gefochten, und die Krotoniaten, obschon geringer an Zahl, siegten, 510 v. Chr. Sybaris fiel in ihre Hände und wurde schonungslos ausgeplündert und dem Erdboden gleich gemacht, ja sogar ein Fluß über die Stelle der einst so glänzenden Stadt geleitet.

Der ruchlosen That, die zwar keine Folge der pythagoreischen Lehre, aber eine Folge der pythagoreischen Ausschließlichkeit und Volksverachtung war, folgte die Nemesis. Der blutig beleidigte Volksgeist rächte sich ebenso blutig. Auch in Kroton, wie vorher in Sybaris, regten sich nun die Demokraten und verlangten Teilung des eroberten sybaritischen Gebietes unter alle Krotoniaten und gleiches Recht Aller an der Wahl der Behörden. An ihrer Spitze stand Kylon, ein Feind der Pythagoreer, ob grundsätzlich, oder aus Rache, weil er nicht in den Bund aufgenommen worden, — ist ungewiß. Die Anfeindungen von seiner Seite zwangen den greisen Meister, den Ort seiner großen Wirksamkeit zu fliehen. Er soll nahe an hundert Jahre alt als Verbannter in Metapont sanft aus dem Leben geschieden sein. In Kroton aber dauerte der Kampf der Parteien fort. Die Regierung wies verblendet die Forderung der Demokraten zurück, und nun brach auch hier, wahrscheinlich in Mitte des fünften Jahrhunderts v. Chr., der Sturm los. Zuerst wandte sich die Wut des hintangesetzten und mißachteten Volkes gegen die Pythagoreer, als dieser eine große Zahl im Hause Milons versammelt war. Dasselbe wurde erstürmt und verbrannt, die Versammelten teils niedergemacht, teils in die Flucht geschlagen, und ihre Güter von der sofort eingesetzten demokratischen Regierung unter das Volk geteilt. Aber auch in Tarent wurden die Aristokraten gestürzt, ebenso in Metapont und in Lokri. Der pythagoreische Bund war vernichtet; seine religiösen und politischen Bestrebungen verschwanden spurlos.

3. Die Orphiker.

Die zerstreuten Reste der Pythagoreer schlossen sich einem anderen Vereine an; es war dies derjenige der Orphiker, benannt nach dem fabelhaften Sänger Orpheus. Dieser sonderbare Bund, eine phantastische Mischung der Mysterien und des Pythagoreismus, wird wohl mit Recht dem Onomakritos zugeschrieben, einem Apostel und Reformator der eleusinischen und dionysischen Mysterien, welcher zur Zeit des athenischen Tyrannen Peisistratos, dessen Gunst er genoß, großes Aufsehen erregte und bei den intelligenten und nicht leicht zu beschwindelnden Männern seiner Zeit in dem Verdachte stand, von ihm selbst verfaßte Gedichte für solche des Orpheus, der doch nie existierte, ausgegeben zu haben, wahrscheinlich aber, ohne betrügerische Absicht, blos einem unwiderstehlichen Hange zur Geheimbündelei und Geheimniskrämerei folgte. Dieser Abenteurer und Mystiker, welcher den Geist der Mysterien mit Schärfe und Gewandtheit aufzufassen wußte, war einer der Ersten, welche den in den Mysterien verborgenen Gedanken offen aussprachen, daß der Mensch in Sünden geboren und von Gott abgefallen sei, und daß er nicht selig werden könne, ehe die Gnade in ihm zum Durchbruche gelange. Es war vollständig die Lehre des Pietismus, mit dem einzigen Unterschiede, daß die Stelle des „Herrn Jesu" vom Gotte Dionysos oder dem Jakchos der Mysterien oder von Orpheus eingenommen wurde. Es wurde mit solch' unklarem, heuchlerischem und affektiertem Geschwätze, und mit der Vorgabe, daß die menschliche Seele im Körper wie in einem Kerker und in der Welt wie in einem Jammerthale gefangen und gebannt sei und vor Sehnsucht nach Rückkehr in ihre wahre Heimat, den Himmel brenne, dem heitern Wesen der Griechen, ihrer gotterfüllten Welt und ihrem Kultus der Schönheit, Wahrheit und Tugend ins Gesicht geschlagen und der erste Axthieb an den herrlichen Baum hellenischer Kunst und Wissenschaft gethan, und in diesem Geiste entstand eine weitläufige und umfangreiche „orphische Litteratur", bestehend aus Gedichten mythologischen Inhaltes, in welchen, bei vollständiger Abweichung von der älteren Mythologie, die Naivetät der griechischen Poesie durch eine gezwungene Mystik und Sentimentalität verdrängt werden sollte, — doch ohne Erfolg. Die orphischen Gedichte konnten neben den urwüchsig hellenischen und ewig schönen der Homeriden nicht aufkommen und sind heutzutage entweder verloren oder vergessen.

Die Vereine der Orphiker waren nicht, wie die Mysterien, große, trotz dem mystischen Charakter ihrer Festzüge dem offenen hellenischen Geist angepaßte Tempelversammlungen, sondern nach dem Vorbilde der Pythagoreer geheime Schulen und Klubs, wie sie auch, wenigstens zum Scheine, die pythagoreische Lebensweise mit Enthaltung von Fleisch, Bohnen und Wein beobachteten und damit die sich sonst entgegenstehenden Elemente der Dienste des idealen Gottes Apollon und des sinnlichen Dionysos verknüpften. Aber von dem gewissermaßen öffentlich-staatlichen Charakter der Mysterien und von der wissenschaftlichen Würde der Pythagoreer entblößt, verfielen die orphischen Vereine ganz in eine gemeine Schwindelei und Bettelei, und vagabundierende Priester, Orpheotelesten genannt, erteilten gegen gute Bezahlung Leichtgläubigen und Wundersüchtigen ihre hirnverwirrten Weihen; ja es gab Betrogene, welche sich monatlich mit Weib und Kind von Orpheotelesten einweihen ließen. Andere Abenteuer vermischten wieder die orphischen Weihen mit den phrygischen der Göttermutter Kybele und mit denen des Sabazios; man nannte sie Metragyrten (Mutterbettler) oder Menagyrten (Monatsbettler). Sie und ähnliche Leute trieben es bis zur Gaukelei, indem sie Wahnsinnige zu heilen vorgaben und zu diesem Zwecke mit Paukenschall und Tänzen um sie herum sprangen, sich selbst geißelten und dafür milde Gaben einsammelten u. s. w. Ein solcher Metragyrte wurde in der Mitte des 5. Jahrhunderts v. Chr. in Athen mit dem Tode bestraft; aber es bemächtigten sich Gewissensbisse der Richter; sie fragten beim Orakel an und erhielten den Auftrag, zur Sühne einen Tempel der Göttermutter zu errichten, worauf die Nachfolger des Hingerichteten frei ausgingen; eine Hand wäscht eben die andere, wenn beide ihr Interesse in der Erhaltung des Aberglaubens finden. Auch eine Priesterin des Sabazios, Ninus mit Namen, wurde, weil sie sogen. Liebestränke braute, als Zauberin und Giftmischerin hingerichtet. Aber auch sie blieb das einzige Opfer eines Hexenprozesses im Altertum. Und so endeten die geheimen

Klubs in Griechenland in dem nämlichen Unrate, wie die ausgearteten Mysterien, verachtet von allen Redlichen und Gutgesinnten.

Beide aber, die Mysterien und die pythagoreischen, wie die orphischen Vereine, waren Glieder einer sich durch das ganze griechische Altertum hinziehenden Kette von Erscheinungen, die deutlich auf eine Opposition gegen die griechische Volksreligion und auf Versuche einer Grundlegung zur anderen, von derselben wesentlich verschiedenen Glaubensansichten hinweisen, und zwar auf Glaubensansichten, welche später, in erneuerter Gestalt, einen vollständigen Sieg über die olympischen Götter erringen sollten.

4. Geheimnisvolle Personen des Altertums.

Wir können im Altertum dreierlei religiöse Systeme unterscheiden: das polytheistische, das monotheistische und das mystische. Das erste bestand in Vergöttung der Natur und mußte demzufolge, da die Natur sich in vielerlei Kräften äußert, auch mehrere Gottwesen annehmen, es war das System der orientalischen und griechisch-römischen Volksreligionen und unterschied sich in diesen beiden Abteilungen wieder dadurch, daß es dort einen düstern, Furcht und Grauen erregenden, hier einen heitern, Freude und Lust spendenden Charakter annahm. Das zweite System bestand in anfangs- und endloser Trennung von Gott und Welt, was ihm einen abgeschlossenen, an Schönheit und Formen leeren, eintönigen und einseitigen Charakter verlieh; es wurde von den ägyptischen Priestern und von den Israeliten geübt und ging in später Zeit in den Mohammedanismus und in einige christliche Sekten, wie die Unitarier u. s. w. über. Das dritte System endlich nahm ebenfalls eine Trennung zwischen Gott und Welt an, aber keine bleibende, sondern eine der Hoffnung auf Wiedervereinigung Raum gebende, es bestand daher in dem Gefühle der Gottentfremdung und in dem beständigen Sehnen nach dem Wiederfinden Gottes, ausgedrückt in der Menschwerdung und Wiederkunft des Erlösers. Dieses System war verwirklicht in den griechischen Mysterien, und pythagoreisch-orphischen Vereinen, sowie später im sog. positiven Christentum; es war weder absolut poly-, noch absolut mono=

theistisch, sondern vermengte diese beiden Religionsarten, sei es durch mehrere in eine Gestalt zusammengefaßte Götter, sei es durch einen in mehreren Gestalten erscheinenden Gott.

Daß aber dieses mystische System in den griechischen Mysterien und im Christentum wesentlich dasselbe war, kann nach den Andeutungen, die wir aus dem Altertum darüber besitzen, keinem Zweifel unterliegen. Bestehen schon die Sagen, auf welchen die eleusinischen Mysterien beruhen, aus einem Einherwandeln der Götter, besonders der Demeter und des Dionysos, in Menschengestalt, auf einer Auferstehung und Himmelfahrt der Persephone, spielen schon dort die Verherrlichung von Brot und Wein zu religiösen Zwecken, die Reinigung in Wasser und das Fasten eine bedeutende Rolle, treten in den bacchischen Mysterien ein Orpheus, Zagreus u. s. w. als leidende und sterbende Halbgötter auf, wird in den orphischen Vereinen auf die angeborene Sündhaftigkeit der Menschen, auf die Gnade und Erlösung hingewiesen, erscheint in den Mysterien der Kybele die geschlechtliche Enthaltsamkeit als großes Verdienst, und wurde endlich in den Mysterien und bei Pythagoras, ganz wie im Christentum, das körperliche Leben als eine Qual, eine körperlose Unsterblichkeit der Seele als Seligkeit dargestellt und die Freuden derselben, wie die strafende Vergeltung des Bösen mit Vorliebe ausgemalt, während im Polytheismus die Fortdauer nach dem Tode nur eine nebelhafte Gestalt annimmt, — so liegen noch weitere Anknüpfungspunkte vor, die im Bisherigen nicht erwähnt wurden, weil sie allgemeinerer Natur sind. Dazu gehören einige geheimnisvolle und rätselhafte Persönlichkeiten, welche bisher, ausgenommen in gelehrten Kreisen, ganz unbekannt geblieben sind.

Gewöhnlich lernt man nur die offiziell anerkannten, olympischen Götter und etwa noch jene des Meeres und der Unterwelt kennen; aber mit Stillschweigen wird der „beste Gott," griechisch Aristaios, übergangen, eben weil man vor ihm stutzt, nicht weiß, was man aus ihm machen soll. Dieser Aristaios galt als ein Sohn des Lichtgottes Apollon und, entfernt von allen skandalösen Geschichten, welche die mythologische Klatscherei von den übrigen Göttern zu erzählen weiß, als der Erfinder des Hirtenlebens, der Bienenzucht, der Ölbereitung u. s. w., als der Helfer aus Trockne und Dürre zur Fruchtbarkeit, als

Ausüber der Heilkunde (wie sein Bruder Äskulap), als Bändiger der Winde, als Bringer des Gottesdienstes, der Gesetze und der Wissenschaften. Er wurde, was die Unbekanntheit seines Namens erklärt, allerdings weniger auf dem griechischen Festlande, als auf den Inseln und in den Kolonien dieses Volkes verehrt und dort sogar manchmal mit dem Vater der Götter, als Zeus-Aristaios (besonders in der Eigenschaft als Beschützer der Bienen), mit dem Lichtgott als Aristaios-Apollon, mit dem Gott der Fruchtbarkeit als Aristaios-Dionysos vermengt. Auf der Insel Keos besonders war er das allerverehrteste Wesen und allen Göttern vorgezogen. All dies zeigt, daß in ihm eine die Göttervielheit und den allzu menschlichen Charakter der altgriechischen Götter überwindende, einheitliche, allmächtige und allweise Gottheit geahnt wurde.

Ein Name mit Aristaios ist aber offenbar Aristeas. So hieß eine sagenhafte Persönlichkeit der alten Griechen. Wie Jener ein Sohn, so war dieser ein Priester des Apollon, sowie ein Dichter und Reisender. Herodot erzählt von ihm (IV. 13—15): Aristeas aus Prokonnesos (eine Insel in der Propontis, dem heutigen Marmora-Meer), des Kaystrobios Sohn, war im heiligen Wahnsinn von Apollon besessen, reiste zu den Skythen (welche damals im Norden des schwarzen Meeres wohnten), und starb in seiner Heimat in einer Walke. Als dies Gebäude sofort geschlossen und der Todesfall bekannt wurde, trat aber ein Bürger aus der benachbarten Stadt Kyzikos auf und behauptete, er habe den Aristeas soeben bei jener Stadt lebend auf der Straße angetroffen und mit ihm gesprochen. Als man dann die Walke geöffnet, war wirklich Aristeas spurlos verschwunden. Sieben Jahre darauf erschien er wieder in Prokonnesos, verfaßte dort Gedichte über seine Reise zu den Skythen, welche Herodot selbst las, und verschwand darauf zum zweiten male. Dreihundert und vierzig Jahre später wurde er jedoch zu Metapont in Unteritalien gesehen, befahl den dortigen Bürgern, eine Bildsäule des Apollon mit seinem Namen zu errichten und verschwand darauf abermals. Auf die Anfrage der Metapontier bei dem Orakel zu Delphi, was sie thun sollten, riet ihnen dasselbe, dem Auftrage des Aristeas nachzukommen, was auch geschah. Herodot sah die Bildsäule, umgeben von Lorbeerbäumen. Dieser stets wiedererscheinende und, ohne Spuren seiner Leiblichkeit zurückzulassen, wieder verschwindende „beste Mann" ist wieder ohne Zweifel ein Beweis für das schon vorchristliche Bedürfnis eines auferstehenden und himmelfahrenden Göttersohnes, beziehungsweise eines thatsächlichen Beleges für die Wirklichkeit der Auferstehung und der Verbindung von Göttlichem und Menschlichem.

Aber nicht nur Begebenheiten, welche an den christlichen Gottessohn erinnern, sondern selbst der Name desselben kommt im griechischen Altertum vor, und zwar dieser in noch älterer Zeit, als jene. Schon Homer (Odyssee V. 125) und Hesiod (Theogonie 969) erwähnen des Jasion oder Jasios (auffallend ähnlich mit dem hebr. Josua und Jesus), eines Sohnes des Zeus, dessen Schwester Harmonia hieß, und welcher mit der Götlin Demeter (Erde, Fruchtbarkeit) auf einem dreimal geackerten Felde den Plutos (Reichtum) zeugte, — d. h. als Erfinder des Ackerbaues wurde er der Begründer des Wohlstandes. Ob dieses Frevels aber, weil er es wagte, eine Göttin zu lieben, erschlug ihn Zeus mit dem Blitze, entrückte ihn aber zugleich zu den Göttern. Als würdiger Geliebter der Demeter, der Göttin von Eleusis, wurde Jasios in der Sage, nach welcher er in Samothrake von Zeus selbst in die Mysterien eingeweiht war, zum rastlos wandernden Verbreiter der Mysterienlehre, und Diodor sagt von ihm: (V. 49.) Der Reichtum sei ein durch die Vermittelung des Jasios erteiltes Geschenk, und alles, was man sonst noch bei den Mysterien geheim halte, werde nur den Eingeweihten bekannt gemacht. Es sei allgemein bekannt, daß diese Götter (Demeter, Jasios und Plutos), von den Eingeweihten in Gefahren angerufen, ihnen sofortige Hilfe gewähren, und wer an den Mysterien teil habe, werde auch frömmer und gerechter und in jeder Hinsicht besser als vorher. Dieser Jasion erscheint also offenbar als Sohn des höchsten Gottes, als selbst durch himmlisches Eingreifen zum Gotte Erhobener, als wandernder Religionsstifter und als Begründer menschlichen Glückes. Sein Name heißt: Heiland (griech. $\iota\alpha\tau\rho\delta\varsigma$, Arzt, von $\iota\acute{\alpha}o\mu\alpha\iota$, heilen, daher auch Jao die griech. Form des Gottesnamens Jahve, Jehova, und damit verwandt, wie schon oben gezeigt wurde, Jakchos, der in Eleusis gefeierte Gott, dessen Name etwa eine mißverständliche Übertragung von Jasios auf Bakchos sein dürfte!), und so erscheint auch der spätere Held Jason (ein Name mit Jasion) als Heilkünstler, und als Führer des Zuges der Argonauten, wie Jakchos als Führer der Prozession nach Eleusis.

So besitzen wir im mystischen Griechentum bereits die Grundzüge des späteren Systemes der göttlichen Menschwerdung, der menschlichen Gottwerdung, der Erlösung, und es kann nicht zweifelhaft sein, daß wir in den griechischen Mysterien eine der Quellen des **Christentums** suchen müssen.

Vierter Abschnitt.
Menschensohn und Gottessohn.
1. Griechentum und Judentum.

Wenn man blos auf den Umstand Rücksicht nimmt, daß der Stifter des Christentums ein Jude war und sowohl im Lande der Juden, als auf der Grundlage des Glaubens der Juden sein Werk aufrichtete, so könnte unsere letzte Behauptung, daß eine Quelle des Christentums in den griechischen Mysterien zu suchen sei, auffallend erscheinen. Allein der scheinbare Widerspruch zwischen derselben und dem jüdischen Ursprunge Jesu löst sich leicht durch den Nachweis, daß erstens längst vor Christus das Judentum mit griechischen Elementen durchsäuert war, und daß zweitens nach ihm sein Werk weit mehr durch Griechen oder griechisch Gebildete, als durch Juden fortgepflanzt und verbreitet wurde. Wir wollen nicht nur diesen Nachweis leisten, sondern auch zeigen, daß das Christentum Jesu und das Christentum der Christen nach Ursprung und Inhalt wesentlich verschiedene Dinge waren.

Es kann kaum einen schärferen Gegensatz geben, als zwischen dem griechischen und dem jüdischen Charakter. Dort die innigste Verbindung zwischen Gott und Welt, hier die weiteste Trennung beider, dort die emsigste Forschung und die kühnste künstlerische Formenbildung, hier weder denkende Wissenschaft noch bildende Kunst, sondern blos Theologie und religiöse Poesie, dort die Priester eine einfache, weder anspruchvolle, noch einflußreiche Berufsart, hier die Herren der Nation, dort lebhafter Verkehr mit der ganzen Welt und Schiffe von der Meerenge Gibraltars bis in den hintersten Winkel des Schwarzen Meeres, hier Abschließung gegen Außen, gegen jedes Schiff an Joppe's Strand, gegen jede Karawane von der Wüste her, dort begierige Auffassung alles Neuen und leichtes Wegwerfen des Alten, hier strenges Festhalten an diesem und Mißtrauen gegen jede Veränderung.

Und diese beiden grundverschiedenen Volkselemente sollten nun miteinander in Berührung kommen! Seit ihrer Befreiung aus der babylonischen Verbannung durch das Machtgebot Kyros', des persischen Siegers über Babylon, hatten die Juden, sowohl Jene, welche am Eufrat und Tigris geblieben, als der kleine Teil von ihnen, welcher von der Erlaubnis zur Heimkehr in das Vaterland Gebrauch machte, — unter dem persischen Scepter gelebt, und fielen daher, als dieses Reich eine Beute des thatendurstigen Makedoners Alexander wurde, auch sämtlich, so zerstreut in aller Welt sie waren, unter die Herrschaft der nun ganz Vorderasien fruchtbar überschwemmenden griechischen Kultur. Die brudermörderischen und verheerenden Kriege, welche die Nachfolger Alexanders des Großen unter sich führten, zerstreuten die Juden noch mehr; bald traf man dieses Volk an allen Gestaden und auf allen Inseln des Mittelmeeres, bis nach Spanien, man traf sie am Rande der asiatischen und afrikanischen Wüsten, und seit dieser Zerstreuung (griech. Diaspora) wurden sie ein handeltreibendes Volk. Nirgends aber, außerhalb Palästina's, waren sie so zahlreich wie in Ägypten und dessen neuer, glänzender, von Alexander erbauter Hauptstadt Alexandria, dem nunmehrigen Hauptsitze der griechischen Kunst, Litteratur und Gelehrsamkeit. Im Besitze großer Vorrechte, die ihnen die ägyptischen Könige aus dem Geschlechte des alexandrinischen Feldherrn Ptolemaios gewährten, waren sie die Getreidelieferanten des Hofes, hatten in Onias, der vor den Syrern aus Jerusalem geflohen war, ihren eigenen Hohenpriester und errichteten mit königlicher Beihülfe zu Leontopolis (Löwenstadt) an der Nilmündung einen Tempel nach dem Muster desjenigen zu Jerusalem. Obschon aber die zerstreuten Juden in allen Teilen der alten Welt infolge namentlich der Speiseverbote, des Sabbatgebotes, des Besitzes der heiligen Schriften, der beibehaltenen Anerkennung des Tempels von Jerusalem als einziger wahrer Opferstätte, und der angenommenen Pflicht eines Jeden, wenigstens einmal dahin zu wallfahren, mit strengster Gewissenhaftigkeit der Religion ihrer Väter treu blieben, und obschon dieses fortlebende Gefühl der religiösen Zusammengehörigkeit die Juden in der ganzen Zerstreuung fortwährend mit dem Mutterlande verband, nahmen sie dennoch an vielen Orten, den Verhältnissen des Verkehrs und Handels sich fügend, die Sprache ihrer Umgebung, die griechische in solchem Maße an, daß für solche Juden, welche aus der Fremde nach Jerusalem kamen, dort eine eigene „hellenistische" Synagoge errichtet werden mußte, in welcher griechisch gelehrt wurde. Nirgends aber lebten sich die Söhne Abrahams so sehr in das griechische Leben und dessen Sprache ein, wie in Alexandria, und dort geschah es, daß zwischen 280 und 220 vor Chr. der Pentateuch (die so genannten 5 Bücher Moses) in die griechische Sprache übersetzt wurde, ein Werk, welches indessen nur allmählich zustande kam, indem die Erzählung, daß 72 Männer (6 aus jedem jüdischen Stamme) es abgesondert in 72 Tagen vollendet und daß die Übersetzungen aller wörtlich gleich gelautet hätten, eine kindliche Sage ist. Diese Übersetzung, bekannt unter dem Namen der Septuaginta (lat. 70), welche später fortgesetzt wurde und um 125 vor Chr. das ganze sog. alte Testament umfaßte, das jedoch erst weit später den Charakter einer als kanonisch (verbindlich) geltenden Sammlung erhielt — war denn auch die erste Verschwisterung des jüdischen und griechischen Geistes und das erste Organ, durch welches die bisher vor jedem Fremden sorgfältig bewahrten Geheimnisse des Judentums in die offene Welt hinaustraten. Es war indessen nicht die reine altgriechische Sprache, in welcher die Übersetzung abgefaßt war, sondern der makedonisch-griechische Dialekt in einiger Ausbildung, welcher seitdem als „hellenistische" Sprache von der altgriechischen oder hellenischen unterschieden wurde, und dessen Litteratur außerdem noch die sogen. Apokryphen, die sämtlichen Schriften der alexandrinischen Gelehrten und das ganze Neue Testament umfaßt.

Diese alexandrinischen Gelehrten waren teils Juden, teils Griechen, begegneten sich aber von beiden Seiten in der ihnen gemeinsamen griechischen Sprache, und in dem Bestreben, die beiderseitige Litteratur und Kultur kennen zu lernen. Die Griechen begannen einen Moses, die Juden einen Platon und

Aristoteles zu bewundern und anzustaunen, und der aufgeklärte
Polytheismus der Einen traf mit dem Monotheismus der
Anderen in einem neuen Mystizismus zusammen. Dieser
Mystizismus der Alexandriner war es, dem die Idee der
Inspiration, der göttlichen Offenbarung entsprungen ist, welche
vorher nie und nirgends existierte, jetzt aber plötzlich von diesen
Schwärmern jüdischer seits auf das Alte Testament und griechischer
seits auf die Philosophen dieses Volks angewendet wurde.
Der Jude Aristobulos, der Stifter dieser Richtung, leitete
mit Hilfe einer allegorischen Auslegung des alten Testamentes
alle Weisheit der Griechen aus diesem ab, und Philon, der
größte jüdische Philosoph, ein Zeitgenosse Jesu, von dem er
aber nichts wußte, vergeistigte die Überlieferung seines Stammes
so sehr, daß er in den vier Flüssen des Paradieses die vier
Haupttugenden, in den Bäumen desselben die übrigen Tugenden,
in den einzelnen Patriarchen und Helden nur Personifikationen
dieser und jener moralischer Begriffe nach griechischem Geschmacke
erblickte. Den Begriff Gottes faßte er so hoch, daß er behauptete, Gott habe vor der Erschaffung der Welt eine Welt
der Ideen erschaffen, welche in seinem Worte (griech. λόγος)
ihre Einheit fand, und erst nach dieser die Schöpfung der
körperlichen Welt bewerkstelligt; der Logos war das erste Werk
Gottes, die Welt das zweite, und es ist dieselbe Idee, welche
später in das nach Johannes benannte Evangelium überging:
Im Anfange war das Wort, uud das Wort war bei Gott
u. s. w. Die Menschenschöpfung faßte er so auf, daß zuerst
ein unsterblicher, idealer, vollkommener Mensch entstanden und
dann erst durch die Erschaffung des Weibes sündhaft und
unvollkommen geworden sei. Philon hat, mehr als aus dem
altjüdischen Glauben, aus der griechischen Philosophie die Idee
der Unsterblichkeit entnommen und gleich Pythagoras die Verbindung mit dem Körper als eine Strafe betrachtet. Demzufolge erklärte er es als Aufgabe des Menschen, sich aus dieser
lästigen Verbindung möglichst loszuringen, d. h. die Sinnlichkeit zu verachten, ganz im Gedanken an Gott zu leben und
hierdurch seine Erlösung zu erzielen. Man sollte glauben, eine
solche Tendenz sei ganz gegen die Natur des Menschen, und
sie ist es auch; allein nichtsdestoweniger gab es zur Zeit Philons

eine Gesellschaft, welche sich wenigstens so viel als möglich bemühte, derselben nachzuleben.

2. Die Essener.

Wir meinen mit der letzten Andeutung den Bund oder Orden oder die Sekte der Essener, welche sich selbst aus den Urzeiten des Mosaismus herleiteten, aber erst 100 Jahre vor Christi Geburt bestanden. Der griechische Jude Josephos stellt sie als „dritte Partei" neben die beiden berühmten Faktionen der Pharisäer und Sadduk äer, von welchen Erstere am strengsten Buchstabenglauben in Bezug auf sämtliche heilige Schriften hingen, dem Priestertum vor weltlicher Gewalt den Vorrang einräumten und im Ganzen einer demokratischen Richtung huldigten, — Letztere dagegen das Hauptgewicht auf die Politik legten, in Glaubenssachen weniger Ängstlichkeit zeigten und vermöge ihrer Aufklärung eine vom Volke abgeschlossene aristokratische Stellung einnahmen. Doch, beide Richtungen haben für unsern Zweck weniger zu bedeuten, als die angeführte dritte, welche nicht gleich jener einer Volkspartei, sondern nur einer in Palästina zerstreuten geheimen Gesellschaft angehörte.

Der Name der Essener ist unbekannten Ursprungs. Man nannte sie aber, weil sie die Heilkunde ausübten, auch Therapeuten (Ärzte). Josephos sagt, sie hätten in besondern Ansiedelungen auf dem Lande gewohnt, Philon läßt sie in Dörfern, mit Vermeidung der Städte leben, und Plinius der Ältere versetzt sie abgesondert an die Westküste des toten Meeres. Ihre Zahl wird auf viertausend angegeben; ihre Beschäftigung war besonders auf Ackerbau und Handwerk gerichtet, vermied aber mit Strenge alles dasjenige, was dem Kriege dient, wie die Verfertigung von Waffen, oder dem Eigennutze, wie der Handel, das Seewesen und die Gastwirtschaft. Die Essener besaßen kein Privateigentum, sondern hatten Gütergemeinschaft, kauften und verkauften auch unter einander nichts, sondern gaben einander, was sie bedurften; sie verwarfen nicht nur die Sklaverei, sondern jede Herrschaft überhaupt, wie alles, was die natürliche Gleichheit der Menschheit aufhebt oder stört. Die Enthaltsamkeit im Genusse trieben sie auf die Spitze. Sie

genossen nur das Notwendigste und nur streng nach den Regeln
der Gesellschaft Zubereitetes. Bestimmt erfahren wir in dieser
Beziehung blos, daß sie das Öl verabscheuten, sowohl zum
Salben, als zum Essen. Aus dem Umstande jedoch, daß sie
blutige Opfer verwarfen und beständige Nüchternheit beobachteten,
müssen wir schließen, daß sie sich des Fleisches und der be=
rauschenden Getränke ganz enthielten. Auch die geschlechtliche
Lust verwarfen sie, und eine (die herrschende) Partei unter
ihnen, enthielt sich der Ehe und pflanzte den Bund blos durch
Aufnahme fremder Kinder fort, während eine andere Partei
diese Maßregel als die Zukunft des Ordens untergrabend er=
klärte und der Ehe huldigte, jedoch allen Umgang in derselben
verpönte, der nicht den direkten Zweck der Kindererzeugung
hatte oder haben konnte. Dabei beobachteten sie die weit=
gehendste Reinlichkeit, trugen weiße leinene Kleider und badeten
sich täglich in kaltem Wasser. Ihr Tagewerk war genau ein=
geteilt; vor Sonnenaufgang sprachen sie nichts, als ihr Gebet,
in welchem sie die Sonne als Sinnbild Gottes verehrten, gingen
dann an die Arbeit und von dieser, nicht ohne Waschung und
reine Umkleidung, zur gemeinschaftlichen Mahlzeit, von welcher
vor dem Gebete des Priesters niemand etwas kostete, nahmen,
nach abermaligem Gebete und Ablegung der reinen Kleidung,
die Arbeit wieder vor, nach welcher sie, unter Wiederholung
derselben Gebräuche, das Abendessen zu sich nahmen, wobei nie
mehr als einer sprach. Ihre Disciplin war sehr streng, sie
thaten nichts ohne Befehl ihrer Vorgesetzten, beflissen sich der
Mäßigung in allen Dingen, der Beherrschung der Leidenschaften,
der Treue gegenüber allen Verbindlichkeiten, des Friedens unter
sich und mit der Welt, der Wohlthätigkeit gegen die Armen.
Den Eid verwarfen sie. Der Aufnahme neuer Mitglieder ging
eine Probezeit von einem Jahre voran, während welcher sich
der Kandidat bereits der essenischen Lebensweise hingeben mußte,
zu welchem Zweck er ein kleines Beil (wie es jeder Essener
als Sinnbild der Arbeit bei sich trug), einen Badegürtel und
ein weißes Kleid erhielt. Fiel die Probe gut aus, so folgte
noch eine Prüfungszeit von zwei Jahren, und auf diese, bei
Würdigen, die Aufnahme. Diese bestand in einem gemeinschaft=
lichen Mahle, welchem das Gelübde des neuen Bruders voran=
ging; es lautete dahin, die Pflichten eines Esseners, bestehend

in der Lebensweise des Bundes, sowie in den Regeln eines
tugendhaften Lebens, zu erfüllen und über die Vorgänge innerhalb des Bundes, sowie über die Namen der Mitglieder, ein
vollkommenes Stillschweigen gegen andere zu beobachten, den
Brüdern aber im Gegenteil nichts zu verbergen. Nach der
Zeit ihrer Aufnahme teilten sich die Essener in vier Grade.
Unwürdige verstießen sie, was aus dem Grunde ein schreck-
liches Schicksal war, weil der Ausgestoßene von den Bundes-
pflichten nicht befreit wurde, dieselben jedoch außerhalb des
Bundes nicht befolgen konnte, also dem Untergange geweiht war.

Ihre religiösen Ansichten wurden teilweise schon erwähnt.
Mit dem Judentum standen sie nur dadurch in Verbindung,
daß sie Weihgeschenke in den Tempel zu Jerusalem sandten,
schlossen sich jedoch durch ihre Verwerfung der blutigen Opfer
von demselben aus. Auch ihre Unsterblichkeitslehre war nicht
jüdisch, indem sie glaubten, daß die Seele, aus dem feinsten
Äther gebildet, von einem Körper angezogen werde, in diesem
wie in Fesseln lebe, nach ihrer „Befreiung" durch den Tod aber
sich himmelwärts schwinge, wo die Guten in einem seligen
Lande ohne Regen, Schnee und Hitze fortleben, während die
Bösen in einem abgelegenen kalten und dunkeln Orte von
Strafen gepeinigt werden. Diese Ansicht erinnert an die Pythagoreer. Weniger ehrenvoll ist aber der Schwindel, den manche
Essener nebenbei trieben, indem sie die Zukunft vorherzuwissen,
Träume zu deuten, Krankheiten zu beschwören u. dgl. vorgaben.
An spätere christliche Ideen erinnerte die Geheimlehre, welche
die Essener über die Eigenschaften und Namen der Engel
aufstellten und ihren Neuaufgenommenen zu verschweigen geboten. Indessen haben sich die guten Elemente des Essenismus
darin bewährt, daß dessen Jünger, infolge ihrer nüchternen
Lebensweise, meist ein sehr hohes Alter, wie es heißt bis auf
hundert Jahre, erreichten, und in Folge ihres engen Zusammen-
haltens durch keine Verfolgung und Marter, deren zu der Zeit
des Römerkrieges unaussprechliche und schreckliche sie trafen,
von den Grundsätzen ihres Bundes abwendig zu machen waren.
Erst in den ältesten christlichen Zeiten scheinen die Essener aufgehört zu haben, da sie durch die christliche Askese überflüssig
wurden.

3. Das Christentum.

Die Essener gehören zu jenen Erscheinungen, welche in der Weltgeschichte nicht viel Lärm verursachen, aber im Stillen mächtig wirken und scharfe Gegensätze der menschlichen Natur vermitteln. Wir sehen nämlich in ihnen das Mittelglied zwischen den **griechischen Mysterien** und dem **Christentum**, sowie auch wieder zwischen der griechischen Philosophie und dem Judentum. Denn ihr Bund war, wie aus dem Angeführten klar genug hervorgeht, eine jüdische Nachahmung der Pythagoreer, welche hinwieder in der Philosophie **das** vorstellten, was die griechischen Mysterien in der Religion, nämlich die Demütigung des Menschen durch seine Hinweisung auf höhere, über ihm stehende Mächte und seine Wiedererhebung durch die Aussicht auf Unsterblichkeit und einstige Vereinigung mit dem Schöpfer. Mit diesem Mystizismus verband sich dann von griechischer Seite her die erhabene Moral eines Sokrates, Platon und Aristoteles, und von jüdischer der Glaube an Einen Gott, und alle diese Elemente in ihrer Vereinigung konnten nichts anderes hervorbringen, als jene große, die Welt umgestaltende Macht, deren nächste Vorläufer die armen, keuschen, gehorsamen, gleiche Rechte und Brüderlichkeit der Menschen predigenden Essener waren, — **das Christentum!**

Diese neue Macht mußte entstehen, um die Gegensätze auszugleichen, welche von allen Seiten der damaligen Welt aufeinanderplatzten, als das römische Reich die Heimatländer der verschiedenen religiösen und philosophischen Systeme unter seinem allgewaltigen Szepter vereinigt hatte. Diese Systeme waren nun nicht mehr abgesondert wie früher; der rege Verkehr, den der Handel und die Kriege des großen Reiches in allen Teilen desselben entwickelten, bewirkte, daß sie einander täglich berührten. Dadurch wurde zweierlei erzielt: erstens, als Schattenseite, eine gewisse Gleichgiltigkeit gegen die religiösen Ansichten, deren Verschiedenheit die Überzeugung nährte, daß in übersinnlichen Dingen keine direkte Erkenntnis möglich sei, — ein kolossaler Indifferentismus, dessen Gefährlichkeit darin bestand, daß nichts für Volksbildung und Volksaufklärung gethan wurde, die Wissenschaften vielmehr nur für die höhern Stände existierten und das Volk daher keinen Ersatz für seinen alten

Glauben fand, — zweitens aber, als Lichtseite, die Nährung des schon von den griechischen Philosophen, besonders den Stoikern, gepflanzten Gefühls, daß alle Menschen, trotz nationaler und religiöser Verschiedenheiten, Brüder, und die Menschheit ein großes Ganzes sei. So schön und erhebend dieses Gefühl, so unfruchtbar mußte es bleiben, so lange kein geistiges Band, neben dem politischen, die miteinander verkehrenden, einem Gesetze und seit dem Kaisertum auch einem Willen gehorchenden Völker des römischen Reiches verknüpfte. Dieses fehlende geistige Band konnte aber nur ein religiöses sein; denn so lange die Wissenschaften auf so unvollkommener Stufe standen, konnte keine andere Geistesrichtung, als diejenige auf das Göttliche, alle Gemüter, ohne Rücksicht auf Erziehung und Vaterland, nach dem einen Ziele führen, nach welchem das Bewußtsein, vor allem Mensch zu sein, die Menschen unwillkürlich hindrängte. Fragt man nun aber, von welcher Art die Religion sein mußte, die allen Völkern zugleich zu genügen im Stande war, so ist vor allem klar, daß es keine polytheistische oder heidnische sein konnte. Denn diese Art der Gottesverehrung hatte sich bereits überlebt. Die verschiedenen National-Religionen, die ägyptische, chaldäische, syrische, griechische, römische, hatten sich in übermäßiger Erzeugung von Göttergestalten vollständig erschöpft; die Vielgötterei konnte keine neuen Keime mehr treiben, — dies bewies schon der Umstand, daß die Römer, nachdem sie, bei dem Mangel weiterer zu vergöttlichender Naturkräfte, alle Tugenden zu Göttinnen erhoben hatten (wie die Pudicitia, Konkordia, Pax, Viktoria u. s. w.), sich nicht mehr anders zu helfen wußten, als daß sie noch sämtliche Gottheiten der unterworfenen Länder in ihr Pantheon aufnahmen und der Isis, der Kybele, dem Mithras und dem Baal ebenso opferten, wie bisher dem Jupiter und der Juno. So war die Vielgötterei bei allen Unterrichteten in Verruf geraten; waren solche ernsten Charakters, so verachteten, — waren sie frivol, so verspotteten sie die Götterdienste, die Opfer, die Orakel und die Priester. Letztere lachten selbst, wenn sie einander begegneten und brachten sich durch zügelloses Leben und abergläubisches Treiben um alle Achtung, — und am Ende mußte gar jeder Redliche im tiefsten Innern empört werden, wenn sich römische Kaiser in den Paroxismen ihres Despotenwahnsinns als Götter verehren ließen und ein Geschlecht menschenähnlicher Hunde ihnen schweifwedelnd Weihrauch spendete.

Die neue Religion, welche die Menschheit suchte, um ihrem Gefühle der Zusammengehörigkeit einen reellen Ausdruck zu verleihen, konnte also keine heidnische sein. Sie mußte vielmehr, durch die Einheit der göttlichen Idee, der Göttervielheit, der Götterschöpfung und der Götterspielerei ein gründliches Ende machen und damit auch der Götterverachtung und Götterverspottung ein für allemal die Wurzel abschneiden.

Ein Gott also, der alle bisherigen Götter besiegte, war Dasjenige, dessen man beburfte, und zwar ein Gott von bestimmter Gestalt und bestimmtem Charakter, — kein nebelhafter, ruhender, unthätiger Gott, wie ihn die griechischen Philophen lehrten, der nur eine abstrakte Weltseele, für das ungelehrte Volk also nichts war, sondern ein menschenähnlicher, der „den Menschen nach seinem Bilde" geschaffen hatte, der den Sterblichen mit menschlichem Zorn und menschlicher Liebe entgegentrat. Und es mußte zu diesem Gotte eine Lehre von persönlicher Fortdauer des Menschen treten, um dem lieben Ich eine zuverlässige und unfehlbare Garantie seiner Unzerstörbarkeit in Ewigkeit zu bieten, und zwar auch wieder keine abstrakte und blos behauptete, sondern eine an bestimmte Orte geknüpfte und mit bunten Farben ausgemalte. Es galt also, diesen einen Gott, — es galt, diese Unsterblichkeitslehre, — es galt, eine beide Punkte vermittelnde, verkündende und verherrlichende Persönlichkeit zu finden.

Ein Monotheismus war nirgends zu finden, als im Judentum, und da trat er sehr deutlich und offen hervor. Wir sahen bereits, wie die Juden in der ganzen damaligen Welt zerstreut waren. In jeder irgend bedeutendern Stadt hatten sie ihre Synagogen, ja wir erfahren sogar die äußerst merkwürdige Thatsache, daß sie eine nicht geringe Anzahl von Proselyten machten, und zwar ganz besonders in Rom selbst. Dies war bereits die Einleitung zu einer Verbreitung des Monotheismus; in größerm Maßstabe konnte aber eine solche nicht durch die Juden vermittelt werden; nur enge Kreise begnügten sich mit der Strenge und dem Ernste des mosaischen Glaubens, dessen Gott der Masse noch viel zu geistig war, um begriffen zu werden, und außerdem fühlten sich die meisten Menschen einerseits durch das Unbestimmte und Schwankende der jüdischen Begriffe von Unsterblichkeit, anderseits durch die sonderbaren Gebräuche und die eigentümliche Lebensweise der Juden abgestoßen.

Nur die **Idee** Gottes konnte also vom Judentum entlehnt werden; alles Übrige, was die Menschen erwarteten und verlangten, war **mystisch**, d. h. sie wollten das Göttliche **suchen** und **finden**, sie verlangten einen Kreis religiöser Ideen, der ihnen ihre eigenen Gefühle als unfehlbare Wahrheit entgegentrug, sie wollten die Versicherung haben, daß sie einen untrüglichen Glauben bekannten. Hierzu fand sich aber der Stoff nirgends passender als in den **Mysterien** und in den Lehren der **Pythagoreer** und **Essener**. Die unter sich mannigfaltigen Ideen dieser Geheimbünde von der Trennung und Wiedervereinigung des Göttlichen und Menschlichen mußten in dem jüdischen Gotte ihre Einheit finden, was bei der Vermischung griechischer und jüdischer Ideen in der letzten Zeit vor Christus nicht mehr schwierig sein konnte, — und diese Einheit mußte von einer welthistorischen Persönlichkeit hergestellt werden, die derselben ihr Sigel aufdrückte und sie mit einem göttlichen Nimbus umhüllte.

Diesem Nimbus nun kamen seltsam zusammentreffende Erwartungen zu Hilfe, welche sowohl auf heidnischer, als auf jüdischer Seite gehegt wurden. In den ersten Jahren des römischen Kaisertums war nämlich der Glaube stark verbreitet, daß im Morgenlande ein neues Reich gegründet werden und ein beseligendes Weltalter von dort ausgehen solle. Noch deutlicher aber ging die Erwartung eines „**Messias**" bekanntlich bei den Juden im Schwange. Diese Erwartung wurde von Buchstabengläubigen auf mannigfache Weise mißverstanden oder mißdeutet und — mißhandelt. Die Juden verstanden unter ihrem Messias so wenig eine bestimmte kommende Persönlichkeit, als Prophezeiungen bestimmter Ereignisse überhaupt Wahrheit haben. Die wahre Bedeutung des jüdischen Messias ist vielmehr so einfach und klar wie möglich, und es kann sie Jeder finden, der die Weissagungen der alttestamentlichen Propheten unbefangen, vom Standpunkt ihrer Zeit und ihres Volkes, betrachtet und auslegt. Diese Zeit war diejenige des geteilten

Reiches, in welcher es von abgöttischen Königen, von unwürdigen Herrschern Israels wimmelte. Was konnte also natürlicher sein, als daß die Propheten eine Zeit herbeiwünschten, in welcher das getrennte Reich wieder vereinigt und der Dienst Jahves wieder unangefochten und herrschend bastehen werde? Den unbekannten Gründer dieses geträumten neuen Reiches Israel ohne Rücksicht auf seine Persönlichkeit und Eigenschaften, oder auch dieses Reich selbst verstand man unter dem Messias, und die Erwartung eines solchen mußte daher, und muß bei allen gläubigen Juden noch so lange fortdauern, bis das Reich Davids wieder hergestellt sein wird; denn die Juden betrachteten diesen König als den Vertreter des ungeteilten und gottgläubigen Israel und nannten daher den erwarteten Messias seinen Abkömmling. Diese Erwartung ist nun allerdings, wie noch viele andere der Menschen, nicht in Erfüllung gegangen und wird schwerlich je erfüllt werden. Alle Stellen der Propheten aber, in welchen man eine Hinweisung auf den Stifter des Christentums als den Messias erblicken wollte, sind nach den Ergebnissen der neueren wissenschaftlichen Forschung mißverstanden oder mit vorgefaßter Meinung fehlerhaft übersetzt.

Dem Wunsche nach Ersatz des sinkenden und entarteten Heidentums durch eine neue Religion kam aber die Messias-Erwartung trefflich zu statten. Denn eine solche Religion mußte, um ein Ganzes zu bilden, einen persönlichen Stifter haben, und wer zugleich als Messias erklärt wurde, konnte sicher sein, die Welt für seine Lehre, wenn auch nur nach und nach, zu erobern.

4. Jesus.

Dieser persönliche Stifter erschien, und die Dunkelheit seines kurzen Lebens und frühen Sterbens, welches so leise vorüberging, daß die sonst alles aufspürenden **griechischen** und **römischen** Schriftsteller seiner Zeit **kein Wort** davon erfuhren, — erleichterte das Bestreben der nach einer neuen Religion Dürstenden, aus ihm Das zu machen, was sie zum Siege ihrer Ideeen nötig hatten, d. h. etwas ganz anderes, als was er war. Aus einem bescheidenen jüdischen Zimmermannssohn und Rabbi, welcher freilich über die Engherzigkeit seines Volkes hinausging und dessen Glauben, mit Beseitigung der lästigen Werkthätigkeit, zum Gemeingute der Menschheit erheben wollte, wofür er den Tod des Aufrührers gegen das Hohenpriester- und Levitentum am Kreuze erlitt, machte man die Verwirklichung des Messias, den Sohn Gottes von einer Jungfrau, einen Wunderthäter, einen sich absichtlich für die „Erlösung" der Menschen Opfernden, einen Auferstehenden und in den Himmel Fahrenden, — oder mit einem Worte aus einem Menschen einen Gott! Auf den jüdischen Zweig pfropfte man lauter unjüdische, griechisch-mystische Reiser, bis der Zweig nicht mehr zu erkennen war.

Wir besitzen also in dem uns überlieferten Leben des Stifters der christlichen Kirche zweierlei Elemente, die **Wahrheit** und die **Dichtung**. Wahrheit ist alles, was sich mit den Naturgesetzen, der historischen Forschung und psychologischen Thatsachen vereinbaren läßt. Dichtung, was diesem widerspricht, und zwar um so mehr, als in allen diesen der Wahrheit widersprechenden Dingen deutlich genug eine Tendenz nachgewiesen werden kann, unsern Religionsstifter zu etwas Höherm als einem Menschen zu erheben.

Jesus selbst hat sich nie für mehr als einen Menschen gehalten. Der ganze Kreis seiner Anschauungen, soweit solche nicht durch die erwähnte Tendenz entstellt sind, bewegt sich in seinem Vaterlande, in dessen Natur, in dem Leben seiner Bewohner, in seinen politischen Einrichtungen und sozialen Verhältnissen, in dem Glaubensgebiete der Juden. All dies erwähnte er stets mit Vorliebe in dem Gewande von **Gleichnissen**, um durch solche seine Rede in echt populärer, einschneidender und wirksamer Weise zu verdeutlichen und auszumalen, und umhüllte so die erhabenen Lehren der Tugenden, welche welche er predigte, mit einem duftigen, farbenreichen Kleide von allgemein verständlichen, jedes Herz ergreifenden und gefangen haltenden Bildern. Lehren der Tugend waren in der That die einzigen, welche Jesus verkündete; er hat keinen Glaubenssatz aufgestellt; denn derjenige vom einigen Gotte, der einzige, dessen in seinen Reden Erwähnung geschieht, bestand schon im Judentum. Jesus fügte den vielen Namen Gottes nur den alle überflüssig machenden des „Vaters" hinzu, d. h. nicht nur seines eigenen, sondern desjenigen aller Menschen, die seine

Kinder werden, d. h. sich veredeln und vervollkommnen sollten, — und er war daher kein dogmatischer, sondern ein moralischer Reformator, welche Stellung er gemein hatte mit den Essenern und mit dem Täufer Johannes, nur in etwas verschiedener Form. Die Essener beschränkten die dringende Reform damaliger Moral auf ihre Gesellschaft, indem sie sich von der übrigen Welt zurückzogen und sich nicht bemühten, ihre Grundsätze weiter zu verbreiten. Johannes, welcher mit der von ihm eingeführten Wassertaufe an die Reinigungen der Pythagoreer und Essener und mit seinem Einsiedlerleben in der Wüste und seinem Fasten an die Lebensweise der letzteren, in seinem äußerlichen Auftreten aber an den Propheten Elias erinnert, konnte nur durch die tendenziöse Erhebung Jesu zu etwas Höherm in die Stellung eines „Vorläufers" herabgedrückt werden. Die ältesten, unbefangenen Berichte wissen von dieser Stellung nichts, geben bei ruhiger Prüfung in Demjenigen, auf dessen Kommen er hinwies, nur Jahve selbst zu erkennen, ja lassen es überhaupt zweifelhaft, ob er Denjenigen, der sich unter einer Masse anderer von ihm taufen ließ, überhaupt persönlich gekannt habe. So entstand denn auch wirklich eine eigene Schule des Johannes, welche von Jesus nichts wußte und im Morgenlande noch heute besteht. Während aber dieser Prophet in seiner Verachtung der Außenwelt noch auf dem essenischen Boden stehen blieb, verließ Jesus diesen ausdrücklich, indem er sich überall mitten in das Leben hinein begab, dessen Freuden bei Mahlzeiten und Hochzeiten mitmachte, die Armen und Unglücklichen aufsuchte und nicht nur für ihr geistiges, sondern auch für ihr leibliches Wohl mit Eifer besorgt war.

Wenn nun aber Jesus selbst alle seine Tugendlehren in Gleichnisse und Bilder einkleidete, so folgten diesem seinem Beispiele die Beschreiber seines Lebens um so eher, als sie hierin ein vorzügliches Mittel fanden, ihn, den gefeierten und angebeteten Meister, über die Menschheit zu erheben. Sie folgten ihm darin, daß sie ein ganzes, Gott und der Tugend allein gewidmetes Leben ebenfalls in Gleichnisse und Bilder einkleideten. Wie Jesu Lehre aus Parabeln bestand, so auch sein uns überliefertes Leben. Die orientalische Phantasie hat sich in allen ihren Werken, in den Werken der Brahmanen und Buddhisten, wie der Zoroastrier, im alten und neuen Testamente, wie im Koran und in Tausend und eine Nacht, niemals zu zügeln versucht, und niemals Bedenken getragen, Dichtung und Wahrheit bunt untereinander zu werfen und die Dichtung mit derselben Unbefangenheit und Naivetät vorzutragen, wie die Wahrheit.

Die sogen. Wunder, wie man insgemein alles nennt, was dem regelmäßigen Verlaufe der Dinge und den bekannten Naturgesetzen widerspricht, sind nicht wirklich vorgefallene Begebenheiten, auch abgesehen davon, daß Jesus ausdrücklich erklärt hat, keine Wunder thun zu wollen (Matth. 16, 4). Denn so, wie sie in der Bibel erzählt werden, setzen sie eine ganz zwecklose Aufhebung der Naturgesetze voraus und zwar **deshalb** eine zwecklose, weil die Wahrheiten, welche Jesus verkündete, durch keine Wunderthaten **wahrer** werden konnten, und weil, wenn eine Aufhebung der Natur stattfinden könnte, das Dasein von Naturgesetzen überhaupt überflüssig wäre. So aber, wie die Rationalisten des vorigen Jahrhunderts die Wunder sich auslegten, als wirklich vorgefallene, aber natürlich abgelaufene Begebenheiten, werden dieselben zu ganz unnützen und Jesu unwürdigen Taschenspielerstücken. Die Wunder können daher vernünftiger Weise nur als von den Evangelisten verfaßte G l e i c h n i s s e aufgefaßt werden, freilich nicht als Gleichnisse, die denen Jesu selbst an die Seite zu stellen wären, sondern als rohere, unbehilflichere und noch dazu tendenziöse Nachahmungen. Wir teilen die Wunder ein in solche der G e b u r t, des L e b e n s und des T o d e s Jesu.

Die G e b u r t Jesu ist nach tendenziöser Erzählung selbst ein Wunder. Der eheliche Sohn des Zimmermanns Joseph aus Nazareth und der Maria, der er nach den ältesten Berichten und der Genealogie des Matthäus und Lukas war, mußte, wenn seine Lehre als eine solche göttlichen Ursprungs erscheinen sollte, selbst zum Gottessohne und sogar zum Gotte gemacht werden. Der Vorbilder hierzu fand man im Heidentum genug. Von dem durch eine Frau wiedergeborenen Sonnengotte Buddha wußten allerdings die ersten Christen nichts, desto mehr aber von der griechischen und römischen Mythe. Apollon, selbst Gott, wandelte in Knechtsgestalt als H i r t auf der Erde. Herakles, der Sohn des Zeus, Romulus, der Sohn des Mars und einer J u n g f r a u, waren Staaten- und

Städtegründer und Völkerstammväter, — warum sollte der Stammvater einer Religion und Kirche nicht auch der Sohn Gottes und einer Jungfrau sein, warum Gott selbst nicht in Menschengestalt auf der Erde wandeln können? Das Gemachte in dieser Sage springt in die Augen, und es sind nur Ausschmückungen derselben, wenn ein Engel die Geburt des Gottessohnes der jungfräulichen Mutter, ein anderer mit himmlischen Heerscharen sie den Hirten verkündet, wenn ein Stern die „Weisen aus dem Morgenlande" zum Winderkinde leitet und diesem die Hirten, die Weisen und Simeon und Anna huldigen, und wenn der König des Landes dem vorherbestimmten Messias nach dem Leben stellt und um ihn zu treffen, den (ganz ungeschichtlichen) Kindermord anordnet.

Die Wunder des Lebens Jesu sind entweder allgemeine Aufhebungen der Naturgesetze oder Heilungen von Kranken und Erweckungen von Toten, oder Erscheinungen. Alle diese Arten von Wunderthaten sind Zweckdichtungen. Wir haben schon bei den griechischen Mysterien gesehen, wie der Wein und das Brot den Göttern geweihte Lebensmittel, wie die Weihungen in Eleusis den Gebern des Weines und Brotes (Bakchos und Demeter) galten. Auch Jesus mußte daher durch die Verwandlung von Wasser in Wein und durch die rätselhafte Vermehrung des Brotes bei der Speisung von Tausenden zum Herrn und Geber der beiden heiligen Lebensmittel gemacht werden, welche später bei der Einsetzung des Abendmahles zum Gegenstand christlicher Mysterien wurden. Das Wandeln auf dem See, die Stillung des Sturmes, die Verfluchung des Feigenbaumes, der Pfennig im Fischmaule und der Fischzug des Petrus sind Bilder von des Gottessohnes Macht über das Wasser, die Luft, die Pflanzen- und Tierwelt. Ebenso soll die Heilung der Gichtbrüchigen, Aussätzigen, Blinden und Stummen seine Gewalt über die leiblichen Krankheiten, die Heilung der Besessenen seine Macht über die Seelenstörungen und die Erweckung der Toten seine Herrschaft sogar über den Tod versinnbildlichen. Ein Arzt überhaupt mußte Jesus sein als wahrer „Heiland." Zu den Erscheinungen endlich rechnen wir diejenige des heiligen Geistes als Taube bei der Taufe Jesu, diejenige des Satans bei der Versuchung und diejenige des Moses und Elias bei der Verklärung. All dies sind lediglich allegorische Bilder. Der heilige Geist ist eine Idee, die nur künstlich von Gott getrennt und zu einer besondern Person gemacht wurde, und die Taube das Sinnbild der Reinheit und Sanftmut. Der Teufel ist das als Person gedachte Böse und das Fehlschlagen seiner Versuchung der Sieg des Guten. Die Verklärung aber ist nur eine Versinnbildlichung der höhern Vollkommenheit des neuen Bundes gegenüber dem alten, der jenem huldigen muß.

Die Wunder bei Jesu Tod: die Verfinsterung der Sonne, das Zerreißen des Vorhanges im Tempel und die Auferstehung der Toten sind solche, die bei dem Tode eines Gottes nicht ausbleiben durften und die Trauer der Natur und Religion bedeuten. Diejenigen nach seinem Tode aber, die Auferstehung und die Himmelfahrt mit dem zwischen beide fallenden geisterhaften Umherwandeln des Gekreuzigten, haben den einfachen und klaren Zweck, den Glaubenssatz der persönlichen Fortdauer und der leiblichen und geistigen Auferstehung, über welchen die Liebe der Menschen zu ihrer eigenen Person und der Wunsch nach deren Unzerstörbarkeit absolute Gewißheit verlangte, an Jesu Beispiel, der durchaus nicht wie ein Mensch gestorben und begraben sein durfte, — als unbedingt wahr nachzuweisen und über alle Zweifel zu erheben. Die Auferstehung Jesu ist daher weder ein Erwachen vom Scheintode (wie wäre er dann wirklich gestorben?), noch das Werk seiner Vision der Jünger, noch eine Geistererscheinung, sondern eine zur Verbreitung des Glaubenssatzes von der Auferstehung des Fleisches verfaßte Dichtung, und die Himmelfahrt, in Nachahmnng derjenigen des Henoch und Elias, die notwendige Folge der Auferstehung.

Weit wichtiger und bedeutsamer als die Wunder, die von Jesus berichtet werden, sind seine Lehren, namentlich die wunderherrliche Bergrede und seine treffenden und zugleich reizenden Parabeln. Bieten seine Äußerungen auch durchaus nichts wesentlich neues dar, indem dieselben Gedanken bei Religionsstiftern und Weisen anderer Zeiten und Völker vielfach vorkommen, so wohnt ihnen doch ein eigener ergreifender Zug inne, der durch Anspruchlosigkeit gewinnt und durch Schlichtheit überwältigt. Es ist nicht die Einheit Gottes und die Liebe zum Nächsten, was der Lehre Jesu Ausbreitung schuf, —

das hatten die Juden schon vorher, — nicht der Kampf gegen die Sinnlichkeit, den auch die griechischen Philosophen lehren, auch nicht die behauptete Gottheit Jesu mit den ihm zugeschriebenen Wundern, was Beides die damaligen Menschen aller Völker bereits in vielfachen Auflagen erlebt hatten; sondern es ist die Kraft, die Bilderpracht, die zum Herzen sprechende und dasselbe im Sturm erobernde rührende Einfachheit seiner Sprache. In dieser war er selbständig und eigentümlich, siegreich und unwiderstehlich. Seine Lehre, und namentlich die Bergrede, ist die schlagendste Verurteilung und donnerndste Vernichtung aller Derjenigen, welche sich seit über achtzehnhundert Jahren nicht nur Christen nennen, sondern auch für die einzig wahren Christen ausgeben und trotzdem, — mit bewußter Verachtung der Worte ihres angeblichen Meisters, nicht nur schwören, Aug' um Auge nehmen, ihre Feinde blutig hassen, ihre Almosen ausposaunen, an den Straßenecken laut beten, mit Ostentation fasten, sich Schätze sammeln, welche die Motten und der Rost fressen, zwei oder mehreren Herren dienen, über dem Splitter den Balken vergessen, das Heilige den Hunden vorwerfen, den um Brot Bittenden Steine geben, den Leuten nicht thun, was sie für sich selbst wünschen u. s. w., — sondern sogar Gesetze erlassen, welche dies auch anderen vorschreiben. Diese würde Er, den sie heuchlerisch ihren Meister nennen und doch niemals verstanden haben, niederschmettern mit den edlen Worten: Ich habe euch nie anerkannt; weicht alle von mir, ihr Übelthäter (Matth. 7, 23)! Auch ihr Haus das auf Sand gebaut, wird einst einen tiefen Fall thun. — Solche Sprache war allerdings vorher nie gehört worden; darum erstaunte auch das Volk; „denn er predigte gewaltig und nicht wie die Schriftgelehrten und Pharisäer."

5. Die ersten Christen.

Worin nun unterscheiden sich das Christentum Jesu und das Christentum der Christen? Das erstere, in den Reden des neuen Testaments, besonders in der ewig schönen „Bergpredigt" ausgedrückt, ist eine einfache und anspruchlose, aber weltumgestaltende Lehre von Gott, Tugend und Menschenliebe, der von Ceremonientum, Sabbatstrenge, Fastengeboten, Opfern und Hohenpriestertum gereinigte, von den Juden auf alle Menschen übertragene **Monotheismus**, oder mit kurzem und bezeichnendem Ausdrucke das nahende **Reich Gottes**, d. h. ein die guten Menschen durch Glück und Frieden lohnender Zustand. — Das Christentum der Christen aber ist ein auf diesen Monotheismus gepfropfter, mit den Dogmen von der Menschenwerdung, Aufopferung, Erlösung, Auferstehung und Wiederkunft und mit den zur Befestigung dieser Dogmen erdichteten Wundern vermehrter und das „Reich Gottes" in hierarchischer oder supranaturalistischer Weise verkünstelnder **Mystizismus**. Das Christentum Jesu ist mit ihm selbst und seinen ersten Jüngern, die noch keine spitzfindige Theologie, sondern nur ein frommes Herz bekannt hatten, zu Grunde gegangen; es war zu einfach und prunklos, huldigte zu wenig der Sinnlichkeit und der Pracht und schmeichelte zu wenig der Eitelkeit der Menschen, um eine Rolle in der Welt zu spielen. Das Christentum der Christen aber, von den griechischen Mysterien als Mutter geboren, hat von Jesu, seinem Vater, ohne dessen Person und Namen es nicht in's Leben treten konnte, das Wenige, was von ihm bekannt wurde, entlehnt, es aber im Schwall und Wust des mystischen Dogmatismus versinken lassen. Sehen wir nun, wie sich dieses dogmatische Christentum über das einfache, moralisch-religiöse erheben und zu einer Weltmacht mit neuen Mysterien ausbilden konnte.

Ohne das Hinzutreten griechisch-mystischer Elemente wäre des Christentum nicht einmal zur selbständigen Kirche, geschweige denn zur Macht geworden, und zwar um so weniger, als seine Vertreter nach dem Tode des Meisters zwar gute glaubenseifrige Leute, aber keine hervorragende und gebildete Geister waren. Diese erste Gemeinde in Jerusalem war daher nicht fähig, die Höhe der Anschauungen des Gekreuzigten zu teilen und bewegte sich auf einem engherzigen, stetsfort im Grunde jüdischen Standpunkte, welcher es sich nicht denken konnte, daß jemand würdig sei, getauft zu werden, der nicht vorher beschnitten und hierdurch unter das auserwählte Volk Gottes aufgenommen wäre. Der Apostel **Jakobus**, ein hingebender, äußerst fromme Askete, war das Haupt dieser Richtung, deren Anhänger man als „**Judenchristen**" bezeichnet. Der erste Christ, welcher über dieselbe hinausging und die Abschüttelung des Judentums verlangte,

war der griechisch gebildete Stephanns, der aber seine hochfliegenden Pläne durch den Martertod des Steinigens büßte.
Der Gesinnung, welche er pflanzte, derjenigen der „Heiden-"
christen", denen alle Gläubigen ohne Zwischenstufe als Christen
willkommen waren, huldigte zuerst die Gemeinde in Antiochia,
jene, durch welche das Abendland die erste Nachricht von der
neuen Sekte der „Christianer" erhielt, und ihr geistiges Haupt
wurde ein Mann, der an Gaben und Kräften weit allen bisherigen Aposteln des Nazareners überlegen war, und sie auch
Alle in den Schatten stellte, Paulus. Durch ihn trat das
Christentum aus den engen Schranken Palästina's und Syriens
heraus. In griechischer Philosophie und jüdischer Theologie
gründlich bewandert, und durch den überwiegenden Einfluß der
letztern ein fanatischer Verfolger der Christen, wurde er plötzlich
infolge einer Vision, die er auf einer Reise nach Damask hatte,
umgewandelt und zum eifrigsten Jünger Jesu, den er persönlich
nie gekannt hatte. Von epileptischen Krämpfen heimgesucht,
hatte er dergleichen Visionen und Verzückungen öfter, und es
tritt daher mit ihm zuerst jenes mystische Element in die
Christengemeinde, auf welchem ein guter Teil der heidnischen
Religionsgebräuche, wie namentlich die Orakel, beruhten, das
aber auch schon in den Geschichten der altjüdischen Propheten eine
Rolle gespielt hatte. Diese Visionen, die von da an unter
den ersten Christen epidemisch auftraten, waren es namentlich,
welche den Legenden von der Auferstehung und Himmelfahrt
Jesu Wahrscheinlichkeit verliehen und damit auch den übrigen
Wundern die Eigenschaft der Naturwidrigkeit nahmen. Sie
waren ferner eine wesentliche Unterstützung des theologischen
Lehrgebäudes, das sich nun auftürmte; denn ohne Visionen
und ekstatische Zustände war es unmöglich, auf jene Spitzfindig-
keiten und Haarspaltereien zu verfallen, welche man theologische
Fragen nennt und welche wesentlich darin bestehen, daß der
Mensch sich einbildet, von solchen Dingen, die niemals von
Menschen erforscht werden können, etwas Bestimmtes zu wissen,
d. h. von den Eigenschaften Gottes und vom Leben nach dem
Tode. Unbefangene und gesunde Menschen haben niemals
theologische Ideen; es gehören schon krankhafte Zustände der
menschlichen Gesellschaft und Fanatismus der Einzelnen dazu,
solche hervorzurufen. Die Theologie bleibt denn auch nie

ganz frei von Mystik, d. h. von selbstgeschaffener Verwickelung der Ideen und künstlicher Kombination der Begriffe. Paulus, der Gründer der christlichen Mystik, pflegte diese Richtung, indem er dem ersten Menschen, Adam, dem Vertreter der Sinnlichkeit, der Sünde, der Knechtschaft und des Sterbens, den Gottmenschen, Christus, als Vertreter des Geistes, der Gnade, der Freiheit und des Lebens entgegenstellte und verlangte, daß der Mensch den „alten Adam" kreuzige und in und mit Christus neu geboren, ja Eins mit ihm werde. Durch diese Vereinigung, erklärte er, sei das mosaische Gesetz aufgehoben und an seine Stelle der „Glaube" getreten, durch welchen allein der Sünder gerechtfertigt und der Gnade Gottes gewürdigt werde. Denn der rechte Glaube, fügte er bei, führe auch gute Werke mit sich und ein wahrhaft Gläubiger könne nicht anderes als gerecht handeln.

Paulus stellte sich somit gewissermaßen auf einen protestantischen Standpunkt gegenüber dem juden-christlichen (gewissermaßen katholischen) des Petrus, Jakobus und Johannes, welche am mosaischen Gesetze nach Kräften festhielten und nur die Beschnittenen als der Seligkeit teilhaftig erklärten. Aber sie vermochten den kühnen, energischen und entschlossenen Sinn des Paulus nicht zu beugen. Während Petrus stets schwankte, es mit keiner Partei verderben wollte und daher in Gesellschaft von Heidenchristen die mosaischen Gesetze oft vergaß, konnte sich dagegen Paulus mit seinen festen Grundsätzen nicht dem nach denselben abgeschafften jüdischen „Gesetze" unterwerfen, und ist daher der eigentliche Stifter der christlichen Kirche, welche im Falle des Sieges seiner Gegner eine jüdische Sekte geblieben wäre. So bestanden also schon wenige Jahre nach dem Tode Jesu bereits zwei feindliche Parteien unter seinen Anhängern. Die Essener, welche sich größtenteils dem Christentum angeschlossen hatten, konnten, trotz des Ursprungs ihrer Lebensweise aus der griechischen Schule des Pythagoras, doch ihre jüdische Geburt so wenig Verleugnen, daß sie sich den Judenchristen anschlossen. Die letzteren, welche bisher, dem jüdischen Monotheismus getreu, Jesum nur für einen Menschen gehalten, entlehnten nun von den Essenern deren Geheimlehre über die Engel und näherten sich dadurch, daß sie den Gekreuzigten unter diese Geisterklasse versetzten, den Heidenchristen, welchen er inzwischen bereits zum Gotte geworden war. Dies war der erste Schritt der Judenchristen zu ihrer vollständigen Losreißung vom Judentum. In der Folge gaben sie nach und nach auch die Beschneidung, die Speiseverbote und die übrigen jüdischen Formalitäten auf, so daß sie eine Zeit lang in eine Menge Bruchteile mit verschiedenen Graden der Annährung an das Heidenchristentum zerfielen, deren eines, in Nachahmung der Essener, sich alles Fleisches enthielt, ein anderes aber die Lehre des Paulus von Adam und Jesus dahin umkehrte, daß es diese beiden Personen für eine und dieselbe erklärte, welche in zwei Gestalten erschienen sei, wozu noch andere Phantastereien kamen.

Zwischen diese beiden Parteien der Juden- und Heidenchristen trat endlich noch eine Mittelpartei, nämlich diejenigen **alexandrinischen** Juden, welche Christen geworden waren. Ihr Vertreter war jener **Apollos** (eigentlich Apollonios), von welchem die Apostelgeschichte erzählt, daß er nur die Taufe des Johannes gekannt habe, jene Jesu aber nicht, und dann von Anhängern des Paulus zu Ephesos für die letztere gewonnen worden sei. Er war es, welcher die alexandrinische Lehre vom **Logos** oder **Worte** in das Christentum brachte.

6. Das neue Testament.

Aus dieser Stellung der Parteien ging nun die **neutestamentliche Litteratur** hervor. Es darf jetzt ohne Scheu ausgesprochen werden, daß von den Jüngern Jesu, welche sämtlich ungebildete Männer waren, kein Stück dieser Litteratur verfaßt wurde. Die ersten Christen hatten anfänglich keine anderen heiligen Schriften, als das alte Testament, und in Bezug auf Jesu Lehre hielten sie sich an die mündliche Unterweisung. Schon die Sprache, in welcher das neue Testament abgefaßt ist, die hellenistische, beweist, daß dasselbe aus den Federn griechisch gebildeter Männer hervorging. Der älteste Verfasser neutestamentlicher Schriften ist anerkannter Maßen der Apostel **Paulus**, dessen Briefe die ältesten christlichen Urkunden sind. Diejenigen unter ihnen, deren Echtheit über alle Zweifel erhaben ist, sind die an die Römer, Korinther und Galater; am meisten beanstandet sind die an Timotheus,

Titus und Philemon. Auch von einigen anderen Aposteln besitzen wir Briefe, von Jakobus, Petrus, Johannes und Judas, welche natürlich der Parteistellung dieser Apostel gemäß eine dem Paulus entgegengesetzte Richtung vertreten. Sie sind später als jene des Paulus verfaßt, ja sogar schwerlich von den an ihrer Spitze genannten Verfassern. Zur Richtung der Alexandriner gehört der Brief an die Hebräer, dessen Verfasser unbekannt ist, der sich aber von den Werken des Paulus durch die Lehre unterscheidet, daß alter und neuer Bund nicht Gegensätze, sondern Ergänzungen seien.

Außer den Briefen ist das älteste Werk des neuen Testamentes die Offenbarung des Johannes. Im Geiste der Propheten des Alten Testamentes geschrieben, enthält sie die Zornausbrüche eines Juden gegen die Römer während der Belagerung und kurz vor der Zerstörung von Jerusalem im Jahre 70 n. Chr. und die Prophezeiung, daß nicht Jerusalem, sondern Rom, oder, wie es dort genannt wird, die babylonische Hure, samt der ganzen heidnischen Welt in Feuer, Blut und Trümmern untergehen, vom Himmel herab aber ein neues, herrliches Jerusalem, die Wohnstätte der Seligen, der Sitz der „Braut des Lammes" (der Kirche Jesu) auf die Erde sich niederlassen werde. Nach der Zerstörung Jerusalems wurde das Werk von einem Unbekannten in christlichem Sinne überarbeitet. Das von dunkeln, traum-, nebel- und krankhaften Phantasiebildern erfüllte Buch hat bekanntlich falsch prophezeit, ist aber trotzdem, weil man allerlei anderes dahinter suchte, von Schwärmern bis auf die neueste Zeit als eine untrügliche Vorhersagung künftiger wirklicher Ereignisse angestaunt worden, und bei dem fruchtlosen Grübeln darüber haben Manche von ihnen ihr bischen Gehirn vollends ausgenützt und den Verstand verloren. Für unsere Zeit hat das Buch, dessen Heiligkeit übrigens lange bestritten war, durchaus keinen Sinn und Wert mehr.

Die übrigen historischen Werke des Neuen Testamentes bestehen aus den vier Evangelien und der Apostelgeschichte. In der Bibel selbst wird das griechische Wort Euangelion (εὖ, gut und ἀγγέλιον, Botschaft) stets nur für die Lehre Jesu und für die mündliche Kunde von seinem Tode und seiner Auferstehung, — nie für einen schriftlichen Bericht über sein Leben gebraucht. Es ist nun vor allem klar, daß bei der spätern Aufzeichnung dieser mündlichen Berichte die eigenen Reden Jesu, die mit einer wunderbaren Einfachheit und Klarheit vieles in wenigen Worten sagten, mit größerer Zuverlässigkeit überliefert werden mußten, als seine Thaten, und unter seinen Worten wieder diejenigen, welche allgemeine Wahrheiten enthielten, genauer, als jene, welche eine persönliche Ansicht ausdrückten, wie z. B. jene, daß er der Messias sei, von welcher es nicht klar ist, ob er sie gethan habe oder nicht. Die ältesten schriftlichen Berichte über das Leben und die Reden Jesu sind uns entschieden verloren gegangen; ohne Zweifel waren sie in der Sprache geschrieben, welcher sich Jesus und seine Jünger bedienten, in der aramäischen, einer Schwestersprache des Hebräischen. Die vorhandenen, griechisch geschriebenen Evangelien lassen sich nach ihrem Standpunkte in zwei Gruppen scheiden, zu deren älterer die drei ersten gehören, die man auch die synoptischen, d. h. übereinstimmenden, nennt, während das vierte, das des Johannes, für sich allein steht. Die drei synoptischen Evangelien sind bezeichnet als verfaßt „nach" (nicht von) Matthäus, Markus und Lukas, deren Urschriften sonach verloren sind, oder gar nie existierten. Als das älteste unter ihnen erklärt die neuere Forschung dasjenige nach Markus, welches einerseits fast nur Thatsachen enthält, wie sie sich durch von einem Munde zum andern gehende und mit orientalischer Phantasie ausgemalte Erzählungen gestaltet hatten, weil die Reden Jesu noch im Munde der Christen fortlebten und daher nicht so nötig hatten, aufgeschrieben zu werden, — anderseits aber ihn beinahe nur wie einen Menschen auffaßt, und von seiner übernatürlichen Geburt und Himmelfahrt nichts weiß. Es bildet die Grundlage der beiden anderen, welche seine Erzählung ausbeuteten, aber auch die Reden Jesu hinzufügten, und zwar das nach Matthäus in juden=, das nach Lukas, dessen Fortsetzung die Apostelgeschichte bildet, in heidenchristlichem Geiste, das eine in Jerusalem, das andere in Rom geschrieben, welche beide jedoch bezüglich der Person Jesu zwischen göttlicher und menschlicher Auffassung schwanken. Aus diesem Schwanken wurde endlich die Evangelienlitteratur herausgerissen durch das vierte und letzte Evangelium, welches den Namen des judenchristlichen Apostels Johannes mit

Unrecht trägt, da es vielmehr aus der Schule der alexandrinischen Christen hervorging, und wahrscheinlich erst 160 bis 170 Jahre nach Christus entstand. Die Alexandriner liebten es, wie wir bereits gesehen haben, alle Erzählungen von Thatsachen, wirklichen und erdichteten, in Begriffe aufzulösen und schwebten daher in einer Welt von Ideen. Während die ersten Apostel den Nazarener blos als M e n s c h e n , Paulus und die Evangelisten Matthäus und Lukas als G o t t m e n s c h e n aufgefaßt hatten, machte ihn das nach Johannes benannte Evangelium zum Gotte, und seine sinnlich wahrnehmbare Wirklichkeit auf Erden zur blos vorübergehenden. Es stellt ihn daher als das vom Juden Philon erfundene „Wort" (Logos) dar, welches nicht nur „im Anfang" bei Gott, sondern auch G o t t s e l b s t war, und zugleich folgerichtigerweise als Den, welchen Johannes der Täufer verkündet hatte. Die Erzählung von Begebenheiten ist im vierten Evangelium eine Nebensache und dient nur zur Erläuterung der vom Verfasser aufgestellten Lehren. Die Lehre von der Gottheit Jesu ist also offenbar durch griechische Einwirkung ausgebildet worden.

Außer diesen vier allgemein anerkannten Evangelien giebt es noch eine Menge anderer, welche teilweise zu Zeiten gleich ihnen für geoffenbart gehalten wurden. Sie sind teils arabisch, teils griechisch, teils lateinisch geschrieben und werden, seitdem ihre Nichtanerkennung entschieden ist, A p o k r y p h e n genannt. Ihr Inhalt ist, neben wenigen wertvollen und gedankenreichen Stellen, meistens entweder von dem Geschmack und Gehalte der in den anerkannten Evangelien vorkommenden trivialern Wunder, wie die Verwandlung von Wasser in Wein, die Verfluchung des Feigenbaums, der Fischfang des Petrus u. s. w., oder von noch weit geringerm Charakter und großer Abgeschmacktheit, und zeichnet sich namentlich dadurch aus, daß Jesu schon als Kind eine Masse der sinnlosesten Wunder zugeschrieben werden. Es giebt auch apokryphische Apostelgeschichten, Briefe und Apokalypsen (Offenbarungen), welche lauter Tendenzwerke verschiedener christlicher Parteien waren und alle, ohne Anklang und Anhang zu finden, beiseite geschoben und vergessen wurden.

Das „Wort" des Johannes-Evangeliums aber wurde zu dem Worte der Vereinigung beider christlicher Hauptparteien. Die Macht der Thatsachen, welche Tausende von Heiden in das Reich des Sohnes Gottes eingeführt hatte, war zu stark, als daß sich ihr die Judenchristen länger hätten verschließen können. Ihr kleines Häuflein hatte keine andere Wahl mehr, als wieder Juden, oder dann Heidenchristen zu werden, wenn sie nicht von den Letzteren exkommuniziert bleiben wollten, welches unduldsame Verfahren bereits seinen Anfang genommen hatte. Nur geringe Reste der Judenchristen blieben als Sekten für sich bestehen, während die Vereinigung der an Zahl immer wachsenden Heidenchristen als „katholische Kirche" jene „Ketzer" von sich stieß, und das „neue Gesetz" gegenüber dem alten zu ihrer unumstößlichen Grundlage erhob. Und so entstand die heutige Sammlung des Neuen Testamentes, indem seit dem Ende des zweiten Jahrhunderts, die „katholische Kirche" nach und nach die „Apokryphen" von den kanonischen (rechtmäßigen) heiligen Schriften ausschied. Noch lange stritt man sich um den Charakter einzelner Werke, und die Offenbarung des Johannes galt, nebst mehreren Briefen, noch in späteren Zeiten bei einzelnen Personen und Parteien für apokryph. Dem Machtspruche der Konzilien und der Päpste ist es allein zuzuschreiben, daß eine kanonische Sammlung der Schriften des neuen Testamentes existiert und für inspiriert (geoffenbart) erklärt wird. Dem neuen Testamente selbst ist der Begriff einer Offenbarung (ausgenommen in der Apokalypse) ganz fremd, und die ältesten christlichen Gemeinden wußten ebenfalls nichts von Diktaten des heiligen Geistes.

7. Die Elemente der Kirche.

Auf diese Weise entwickelte sich das Christentum aus den geheimen Verbindungen der ältern Welt. Und die ersten Christen waren auch selbst, so lange sie verfolgt wurden, in gewissem Sinne eine geheime Gesellschaft; denn ihr Gottesdienst hatte einen wesentlich mysteriösen Charakter. Es war nicht von Anfang an so gewesen; in Jesu Lehre selbst ist von einem Gottesdienst oder Kultus kein Wort enthalten, und seine überlebenden Jünger kannten noch keinen andern Kultus als den jüdischen, und zu dem von Jesus eingeführten „Brotbrechen" versammelten sie sich prunklos in ihren Häusern. Erst nachdem die Christen von den Synagogen ausgeschlossen waren, entwickelten sich eigene Gebräuche bei ihnen. Es traten Propheten unter ihnen auf, deren gottbegeisterte Reden den

Hauptteil des Kultus ausmachten. **Psalmen** wurden gesungen, noch nicht in den prachtvollen, ergreifenden Kirchenmelodien des Mittelalters, sondern in dem „noch heute im christlichen Morgenlande üblichen, langgezogenen, zum Teil durch die Nase erfolgenden Stöhnen, das jeder musikalischen Modulation entbehrt." Man redete ferner „in Zungen", d. h. die Gläubigen richteten in eigentümlicher Tonart „himmelstürmende Worte" an Gott, ohne sich eines bestimmten Inhaltes derselben bewußt zu sein, wie in einem verzückten Zustande, und man weissagte auch hinwieder, und zwar mit besonderer Vorliebe das Ende der Welt, über dessen Nichteintreten man dann sehr erstaunt war. Alle diese Unklarheiten und Verworrenheiten machten erst nach und nach, infolge der Bemühungen kräftiger Männer, wie Paulus, einer verständigern Ordnung Platz. Die **Lehre** und das **Abendmahl** traten in den Vordergrund, letzteres zuerst lediglich als Erinnerung an den Tod des Erlösers, erst später als Sakrament, das den Charakter eines Mysteriums erhielt, d. h. einer Handlung, deren Hergang den Menschen dunkel bleiben sollte, obwohl eben Menschen sie erdacht und eingeführt hatten. Als Sakrament gesellte sich dem Abendmahl die **Taufe** bei, der Mysterien traten aber immer mehrere hinzu. Wir haben bereits gesehen, wie diejenigen der **Menschwerdung** und der **Auferstehung** ihren Anfang genommen haben, nämlich aus der Notwendigkeit, Jesum zum Gotte zu stempeln, ohne welche Operation das Christentum nimmer zur weltgebietenden Macht gelangt wäre. Wie sich diesen Mysterien noch, durch rein menschlichen Machtspruch auf der Synode zu Nikäa, das allerhöchste und unbegreiflichste, das der **Dreieinigkeit**, zugesellte, wie die Unmöglichkeit, sich über dasselbe zu einigen, die Spaltung der katholischen Kirche in die **griechische** und **römische** oder morgen- und abendländische herbeiführte, wie in der letztern die Bischöfe von Rom sich die Oberhoheit erkämpften, — all dies gehört, seit die geheimen Christenvereine, durch die Erhebung des Christentums zur **Staatsreligion** im Osten und Westen des Mittelmeeres, zu öffentlichen wurden, ihre Mysterien aber genugsam in heißen Redekämpfen besprochen und in blutigen Kriegen verfochten sind, — nicht mehr in die Geschichte der Mysterien, sondern in die **Kirchengeschichte**.

Fünfter Abschnitt.

Pseudo-Messias und Lügenprophet.

1. Apollonios von Tyana.

Mächtiges Erstaunen mußte die Griechen fassen, als plötzlich an verschiedenen Orten des weiten römischen Reiches Gemeinden auftauchten, welche den leidenden und sterbenden Gott Jasios als den Heiland eines neuen Weltalters frierten, und zwar einen Jasios, der in jüngster Zeit unter der Gestalt eines außerhalb seines Vaterlandes unbekannten Juden gekreuzigt worden, während er, wie die Eingeweihten von Eleusis und Samothrake wußten, schon vor uralten Zeiten von Zeus mit dem Blitze erschlagen worden war. Und immer mehr Gemeinden fielen dem gekreuzigten Juden zu, der ein Sohn Gottes und ein Wunderthäter gewesen, auferstanden und in den Himmel gefahren sein sollte, und der Bund der „Christianer" mehrte sich von Osten nach Westen und von Süden nach Norden. Und durch seine Lehre, die doch im Wesentlichen nur vervollkommnete, was schon ein Pythagoras, Sokrates, Platon und Epiktet (ein Philosoph, der bald nach Jesus lebte, aber als des Letztern Lehre noch nicht weit bekannt war) gelehrt hatten, — fielen die herrlichen Götterbilder der Griechen dahin, die doch in den griechischen Mysterien mit denselben mystischen Ansichten, welchen jetzt die Christen huldigten, sich ganz wohl vertragen hatten. Sollte das Schöne fallen, um dem Guten den Platz zu räumen? Konnte nicht Beides nebeneinander bestehen? Konnten nicht die jedes fühlende Menschenherz erfreuenden Gestalten der natürlichen und sittlichen Kräfte die Sterblichen ferner erfreuen, ohne daß Letzteren verwehrt wurde, einander zu lieben und dem Nächsten Gutes zu thun? Und wenn die Religion der Zukunft auf einen Sohn Gottes und Wunderthäter gegründet sein mußte, konnten die heiteren Griechen nicht auch einen Solchen finden, ohne den menschenfreundlichen Donnerer Zeus auf dem Olymp zu Gunsten des furchtbaren jüdischen Jahve vom Sinai aufopfern zu müssen?

So dachten die Heiden zur Zeit der Ausbreitung des Christentums im dritten Jahrhundert. Sie überlegten nicht, daß es mit der Verbindung der Schönheit und Tugend nicht gethan sei, sondern daß die Wahrheit über beiden stehe. Und W a h r h e i t konnte nun einmal kein Denkender den alten Göttern beilegen, die bereits ein Spott selbst der Kinder geworden. Nur leichtsinnige, leichtlebige und leichtgläubige Griechen konnten an eine Religion der Zukunft denken, welcher die Wahrheit fehlte! Hatte aber die n e u e Religion Wahrheit? In ihren Nebendingen, in ihrem ganzen mystischen und mysteriösen Kram gewiß so wenig als die Mythen des Olymp und der Unterwelt, — aber gewiß darin, daß sie eine e i n h e i t l i c h e , nicht geteilte, nicht den Menschen nachgebildete, sondern umgekehrt die Menschen nach ihrem Bilde, d. h. nach ihrem Sinne schaffende Urkraft verkündete, mochte nun diese von den Einzelnen so oder so gedacht und dargestellt werden!

Die Verehrer der griechischen Göttergestalten huldigten aber der Ansicht, daß es sich ohne hohe, ernste Gedanken, mit fröhlichem, blumigem, duftigem Kultus auf der in allen Bäumen, Quellen und Bergen mit Göttern erfüllten Welt herrlich und genußvoll leben lasse, und versuchten daher wenigstens, dem in Judäa gestorbenen und auferstandenen Jasios oder Christos einen heidnischen Messias entgegenzustellen, der das Gleiche gethan hatte und ihn ohne Mühe ersetzen konnte.

Und sie fanden ihn. — Gleichzeitig mit Jesus hatte der heidnische Prophet A p o l l o n i o s v o n T y a n a gelebt und hohe Verehrung genossen. Und es ließ sich auch ein gelehrter Grieche, F l a v i u s P h i l o s t r a t o s herbei, über das Leben dieses griechischen Heiligen ein h e i d n i s c h e s Evangelium zu schreiben, nicht um damit feindlich gegen die Christen aufzutreten, oder die Unwahrheit ihrer Ansichten nachzuweisen, —

sondern um dem sinkenden Heidentum aufzuhelfen und den Sturz desselben durch das Christentum noch bei Zeiten zu verhindern. Zu diesem Zwecke durften in der bezüglichen Schrift das Christentum und sein Stifter mit keinem Worte erwähnt, — es mußte totgeschwiegen werden, damit der Olymp in seinem alten Glanze wieder auferstehen und über den Sinai und Tabor triumphiren könne.

Philostratos bearbeitete sein Werk, wie er behauptete, nach den Aufzeichnungen eines Schülers des Apollonios, Damis aus Ninive, und zwar auf den Befehl der Julia Domna, Gemahlin des römischen Kaisers Septimius Severus, in deren gelehrten Zirkeln er zugelassen war. Was daran wahr ist, was der griechische Schriftsteller wirklich in seinen Quellen vorfand und was er hinzu dichtete, ist nicht mehr zu unterscheiden. Er verriet indessen darin einen richtigen Blick, daß er seinen Helden zum Pythagoreer machte; hierdurch ließ er ihn seine Weisheit mittelbar von den ältesten Mysterien, den ägyptischen, und von dem ehrwürdigsten griechischen Bunde herleiten, und konnte ihn um so wirksamer mit Demjenigen wetteifern lassen, dessen Vorgänger, die Essener, ebenfalls nahe Verwandtschaft mit den Schülern des Pythagoras an den Tag legten.

Apollonios stammte aus Tyana, einer Stadt in der kleinasiatischen Landschaft Kappadokien. Ehe er geboren war, erzählt Philostratos, erschien seiner Mutter der ägyptische, oder vielmehr von den Griechen nach Aegypten versetzte Gott Proteus, durch Homer bekannt wegen seiner doppelten Gabe: sich in verschiedene Gestalten zu verwandeln und die Zukunft zu weissagen, und verkündete ihr, daß sie ihn selbst gebären werde. Es geschah dies auf einer Wiese, nachdem sie Blumen gepflückt hatte und dabei eingeschlafen war, während Schwäne sich um sie versammelten und einen Chor anstimmten. Herangewachsen, wandte sich Apollonios ganz der Lebensweise des Pythagoras zu, enthielt sich des Fleisches und Weines, kleidete sich in Leinwand und lebte in einem Tempel des Asklepios, des Gottes der Gesundheit. Unwürdige Opferer vertrieb er aus demselben und heilte Kranke, welche ihre Laster bereuten. Die griechische Mythologie verwarf er als fabelhaftes Zeug, zog ihr die Fabeln des Aesop bei Weitem vor und betete nie anders als — zur Sonne. Er verzichtete

auf das von seinem Vater ererbte Vermögen und legte sich
selbst ein mehrjähriges Schweigen auf. Zugleich trat er seine
große Wanderschaft an, kehrte stets nur in den Tempeln ein,
beseitigte die Mißbräuche beim Gottesdienste, kleidete seine
Lehren in kurze Sätze, sammelte Jünger um sich, unter
welchen sich auch ein Treuloser und Verräter befand, nahm
sich der Verfolgten an und wies die Unterdrücker zurecht. Überall verstand er die Sprachen des Volkes, ohne sie gelernt zu
haben, und erriet sogar die Gedanken der Menschen; die Sprache
der Tiere jedoch lernte er von den Arabern in Mesopotamien.
Bei dem Eintritt in dieses Land fragte ihn der Zolleinnehmer,
ob er Mautbares bei sich führe. Apollonios antwortete: er
führe die Gerechtigkeit, Mäßigkeit Mannhaftigkeit und Duldsamkeit bei sich, und nannte noch mehrere andere Namen von
Tugenden, welche der außer seinem Amte für Nichts empfäng-
liche griesgrämige Beamte für Namen weiblicher Personen hielt
und bemerkte: er habe nun diese Mägde aufgeschrieben. Apollonios aber zog mit der kurzen Bemerkung, daß diese nicht
Mägde, sondern Herrinnen seien, gelassen seines Weges, ohne
seine ideale Waare zu versteuern. Der König des Landes behandelte ihn trotz seines Freimutes mit großer Auszeichnung,
erhielt von ihm die Lehre: er befestige seinen Thron am
Besten, indem er Viele ehre und nur Wenigen vertraue, und
mußte, als er krank war und der Prophet ihn tröstete, bekennen: er habe ihm die Sorge nicht nur wegen seines Reiches,
sondern auch wegen des Todes weggenommen. Von Babylon
wandte sich Apollonios nach Indien, wo er, nach der fabelhaft
ausgeschmückten Erzählung, vier und fünf Ellen hohe, ferner
halb weiße und halb schwarze Menschen und sogar Drachen
von verschiedener Gestalt zu sehen bekam. Stets führte er mit
dem einzigen Schüler, der ihn begleitete, Damis, lehrreiche Ge-
spräche, zu welchen alle ihnen begegnenden Tiere und Menschen
reichen Anlaß darboten. Auch ein indischer König wurde von
dem Geiste des weisen Reisenden geblendet und weigerte sich,
in dessen Gegenwart die Krone zu tragen. Mit den Brahmanen, von denen allerlei Kunststücke erzählt werden, wie: daß
sie durch die Luft wandelten und mit ihren Stäben die Erde
in die Höhe steigen machten, tauschte Apollonios die beiderseitige Weisheit aus, welche bei den indischen Philosophen, nach

dem Spiegel, in welchem sie dem Verfasser der Lebensgeschichte erschien, natürlich auch an Pythagoras anknüpfte und sie glauben machte, sie hätte schon früher in anderen Körpern gelebt. Und dabei erfahren wir, daß auch Apollonios selbst diese sonderbare Meinung von sich hegte, und sich einbildete, er sei einst ein ägyptischer Steuermann gewesen, von welchem Leben er ganze Geschichten zu erzählen wußte. Die Brahmanen heilten übrigens in seiner Gegenwart Besessene, Lahme, Blinde und schwer gebärende Weiber durch Handauflegen und gute Räte, die sehr den heutigen Mitteln des Aberglaubens und der sogen. Sympathie glichen. Durch fabelhafte Länder kehrten Apollonios und Damis nach Babylon und Ninive zurück und begaben sich dann zu den kleinasiatischen Joniern. Hier wendete Apollonios von der Stadt Ephesos eine daselbst herrschende Krankheit dadurch ab, daß er einen Bürger aufforderte, einen Bettler zu steinigen, in welchem er den die Krankheit verursachenden Dämon erkannte, und der Getroffene verwandelte sich unter den Steinen in — einen Hund! Auf der Seefahrt nach Griechenland beschwindelte der weise Apollonios die Gesellschaft mit der Erzählung, daß ihm Achilleus, der große Held des trojanischen Krieges, fünf Ellen hoch erschienen und vor seinen Augen bis auf zwölf Ellen gewachsen sei. In Athen, wo bei seiner Ankunft gerade die eleusinischen Mysterien gefeiert wurden, weigerten sich die Priester, ihn, als einen Zauberer, aufzunehmen, worauf der Weise von Thyana antwortete: er wisse von den Weihen bereits mehr, als die Hierophanten, was diese so einschüchterte, daß sie nun ihre Weigerung zurücknehmen wollten; aber nun war es Apollonios, der sie abwies und seine Einweihung auf spätere Zeit verschob, sein Licht aber in öffentlichen Vorträgen den Athenern leuchten ließ. Dort befand sich auch ein besessener Jüngling, der ohne Ursache lachte und weinte. Apollonios entdeckte die wahre (?) Natur seiner Krankheit, die sonst niemand ahnte, richtete zornige Blicke und Worte auf den Dämon, worauf sich dieser entfernte und zum Zeichen dessen eine Statue umwarf, ohne daß Jemand sie berührt hätte!! Der Jüngling aber rieb sich die Augen, als ob er aus dem Schlafe erwachte, und war — geheilt! In Korinth entdeckte der Weise in der Braut eines schönen Jünglings eine Lamie oder Empuse, d. h. ein gespenstisches Wesen, deren nach dem Volksglauben oft welche sich den Menschen näherten, um unter dem Deckmantel der Liebe ihr Fleisch zu verzehren. Wirklich verschwand all ihr Geräte und ihre Dienerschaft in Gegenwart des Apollonios, und das Gespenst war entlarvt und gestand seine böse Absicht! Auch an den olympischen Spielen predigte der asiatische Apostel der pythagoreischen Philosophie. Seine Gesellschaft vergrößerte sich durch mehrere Gefährten und deren Sklaven, er nannte sie seine Gemeinde, und fuhr mit ihnen nach Rom, wo eben der berüchtigte Nero regierte, der das Philosophieren, das er mit Wahrsagerei zusammenwarf, verboten hatte. Ein Beamter des Wüterichs wurde aber von der Weisheit des Reisenden geblendet und gestattete ihm, in den Tempeln Vorträge zu halten, die großen Zulauf hatten. Einer seiner Schüler aber, der ihm von Korinth aus gefolgt war und in Rom sich tadelnde Äußerungen über Nero und die dortige Unsittlichkeit erlaubte, wurde von Tigellinus, dem Anführer der kaiserlichen Leibwache und Vertrauten des Tyrannen, vertrieben und Apollonios selbst von demselben beaufsichtigt. Man konnte ihm aber nicht nur nichts anhaben; sondern seine Weisheit erfüllte selbst die blutigen Machthaber mit Bewunderung, obschon er ihnen derbe Wahrheiten sagte, z. B. auf die Frage des Tigellinus: warum er den Nero nicht fürchte, — „der Gott, der ihm verlieh, furchtbar zu sein, verlieh auch mir, ohne Furcht zu sein." Wie er von Nero denke: „Besser als ihr; ihr haltet ihn für wert, zu singen, — ich, zu schweigen." Worauf Tigellinus: Geh, wohin du willst, — du bist stärker, als meine Gewalt! — Eine Braut war in Rom gestorben und wurde eben zur Bestattung hinausgetragen. Apollonios hieß die Träger **stille stehn, berührte das Mädchen**, sagte einige geheime Worte dazu und **erweckte es vom Tode**. Philostratos selbst zweifelt zwar, ob es nicht scheintot gewesen sei. Der philosophische Weltfahrer wanderte bis zur Meerenge von Gibraltar, von wo er über Spanien, Sicilien und Griechenland nach Aegypten ging. In Alexandria sah er einem unter acht anderen Verbrechern die Unschuld an, verwendete sich dafür, daß er bis an's Ende der Hinrichtung aufbewahrt wurde, — und richtig, da langte der Befehl an, ihn zu schonen; denn er habe nur in Folge des Folterns gestanden. Auch wird erzählt, Apollonios habe dort auf das Gesuch des Vespasian Diesen „zum Kaiser gemacht" und dadurch dem römischen Reiche seit Langem wieder einmal einen gerechten Herrscher gegeben, dem er aber auch nach seiner Erhebung derb die Wahrheit sagte, da derselbe die Freiheiten Griechenlands, welche Nero bei den olympischen Spielen aus Laune bewilligt hatte, als ungerechtfertigte Vorrechte wieder aufhob. Aus Ägypten reiste Apollonios nach Äthiopien, um die Gymnosophisten (nackten Weisen) zu besuchen, welche gleich den Brahmanen, nach des Philostratos Vorstellung, in einer Art kleiner Republik auf einem Berge wohnten und eine berühmte Schule hielten. Wahrscheinlich weil sie bescheidener waren, nackt gingen und keine Kunststücke machten, hielt sie unser Weiser für weniger weise, als die Inder, und zankte sich mit ihnen ohne Erfolg über die Vorzüglichkeit der griechischen oder ägyptischen Kunst, von denen erstere die Götter menschen-, letztere tierähnlich darstellte. In jenen Gegenden beschwor Apollonios einen Satyr, welcher zwei Weiber getötet haben sollte Um die Zeit, da Titus Jerusalem eroberte, kam auch Apollonios in die Nähe dieser Stadt und lobte den römischen Imperator wegen seiner „Mäßigung" (mehr, als eine große Stadt dem Erdboden gleichmachen, kann man doch nicht wohl!), worauf ihm Titus antwortete: Ich habe Solyma erobert, du mich! und den Philosophen als Ratgeber verwendete. In Tarsos heilte er nicht nur einen jungen Mann von der Hundswut, sondern auch gleich noch den Hund, der ihn gebissen hatte!

Auch gegen den Kaiser Domitian, dessen Blutdurst um so gefährlicher war, als ihm die Weichlichkeit Nero's mangelte, trat Apollonios mit Unerschrockenheit (in Ephesos) auf, und ging, als er durch seinen Schüler Euphrates verraten war und ihm nachgestellt wurde, geradezu nach Rom selbst, in die Höhle des Tigers, um sich dem Tyrannen gegenüber zu stellen, wurde in's Gefängnis geworfen, verhöhnt, mißhandelt, aber nicht gebeugt, verteidigte sich mit Mut vor dem Kaiser gegen die auf ihn gehäuften Anklagen, mußte frei gesprochen werden, dankte dafür dem Herrscher, überhäufte aber dessen Trabanten mit den schwersten Vorwürfen, **verschwand** plötzlich auf wunderbare Weise aus dem Gerichtssaale, und erschien an **demselben** Tage in der Nähe von Neapel, wo Freunde von ihm wohnten ging dann von dort nach Ephesos, wo er die in Rom stattfindende Ermordung des Domitian in entzücktem Gesichte mit ansah, und starb dann, ohne daß Jemand das von ihm erreichte Alter (die Angaben schwanken zwischen achtzig und hundert Jahren), die Zeit, den Ort und die Art seines Todes kennt. Nach demselben, erzählt Philostratos, sei Apollonios in seinem Geburtsorte Thana einem Jüngling erschienen, welcher an der Unsterblichkeit der Seele zweifelte und ihn um Aufklärung anrief, ohne daß ihn jedoch die übrigen Anwesenden erblickten.

2. Alexander der Lügenprophet.

Es ist nicht zu verwundern, daß die frostige Tugend und Weisheit, die ziemlich inhaltslose Religion und die plumpen Wunder des Apollonios von Thana weder ihm eine Schule gründen, noch mit Hilfe derselben das Heidentum aufrecht erhalten konnten, — und wenn auch die Kaiser des dritten Jahrhunderts, von Caracalla bis Diocletian, ihm Tempel weihten und unter ihnen Alexander Severus seine Büste neben jenen des Moses, Sokrates und Jesus in seiner Hauskapelle aufstellte, so wurde der Thaner nichtsdestoweniger bald vergessen, und mit ihm auch leider sein edler Freimut gegen die Tyrannen, denen später die ganze alte Welt widerstandslos zu Füßen lag. Dagegen machte der Humbug, welcher in seinem Wirken eingemischt war, immer größere Fortschritte und trieb sein Wesen immer schamloser. Ob hierzu die Apollonier, seine Jünger, die, wie es scheint, durch ihn zu einer Art von Geheimbund geworden, beigetragen, indem ihnen seine Wunder wichtiger waren, als seine Lehren (wie gewissen anderen — leider noch jetzt — ebenfalls!!!), — ist nicht wohl zu entscheiden. Aber Thatsache ist es, daß bald nach seinem Tode, der an das Ende des ersten Jahrhunderts fallen muß, mehrere Betrüger und Schwindler unter dem Deckmantel der Religion die Menschen auszubeuten suchten. Der damals so sehr gefürchtete und in der That einschneidende Griffel des Schriftstellers Lucian von Samosata in Kleinasien, der im zweiten Jahrhundert lebte, und sich über alles lustig machte, über Religion und Philosophie über Götter und Menschen, über Heiden und Christen, — hat die Thaten und Lächerlichkeiten jener Lügenpropheten verewigt.

Der bekannteste derselben war Alexander aus Abonoteichos in Kleinasien, nach der Aeußerung Lucians ein eben so großer Betrüger, wie sein Namensvetter, der Sohn Philipps, ein großer Held. Er war ein großer und schöner Mann, der durch die sorgfältige Pflege seiner Haut, seines Haares und Bartes den Eindruck noch erhöhte, den er von Natur machte. Sein Charakter aber bestand aus „einer Mischung von Lüge, Trug, Meineid und bösen Künsten aller Art." Schon als Knabe um Geld allen Schändlichkeiten feil, auf welche die Sittenlosigkeit jener Zeit in ihrer Übersättigung verfiel, lernte er als Jüngling bei einem Betrüger und Quacksalber aus Tyana, einem entarteten Schüler des Apollonios, dessen Leben der ihm näher als Philostratos stehende Lucian eine „Komödie" nennt, — alle Künste, mit welchen man leichtgläubige Menschen hintergehen und fangen kann. Nach dem Tode seines Meisters entschloß er sich zur Führung eines eigenen Geschäftes. Er verschaffte sich in Makedonien, wo große und zahme Schlangen häufig waren, ein derartiges Kriechtier und reiste nach Abonoteichos, seiner Vaterstadt, um dort, wie Lucian sich ausdrückt, eine „Orakelfabrik" zu etablieren. Nachdem er in Chalkedon heimlich eine Tafel an den Weg gelegt hatte, auf welcher stand, daß der Gott Aeskulap nächstens mit seinem Vater Apollo nach Abonoteichos kommen werde, was, als man die Tafel fand, großes Aufsehen erregte, trat er bei Hause mit herabwallenden Locken, in weißgestreiftem Purpurgewande und mit einem krummen Säbel auf, und seine dummen Mitbürger, welche doch seine armen Eltern gekannt hatten, glaubten ihm, als er sich für einen Nachkommen des Perseus ausgab, und errichteten, auf die Verkündung jener Tafel hin, einen Tempel des Aeskulap. In das Fundament desselben legte Alexander heimlich ein Gänseei mit einer eben ausgeschlüpften Schlange, rannte dann mit Geberden gottbegeisterte Raserei auf den Markt, wo er dem Volke verkündete, daß so eben in dem Tempel Aeskulap in Gestalt einer jungen Schlange geboren worden, und bewies durch Hervorholen jenes Eis mit der Schlange die Wahrheit dieses Orakels. Das bornierte Volk strömte, auf die Nachricht von diesem Wunder, massenhaft herbei; Alexander aber ließ eine Bretterbude errichten, setzte sich in derselben auf einen Lehnstuhl, nahm die erwähnte, bisher verborgen gehaltene große, zahme Schlange auf seinen Schoß, setzte ihr ein vorher aus Leinwand gefertigtes und bemaltes Menschenantlitz vor, dessen Mund er durch Drähte öffnen und schließen konnte, gab den Leuten an, der Gott sei bereits so stark gewachsen, und begann nun, bei ungeheurem Zulauf aus ganz Vorderasien und dem benachbarten Thrakien, zu orakeln. Das geheimnisvolle Halbdunkel in der Bude, die er nach Vollendung des Tempels gegen diesen vertauschte, und die magische Beleuchtung erhöhten den Eindruck, den er und die Schlange auf das Volk machten. Wer einen Götterbescheid wollte, mußte die Frage auf eine Tafel schreiben, diese mit Wachs oder dergl. versiegeln und dann dem Propheten übergeben. Nachdem dann die Leute abgetreten, öffnete dieser die Tafeln mittels Erweichung des Wachses, las sie, schrieb eine Antwort dazu, versiegelte sie, welches Kunststück er vollkommen verstand, wieder so gut, daß man die Öffnung nicht bemerkte, und gab sie den Fragenden zurück. Für jedes Orakel mußte ein Drachme und 8 Obolen 1 Mark, 60 Kreuzer, $1^{1}/_{4}$ Franc) bezahlt werden, was im Jahre siebenzig bis achtzig tausend Drachmen betrug, eine Summe, die Alexander übrigens mit einer Anzahl von Helfershelfern teilen mußte, die ihm als Kundschafter, Spruchverfasser, Archivare, Sekretäre, Versiegler, Ausleger, Aufwärter u. s. w. dienten.

Sein Ansehen blieb indessen nicht beständig unangefochten. Die Epikuräer, die geistreichsten unter den alten Philosophen, denen jeder Schwindel ein Greuel und nur der Genuß der Freuden des Lebens vernünftig war, zeigten sich ihm aufsätzig, wofür er sie als Atheisten und Christen verschrie und, um seinen Ruhm zu befestigen, seine Kunststücke vervollkommnete. Er begann, auch mündliche Orakel zu erteilen, indem ein hinter ihm verborgener Gehilfe solche mittels eines Sprachrohres durch den Mund des gemalten Menschenkopfes der Schlange, also des angeblichen Äskulap, rufen mußte. Dies geschah jedoch nur gegen erhöhte Taxen und für bevorzugte Personen. Erwies das Orakel sich als falsch, so verfaßte Alexander schnell ein anderes und gab das erste für Irrtum aus. Durch hochstehende und reiche Schwachköpfe verbreitete sich der Ruf des Lügenpropheten sogar bis nach Rom, und es kamen selbst von daher hirnarme Menschen. Einer derselben z. B. fragte, wen er seinem Sohne zum Lehrer geben solle. Alexander antwortete: den Pythagoras und Homer. Bald starb aber der Sohn; und der borniete Vater verteidigte nun selbst das Orakel gegen die Zweifler damit, daß sein Sohn ja in der Unterwelt nun wirklich zu jenen beiden Lehrern gekommen sei. Der nämliche Geistreiche fragte, was er für eine Frau nehmen solle. Alexander riet ihm seine eigene Tochter an, für deren Mutter er die Mondgöttin ausgab, und der Römer heiratete diese sogleich und brachte seiner Schwiegermutter Hekatomben dar. Durch solche Erfolge ermutigt, veranstaltete Alexander mysteriöse Feste, von welchen er feierlich die Gottesleugner, Epikuräer und Christen ausschloß. In denselben wurde die Geburt des Äskulap und Alexanders Vermählung mit der Mondgöttin dramatisch, und zwar ziemlich derb, aufgeführt, wobei die Gattin eines Gläubigen, mit welcher der Lügenprophet ein Liebesverhältnis hatte, vor den Augen des Gatten die Mondgöttin spielte und den Geliebten umarmte und küßte. Alexander versäumte auch nicht, zu verbreiten, daß er eine Wiedergeburt des Pythagoras sei und zeigte zu diesem Zwecke einen mit vergoldeter Lederhose bekleideten Schenkel, weil der Aberglaube dem Pythagoras einen goldenen Schenkel zugeteilt hatte. Dabei führte er ein schamloses Leben, und weder Frauen noch Jungfrauen, noch — Knaben waren vor ihm sicher. Ehemänner waren sogar stolz darauf, von dem „göttlichen" Manne mit Hörnern bedacht zu werden. Endlich wurde er so zuversichtlich, daß er „Nachtorakel" erteilte, d. h. im Dunkeln sogleich antwortete, wobei also eine vorherige Eröffnung nicht möglich war. Da erschien denn natürlich meist eine Antwort, welche auf die Frage paßte wie die Faust auf das Auge. Um dies zu mildern, waren die Antworten meist aus unverständlichen Worten zusammengesetzt. Lucian selbst setzte ihn mit solchen auf die Probe, stellte an ihn in acht versiegelten Nachtorakeln die einzige Frage: „Wann wird Alexander über seinen Schurkereien ertappt werden?" und erhielt darauf acht verschiedene unpassende Antworten. Er versäumte hierauf keine Gelegenheit, den Schwindler zu entlarven und die Leute durch den Augenschein zu belehren, daß Alexander ein gewöhnlicher Betrüger sei. Dieser heuchelte ihm gegenüber harmlose Freundlichkeit, bestach aber den Steuermann, mit welchem Lu-

cian abfuhr, daß er ihn über Bord werfe, was derselbe indessen
nicht wagte. Lucian wollte hierauf eine amtliche Klage gegen
den Betrüger einreichen; aber der Statthalter der Provinz bat
ihn, davon abzustehen, weil Alexander bei hohen Beamten und
dem Volke in gar zu großer Gunst stehe. So erhielt denn der
Schändliche den ihm gebührenden Lohn eines jähen Sturzes von
seiner Höhe nicht; vielmehr ließ seine Vaterstadt Münzen mit dem
Bilde der Äskulap=Schlange prägen, und er erreichte ein Alter
von siebenzig Jahren bei ungeschwächtem Ansehen; dagegen em=
pfing er doch die Strafe, daß er in Folge seiner Aus=
schweifungen bei lebendigem Leibe verfaulte. Eine Fortführung
des „Geschäftes" ließ der reiche römische Schwiegersohn und Bewun=
derer nicht zu, indem er niemandem dieser Ehre würdig erachtete.

Und solcher Betrüger standen noch mehrere auf, und wenn
es ihrer irgendwo keine gab, so erdichteten die Schriftsteller
welche, und verfaßten satyrische Lebensbeschreibungen von
Schwärmern und Schwindlern, wie Lucian jene von Peregrinus,
genannt Proteus, einem abgefallenen Christen, der sich selbst
dem Feuertode gewidmet haben sollte, um Aufsehen zu erregen.
Es war eine verworrene Zeit. Neue Mysterien in Menge
wurden erfunden, und die Leute drängten sich zur Einweihung.
Ja, extravagante Anhänger derselben brachten ihr Leben auf
Reisen zu, um alle kennen zu lernen, vergeudeten ihr Geld
dafür und machten sich zu Bettlern. Ein Beispiel hiervon
ist der phantastische Schriftsteller Apulejus, dessen Roman
„der goldene Esel" eine treffende Satire auf jene Zeit enthält.
Mystische Lehren entstanden zu hunderten und verwirrten sich
in die grauenhaftesten und abenteuerlichsten Behauptungen,
Ceremonien und Mißbräuche. Es erhoben sich die Gnostiker,
welche Christen=, Juden= und Heidentum zusammenwarfen,
die Manichäer, welche dem persischen Fcuerdienste einen
christlichen Anstrich gaben, die Kabbalistiker, welche aus
den Worten, Sätzen und Zahlen der hebräischen Bibel allerlei
unsinniges Zeug herauslasen und sich bemühten, die Buchstaben ein=
zelner Namen auf abenteuerliche Weise zu deuten. Und in diesem
Wirrwar ging das Heidentum unter, das Judentum verlor sein
Vaterland, und das Christentum zerfiel in eine unabsehbare Menge
von Sekten, welchem Übel selbst durch die erkünstelte Einheit der
Kirche unter dem römischen Stuhle nicht abgeholfen werden konnte.

Sechster Abschnitt.

Die Ritter des Tempels.

1. Das Mittelalter.

Mit der Ausbreitung des Christentums hatten die heidnischen Mysterien überall ein Ende genommen, und die christlichen Mysterien waren an ihre Stelle getreten. Eine geheime Gesellschaft freilich bildeten die Christen nicht mehr, seitdem ihr Glaube Staatsreligion geworden war; aber reich an geheimen Lehren waren sie dafür und wurden es immer mehr, und unaufhörlicher Streit zwischen den Parteien und Sekten, den Arianern und Athanasianern, Pelagianern, Semipelagianern und Nestorianern, Monophysiten und Monotheleten, Adoptianern, Priscillianern und Donatisten, über die Natur Christi, ob der heilige Geist blos aus dem Vater oder aus ihm und dem Sohne zugleich komme, ob die Seele durch die Werke des Lebens oder durch die Gnade Gottes zur Seligkeit gelange, und so weiter, beschäftigte die Gemüter so sehr, daß das Bedürfnis geheimer Gesellschaften total verschwand. Theologie, d. h. Streit um den Glauben, und Krieg, d. h. Streit um die Macht, oder auch einfach: Kampf mit Feder und Schwert, waren die Beschäftigungen, denen sich das Mittelalter hingab, und daher waren auch die Kämpfer beider Arten, die M ö n c h e und die R i t t e r, die gefeiertsten und einflußreichsten Stände, jener Zeiten, — war der Herr der Mönche, der P a p s t, der oberste Gebieter der Seelen, — der Herr der Ritter, der K a i s e r, der mächtigste Herrscher über die Leiber. — Das Mittelalter ist bald überschwenglich und unverdient in den Himmel erhoben, bald ungebührlich und ebenso unverdient in den Staub hinabgezogen worden. Die Wahrheit liegt in der Mitte. Es hat sich große Verdienste erworben um den Anbau und die Civilisation Europa's, und zwar mit Hilfe des Feudalwesens durch die Ritter, wie mit Hilfe des Christentums durch die Mönche. Es hat die Wohlthätigkeit begründet, die sich gegenwärtig so reich entfaltet, und die Nationalliteratur aller lebenden Völker geschaffen, deren erste poetische Blüte damals sich erschloß. Dagegen wird das Mittelalter deshalb stets eine Zeit der Finsternis genannt werden müssen, weil damals der alle geistige Thätigkeit aufreibende Glaube jedes Forschen und Wissen unterdrückte und das vom klassischen Altertum aufgesteckte Licht der Weisheit löschte. Man spricht viel von der Wissenschaft der Klöster. Allein wie lange dauerte sie und worin bestand sie? Ihr Leben währte kaum zwei Jahrhunderte (das neunte und zehnte) und ging im wilden Taumel des Raubrittertums zu Grunde. Ihr Gegenstand aber war lediglich das Besprechen theologischer und scholastischer, müßiger und unnützer Fragen, das gedankenlose Aneinanderreihen von Annalen, das unkritische Zusammenstellen von Wörtern und ihrer Bedeutung. Die alten Klassiker wurden zwar teilweise, — fehler- und lückenhaft — abgeschrieben, großenteils aber entweder verloren oder verwahrlost oder mit Hymnen und Gebeten der Quere nach überschrieben, und damit unlesbar gemacht, — so daß sie von den Humanisten des 15. und 16. Jahrhunderts erst wieder entdeckt werden mußten. Die Unwissenheit des Mittelalters war daher so fabelhaft groß, daß die Kugelgestalt der Erde, welche den alten griechischen Philosophen bereits eine ausgemachte Sache gewesen, — von den Kirchenvätern, den Zierden der christlichen Theologie, geleugnet, die Existenz von Antipoden für unmöglich erklärt und die alte homerische Vorstellung von der Erde als ruhender Scheibe wieder hervorgezogen wurde.

Alles Wissen des Mittelalters befand sich im Dienste des Glaubens, und die Wissenschaft feierte daher, von der Völkerwanderung bis zur Erfindung der Buchdruckerkunst, einen tausendjährigen Stillstand, während dessen nichts erforscht, nichts entdeckt, nichts ergründet wurde, was die Kenntnisse der Menschen irgendwie vermehrt oder vertieft hätte. Einzig die arabischen und jüdischen Ärzte und Mathematiker sorgten wenigstens **dafür**, daß die geistigen Errungenschaften der alten Griechen nicht vollständig zu Grunde gingen. Über der Christenheit aber lag tiefe schwere intellektuelle **Nacht**, und die Lehre des **Lichtes**, welche der Zimmermannssohn von Nazareth verkündet hatte, ging in mystischen Zänkereien und Deuteleien unter, so daß endlich ihr reiner monotheistischer Grund und Boden vergessen wurde und nur noch das darüber errichtete heidnisch-mystische Gebäude mit den aus der ägyptischen und griechischen Mythologie entlehnten Lehren von der Dreieinigkeit, Menschwerdung, Auferstehung und Himmelfahrt — sichtbar war.

Und dieses heidenchristlich-mystische Gebäude erreichte einen Glanz und eine Macht, wie kein anderes zuvor, so daß menschliche Beschränktheit diese Erfolge nur göttlicher Einwirkung zuschreiben zu dürfen glaubte, während die menschlichen Quellen in allen Punkten genau zu verfolgen sind. Es war der Grundgedanke des heidnischen Mystizismus, die als verloren gedachte Gottheit wieder zu suchen und zu finden und mit ihr vereinigt zu werden. Der christliche Mystizismus, der aus demselben Gedanken hervorgegangen war und ihn mit rührender Treue festhielt, feierte die Zeit seines höchsten Triumphes und seiner durch das **römische Papsttum** erlangten größten Macht dadurch, daß er ihn auch in das Werk setzte und durch Thaten verherrlichte. Diese Thaten waren die **Kreuzzüge**, in welchen die christlichen Mystiker auszogen, um das **verlorene Grab ihres Gottes** zu suchen, zu finden und in den Kreis ihrer Macht einzuschließen. Der Besitz des Grabes war ihnen die beste Gewähr für die Vereinigung der Gottheit und Menschheit.

Und bei diesem Unternehmen wirkten vor allem die genannten beiden einflußreichsten Stände des Mittelalters mit. Die **Mönche**, geleitet vom **Papste**, riefen zur heiligen Kreuzfahrt auf, — die **Ritter**, geleitet vom **Kaiser**, zogen aus und eroberten das heilige Land. Und als es erobert war, — als ein **christliches Königreich Jerusalem** nach dem Muster der abendländischen Staaten dastand, — da erwuchs, als notwendige Spitze der mittelalterlichen Bestrebungen, die **Vereinigung des Mönch- und Rittertums** in den geistlichen Ritterorden, deren Glieder das Schwert der Ritter führten und daneben die mönchischen Gelübde der persönlichen Armut, der Keuschheit und des Gehorsams ablegten.

Die geistlichen Ritterorden entstanden ursprünglich aus mönchischer Quelle durch allmählige Aufnahme ritterlicher Elemente. Kaufleute aus Amalfi, der ältesten Handelsstadt Italiens, hatten schon im Jahre 1048 ein Kloster und eine Kirche in Jerusalem gegründet und damit ein Hospital zu Ehren Johannes des Täufers verbunden. Darin verpflegten die Mönche arme und kranke Pilger. Papst Paschalis II. verlieh ihnen eine Ordensverfassung (1113) und Gottfried von Bouillon hatte ihnen schon nach der Eroberung Jerusalems bedeutende Besitzungen geschenkt.

Sie nannten sich Hospitalbrüder des heil. Johannes von Jerusalem und trugen schwarze Mäntel mit weißen Kreuzen. Einige Jahre später (1119) verbanden sich die Ritter Hugo von Payns und Gottfried von St. Omer mit sechs Standesgenossen, lauter Franzosen, zu einem Waffenbunde unter dem Namen der „armen Ritter Christi," welcher mit dem Zwecke, für die Sicherheit der Straßen im heiligen Lande zu Gunsten der Pilger zu sorgen, die Befolgung der Regel des heiligen Benedikt verband.*) Seine Glieder wurden vom König Balduin I. und vom Patriarchen in Jerusalem unterstützt und nach der Wohnung, welche ihnen Ersterer in seinem auf den Ruinen des Tempels Salomo's errichteten Palaste einräumte, Ritter vom Tempel genannt. Sie zogen namentlich Raubritter an sich, die hierdurch veranlaßt wurden, ihr schlimmes Gewerbe aufzugeben und sich dem Kampfe für den Glauben zu widmen. Durch den Grafen Hugo von Champagne verstärkt, welcher all das Seinige der Kirche schenkte, seine Gattin verließ und das neunte Mitglied wurde, und durch den heil. Bernhard von Clairvaux empfohlen, erhielten die Templer 1128 von der Synode zu Troyes, vor welche sie sich aus dem Morgenlande persönlich begaben, ihre Bestätigung als geistlicher Ritterorden, eine Ordensregel, ein Ordenskleid, ein Ordensbanner u. s. w. Zu derselben Zeit oder bald nach-

---

*) Im Wesentlichen nach Hans Prutz, Entwickelung und Untergang des Tempelherrenordens, Berlin 1888.

ber (1118 ober 1120) nahmen auch die Hospitalbrüder des
heil. Johannes, später **Johanniter** genannt, einen kriege-
rischen Charakter an; ihnen folgten später die **Deutschen
Ritter**, deren Thaten vorzüglich an der Ostsee ihren Schau-
platz fanden, dann in Spanien, im Kampfe gegen die dortigen
Sarazenen, die Orden von Calatrava, Alcantara und San
Jago de Compostella, in England die Ritter des heiligen
Grabes und so in anderen Ländern noch andere.

2. Der Tempelorden.

Keiner dieser Orden übertraf an Ruhm und Bedeutung
den der **Templer**, so lange dieser existierte; aus ärmlichen
und unbedeutenden Anfängen hervorgegangen, führte er in
seiner zu Troyes erhaltenen Stiftungsregel den Namen der
„armen Genossen des Tempels in der heiligen Stadt." Er
war damals noch von einer Demut erfüllt, welche später, als
sich seine Glieder nicht mehr „arme Genossen", sondern „Tempelherren" nannten, allerdings nicht mehr befand. Unbekannt
war in den ersten Zeiten des Ordens sein späterer Einfluß,
Reichtum, Stolz und Unglaube. Die „Brüder" beteten und
fasteten, besuchten fleißig den Gottesdienst, übten die religiösen
Pflichten, unterstützten die Armen und pflegten die Kranken.
Ihre Kleidung war einfach und einfarbig, weiß, schwarz oder
braun; wer die besten Kleider verlangte, erhielt die schlech-
testen. Aller Aufwand, Schmuck u. dergl. war untersagt. Lange
Haare und Bärte waren verpönt; beide mußten kurz gestutzt
sein. Die Jagd war für die Templer eine nur mit Bezug
auf Raubtiere erlaubte Beschäftigung. Sie durften nicht allein
ausgehen und mußten auch auf Reisen stets die Ordensregel
beobachten. Während des Schlafes mußte stets ein Licht bren-
nen. Weibliche Personen durften sich in den Ordenshäusern
nicht aufhalten, und selbst weibliche Verwandte durften die
Brüder nicht küssen. Ließen sie sich ein fleischliches Vergehen
zu Schulden kommen, so durften sie es niemandem mitteilen,
ausgenommen dem Meister zum Zwecke der Buße; diesem aber
durften sie nichts verschweigen und mußten sich seinen Vorschriften als Büßende fügen. Allen war Vermeidung der Verleumdung zur Pflicht gemacht.

Mit der Zeit unterlagen nun aber diese der Bescheidenheit, Mäßigkeit und Demut den Weg bahnenden Vorschriften unerfreulichen Veränderungen. Der Orden vergaß nach und nach die Einfachheit seiner Stifter. Er wurde reich an Glücksgütern und brach damit das Gelübde der Armut; er folgte nur seinen eigenen Eingebungen und seine Glieder ihren Gelüsten, womit das Gelübde des Gehorsams verletzt war; und so ging es auch mit jenem der Keuschheit, während das dem Orden eigentümliche der Beschützung des Pilgerns nach dem heiligen Lande durch dessen fahrlässigen, ja in manchen Umständen verräterischen Wiederverlust an die Sarazenen — sein Ende fand. Statt gegen diese zu kämpfen, widmeten sich Tausende von Tempelrittern auf ihren zahlreichen Besitzungen im Abendlande dem Müßiggange und den verderblichsten Leidenschaften. Der Hochmut wuchs unter ihnen, und so kam es, daß sie das dem Mönchtum entnommene, in der Ordensregel noch vorgeschriebene Noviziat der Mitglieder nach und nach abschafften, wodurch sie großen Zulauf erhielten, indem es stolzen Rittern sehr gut gefiel, keine klösterliche Vorschule im Orden durchmachen zu müssen.

Die Tempelritter sollten lauter Edelleute von untadelhafter Abstammung sein; doch nahm man bisweilen auch uneheliche Söhne von Rittern auf. Sie sollten weder verehelicht noch verlobt sein und keinem andern Orden angehören; man half sich aber durch Aufnahme von Verheirateten unter dem Titel von „Affilierten," wie man sich auch nicht scheute, die Regel, welche zur Aufnahme das Alter der Mündigkeit und Ritterfähigkeit (das 21.) verlangte, durch Reception von Knaben zu umgehen. All dies geschah um des Geldes willen, welches gewissermaßen der Gott des Ordens war und welchem alle übrigen Rücksichten geopfert wurden. Die Ritter keines Ordens standen daher in so schlimmem Rufe wie die des Tempels. Mehrfach wurde ihnen unsittliches Leben, zweideutiges Benehmen und Treulosigkeit, ja sogar Verrat vorgeworfen. Anmaßungen und Gewaltthaten bezeichneten ihren Weg in mehr als einem Lande. Die leichtfertige Aufnahme von Leuten zweifelhaften Charakters, sogar anrüchiger Vergangenheit, wenn sie nur Geld zubrachten, untergrub die Achtung der Welt vor den Templern.

Die Mitglieder des Tempelordens waren ursprünglich blos eines Standes: weltliche Ritter. Sein Zuwachs aber veranlaßte mit der Zeit die Aufnahme besonderer Geistlicher, welche den Gottesdienst und die Seelsorge in den Ordenshäusern besorgten uud von aller geistlichen Gerichtsbarkeit außer dem Orden befreit waren, wodurch der letztere einen bedeutenden Grad der Unabhängigkeit von geistlicher Gewalt erlangte. So entstand eine zweite Klasse im Orden, die der Kleriker, denen aber mit ihrer Aufnahme jede Beförderung in der katholischen Hierarchie abgeschnitten war. Auch waren sie den Rittern untergeordnet, hatten unbedeutenden Einfluß und waren meist nur Figuranten bei den Feierlichkeiten des Ordens. Durch den wachsenden Stolz der Templer, welche sich in der ersten Zeit des Ordens selbst bedient hatten, und durch ihr Verlangen, auch unter den niederen Ständen Einfluß zu erlangen, sowie durch den Mangel an Söldnern, mit denen sie früher in den Kampf gezogen waren, entstand endlich die dritte Klasse, die der Servienten oder Dienenden, welche von der Außenwelt sehr gesucht war und vom niedersten Knappen bis zum Beamten niedern Ranges zahlreiche Vertreter zählte. Die Servienten, welche zu den höhern Ordensämtern nicht wählbar waren, sonst aber ausgedehnte Rechte hatten, zerfielen in Wappner, welche mit den Rittern im Ordenshause lebten und mit ihnen in den Krieg zogen, und in Handwerker, welche für die übrigen Ordensglieder arbeiteten. So bildete der Orden eine Welt für sich im Kleinen, in welcher alle Stände vertreten waren, welche daher der Außenwelt nicht bedurfte, uud dennoch großen Einfluß auf sie ausübte, vorzüglich durch die vierte Klasse, die der Affiliirten, zu welcher Männer und Frauen, Edelleute und Gemeine, ja sogar Könige und Päpste gehörten. Sie legten nach ihrer Auswahl einen Teil der Gelübbe oder auch alle ab und setzten den Orden als Erben ein, lebten aber nicht in dessen Häusern. Zu ihnen gehörten auch die Donaten, welche sich freiwillig verpflichteten, dem Orden Dienste zu leisten, und die Oblaten, welche schon als Kinder von ihren Eltern für den Orden bestimmt waren, und nach dessen Regel erzogen wurden. Die Angehörigen des Ordens unterschieden sich durch ihre Kleidung. Die Ritter trugen ein weißes Kleid und einen weißen Mantel, auf der linken Brustseite des letztern ein achteckiges rotes Kreuz, die Kleriker ein geschlossenes Kleid und einen braunen, die höheren einen weißen Mantel, die Servienten zuerst auch ein weißes Kleid, in Folge von Mißbräuchen aber, die damit getrieben wurden, indem sie sich oft für Ritter ausgaben, später nur ein braunes oder schwarzes mit einem roten Kreuze. Alle Ordensglieder aber nannten sich **Brüder** und hielten in der That musterhaft zusammen, wie auch im Kriege ihre persönliche Tapferkeit über jeden Tadel erhaben war. Dies drückte sich auch sehr schön in ihrem Siegel aus, welches zwei auf einem Pferde sitzende Ritter zeigte, daher auch ihre Losung „beauséant" (das schöne Beisammensitzen), hieß.

Die geistlichen Ritterorden waren Mächte im Mittelalter; ihre Großmeister nahmen den Rang nach den Päpsten und Monarchen ein und nannten sich „von Gottes Gnaden." Ja, sie anerkannten sogar keinen Kaiser und König als ihren Herrn, sondern blos den Papst, und auch diesen nur dem Namen nach. Die Päpste begünstigten diese Orden und überhäuften sie mit Lobsprüchen und Vorrechten, fürchteten sie aber in Wirklichkeit und waren froh, ihre Dienste in Anspruch nehmen zu können, ohne sie zu erzürnen; denn sie hatten es denselben zu verdanken, daß nicht nur, wie früher, geistige, sondern auch körperliche Waffen zu ihrer Verfügung bereit standen und den weltlichen Fürsten gegenüber ein mächtiges Bollwerk darstellten. Dies war aber vorzugsweise in Beziehung auf die Templer der Fall. Diese waren von allen kirchlichen Abgaben frei und erhielten durch die Gunst der Päpste das Recht, gebannte Ritter aufzunehmen, in Kirchen, die vom Interdikt betroffen waren, Gottesdienst halten zu lassen, Kirchen zu bauen und Friedhöfe zu errichten, was alles ihnen von Seite der Geistlichkeit vielen Groll einbrachte und auch sonstigen Haß zuzog, der sich bis zu rohen Gewaltthaten verstieg. Die Templer standen unter keinem andern Bischof als dem römischen d. h. dem Papste, daher die Bischöfe sie stets anfeindeten und das Lateranknozil 1179 ihre Vorrechte, die meist von Alexander III. herrührten, zu beschneiden suchte. Zur Zeit ihres Unterganges besaßen die Templer ein Reich von fünf Provinzen im Morgen- und sechszehn im Abendlande und darin zehntausend fünfhundert Ordenshäuser. Im Besitze sol-

cher Gewalt trachteten sie nach keinem geringern Ziele, als die
damalige christliche Welt von ihrem Orden abhängig und da=
durch zu einer Art militärisch=aristokratischer Republik zu machen,
in welcher der Papst das scheinbare Oberhaupt, sie selbst aber
an seiner Stelle, mit ihrem Großmeister an der Spitze, die
wirklichen Regenten wären. Schon in Folge ihrer Vorrechte
hatten die Templer keinen Bannfluch zu fürchten und waren
sich ihres Glanzes und ihrer Macht bis zur äußersten Selbst=
überschätzung und bis zur rücksichtslosesten Hintansetzung aller
allgemein menschlichen Pflichten bewußt, wie sie auch in der
letzten Zeit des Ordens sich nicht mehr vom Papste als Werk=
zeug brauchen ließen, sondern vielmehr diesen als ihr Werk=
zeug zu benutzen strebten. Der Ordensmeister (ursprüng=
lich einfach „Meister") des Tempelordens wurde von einem
Wahlkollegium gewählt, welches aus acht Rittern, vier Ser=
vienten und einem Kleriker bestand; es ergänzte sich selbst, in=
dem zwei vom Konvente bezeichnete Wähler zwei weitere, diese
vier wieder zwei u. s. w. bezeichneten. Der Großmeister war
nur Vorsitzender und Vollmachtträger des Konventes; nur im
Kriege nahm er als Oberbefehlshaber eine selbständige Stel=
lung ein, und gegen die Kleriker im Orden übte er als Stell=
vertreter des Papstes die geistliche Gerichtsbarkeit aus. Ein
glänzendes Gefolge umgab ihn, und ein Schatz stand zu seiner
Verfügung. Den ersten Rang nach ihm nahmen ein: der
Seneschall, sein Stellvertreter, welcher die friedlichen, der
Marschall, welcher die kriegerischen Angelegenheiten des
Ordens, der Komthur von Jerusalem, zugleich Schatz=
meister, welcher die Kasse, der Drapirer, welcher das
Kleidungswesen besorgte. Jeder dieser Großbeamten hatte
wieder sein Gefolge, und in den einzelnen Provinzen entsprachen
ihnen Provinzbeamte, an deren Spitze ein Komthur stand, wie
auch ein solcher jedem Ordenshause vorgesetzt war.

Die höchste Macht im Orden übte der Konvent aus;
er bestand aus dem Großmeister, zwei Assistenten desselben,
den genannten Würdenträgern, den anwesenden Provinzial=
meistern und denjenigen Rittern, die der Großmeister zuzog.
Durch weitere Zuziehung aller angesehenen Templer vergrößerte
sich der Konvent zum General=Kapitel, welches neue
Gesetze und Verordnungen erließ. Ebenso gab es in jeder

Provinz einen Konvent unter dem Vorsitze des Provinzialmeisters und in jedem Ordenshause ein Hauskapitel, welchem auch die Servienten angehörten.

In all diesem hatte indessen der Tempelorden die größte Ähnlichkeit mit den übrigen geistlichen Ritterorden, teilweise sogar mit den Mönchsorden; für unsern Zweck nehmen aber jene seiner charakteristischen Merkmale weit mehr, ja eigentlich das einzige höhere Interesse, in Anspruch, welche ihn von allen übrigen Erscheinungen seiner Zeit unterschieden, beziehungsweise ihn zur g e h e i m e n G e s e l l s c h a f t stempelten.

Der Tempelorden wurde hierzu wesentlich erst im dreizehnten Jahrhundert geführt. Die hauptsächlichen Ursachen davon waren sein Reichtum und seine Macht, welche zu befestigen es kein besseres Mittel zu geben schien, als die Aneinanderkettung der Mitglieder durch Geheimnisse. Den Stoff zu denselben entnahm man der damals allmählich erwachenden r e l i g i ö s e n A u f k l ä r u n g, welche durch das Mißlingen der von der Kirche als Gottes Werk erklärten Kreuzzüge, durch das Abschreckende der von den Franziskanern und Dominikanern betriebenen Inquisition, durch die wissenschaftlichen Forschungen der jüdischen und arabischen Gelehrten, durch die seit Innocenz III. Tode sich wieder offenbarende Schwäche des Papsttums und durch neuerdings sich mehrende Ketzereien und Sekten im Schoße des Christentums, wie die Albigenser und Walbenser, genährt wurde und in den gebildeten Ständen zahlreiche Anhänger hatte, denen selbst ein Kaiser Friedrich II. mit seinem Beispiel voranging, indem von ihm zahlreiche Äußerungen bekannt sind, aus denen hervorgeht, daß er die Kirchenlehre bei jedem Anlasse verhöhnte. Diese Aufklärung war mithin Frommen, Gelehrten und Frivolen gemein, den Ersten aus Entrüstung gegen die sittliche Entartung der Kirchenhäupter und gegen die dem Evangelium widersprechende Hierarchie, — den Zweiten in dem Bewußtsein, daß die von Rom vorgeschriebenen Dogmen willkürliche Erfindungen von Päpsten und Konzilien seien, den Dritten aber war sie keine grundsätzliche, sondern eine m o d i s c h e; sie huldigten ihr, weil sie ihnen bequem war in ihrer Abneigung gegen ein geordnetes, pflichtgetreues Leben. Die Templer insbesondere, welche weder fromm, noch gelehrt, aber größtenteils sehr frivol waren, setzten jene

Aufklärung in Verbindung mit ihrem Interesse, das ihnen gebot, ihren zahlreichen Besitzungen im Abendlande größere Sorgfalt zu schenken, als den wenigen in dem von den Mohammedanern bereits größtenteils wieder eroberten Königreiche Jerusalem. In oberflächlicher Weise begründeten sie dieses Streben durch die Auffassung, als habe Gott in den Kreuzzügen die Mohammedaner begünstigt und den Untergang der christlichen Unternehmungen gewollt. Indem sie daher aufgeklärte Ansichten annahmen, bahnten sie einem Aufgeben der nutzlosen Kreuzzüge und einer vollständigen Rückkehr nach Europa den Weg, wo sie von ihren, wenn auch ruhmgekrönten, doch mühevollen und undankbaren Waffenthaten ausruhen und sich teils im Dienst fürstlicher Höfe, teils in ihren prachtvollen, mit orientalischem Luxus ausgestatteten, von feenhaften Gärten umgebenen Ordenshäusern zugleich einem genußvollen Wohlleben, dem Spiel, der Jagd, der Liebe, dem Gesange u. s. w. in die Arme werfen und zugleich ihre hochfliegenden politischen Pläne verfolgen konnten. Sie ahnten die Unverträglichkeit dieser beiden Arten des Strebens nicht, sondern stürmten blindlings auf ihr Verderben los.

3. Die Geheimnisse der Templer.

Über wenige Punkte sind so sehr verschiedene Ansichten geäußert worden, als über die Schuld der Templer. Dieselben sind namentlich vom Standpunkte der Aufklärung vielfach verteidigt worden. Es scheint jedoch, mit wenig Grund. Wir haben heute um so weniger Veranlassung dazu, als das, was bei den Templern wie Aufklärung aussah, keinen grundsätzlichen und wissenschaftlichen Charakter hatte. Auch wiegt für unsern heutigen Gesichtskreis schwer, daß die Templer die heftigsten Parteigänger einerseits des **Papsttums** im Kampfe gegen den **Staat**, anderseits des **romanischen** Volkstums im Streben nach Hintansetzung und Unterdrückung des **germanischen Wesens** waren, und dies um so eher, als sie in Deutschland nur wenig Fuß gefaßt hatten.

Das **geheime Wesen** und Treiben der Templer bestand, jedoch nicht überall, wo der Orden vertreten war, in einer **geheimen Lehre** und in einem auf diese gestützten geheimen

Kultus. Die Lehre, welche nicht auf wissenschaftlichen Forschungen beruhte, scheint mit derjenigen gewisser Sekten, namentlich der Albigenser, verwandt gewesen zu sein, welche einen obern Gott des Himmels und einen untern der Welt verehrten und letzterem die Entstehung des Übels in der Welt zuschrieben. Den Templern war Christus nicht Gottes Sohn, hatte keine Wunder gethan, war weder auferstanden, noch in den Himmel gefahren; ja er wurde oft ein falscher Prophet genannt. Die kirchliche Lehre von der Verwandlung der Hostie in der Messe war ihnen krasser Aberglaube, das Abendmahl nur eine Erinnerungsfeier, die Beichte ein Priesterbetrug, die Dreieinigkeit eine menschliche Erfindung, die Verehrung des Kreuzes ein Götzendienst. Daß die Opposition gegen die letztere sich bis zu dem Gebrauche habe hinreißen lassen, bei feierlichen Gelegenheiten, besonders bei Aufnahmen, das Kreuz zu verhöhnen, ja sogar zu bespeien, — diese nicht nur in kirchlichem, sondern auch in humanem Sinn schwere Anklage spielt eine große Rolle im Prozesse gegen den Orden. Die genannte häßliche Ceremonie, zu welcher angeblich die ihr Widerstrebenden durch Drohungen mit Waffen und anderen Gewaltthaten gezwungen wurden, ist wohl nicht ganz wegzuleugnen, scheint aber ihren Grund ursprünglich in einer harten Probe des Gehorsams gegen die Oberen gehabt zu haben, überdies aber nicht allgemein, sondern vorzugsweise in Frankreich geübt worden zu sein. Entschuldbarer ist, daß die Templer unter sich das Kreuz auf ihrem Mantel nicht als solches, sondern ein doppeltes T, den Anfangsbuchstaben des Namens ihrer Gesellschaft, betrachteten. Angeblich setzten sie an die Stelle Jesu als Schutzpatron ihres Ordens und ihrer Lehren Johannes den Täufer, weil er weder darauf Anspruch gemacht, Wunder zu thun, noch sich für den Messias ausgegeben.

Dem erwähnten Unglauben müssen unter solchen Umständen auch die Geistlichen im Orden, die Kleriker gehuldigt haben. Es mangelte damals keineswegs an aufgeklärten Priestern und es ist anzunehmen, daß die Templer vorzugsweise solche aufgenommen haben, welche mit der Hierarchie zerfallen waren und daher im Orden eine Zuflucht fanden. Wenn aber dieselben, obschon teilweise Gelehrte, auch dem Aberglauben

ergeben waren, so teilten sie diese sonderbare Verirrung der
Begriffe mit vielen weit berühmteren Gelehrten, und zwar um
so mehr, als damals die Naturwissenschaften sich noch auf einer
sehr unvollkommenen Stufe befanden.

Die Templer besaßen eine französische Bibelübersetzung, was damals ein von der katholischen Kirche streng
verpönter Gegenstand war, der dem Feuer anheimfiel, wenn er
entdeckt wurde. Diese Bibel war illustriert, im Texte aber vielfach verkürzt und mit rationalistischen Anmerkungen versehen.

Der geheime Ritus der Templer, welcher seit der
Mitte des 13. Jahrhunderts aufkam, fand Anwendung bei
ihrem eigentümlichen Gottesdienste und bei der Aufnahme.
Während nämlich in den Kapellen der templerischen Ordenshäuser die katholische Messe mit allem Glanze und aller Pracht
öffentlich gefeiert wurde, hatten die eingeweihten Tempelbrüder
in ihrem Kapitelsaale, oder sogar auch in der Kapelle selbst,
vor Tagesanbruch einen geheimen Kultus. Derselbe bestand in
der Beichte und dem Abendmahle nach templerischer
Auffassung. Erstere betrachteten die Ordensbrüder lediglich als
brüderliches Vertrauen von der einen, brüderlichen Rat von
der andern Seite, und beichteten daher nur ihren Ordens-
kaplänen; ja die Beichte bei auswärtigen Geistlichen wurde in
späterer Zeit durch die Ordensregel geradezu verboten. Sünden, die man sich aus Scham zu nennen scheute, wurden un-
genannt vergeben. Das Abendmahl nahmen die Templer, im
Gegensatze zur Kirche, unter beiderlei Gestalt (Brot und Wein),
und zwar nicht in dem Sinne eines Opfers oder einer Verwandlung, sondern lediglich als ein Zeichen brüderliche Liebe.

Von Bildern spielten im templerischen Ritus zwei eine
Rolle, das eine war dasjenige Johannes des Täufers, —
es vertrat die Opposition gegen den Kirchenglauben und brauchte
doch, da diese Persönlichkeit auch zu den Heiligen der Kirche
gehörte, nicht verheimlicht zu werden. Seine Attribute waren
das Opferlamm, welches auf seinen Martyrertod, und der
Kelch welcher auf die Schüssel hinwies, in welcher sein Haupt
vorgewiesen wurde, beides zugleich Symbole des johanneischen
Brudermahles. Das andere Bild dagegen, streng als temple-
risches Geheimnis verwahrt, bezog sich auf den Aberglauben
des Ordens und wird als Idol (Götzenbild) bezeichnet. Es

war aus Metall gebildet, meist aus vergoldetem Kupfer, und stellte bald einen Totenschädel, bald ein Greisenantlitz mit starkem Barte (Makroprosopos), bald eine kleine ganze Figur (Mikroprosopos) dar, und letztere war bald männlich, bald weiblich, bald beides zugleich; bald hatte es einen, bald zwei, bald drei Köpfe mit leuchtenden Augen, die aus eingesetzten Karfunkeln bestanden. Manche Templer nannten dieses Jdol (warum? ist unbekannt) „Baffomet". Aus den Äußerungen von Templern geht hervor, daß dieses Jdol eine Art von Talisman war, von welchem die Verleihung von Gesundheit, Reichtum, Vergnügen, Liebe der Vorgesetzten u. s. w. erwartet, daß seine Verehrung derjenigen des Kreuzes entgegengesetzt, daß es der „Heiland des Ordens" genannt wurde.

Der eigentümliche Ritus bei der A u f n a h m e der Templer zerfiel in den ursprünglichen einfachen, der bei jeder Aufnahme ohne Unterschied stattfand, und in den später hinzugekommenen, welcher nur bei der Aufnahme solcher Anwendung litt, welche ihn ertragen konnten, bei anderen aber entweder weggelassen oder durch willkürliche Erklärungen nnd Auslegungen verdeckt wurde.

Die gewöhnliche Aufnahme der Ritter wurde vor dem Hauskapitel in der Kapelle, mit strengem Ausschlusse aller dem Orden nicht Angehörigen vollzogen. Der Komthur, welcher die Stelle eines Receptors (Aufnehmenden) bekleidete, fragte zuerst die versammelten Brüder, ob sie etwas gegen die Aufnahme einzuwenden hätten. War dies nicht der Fall, so wurde der Kandidat in ein nahes Zimmer geführt und gefragt, ob er auf dem Gesuche um Aufnahme beharre, ob er von freiem Stande, ob er vermählt oder verlobt und durch kein anderes Ordensgelübde gebunden, ob er nicht mehr schuldig sei, als er bezahlen könne, ob er an keiner heimlichen Krankheit leide. Fielen die Antworten befriedigend aus, so wurde dies dem Kapitel angezeigt, und dieses mußte seine Zustimmung zur Aufnahme abermals bestätigen. Nun führte man den Kandidaten in das Kapitel, wo er vor dem Receptor niederfiel und ihn um die Aufnahme bat. Der Letztere gab ihm gute Lehren und fragte ihn nochmals, ob die schon erwähnten Hindernisse gegen die Aufnahme vorliegen, worauf die Verpflichtung des Kandidaten, sich den Vorschriften des Ordens zu unterziehen, seine Aufnahme, seine Bekleidung mit dem Rittermantel und ein Gebet folgten. Die Aufnahme der Servienten unterschied sich von jener der Ritter blos durch einige Veränderungen in den Reden, die sich auf ihren Stand bezogen; diejenige der Kleriker aber hatte mehr Ähnlichkeit mit der Profeßablegung bei den Mönchsorden und wurde in lateinischer Sprache vollzogen.

Bei der geheimen Aufnahme hatte der Receptor das Jdol auf dem Schoße oder nahm es aus dem Busen und sagte zu dem Kandidaten: „an dieses glaube, ihm vertraue, und du wirst dich wohl befinden." Oder er nahm aus der großen steinernen Altartafel einen Stein, stellte ihn, welcher wahrscheinlich auf der innern Seite eine Figur enthielt, auf den Altar, ließ ihm Verehrung erweisen und fügte ihn dann wieder ein. Dann band man dem Aufgenommenen eine weißwollene Schnur um, welche den Gürtel des Täufers bedeuten sollte und aus dem Kopfe des Jdols genommen wurde, und er mußte dieselbe stets über dem Hemde tragen. Später deutete man diesen Gürtel als ein Zeichen der die Brüder umschlingenden Liebe und betrachtete ihn auch abergläubiger Weise als einen Talisman. Damit endlich der Neuaufgenommene gleichsam durch Scham zur Verschwiegenheit gezwungen werde, soll der Gebrauch bestanden haben, daß er den Receptor auf einen ungewöhnlichen oder unanständigen, zu diesem Zwecke entblößten Teil des Körpers habe küssen müssen, — eine Ceremonie, welche damals mehreren Sekten nachgesagt wurde und daher der Erfindung ebenso verdächtig ist, als diese bei der abgeschmackten weitern Anklage, es seien in den Versammlungen Teufel erschienen und Tiere angebetet worden, klar vorliegt. Dagegen waren allerdings die Verschwiegenheit eine streng gebotene Pflicht der Templer; Brüder, auf die man sich nicht glaubte verlassen zu können, mußten vor der Aufnahme das Kapitel verlassen, — Verräter wurden mit Gefängnis bestraft, und dem Kandidaten mit Kerker und Tod gedroht, falls er das durchgemachte Ceremoniell Nicht-Templern mitteilen würde. Daß solche Drohungen Ausführung fanden, ist behauptet, aber nicht glaubwürdig nachgewiesen worden.

So war der Tempelorden im Laufe der Zeit zu einer Gesellschaft geworden, welche vorgab, die Kirche zu beschützen,

in Wahrheit aber die Lehren der Kirche verwarf und solche
Tendenzen verfolgte, welche in ihrer Konsequenz den Untergang nicht nur des Papst-, sondern des positiven Christentums
überhaupt herbeiführen mußten. An diesem unlösbaren Widerspruche, an der Heuchelei, welche darin lag, daß sich der Orden von der Kirche, mit deren Lehre er zerfallen war, nicht
auch förmlich trennte, und daß er antichristliche Lehren, welche
er für wahr hielt, mit einem Geheimnis umgab und sie nach
Umständen für bloßen Scherz ausgab, statt sie zu verbreiten
und offen zu bekennen, wie so manche arme und wehrlose
„Ketzer" thaten, — scheiterte sein Streben und ging die
mächtigste Verbindung ihrer Zeit. — nicht in ruhmvollem
Kampfe, — sondern in der Schmach des Kerkers nnd Scheiter-
haufens zu Grunde.

4. Der Templer Untergang.

Nachdem die Kreuzzüge völlig gescheitert waren und das
„heilige Land" sich wieder in der Gewalt der „Ungläubigen"
befand, damit aber der Zweck der geistlichen Ritterorden erledigt war, dachten die Päpste auf Beseitigung des Übelstandes,
daß jene zunächst ihnen untergebenen Vereine ohne Nutzen in
der Welt beständen. Der deutsche Ritterorden entging der
weitern Untersuchung dieser Frage schon früher durch die Wahl
eines neuen Wirkungskreises an der Ostsee, die spanischen Orden durch den stets fortdauernden Kampf gegen die Mauren,
der Johanniter-Orden endlich durch die Besetzung von Rodos.
Noch war also der Tempelorden ohne eine seiner Bestimmung
angemessene Beschäftigung, und dies war die erste Veranlassung
zu seinem Untergange. Die meisten Ritter brachten ihre Zeit
mit Müßigang und Vergnügen im Abendlande zu. Der Ordensmeister Jakob von Molay aber befand sich in seiner
Residenz Limisso auf der Insel Cypern.

Wahrscheinlich war es um das Jahr 1305, daß der französische Papst Clemens V, der mit der Absicht umging, die
mißlungenen Kreuzzüge, auf's neue zu beleben, diesen Plan
durch eine Vereinigung der Templer und der Johanniter und
womöglich noch weiterer Ritterorden zu einem einzigen zu fördern
glaubte, — ein Gedanke, der von früheren Päpsten erwogen

worden war. Beide Orden lehnten aber denselben ab; ohnehin einander nicht freundlich gesinnt, merkten sie wohl, daß die Hauptabsicht dabei war, sie ihrer Vorrechte zu berauben. Molay's Denkschrift ist noch vorhanden; sie wich aber der Frage mit Ausflüchten aus. Sie war — gegen seine Ahnung — das Todesurteil seines Ordens.

Dem damaligen König von Frankreich, Philipp IV (dem „Schönen") war der Tempelorden infolge seiner Unabhängigkeit als kriegerische und Geldmacht in seinem Streben nach unbeschränkter Landeshoheit äußerst hinderlich. In den ersten Jahren seiner Regierung suchte er die unbequemen Ritter aus ihrer Stellung zu verdrängen, als dies aber nicht gelang, sie für sich zu gewinnen, indem er sie auf alle Weise begünstigte. Es sind verschiedene Ansichten darüber aufgetaucht, welcher Umstand dieses Verhältnis wieder änderte; sie sind aber sämtlich geschichtlich unhaltbar. Wahrscheinlich hängt der seit dem Jahre 1305 bemerkbare Umschwung in dem Verhalten des Königs zum Orden mit dem damals besonders argen Wüten der Inquisition in Südfrankreich zusammen, zu deren allgegenwärtigen Ohren ohne Zweifel Angebereien über die „Ketzerei" der Templer gelangten. Dies geschah an mehreren Orten zugleich. Der Inquisitor von Frankreich, Wilhelm Imbert, Prior der Dominikaner in Paris, war es, der den König zum Einschreiten gegen die Ritter aufforderte. Letzterer machte am 14. November 1305 dem in Lyon geweihten Papste Clemens V. davon Mitteilung. Dies hinderte jedoch den Papst nicht, zu einer Besprechung über den von ihm geplanten neuen Kreuzzug nicht nur den Ordensmeister der Johanniter, sondern auch den der Templer einzuladen. Dabei ersuchte er jedoch Jakob von Molay, die Reise geheim zu halten und nur mit geringer Begleitung zu erscheinen, „damit nicht das Bekanntwerden seiner Abreise die Gegner (des Ordens) zu plötzlichem Angriffe veranlasse." Diese Einladung war am 6. Juni 1306 ergangen; ob und mit welchen Hintergedanken, mag dahin gestellt sein.

Von den beiden Ordensmeistern konnte nun der Johanniter der Aufforderung des Papstes nicht Folge leisten, weil er eben in der Belagerung von Rodos begriffen war: der Templer aber kam wider den Rat des Papstes, nicht mit wenigen Rittern, sondern mit dem gesamten, aus 60 Templern bestehenden, Konvente, sowie mit Schatz und Archiv nach Frankreich.

Es war im Mai 1307, als Papst und König in Poitiers zusammen kamen und, wie es scheint, vornehmlich über die Sache der Templer verhandelten, welche letzteren zugleich Clemens von der ihnen drohenden Gefahr in Kenntnis setzte. Sie verlangten selbst eine Untersuchung über das ihnen zur Last gelegte, welche der Papst auch vorzunehmen beschloß. Es ist nicht nachgewiesen, ob es mit oder entgegen dem Willen des Papstes geschah, daß der König auf Antrieb des Inquisitors, nach sorgfältiger geheimer Vorbereitung, in der Nacht vom 12. zum 13. Oktober 1307 in ganz Frankreich alle Templer verhaften ließ. Auch die Güter des Ordens wurden mit Beschlag belegt.

Es wurden dann fünf Anklagepunkte gegen den Orden aufgesetzt: Entweihung des Kreuzes, Verehrung eines Idols, unanständige Aufnahmegebräuche, Auslassung der Sakramentalworte bei den Messen der Ordenskleriker und widernatürliche Ausschweifungen. Zwei Tage nach der Verhaftung wurde das Volk von Paris, dessen Parteinahme für die Templer man fürchtete, vor dem königlichen Palaste versammelt und von Mönchen und königlichen Beamten gegen den Orden bearbeitet. Der König schlug, was nicht für seine Uneigennützigkeit spricht, im „Tempel," dem Ordenshause zu Paris, seine Residenz auf, in dem Gebäude, das den Schatz des Ordensmeisters (150,000 Goldgulden und 12 Pferdeladungen Silbergroschen) barg und nicht ganz ein halbes Jahrtausend später zum Gefängnis eines Nachkommen des Königs wurde. Es begannen in demselben Gebäude vor den Magistern und Scholaren der Universität die Verhöre Molay's und seiner Ordensbrüder, welche bei diesem Anlaß einige der Anklagen als begründet anerkannten. Der Prozeß nahm unter Imberts Leitung seinen Fortgang; er war völlig nach dem Muster der gegen die sog. Ketzer und Hexen wütenden Inquisition eingerichtet und mit Anwendung der Folter verbunden, so daß es ungemein schwierig ist, zu beurteilen, welche der zahlreichen Geständnisse diesem gräulichen Mittel der Erpressung dessen, was die Inquisitoren wissen wollten, zuzuschreiben sind und welche nicht, und das um so mehr, als Suggestivfragen neben der Tortur eine große Rolle spielten (Prutz S. 149 ff).

Dem Papste aber lag diese Entwickelung der Dinge nicht recht. Einerseits beanspruchte er das Recht, gegen die Templer vorzugehen, für sich und fand, daß der König seine Polizeigewalt zu weit auf das rechtliche Gebiet ausdehne, und anderseits schrieb er, und dies wohl mit Recht, des Königs Vorgehen seinen Absichten auf den Tempelschatz, auf die Vernichtung der ihm unbequemen Macht des Ordens, auf die Beeinträchtigung der Rechte des Papstes zu. Er erklärte daher im Oktober „das Vorgehen des Inquisitors für eigenmächtig und ungesetzlich," protestierte bei dem König gegen das eingeschlagene Verfahren und verlangte die Auslieferung der gefangenen Templer und der Ordensgüter zu eigener Verfügung über beide. Der König ging darauf nicht ein; aber er traf eine Verständigung mit dem Papste über den Prozeß, und Letzterer ordnete am 22. Nov. durch die Bulle „Pastoralis praeeminentiae solio" die Verhaftung aller Templer auch in den übrigen Staaten der Christenheit an. Diesem Befehle fügte sich auch König Eduard II. von England, Philipps Schwiegersohn, obschon er sich vorher gegen die Schuld der Templer ausgesprochen hatte. Der nämliche Umschwung vollzog sich in Aragon. Auf Cypern versuchten die Templer Widerstand, unterwarfen sich aber. König Dionys von Portugal dagegen weigerte sich, gegen sie einzuschreiten.

Durch die Allgemeinheit der Maßregel war der Prozeß rechtlich in die Hände des Papstes übergegangen. Philipp IV. anerkannte dies sogar; doch mißtraute er dem Papste und fürchtete, derselbe könnte die Templer freisprechen, die sich dann an dem König rächen würden. Es stand also wechselseitiges Mißtrauen zwischen beiden Gewalten dem Fortgange des Prozesses entgegen. Es fanden Unterhandlungen statt. Der König verlangte den Tod der Templer; der Papst weigerte sich dessen, bevor ihre Schuld vollständig erwiesen sei. Dabei verlangte er wiederholt die Auslieferung der Templer und ihrer Güter. Diesem Begehren fügte sich endlich der König, weil er des Papstes bedurfte, um die Wahl seines Bruders an Stelle des ermordeten deutschen Königs Albrecht zu erzielen.

Unter päpstlicher Leitung hatte der Prozeß mildere Formen als unter königlicher; die Folter wurde nicht mehr angewandt. Dagegen überzeugte sich der Papst von der vorher von ihm bezweifelten Schuld der Templer. Namentlich legte Molay ohne Zwang sehr bedenkliche Geständnisse ab, ebenso einige Großbeamte des Ordens; doch widersprachen sie sich in manchen Punkten. Der Papst hielt indessen die Meinung fest, daß der Prozeß sich nur auf die einzelnen Templer, nicht auf den Orden beziehe, während für den König die Vernichtung des letztern die Hauptsache war. Am 8. August 1308 verordnete die Bulle „Faciens misericordiam" die Ausdehnung der Untersuchung auf die Templer aller Länder, und am 12. desselben Monats wurde durch die Bulle „Regnans in coelis" auf das Jahr 1310 ein Konzil ausgeschrieben, welche die Sache des Ordens zur Entscheidung bringen sollte. Weitere Verfügungen des Papstes betrafen die Herausgabe aller Güter des Ordens an die Kirche.

Indessen war es Clemens nicht eingefallen, die französische Werbung, um die Krone des römischen Reiches zu unterstützen. Er begünstigte vielmehr die Wahl Heinrichs VII. von Luxemburg und „war froh, in ihm einen Rückhalt gegen den übermütigen Franzosen zu finden" (Prutz S. 180). Die Spannung zwischen Philipp und Clemens wuchs und der Templerprozeß schleppte sich langsam zwei weitere Jahre lang hin. Dabei fanden dann viele Willkürlichkeiten statt. Die Bischöfe, denen der Papst die Untersuchung gegen die einzelnen Templer übertragen, ließen an vielen Orten dem alten Hasse der Geistlichkeit gegen die Ritter freien Lauf und folterten darauf los. Trotzdem traten eine Menge Templer für die Unschuld des Ordens ein und erklärten die früheren Geständnisse für falsch. Es läßt sich dies nur dadurch erklären, daß die Mißbräuche im Orden nicht überall Eingang gefunden hatten. Die Haltung Molay's im Prozesse war weder fest noch würdig, sondern zeigte ein stetes Schwanken zwischen Selbstanklage und Verteidigung. Er war seiner Sache nie sicher, suchte sie zu verschleppen, um Zeit zu gewinnen, drückte sich zweideutig und unklar aus und beteuerte stets seine Rechtgläubigkeit. Ähnlich verhielten sich die meisten Ordensbeamten; aber zu ihrer Entschuldigung dient ihre schlechte Behandlung, über die sich Molay nicht beklagen konnte.

Sämtliche in Paris gefangenen Templer, an Zahl 546, wurden am 28. März 1310 im Garten des bischöflichen Palastes versammelt und ihnen die Anklage vorgelesen. Sechs von ihnen, 3 Kleriker, und 3 Ritter, protestierten im Namen aller gegen ihre Behandlung und forderten Entlassung aller Templer aus der Gewalt des Königs und Verhaftung ihrer Ankläger. Es war umsonst!

Während der Untersuchung gegen den Tempelorden starben 36 Ordensglieder im Kerker in Paris. Am 12. Mai 1310 wurden die, welche ihre Geständnisse zurückgenommen hatten, an Zahl 54 verbrannt, nachher noch 8 und in Reims 9, die alle im Tode noch ihre Unschuld beteuerten. Merkwürdiger Weise war der Papst, der die Sache bisher verzögert hatte, nun auf einmal eifrig! Er tadelte es scharf, daß man in England die Templer nicht foltern wollte und vertrug sich jetzt mit dem König so gut, daß er ihm zulieb einen Prozeß gegen den toten Papst Bonifaz VIII. anhob, der aber später aufgegeben wurde. Er that ferner sein Möglichstes, die Templer in Avignon, welche sich zur Wehre setzten, ins Verderben zu stürzen; aber sie wurden, obschon unterworfen, schuldlos befunden, — ebenso in Castilien. Auch in Deutschland, wo der nicht zahlreiche Orden eine entschiedene Haltung annahm, brachte der Papst keine Beweise gegen denselben zustande, und in England konnte den Rittern ebensowenig zur Last gelegt werden. Im größten Teile von Italien war dagegen das Ergebnis dem französischen ähnlich — nur ohne Verbrennungen. Umsonst verwendete sich auf dem bis zum Jahre 1312 verschobenen Konzil zu Vienne der berühmte Raimund Lullus für Erhaltung des Ordens mittels Vereinigung aller geistlichen Ritterorden in einen, dessen Großmeister, nach vorangegangenem erfolgreichem Kreuzzuge der jeweilige König von Jerusalem, und zwar ein französischer Prinz sein sollte, wodurch er den König für den Plan zu gewinnen hoffte. Der längst vom Könige zur Aufhebung des Ordens gedrängte Papst beschleunigte nun diese Maßregel, um die Tempelgüter nicht in weltliche Hände fallen zu lassen und sprach sie am 3. April und 2. Mai 1312 durch die Bullen „Vox in excelso" und „Ad providam Christi vicarli" aus, indem er zugleich sämtliche Rechte und Güter der Templer (ausgenommen in Spanien) dem Johanniterorden schenkte.

Der unglückliche Ordensmeister Molay, welcher sein

kerkerlos, zu dessen Milderung ihm täglich nur vier Sous bewilligt waren, mit großer Standhaftigkeit ertrug, und sein Beamter Gottfried von Charney wurden, nachdem sie ihre Geständnisse widerrufen, als Rückfällige, auf Befehl des Königs, ehe nur ein Urteil gesprochen war, den 11. März 1313 auf einer Insel der Seine langsam verbrannt. Es wird erzählt, daß Molay die beiden Mörder des Ordens, Philipp und Clemens, vor den Richterstuhl Gottes geladen habe. Beide starben, der Eine an Kolik acht, der Andere infolge eines Sturzes vom Pferde dreizehn Monate nach ihm. Die Aufhebung des Ordens wurde in allen Ländern vollzogen, ausgenommen in Portugal, wo er den Namen des „Ordens Jesu Christi" annahm und fortbestand und sein Großmeister, Prinz H e i n r i ch, der Seefahrer, hundert Jahre später die Reichtümer des Ordens zu hohen Zwecken der Kultur in Anspruch nahm. In den übrigen Ländern irrten die Templer entweder flüchtig umher oder traten zu den Johannitern über. Der Besitzergreifung der französischen Tempelgüter durch den König stand die Aufhebungsbulle entgegen; Philipp nahm jedoch das Ordenshaus zu Paris und den darin verwahrten Schatz zu Handen. Das Übrige plünderten Adel und Kirche; namentlich vergaß der Papst sich selbst keineswegs. Erst später gelangten die Johanniter zu ihren Rechten, hatten jedoch fast mehr Schaden als Nutzen, indem die Auslösung der Tempelgüter aus den Händen der Usurpatoren sie große Summen kostete. Auch fielen noch manche kleinere Teile verschiedenen Fürsten, Herren, Orden, Kirchen und Klöstern in den Schoß.

Siebenter Abschnitt.

Die Femgerichte.

1. Gerichtswesen im Mittelalter.

Nach den Stürmen der Völkerwanderung mußte sich die aus allen ihren Fugen geworfene menschliche Gesellschaft im sogenannten Mittelalter auf's Neue zu organisieren suchen, um dem ihr auferlegten Gesetze des Fortschrittes und der Vervollkommnung zu genügen. Es geschah dies einerseits durch Verteilung ihres Wirkens auf unzählige kleine Bruchteile, von denen jeder in seinem Kreise seine Aufgabe zu erfüllen trachtete, anderseits aber auch durch Vereinigung aller dieser Bruchteile unter einem religiösen Gedanken, dem mystischen Christentum, und unter einem politischen Gesetze, dem Feudalwesen. Das religiöse Band hielt der Papst, das politische der Kaiser in seinen Händen. So lange man beiden gehorchte, d. h. sich sowohl christlich, als feudal verhielt, war man unangefochten und konnte im Übrigen treiben, was man wollte. Dem Grundsatze der Gerechtigkeit wurde nicht gehuldigt; keine böse That wurde bestraft, weil sie die Idee des Rechtes verletzte, sondern stets nur dasjenige, was Schaden anrichtete. Selbst der Mord galt nicht als Verletzung des menschlichen Rechtes auf das Leben, sondern blos als Schädigung der Angehörigen. Wer keine solchen hatte, dessen Mord blieb unbestraft. Wer aber welche hatte, dessen Mörder konnte ihnen eine gewisse Summe zahlen und nachher frei ausgehen. So waltete innerhalb der Schranken des

Christentums und des Feudalwesens die größte Ungebundenheit in den einzelnen Kreisen und unter diesen die bunteste Mannigfaltigkeit. Von büreaukratischer, einheitlicher, schablonenmäßiger Staatsverwaltung war keine Rede; die Verwaltung war auch nicht eine Jemanden übertragene Verrichtung, sondern, gleich der Rechtspflege, ein erworbenes Recht. In einem gewissen Bezirke hatte Dieser die Verwaltung erworben, ein Zweiter die bürgerliche, ein Dritter die peinliche Gerichtsbarkeit, dem Einem huldigte man im Frieden, dem Andern folgte man im Kriege. Die Staatsgebiete waren regellos und wild durcheinander geworfen, und dies war eben eine Folge des Feudalwesens, indem die Monarchen bald da, bald dort Rechte als Gunst verliehen und austeilten, ohne zu fragen, ob solche mit bereits bestehenden in störende Verwickelungen geraten würden. So kam es denn, daß im Mittelalter eine juristische Abnormität ins Leben treten konnte, wie die **Femgerichte** eine waren; sie ging aus der Regellosigkeit im rechtlichen Leben hervor, wie die bereits oben geschilderte religiöse Abnormität der geistlichen Ritterorden aus dem Extreme des Regel-Überflusses im kirchlichen Leben hervorging; denn jene Regellosigkeit und dieser Regelüberfluß waren nahe verwandt; sie entsprangen beide aus der Ungebundenheit des mittelalterlichen Privatlebens, welche unter der Herrschaft des kirchlichen Glaubens eine Menge diesem gehorchender, im Wesen ähnlicher, in der Form verschiedener Ordensregeln hervorbringen mußte, während dagegen die Ohnmacht des Kaisertums, emsig genährt durch die Eifersucht des Papsttums, und benützt durch den Ehrgeiz und die Habsucht der Feudalherren, eine arge Zersplitterung in Staat und Recht begünstigte und trotz der vielen bestehenden Rechts- und Gesetzbücher keinen gerechten Maßstab in Unterscheidung des Rechts und Unrechts aufkommen ließ.

Die Ursache dieser verschiedenen Entwickelung von Staat und Kirche lag aber darin, daß die letztere von oben herab, durch die geistlichen Machthaber, dem Volke aufgedrängt, der Staat aber umgekehrt von unten herauf, aus dem Volke, emporgewachsen war. Der mittelalterliche Staat war zuerst ein Volksstaat, sein Recht ein Volksrecht. Jedes Volk regierte sich vor und während der Völkerwanderung selbst in vollkommener Freiheit und Unabhängigkeit, daher der volkstümliche, gemütliche und oft joviale und humoristische Gehalt des deutschen Rechtes gegenüber dem steifen, pedantischen, gelehrten, kalten des römischen Rechtes. Das römische Recht hat nur ein Corpus juris, das deutsche Recht hat Weistümer, Rechtssprichwörter, Rechtsschwänke und Rechtssagen. —

Ursprünglich bildeten bei den Deutschen die F r e i e n selbst das Gericht und wählten sich ihren Vorsteher, den G r a f e n. Erst unter K a r l d e m G r o ß e n wurden die Grafen kaiserliche Beamte und noch später erblich und Landesherren. Indem sich so allmählich die Landeshoheit immer mehr verengte, indem sie aus der Gewalt des Volkes in jene bevorzugter Feudalherren und endlich in jene einzelner Machthaber überging, — ein Prozeß, der natürlich war, weil das Volk an Zahl, n i c h t a b e r a n B i l d u n g, zunahm und daher zur Selbstregierung immer unfähiger wurde, — zog sich auch die Rechtsprechung aus den freien, grünumlaubten Lindenhöfen, durch deren Wipfel der Wind rauschte und der blaue Himmel niedersah, in düstere, feuchte Mauern zurück, aus dem Angesichte des ganzen Volkes in die Gegenwart einer kleinen Anzahl strenger und grämlicher Richter.

Auf diese Weise verminderten sich nach und nach die Rechte der Freien; Letztere wurden immer seltener zum Rechtsprechen zusammenberufen; denn ihr Vorsteher, der Graf, war nicht mehr Ihresgleichen, sondern ein vornehmer Herr, ihr Oberer, der das Gericht selbst nach Gutdünken zusammensetzte und sogar dem Kaiser nichts mehr nachfragte.

Die damaligen Gerichtsverhältnisse sind indessen von Aufhellung und Klarheit noch sehr weit entfernt. Ursprünglich waren sie einander in ganz Deutschland gleich; mit der Zeit aber gestalteten sie sich in den einzelnen Landschaften verschieden, je nachdem diese besondere Rechtsbücher erhielten. In Norddeutschland entstand im 13. Jahrhundert der S a c h s e n s p i e g e l, welcher mit den späteren Femegerichten in naher Verwandtschaft steht.*) Die ursprüngliche Ableitung des Wortes „Feme" ist dunkel; im Niederdeutschen heißt fême oder vême das gemeinsame Ding. „Das Wort kommt vor dem 13. Jahr-

---

*) Dies und das folgende nach Theod. L i n d n e r, die Veme. Münster und Paderborn 1888, bes. v. S. 303 an.

hundert nicht vor," und auch da zuerst nur in der Ableitung „vimenot," wie die Gerichtsschöffen genannt werden. Später hießen sie „Vemenoten", d. h. Femegenossen. Erst im 14. Jahrhundert finden wir „Veme" oder „Veyme", auch mit F, ausdrücklich im Sinne von „Gericht, besonders eines geheimen Gerichtes, gebraucht, und zwar durch ganz Norddeutschland hin, ja außerhalb Westfalens häufiger als in dieser Landschaft.

Daß dies anders wurde, d. h. daß sich in Westfalen die Femgerichte in einer eigentümlichen Weise ausbildeten, rührt daher, daß dort „der Königsbann, d. h. das dem König allein zustehende Recht, den Grafen die Grafschaft zu verleihen, in einer zwar abgewandelten, aber doch alten Gestalt lebendig blieb." Durch die Verleihung verschiedener Rechte an geistliche und weltliche Große zersplitterte sich mit der Zeit die Gerichtsbarkeit der Grafen. Außerdem gab es besondere Gerichte für die Freien und besondere für die Halb- und Unfreien; erstere standen unter den Freigrafen, letztere unter den Gaugrafen. Da den letzteren die Mehrheit der Bevölkerung angehörte, entwickelte sich ihr Besitz zur Landeshoheit, und erstere erhielten eine ausnahmsweise Stellung im Lande; ja sie wurden oft verhandelt und gingen von Hand zu Hand. Ihre Inhaber, die oft geringe Leute waren, mußten sich, um Ansehen zu bewahren, an den Königsbann halten, den sie nur vom König erhalten konnten. Vielfach aber sanken die Freigrafschaften oder gingen auch ein; vielfach auch waren sie mit den Gaugrafschaften verschmolzen. Nirgends aber erhielten sie sich so sehr in ihrer ursprünglichen Bedeutung wie in Westfalen, welches freilich ein schwankender Begriff war, aber im ganzen das Land zwischen Rhein und Weser bezeichnete.

Der Name der **Freigrafen** besteht seit dem 12. Jahrhundert; bisweilen hießen sie auch Dinggrafen. „Freigrafschaft" hieß sowohl der Umfang als der Inhalt ihrer Rechte. Die Gerichtsstätte hieß Walstatt oder Stuhl, Freistuhl, auch freie Bank. Deutsch war (statt lateinisch) die Urkundensprache der Freigrafschaften seit Anfang des 14. Jahrhunderts.

Außer dem König hatte auch der Herzog Einfluß auf die Freigrafschaften. Herzog von Westfalen war seit der Auflösung des alten Herzogtums Sachsen jeder fürstliche Landesherr in seinem Gebiete; es waren dies vor allem der Erzbischof von Köln, dann auch die Bischöfe von Münster, Osnabrück, Minden, und der Herzog von Sachsen-Lauenburg, — alle mit mehr oder weniger Beschränkung in Anerkennung ihrer Rechte. Der Herzog hatte wahrscheinlich das Recht, jedem Freigerichte vorzusitzen, und die Freigrafen zu s e i n e m Gerichte, dem Botding, zu berufen. Auch der Stuhlherr, d. h. der Landesherr hatte jenes Recht des Vorsitzes, selbst wenn er kein Fürst, sondern nur Graf war; er nahm oft an, daß der Freigraf in s e i n e m Namen richte, verlieh Befreiungen von der Gerichtsbarkeit der Freistühle, so z. B. den Städten, und schlug dem König den Freigrafen vor. Mit dem Letztern bildeten seine Beisitzer, die Schöffen, später F r e i s c h ö f f e n, das F r e i g e r i c h t, das später Femgericht hieß. Diese Würden konnten an alle Freien fallen, zu denen man jene rechnete, welche „eigenen Rauch," d. h. ein eigenes Haus hatten. Es gehörten daher zu ihnen nicht nur eigentlich freie, sondern auch Freigelassene, Ministerialen (Besitzer königlicher oder fürstlicher Ämter) und Bürger der Städte.

In der zweiten Hälfte des 14. und in der ersten des 15. Jahrhunderts erteilten die Kaiser den Erzbischöfen von Köln als Herzogen von Westfalen und Statthaltern des Kaisers, das Recht der Belehnung aller Freigrafen und der Oberaufsicht über dieselben, und zwar für ganz Westfalen. Jährlich wurde ein Kapitel der Freigrafen gehalten, meist in Arnsberg, dessen Stuhl hierdurch den ersten Rang erhielt.

Da die Freigrafen ihre Belehnung vom Könige hatten, hielten sie sich für königliche Beamte und maßten sich nach und nach an, ihre Gerichtsbarkeit über das ganze Reich auszudehnen, was nicht nur durch die Verwirrung aller Verhältnisse desselben begünstigt wurde, sondern auch durch die Kaiser selbst, welche darin „eine Stärkung ihrer Gewalt erblickten." (Lindner S. 433.) Und dies brachte die Freigrafen zuletzt zu der Meinung, als ständen sie selbst über dem Kaiser und brauchten sich seine Einmischung nicht gefallen zu lassen, was unter Kaiser Sigmund seinen Höhepunkt erreichte und unter Friedrich III. fortdauerte. Ja Letzterer wurde selbst, als er gegen unbotmäßige Freigrafen einschritt, von solchen vorgeladen! Wahrscheinlich stand der Erzbischof hinter ihnen (Lindner S. 439).

Einige Kaiser hatten zwar außerhalb Westfalens Freistühle errichtet; aber dieselben kamen nie recht empor. Im 15. Jahrhundert galt allgemein als Grundsatz, daß sie nur in Westfalen bestehen könnten, oder wie man auch sagte, „auf roter Erbe," ein Ausdruck, der nicht vor 1490 vorkommt und nicht genügend erklärt ist; denn weder in ganz Westfalen, noch hier allein ist die Erde rot, und so verhält es sich auch mit der Deutung des Wortes auf die Blutgerichtsbarkeit. Die Gründung der Femgerichte wurde im 15. Jahrhundert Karl dem Großen und dem Papst Leo III. zugeschrieben, worauf sich auch die Freigrafen beriefen, allerdings ohne allen geschichtlichen Grund.

2. Das heimliche Gericht.

Die Bezeichnung der Feme als eines **heimlichen** Gerichtes rührt noch von den älteren Freigerichten her, welche so hießen, weil sie nicht allgemeine Gerichte für Jedermann waren, wie die Gaugerichte. „Wissende," wie sich die Freischöffen nannten, hieß ursprünglich soviel wie Richter. Ein wirkliches Geheimnis der Feme entwickelte sich seit der Mitte des 14. Jahrhunderts allmälig mit der Selbstüberhebung der Freigerichte. Seit jener Zeit mußten die Schöffen ihre Verschwiegenheit durch einen Eid geloben. Wer diesen brach, sollte, nach dem ihm die Zunge ausgerissen, 3 oder 7 Fuß höher als ein Dieb gehängt werden. Dies kam aber höchst selten vor, das Zungenausreißen wahrscheinlich gar nicht. Das Geheimnis wurde auf das gesamte Verfahren vor dem heimlichen Gerichte, sogar auf dessen Briefe und Vorladungen ausgedehnt. Das wichtigste Geheimnis aber war die **Losung**, an der sich die Eingeweihten erkannten. Sie bestand in den Worten (aus dem Eide): Stock, Stein, Gras Grein, und in dem Zeichen, daß der Eine dem Andern die rechte Hand auf die linke Schulter legte.

Daß sich in dieser Art und Weise die westfälischen Femgerichte mit dem Schleier des Geheimnisses umgaben und damit eine Art geheimer Gesellschaft wurden, hat ihrem Namen die Bedeutung verliehen, die er im Laufe der Zeiten erlangt hat. Ihre Heimlichkeit ist daher auch von der Romantik und Phantastik mit Heißhunger ergriffen worden, und in der Rechtsgeschichte nicht bewanderte Dichter versetzten die Feme in unterirdische Gewölbe, ließen ihre Schöffen bei Nachtzeit, und ja nicht anders als vermummt erscheinen, und verlegten sie in beliebige Gegenden, wo nach den Gesetzen der roten Erde niemals ein Femgericht gehalten werden konnte. Die Wissenschaft muß diese Kindermärchen unbedingt verwerfen und damit der Poesie einen unsanften Stoß versetzen. Aber dies ist ja auch das Schicksal noch älterer und ehrwürdigerer Fabeln.

Die Femgerichte wurde an den alten Stätten der freien Gerichte, den Freistühlen, deren es in Westfalen über hundert gab, und als deren berühmtester Dortmund galt, **unter freiem Himmel und am hellen Tage** abgehalten. Ob sie in gewissen Fällen auch öffentlich waren, so daß den Verhandlungen Jedermann beiwohnen konnte, ist ungewiß. In allen urkundlichen Fällen war das Gericht ein heimliches, und jeder Nichtwissende mußte sich entfernen. Wer, freiwillig, oder unfreiwillig, der heimlichen Verhandlung beiwohnte, wurde kurzweg an dem nächsten Baume aufgehängt.

Die zweite charakteristische Eigenschaft der westfälischen Femgerichte neben ihrer Heimlichkeit war seit dem 14. Jahrhundert ihre wachsende **allgemeine Anerkennung** durch ganz Deutschland. Das erste bedeutendere Zeugnis dieser Erscheinung liegt darin, daß bereits 1387 die vornehmsten Leute der Stadt Köln zu den „Wissenden" gehörten (Lindner S. 506 f). Um 1420 war das Rheinland von ihnen angefüllt und zwar in allen Ständen. Aber schon gleich von da an tauchen sie in Baiern, Tirol, der Schweiz, Schwaben, Franken, Sachsen, Preußen auf. Jeder Landesherr und jede Freistadt bedurfte des Rates „Wissender," und überall mußten die Richter sich mit der „heimlichen Acht" bekannt machen. Fürsten und Städte ließen ihre Richter zu Schöffen aufnehmen, und wer mit der Feme irgendwie in Berührung kommen konnte, that es ebenfalls. Auch Geistliche bis hinauf zu den Erzbischöfen, und Fürsten bis zu den Kurfürsten, ließen sich häufig aufnehmen, und unter den Kaisern war Sigmund Freischöffe, obschon kein solcher mehr Recht hatte als ein anderer und jeder von ihnen geringeren Leuten Eide schwören mußte. In der Mitte des 15. Jahrhunderts sollen im Reiche über hunderttausend Freischöffen gewesen sein. Es war eine Art krankhafter Sucht oder Mode, daß sich alles dieser geheimnisvollen Erscheinung anschließen wollte, und die Westfalen selbst verwunderten sich am meisten über diese „Tollheit" ihrer südlichen und östlichen Landsleute.

Ebensoweit wie die Armee der Wissenden reichte auch der Arm der Feme. Auch die Orte, die in ihren Verhandlungen eine Rolle spielen, verteilen sich über das ganze Reich. Ja, zuletzt schwanden die Westfalen selbst betreffenden Rechtshändel zu einer winzig kleinen Zahl zusammen.

Aber gleichlaufend mit dieser Ausbreitung der Femegerichtsbarkeit bewegte sich auch der **Widerstand** gegen dieselbe. Schwache Anfänge desselben zeigen sich schon zu Anfang des 14. Jahrhunderts, als Bremen beschloß, keinen Femegenossen dort wohnen zu lassen (Lindner S. 519). Aber erst gegen Ende jenes Jahrhunderts folgten weitere Schritte anderer Städte, im 15. Jahrhundert sogar Bündnisse solcher zum Schutze gegen die Übergriffe der Feme; die mittelsächsischen und brandenburgischen Städte gingen darin voran, und die Hansa beriet die Abwehr gegen die Feme häufig. Braunschweig wandte sich an Papst und Kaiser, Hildesheim und Erfurt an das Konzil zu Basel. Da aber oft die nämlichen Städte die Feme auch wieder in Anspruch nahmen, war ihr Auftreten fruchtlos, und dies um so mehr, als die Fürsten das heimliche Gericht begünstigten. Erst seit der Mitte des 15. Jahrhunderts erfolgten durch Kaiser und Papst zahlreiche Befreiungen einzelner, besonders süddeutscher und holländischer Städte von den heimlichen Gerichten. Die Herzoge von Baiern und Sachsen verboten damals die Klage nach Westfalen, und einige Städte, wovon Augsburg, bestraften sie mit dem Tode, mit Gefängnis oder mit Verbannung. Andere Fürsten, auch geistliche, folgten nach und verbanden sich zu diesem Zwecke auch mit Ritterschaften und Städten, so besonders eifrig Markgraf Karl von Baden seit 1459.

Das Femgericht bestand aus dem **Freigrafen** und aus wenigstens sieben **Freischöffen**. Jener mußte ein freier, ehrlicher und unbescholtener Westfale sein, gleichviel welchen Standes; auch Bauern bekleideten die Stelle öfter. Auch die Freischöffen mußten frei sein und, wenn sie nicht Westfalen waren, von ihrer Heimatbehörde die Bescheinigung ihrer Freiheit von Leibeigenschaft, Gebrechen und Verbrechen beibringen. Auch mußten sie zwei Bürgen stellen. Für ihre Aufnahme bezahlten sie eine gewisse Summe. Eine genaue Prüfung fand immer weniger statt, so daß oft „die bedenklichsten Menschen," sogar Leibeigene und Angeklagte, Freischöffen wurden, was freilich rechtlich ungiltig war, und man nannte solche Leute Notschöffen (Lindner S. 505).

Vor dem Grafen stand der Gerichtstisch, auf welchem ein blankes Schwert und ein Strick, als Sinnbilder der strafenden Gerechtigkeit, lagen. Auf diese Gegenstände legten die Schöffen ihren Eid ab. Jeder Freigraf und Freischöffe war nicht nur zur Anwesenheit, sondern auch zur Teilnahme am Urteil berechtigt. Einzelnen wichtigeren Verhandlungen wohnten oft mehrere hundert Freischöffen bei.

Die Femgerichte hatten ihre **Rechtsbücher** und Satzungen, welche zu Zeiten Abänderungen erfuhren. In denselben sind ihre Befugnisse bestimmt, welche sich, soweit jene Gerichte heimlich waren und allgemeine Geltung ansprachen, ausschließlich auf das **Strafrecht** bezogen. Die Verbrechen, welche ihnen unterlagen, die sog. „vemewrogigen" (femrügigen) Punkte werden verschieden aufgezählt. Das ausführlichste Verzeichnis (1430 in Dortmund aufgestellt) zeigt: 1. Raub und jede Gewaltthat gegen Kirchen und Geistliche, 2. Diebstahl, 3. Beraubung einer Kindbetterin oder eines Sterbenden, 4. Leichenraub, 5. Mordbrand und Mord, 6. Verrat, 7. Verrat der Feme, 8. Notzucht, 9. Fälschung von Münze oder Gut, 10. Raub auf der Kaiserstraße, 11. Meineid und Treulosigkeit und 12. Verweigerung des Erscheinens auf Vorladung. In Arnsberg wurde 1437 der Abfall vom Christenglauben an die Spitze gestellt und 1490 Ketzerei und Hexerei noch beigefügt. Es gab für den als schuldig Befundenen nur eine Strafe: den Tod, und auch nur eine Art derselben: durch den Strang. Vollzogen werden konnte diese Strafe ohne Urteil schon bei „handhafter That" (Ertappung auf der That), „gichtigem Mund" (Geständnis) und „blickendem Schein" (Augenschein), in Ermanglung dieser Umstände aber nur nach Erlaß eines Urteils.

Wahrscheinlich ist das Geheimnis der Feme überhaupt aus dem altsächsischen Verfahren der Volksgenossen bei „handhafter That" hervorgegangen. Da ein auf der That betroffener aber entkommener Verbrecher verfolgt und überall, wo man ihn traf, gerichtet werden konnte, so lag hierin auch der Keim des Hinausgreifens der Feme über die Grenzen Westfalens. Der Sachsenspiegel gestattete überdies das Recht zu suchen, wo es zu bekommen war, wenn man es am Orte des Beklagten nicht fand. Diese Keime der Heimlichkeit und Allgemeinheit haben die Femgerichte allerdings auf unrechtmäßige und mißbräuchliche Weise ausgedehnt.

Der Geschäftskreis der Femgerichte zerfiel in das echte, das offene und das heimliche Ding. Das erstere begriff die ursprüngliche Gerichtsbarkeit der Freigerichte mit Bezug auf ihren eigenen Bezirk und behandelte sowohl Civil-, als strafrechtliche Fälle. Das offene Ding begriff auch das echte unter sich und betraf außerdem von außen kommende Prozesse um Schulden, Erbschaften und Lehnsachen, die oft sehr bedeutend und langwierig waren. Eine strenge Unterscheidung zwischen offenem und heimlichem Ding gab es indessen nicht; jedenfalls fielen in das letztere alle Verhandlungen zwischen Wissenden und wahrscheinlich alle Verurteilungen.

Daß unter den von der Feme zu bestrafenden Verbrechen die Hexerei und die Ketzerei beinahe obenan standen, beweist die völlige Ungefährlichkeit der Freigerichte für die kirchliche Macht. Diese geheime Gesellschaft unterschied sich daher von der zuletzt betrachteten der Templer und von der folgenden der Steinmetzen vorzüglich darin, daß sie keine aufgeklärte war, sondern ihre Eigentümlichkeit lediglich in der Opposition gegen das Faustrecht und gegen die Kleinstaaterei und in künstlicher Erhaltung und Übertreibung veralteter Rechtszustände hatte.

Das Verfahren vor den Femgerichten war ganz dem alten deutschen Grundsatze angemessen: Wo kein Kläger, da ist auch kein Richter. Es war nicht der spätere Inquisitionsprozeß des 16. bis 19. Jahrhunderts, nach welchem der Richter von sich aus inquirierend einschritt, sondern der Anklageprozeß, welcher ganz dem Civilprozesse nachgebildet war und dem ungebundenen, privatrechtlichen Charakter des Mittelalters entsprach.

Die Freistühle „nahmen die Klagen entgegen, woher sie auch kommen mochten" (Lindner S. 547). Auch waren alle

„Freischöffen der heimlichen Acht" verpflichtet, alle „femrügigen Sachen" an die Freistühle zu bringen und zu verfolgen (ebb. S. 567). Brachte daher ein solcher Anzeigen über Verbrechen an andere Gerichte, so verfiel er dem Strange, ebenso der, dem ein Anzeigebrief (denn die Anklage konnte mündlich oder schriftlich geschehen) zur Besorgung übergeben war, wenn er ihn aufbrach und den Inhalt verriet. Von anderen als Wissenden wurden Anklagen nicht angenommen. Der Kläger aber mußte zwischen zwei Freischöffen, die seine Eideshelfer waren, vor dem Stuhl erscheinen und niederknien.

In jedem Falle wurde zuerst entschieden, ob die Sache eine femrügige sei. War dies der Fall, so wurde der Angeklagte vorgeladen, und zwar, wenn er ein Wissender war, vor die geheime, wenn er es nicht war, vor die offene Acht. Die erste Ladung Wissender vor die heimliche Acht (die Heischung) wurde schriftlich durch zwei Freischöffen besorgt, und zwar auf eine Frist von sechs Wochen und drei Tagen. Leistete der Geladene nicht Folge, so luden ihn vier Freischöffen (die eigentliche Ladung) und wenn auch dies erfolglos war, sechs Freischöffen und ein Freigraf auf die nämliche Frist vor (dies hieß die Mahnung). War er ein Freigraf, so betrug die Zahl der vorladenden Freischöffen 7, 14, und 21, nebst 2, 4 und 7 Freigrafen. Der geladene Schöffe konnte innerhalb der drei Vorladungen vor dem Freistuhl erscheinen, nach Klage und Kläger fragen, und auf sein Schwert seine Unschuld beschwören und frei abgehen; er konnte aber wieder vorgeladen werden. Die Ladung Nichtwissender geschah nur einmal und in der Regel blos durch **einen** Schöffen. War der Aufenthalt des Angeklagten unbekannt, so wurden vier Vorladungen ausgefertigt, und an vier Orten, wo er sich möglicher Weise befinden konnte, hingelegt oder angesteckt. Wenn der Angeklagte zu fürchten war, so konnte die Vorladung Nachts an das Thor der Burg oder Stadt, wo er sich befand, geheftet werden. Die Schöffen gingen oder ritten in diesem Falle vor das Thor, hieben aus dem Querbalken oder Riegel drei Späne, behielten die Stücke, steckten einen Königspfennig in die gemachte Kerbe, hefteten die Vorladung an und riefen dem Burgwächter zu: „Wir haben einen Königsbrief in den Grindel (Kerbe) gesteckt und eine Urkunde mit uns genommen; sagt Dem, der in der Burg ist, daß er seines Rechtstages warte an dem freien Stuhl bei den höchsten Rechten und des Kaisers Bann."

In der Zeit des wachsenden Widerstandes gegen die Feme waren die Vorladenden größerer Gefahr ausgesetzt als die Vorgeladenen, und büßten dabei oft das Leben ein. Jedes Nichterscheinen auf irgend eine Vorladung wurde mit einer Buße belegt. Hatte ein angeklagter Wissender dem freien Gerichte Trotz oder Widerstand bewiesen, so wurde er bei der Vorladung gleich einem Nichtwissenden behandelt.

War der Tag des Gerichts da und der Kläger nicht anwesend, so erfolgte Freisprechung. War aber der Verklagte nicht erschienen, so wurde die Anklage wiederholt und der Beweis für die geschehene Vorladung geleistet. Der Freigraf rief dann den Angeklagten dreimal mit Namen auf und fragte, ob Jemand für ihn auftreten oder ihn verteidigen wolle. War dies nicht der Fall, so konnte der Ankläger durch "Übersiebnung" eine Verurteilung herbeiführen. Dies geschah, indem er knieend zwei Finger der rechten Hand auf das bloße Schwert legte, die Schuld des Angeklagten beteuerte, und sechs Freischöffen als Eideshelfer die Reinheit seines Eides bekräftigten. Hatten die beiden Parteien gleichviel Eideshelfer, so siegte die, welche mehr solche vorbringen konnte. Stand die Sache zu Ungunsten des Verklagten, so stand der Freigraf auf und "verfemte" den Schuldigen, indem er ungefähr sprach: "Den beklagten Mann, mit Namen N. N., nehme ich hier auf und aus dem Frieden, aus dem Recht und Freiheit, als die Papst und Kaiser bestätiget und gesetzet haben, und werfe ihn nieder und setze ihn in den höchsten Unfrieden und Ungnade und mache ihn echtlos, rechtlos, friedlos, ehrlos, sicherlos, lieblos, und verfeme ihn nach Sätzen der heimlichen Acht und weihe seinen Hals dem Stricke, seinen Leib den Vögeln und Tieren in der Luft zu verzehren und befehle seine Seele Gott im Himmel in seine Gewalt und setze sein Lehen und Gut den Herren ledig, davon das Lehen rührt, sein Weib Witwe und seine Kinder Waisen." Der Formeln gab es indessen unzählige. Dann warf der Freigraf einen verschlungenen Strick über die Gerichtsschranke weg, die Freischöffen spieen aus, und der Name des Verfemten wurde in das Blutbuch eingetragen.

Zu den Verfemten gehörten Persönlichkeiten wie Herzog Heinrich und Ludwig von Baiern (1429), Bischof Johann von Würzburg (1437) u. A. Alle Freigrafen und Freischöffen waren nun befugt und verpflichtet, den „Verfemten", wo sie ihn fanden (doch mußten ihrer drei beisammen sein), zu ergreifen und zu richten; und das letztere geschah, indem man ihn an den nächsten Baum aufknüpfte. Doch durfte man ihm nichts abnehmen, was er bei sich trug, als was er, wenn er ein Dieb war, gestohlen hatte. Die Richter der Feme waren daher auch ihre Henker; doch eines Galgens bedurften sie nicht. Fanden aber keine Schöffen den Verfemten, oder bekamen ihn keine solchen in ihre Gewalt, so war natürlich die Verfemung wirkungslos. Nicht selten verklagten die Angehörigen der von Freischöffen „Hingerichteten" die Vollzieher als Mörder bei der Feme, die sie dann wieder verfemen konnte. Manche Mißbräuche wie Tötungen Unschuldiger kamen vor. Auch gaben Mörder vor, als Freischöffen gehandelt zu haben und Schnapphähne (Raubritter oder andere Räuber) raubten unter dem Vorwande, das Gut Verurteilter mit Beschlag zu belegen (Lindner S. 516 und 565).

Wenn der Angeklagte vor dem Freistuhl erschien und sechs Eideshelfer fand, so war er (wenn Wissender und nicht übersiebnet) frei; wenn er aber seine That gestand oder derselben überführt wurde, so traf ihn der Tod auf die übliche Weise sofort in der Nähe des Freistuhles. Die Verfemung konnte niemals aufgehoben werden. Aber die Zahl der wirklich vollzogenen Todesurteile war nach Lindner (S. XXI und 603 ff) „eine so geringfügige, daß Jedermann getrost es wagen konnte, eine Verfemung über sich ergehen zu lassen." Im Jahre 1452 verdammte Papst Nikolaus V. die Exekutionen der Feme.

Kam die Unschuld eines Verfemten an den Tag, ohne daß er der heimlichen Acht als Opfer gefallen, so wurde er, falls er ein Wissender war, mit einem Strick um dem Hals, weißen Handschuhen an und einem grünen Kreuze, nebst einem Königsgulden in den Händen, von zwei Freischöffen vor das heimliche Gericht geführt, fiel mit ihnen vor dem Freigrafen auf die Knie und bat um Gnade. Dann faßte ihn der Freigraf bei der Hand, hob ihn empor, nahm ihm den Strick vom Halse und setzte ihn „aus Ungnade, Unfrieden und Königsbann wieder in Gnaden und Frieden, Freiheit und Recht der

heimlichen Acht." Dem Nichtwissenden dagegen **widerfuhr
kein Recht**. Blos dem Tode entging er; aber Genugthuung
erhielt er nicht. Der Kaiser stellte ihm eine Frist von hundert Jahren, sechs Wochen und einem Tage," das war Alles,
— überdies konnte er nie Freischöffe werden. Beide Verfahren nannte man die **Entfernung**. Beharrte ein Stuhl
auf der Verfemung, so konnte man sich an einen andern
wenden.

Manche Verfemte, die sich nicht entfernen lassen konnten
oder wollten, versuchten es, gegen die heimliche Acht an den
Kaiser, das Kammergericht, den Papst oder ein Konzil zu
appellieren. Die Femgerichte anerkannten jedoch solche
Appellation niemals und protestierten bei dem Kaiser eifrig
gegen selbe; denn sie betrachteten den Verfemten als tot und
sagten, man hätte kein Recht, die „Toten aufzuwecken." Kaiser
Sigmund wußte einen Verfemten nicht anders zu retten, als
daß er ihn in seine Dienste nahm, weil die Freigerichte gegen
Bedienstete des Kaisers und Reichs nicht einschreiten durften.
Auch Frauen, Greise und Kinder (letztere beide mit schwankender Altersgrenze) waren von den Sprüchen der Feme ausgenommen, theoretisch auch die Juden, weil sie „des Kaisers
Kammerknechte" hießen, und die Geistlichen, die im Mittelalter
blos von geistlichen Gerichten beurteilt werden konnten; aber
die Feme setzte sich im 15. Jahrhundert darüber hinweg und
lud auch Juden und Geistliche vor. Doch wurde die Ladung
der Ersteren wiederholt verpönt, nicht aber die der Letzteren,
unter denen ja viele Wissende waren.

3. Das Ende der Feme.

Auch die Eingeweihten der roten Erde mußten das Los
jeder andern Einrichtung teilen, die von der Zeit überholt wird.
Die Feme hatte zur Zeit des Faustrechts keineswegs den
Nutzen gestiftet, den man ihr oft zuschrieb (Liubner S. 606).
Nie war die Unsicherheit und der Unfriede so groß, wie zur
Zeit ihrer Blüte. War schon ihre Ausdehnung über Westfalen
hinaus ein Unrecht, so wuchs solches durch die übertriebene
Heimlichkeit noch mehr an. Die Feme entartete in fortschreitendem Maße und ebenso sank die Achtung vor ihr. Die

Freigrafen vergaßen das Schöne ihrer ursprünglichen Aufgabe: die Unschuld zu schützen vor Nachstellungen der Bosheit; sie und noch mehr die Stuhlherren bereicherten sich durch Aufnahmegebühren von Freischöffen, Prozeßkosten, Taxen, Bußen und sogar Bestechungen und Erpressungen; sie verschleppten die Prozesse, verurteilten Unschuldige und griffen über ihre Befugnisse hinaus, indem sie sich soweit verstiegen, in Anklagefällen gegen eine Stadt oder ein Gebiet, dessen sämtliche männliche Einwohner über 18 Jahren, wegen Nichterscheinens zum Strange zu verurteilen, so z. B. im Jahre 1496 die Einwohner des Hochgerichtes Waltenspurg in Graubünden, auf die Klage eines einzigen Freischöffen, deren Manche die Freigerichte zu ihren eigennützigen Absichten mißbrauchten. Der bereits erwähnte Widerstand gegen die Feme schloß damit, daß Maximilian I. das Kammergericht einsetzte, und da war für die Kaiser kein Grund mehr vorhanden, die Freigerichte zu schützen. Der Zudrang zur Aufnahme als Wissender nahm ab und hörte endlich auf. Die Fürsten wandelten die Freistühle in ordentliche Gerichte um oder hoben sie auf. Am Ende des 16. Jahrhunderts war eine von einem Femgerichte verhängte Todesstrafe schon etwas ganz Unerhörtes und Ungewohntes. Am Ende des 17. Jahrhunderts waren die Stühle beinahe verschwunden; aber noch in der Zeit, da Westfalen ein napoleonisches Reich bildete, lebten Freischöffen, und erst vor etwa fünf Jahrzehnten starb der letzte Freigraf und „nahm das Geheimnis der Losung mit sich in das Grab;" von dem Dasein der Feme zeugen nur noch die steinernen Freistühle unter ihren Linden, durch deren Zweige die Sage von der einstigen Macht der Wissenden auf roter Erde rauscht. —

Achter Abschnitt.

Die Bauhütte des Mittelalters.

1. Die Baukunst des Mittelalters.

Während unter den wichtigeren Geheimbünden des Mittelalters der Templerorden einen wesentlich egoistischen Zweck verfolgte, die Feme aber in ihrer frühern Zeit dem gemeinen Besten diente und die Achtung des Rechtes anstrebte, — Beide aber das Gemeinsame hatten, daß ihr Leben in Kampf und Streit bestand, und daß sie, von diesem fortdauernden Streite erhitzt, am Ende das selbst bei Seite warfen und verletzten, was sie zu schützen sich gelobt, — die Templer den Glauben und die Freischöffen das Recht, — lebte gleichzeitig mit beiden, — überbauerte aber beide ein dritter Bund, dessen Wirken keinen Kampf, sondern Frieden, kein Zerstören, sondern Aufbauen zum Inhalte hatte. Es sind dies die Baukorporationen des Mittelalters.

Wir hatten bereits Gelegenheit, darauf hinzuweisen, daß es ein Hauptcharakterzug des Mittelalters war, alle Thätigkeit, soweit sie die Interessen der Geistlichkeit und des Adels nicht verletzten, den Einzelnen zu überlassen, welche dieselbe dann in gesellschaftlichen Vereinigungen ausübten. So sahen wir, wie jene beiden herrschenden Klassen sich in Ordensvereine gruppierten, welchen durch die geistlichen Ritterorden die Spitze aufgesetzt wurde. Die mittelalterliche Welt hatte sich jedoch nicht lange nach den Stürmen der Völkerwanderung einem friedlichern Thun und Treiben zugewandt, als sie einsehen mußte, daß nicht nur die Stände des Kampfes mit Feder und Schwert, sondern auch, und zwar im Frieden vorzugsweise, jene der Arbeit von hoher Wichtigkeit seien. Zwar konnte sich das Mittelalter nicht zu der geistigen Höhe einer Anschauung emporschwingen, nach welcher die Arbeit höher zu achten ist als der Müßiggang, der Frieden höher als der Krieg, — und der Arbeiter mußte daher in einer untergeordneten Stellung verbleiben. Ausnahmslos kann dies vom Feldarbeiter gesagt werden, der sogar noch weit über das Mittelalter hinaus nicht viel besser gehalten wurde, als das liebe Vieh. Weit günstiger stand der Handwerker, seitdem die Städte sich entwickelten. Wenn er auch in einigen dieser damaligen Bollwerke bürgerlicher Freiheit mit seinen gerechten Begehren um Rechtsgleichheit nicht durchbringen konnte, in anderen aber, nach genossener Freiheit, durch eigene Nachlässigkeit oder durch Anmaßung anderer das Errungene wieder verlor und bald weltlichen oder geistlichen Fürsten, bald einem ahnen- oder geldstolzen Patriziate huldigen mußte, so gab es doch der Städte noch manche, in welchen er nicht nur seine Rechte behauptete, sondern sogar bisweilen andere Stände vom politischen Leben ausschloß.

Die Stärke, zu welcher es die Handwerker brachten, lag aber in ihrer korporativen Verbindung zu Gilden oder Zünften, in welchen sie, entsprechend den Orden der höheren Stände, dem Geiste ihrer Zeit ein Genüge leisteten. Der Verfassung der Zünfte haben teilweise die Kollegien der Handwerker bei den alten Römern, teilweise die christlichen Klöster als Vorbilder gedient. Jene hatten geheime Gebräuche, Mysterien gehabt, über die wir jedoch nichts Zuverlässiges wissen, — diese huldigten der christlichen Mystik, und — wenn auch ein direkter Zusammenhang der antiken und der germanischen Gilden nicht historisch nachgewiesen werden kann, so ist doch das ausgemacht, daß auch die Handwerksgenossenschaften des Mittelalters ihre geheimen Gebräuche hatten. Nicht in allen Zünften war dies der Fall, und wieder beschränkte sich das geheime Ceremoniell in manchen auf Sprüche oder Zeichen, durch welche sich die Handwerksgenossen unter einander erkannten. Am ausgebildetsten und inhaltreichsten aber war jenes Gebrauchswesen in der Genossenschaft der Bauleute, Maurer oder Steinmetzen. Der Grund hiervon liegt offenbar darin, daß die Baukunst nicht nur unter allen Gewerben am meisten zum Denken auffordert, die meisten Detailkenntnisse verlangt, am ehesten die Anwendung gewisser „Vorteile" notwendig macht, die sich leicht zu Geheimnissen entwickeln, sondern auch durch die Errichtung von Tempeln und Kirchen einen religiösen und also auch mysteriösen Charakter erhält.

Die Steinmetzen, bei den Römern und im frühesten Mittelalter Caementarii, im 13. Jahrhundert sculptores lapidum liberorum (Behauer freier Steine), im 14. nach dem Griechischen: latomi und bereits Freimaurer (altenglisch fremacsons lateinisch liberi muratores) genannt, traten als geschlossenes Gewerbe seit der Völkerwanderung zuerst, dem religiösen Charakter der Baukunst gemäß, in den Klöstern auf, deren Angehörige die Gebäulichkeiten, deren sie bedurften, selbst errichteten, wie sie auch für alle übrigen Bedürfnisse selbst sorgten. Jedes Kloster hielt Handwerker aller Art, welche, ohne Geistliche zu sein und oft ohne die Gelübde abzulegen, in den Räumen desselben wohnten. Unter solchen Bauarbeitern nun soll zuerst der Abt Wilhelm von Hirschau, welcher am Ende des elften Jahrhunderts lebte, einen Verein zur Pflege der Baukunst errichtet haben.

So lange die Baukunst unter der Leitung der Klöster stand, huldigte sie, weil diese unter der Herrschaft des römischen Stuhles standen, auch dem römischen (romanischen) Baustile, welcher mit seinen einfachen Säulen, runden Bögen, gedeckten und zusammengedrückten Turmspitzen ein Beugen und Schmiegen unter fremde Autorität ausdrückte. Es dauerte dies Verhältnis, so lange sich die Klöster und ihre Mönche überhaupt mit Kunst und Wissenschaft beschäftigten. Sobald letzteres aufhörte, im 11. und 12. Jahrhundert, sahen die Bauarbeiter auch nicht mehr ein, warum sie ferner Mönchen dienen sollten, die nur noch für Wein, Jagd und Krieg Sinn hatten, ihre Tempelhallen zerbröckeln, ihre Pergamentschätze vermodern ließen. So entstanden auch außerhalb der Klöster Vereine von Bauleuten, namentlich in den Städten, und die Klosterkirchen blieben an Größe und Pracht hinter den Stadtkirchen zurück. Es geschah dies namentlich seit dem Anfange des 13. Jahrhunderts, und die stattgefundene Veränderung in der Leitung der Bauvereine, die sich nun selbst regierten, zeigte sich auch durch das Aufkommen eines neuen Baustiles. Derselbe trug nicht mehr den klösterlichen Stempel. An die Stelle einzelner Säulen traten zusammengefügte Bündel von solchen, als Sinnbild der freien Vereinigung und der Stärke durch Eintracht Gleicher, an die Stelle der runden Bogen spitzige, um zu bezeichnen, daß die zum Baue mitwirkenden Kräfte sich nicht willenlos in einander verschmelzen lassen, sondern von beiden Seiten her ihre Individualität bis zur Erreichung des Zieles geltend machen und das über ihnen Stehende gemeinschaftlich tragen, an die Stelle eingedrückter, gedeckter Türme hohe, bis zur Unendlichkeit hinaufstrebende, von allen Seiten offene, als wollten sie sagen: wir sind, was wir sind, — wir lassen uns nicht unter einen Hut bringen, unser Wesen ist durchsichtig und klar, frei und offen, nur dem Himmel unterthan. Dazu kamen Verzierungen in den Fensterbögen, welche in jedem eine verschiedene Figur zeigten und damit gegen alle schablonenartige Einförmigkeit protestierten. Es war die echt **germanische** oder **gotische** Baukunst, der Triumph des freien, deutschen, die ungestörte Entwickelung und ungehemmte Selbständigkeit der Einzelnen begünstigenden Geistes. Es war aber auch ein Ausdruck des Mysticismus, welcher in unzähligen zum Himmel strebenden Spitzen das Göttliche sucht. Die gotische Baukunst hat daher in ihren ungeheuern Gewölben und schmalen Fenstern etwas Düsteres, Melancholisches. Sie begünstigt das freie, selbstthätige Sich in sich selbst versenken, ist also gleichermaßen einem aufgezwungenen Dogmatismus, wie der rücksichtlosen, die Vorurteile zerstörenden Forschung und Aufklärung abgeneigt. Wie daher die romanische Baukunst die des Papsttums, so ist die gotische diejenige freier Kirchlichkeit; als die der Aufklärung folgt ihnen die Renaissance (Wiedergeburt der Kunst).

2. Die deutsche Bauhütte.

Die Versammlungsorte der Steinmetzenvereine in den Städten waren die Bretterhütten, welche in der Nähe der im

Baue begriffenen Kirchen errichtet waren, um unter Dach die zum Baue bestimmten Steine bearbeiten zu können. Diese Vereine hießen daher **Bauhütten**. Schon frühe finden wir sie zu einem großen Bunde vereinigt, dessen Mitglieder in Erinnerung an ihren klösterlichen Ursprung sich **Brüder** und ihre Vereinigung **Bruderschaft** nannten, und ihren Vorstehern die geistlichen Prädikate **ehrwürdig, hochwürdig** u. s. w. beilegten. Wann dieser Bund entstanden, ist in tiefe Dunkelheit gehüllt; als die Zeit seiner völligen Ausbildung wird vielfach das 13. Jahrhundert angenommen und als Beförderer desselben der damals lebende gelehrte Dominikaner **Albertus**, genannt der Große (magnus), Graf von Bollstädt (geb. um 1200, gest. 1280), welcher mit Ausnahme zweier Jahre, während welcher er Bischof von Regensburg war, meist in Köln lebte und sich durch mannigfache Schriften über Theologie, Philosophie, Mathematik und Physik, sowie durch seine Kenntnis und Beförderung der Baukunst auszeichnete. Am berühmten Dome von **Köln** dürfte sich daher vorzugsweise der große Verein der Bauleute genährt und gekräftigt haben. Schon im 13. und 14. Jahrhundert errichteten seine in die Welt ausgewanderten Glieder bedeutende Bauwerke in England, Frankreich, Italien und Spanien.

Für diesen Bund nun wurde von Abgeordneten der Bauhütten, welche sich „kapitelsweise" (auch dieser Ausdruck stammt vom Klosterleben her) in Regensburg versammelten, im Jahre 1459 eine gemeinsame Handwerks-Verfassung unter dem Titel: „Ordnung und Vereinigung gemeiner Bruderschaft des Steinwerks und der Steinmetzen." ausgearbeitet, und, als sich im Bruderkreise darob „Irrungen" ergeben hatten, auf neuen Versammlungen in Basel 1497 und in Straßburg 1498 revidiert und von Kaiser Maximilian I. im letzten Jahre bestätigt. Man nannte dieses Werk im Schoße der Vereinigung: das **Bruderbuch**. Aus dieser und anderen gleichzeitigen Urkunden der Steinmetzen-Brüderschaft geht, bezüglich ihrer Organisation (die **technischen** Vorschriften übergeben wir) Folgendes hervor. Die Brüder unterschieden sich in Meister, Parlirer und Gesellen, wozu noch, nicht als Bundesbrüder, wohl aber als Angehörige, die Diener (Lehrlinge) kamen. — An der Spitze jeder Bauhütte stand ein freigewählter Werk- oder Baumeister. Die

Werkmeister der drei Bauhütten zu Straßburg, Köln und Wien waren die obersten Richter des Bundes, unter denen wieder der Werkmeister von Straßburg (der Haupthütte) den Vorrang hatte. Zum Gerichtskreise von Straßburg gehörte das linke Rheinufer abwärts bis zur Mosel und auf dem rechten Schwaben, Franken, Hessen, zu dem von Köln das Land jenseits der Mosel, zu dem von Wien Österreich, Ungarn und Italien. Abgesondert unter einem eignem Meister war die Schweiz, nämlich unter dem von Bern, an dessen Stelle später der von Zürich trat. Die Bauleute Norddeutschlands rechts vom Rhein (Thüringens, Sachsens u. s. w.) waren aber nur dem Namen nach Glieder des Bundes. In Wirklichkeit ordneten sie sich keiner dieser Bauhütten unter, sondern beschlossen 1462 in Torgau eine eigene „Ordnung." In diesen Ordnungen finden wir manche rührende Züge wackerer Gesinnung der Bauleute. So war ihnen z. B. verboten, verstorbene Meister und ihre Werke zu schmähen, ebenso ihre Kunst andere um Geld zu lehren, — sie mußten es gegenseitig aus Freundschaft thun; — ein Meister allein durfte einen Gesellen nicht vom Handwerk wegweisen, er mußte hierin nicht nur zwei andere Meister beraten und mit ihnen einstimmig sein, sondern auch die Mehrheit der Gesellen mußte ihre Einwilligung erteilen; Streitigkeiten der Meister unter sich durften nur von Schiedsrichtern aus dem Bunde selbst geschlichtet werden.

In den Baubrüderschaften spielte überhaupt die brüderliche Geselligkeit eine hervorragende Rolle. Monatlich fanden Versammlungen statt, deren Verhandlungen mit einem Trinkgelage endigten. Jährlich feierte jede Haupthütte ein „Hauptgedinge" und als Feste des Bundes galten die Tage Johannes des Täufers und der sogenannten „vier Gekrönten." In der spätern entarteten Zeit des Bundes hielten Meister und Gesellen besondere Versammlungen, Erstere halb- oder vierteljährlich, Letztere monatlich. Jede Zusammenkunft wurde mit Fragen und Antworten des Meisters und der Hüttenbeamten feierlich eröffnet und geschlossen. Dem Gesellen wurden, sobald er seine Wanderschaft antrat, die geheimen Erkennungszeichen der Brüderschaft mitgeteilt, welche in einer Grußformel, einem Zeichen und einer besondern Art des Händedrucks bestanden. Damit wies er sich, wohin er kam, als Bruder Steinmetze aus und hatte so das Recht, die Kunst unentgeltlich zu erlernen. Wenn er zu einer Hütte kam, wo gemeißelt wurde, machte er zuerst von außen die Thüre zu, um nach der Weise der Steinmetzen anklopfen zu können, trat dann ein und fragte: Arbeiten deutsche Steinmetzen hier? Sofort räumten die Gesellen in der Hütte auf, schlossen dieselbe und stellten sich in einem rechten Winkel auf. In einen solchen stellte der Wanderer auch seine Füße, nahte sich den Gesellen mit drei Schritten und sprach: Gott grüße den ehrbaren Steinmetz. Die Antwort war: Gott danke dem ehrbaren Steinmetz, und so folgten noch weitere, oft sich wiederholende Fragen und Antworten, unter anderen auch folgende: Wer hat dich ausgesandt? — Mein ehrbarer Lehrmeister, ehrbare Bürgen und das ganze ehrbare Maurerhandwerk zu N. — Worauf? — Auf Zucht und Ehrbarkeit. — Was ist Zucht und Ehrbarkeit? — Handwerksgebrauch und Gewohnheit. — Wann fängt sie an? — Sobald ich meine Lehrzeit treu und ehrlich bestanden habe — Wann endigt sie? — Wenn uns der Tod das Herz abbricht — u. s. w. Während sodann der Wandergeselle seine Wanderzeit fortsetzte, ließ er sich in irgend einer Bauhütte, beeziehungsweise in der Herberge derselben, in die Brüderschaft aufnehmen, wodurch er aus einem „Grußmaurer" zu einem „Briefmaurer" wurde.

Die Ceremonien der Aufnahme sind uns nicht bekannt. Der Schriftsteller Fallou hat es sich in seinem Werke über die Verfassung und Symbolik der deutschen Baugewerke bequem gemacht, indem er einfach die jetzige Aufnahme zum Freimaurer-Lehrling für jene der Steinmetzen ausgab. Allerdings hatten die Steinmetzen dieselben Erkennungszeichen des Klopfens, wie noch heute die Freimaurer-Lehrlinge; allein die Ceremonien bei Aufnahme der Letzteren setzen notwendig eine moralische Deutung des Bauhandwerkes und eine Bekanntschaft mit philosophischen Begriffen voraus, die den Steinmetzen fremd waren. Wahrscheinlich ist vielmehr, und es stimmen damit die Andeutungen überein, welche uns ein aufgenommener Steinmetz machte, daß bei der Aufnahme der Wandergesellen das Handwerk selbst und dessen technische Eigentümlichkeiten und Geheimnisse die Hauptrolle spielten, wie der Aufgenommene denn auch bei dieser Gelegenheit das Handzeichen erhielt, das er in seine Handarbeiten einzuhauen hatte. Außerdem wurden an diesen Arbeiten häufig die Symbole der Steinwerkkunst, Hammer, Zirkel, Winkelmaß u. s. w., sowie mystische Figuren, z. B. der flammende Stern (das pythagoreische Pentagramm oder das magische Hexagramm: zwei in einander geschobene Dreiecke), die zwei Säulen im Tempel Salomons, Weinblätter, Kornähren, verschlungene Schnüre u. s. w. angebracht. — An den Aufnahme-Förmlichkeiten selbst liegt übrigens wenig; von Bedeutung ist nur, daß der Aufgenommene das Erfahrene geheim zu halten beschwören mußte; das Übrige kann für unsere Zeit und deren Bedürfnisse als vollkommen gleichgiltig betrachtet werden. Echt sind dagegen offenbar die überlieferten Gebräuche beim Trinken, welche vielfach an den Studenten-Comment erinnern. So durfte z. B. kein Glas mit der Hand dargereicht, sondern mußte vor den Trinkenden auf den Tisch gestellt, durfte ferner nur mit der rechten Hand, und zwar ein Ehrentrunk insbesondere nur mit einem weißen Handschuh oder einem reinen Tuche angefaßt werden; auch durfte niemand mehr Wein oder Bier verschütten, als er mit der Hand bedecken konnte.

Die Steinmetzen-Brüderschaften waren eine vorzugsweise **christliche** Anstalt, ihre Mitglieder waren durch die offiziellen „Ordnungen" zur Befolgung der Kirchengebräuche verpflichtet. Es war dies ein Überbleibsel ihres klösterlichen Ursprunges. Gerade dieser letztere aber hatte ihnen, die durch den Verfall der alten Klosterzucht selbständig geworden, die schwachen Seiten der Geistlichkeit hüllenlos gezeigt. Die überall, trotz blutiger Verfolgung, auftauchenden Sekten, und die von einem Teile derselben verbreitete Aufklärung, welcher der schauerliche Untergang der Templer keinen Eintrag gethan hatte, trugen, neben den eigenen Erfahrungen, das ihrige dazu bei, daß die Mitglieder der Bauhütten, besonders im 14. und 15. Jahrhundert, vielfach, vielleicht sogar größtenteils, von einem Geiste der Opposition gegen das römische Kirchentum erfüllt wurden, der sich in ihren Bilderwerken oft genug auf ziemlich derbe Weise Luft machte. Es spricht daraus eine Satire, wie sie nicht beißender gedacht werden konnte, und zwar um so mehr, als diese Einfälle des Meißels in den Kirchen selbst Platz fanden. So sehen wir am Münster zu Bern in einer Darstellung des jüngsten Gerichts einen Papst mit der goldblitzenden Tiara kopfüber in die Hölle stürzen und unter den am Portal Wache haltenden klugen und thörichten Jungfrauen tragen die Letzteren Kardinalshüte, Bischofsmützen und Priesterkäppchen. Die Kirche von Doberan in Mecklenburg zeigt uns eine Mühle, in welcher die kirchlichen Dogmen verarbeitet werden. In Straßburg sah man eine Prozession aller möglichen Tiere mit brennenden Kerzen und einen Esel, welcher Messe las, in Brandenburg einen Fuchs, der einer Herde Gänse predigte u. s. w.

Die Aufklärung ist die Feindin des Ritter- und des Kirchentums; denn mit ihr ist weder ein Vorrecht der Geburt, noch ein solches eines besondern Standes oder Berufs verträglich. Indem daher die Templer und die Steinmetzen der Aufklärung huldigten, untergruben sie selbst die Anstalten, denen sie das Leben zu verdanken hatten, und arbeiteten ihrer Auflösung entgegen. Zum Verfalle der Steinmetzenbrüderschaft trug schon in dem Jahrhundert vor der Reformation der Umstand bei, daß bereits überall kein Mangel an Kirchen mehr war und daher beinahe keine neuen Kirchen mehr gebaut wurden. In welchem Zusammenhange die Bauhütten mit der Reformationsbewegung standen, werden wir weiterhin sehen. Die Greuel der Religionskriege des 16. und 17. Jahrhunderts, besonders des dreißig-jährigen Krieges, gaben der Baukunst noch einen empfindlichern Stoß; völlig entscheidend für die Baukorporationen war aber die verräterische Einnahme des Sitzes ihrer Haupthütte Straßburg durch Ludwig XIV. von Frankreich. Es war natürlich, daß die deutschen Fürsten die Abhängigkeit ihrer Angehörigen von auswärtigen Vereinen nicht dulden mochten, und der Reichstag untersagte daher 1707 allen Verkehr mit der Haupthütte in Straßburg. Da aber Uneinigkeit und Schwäche die deutschen Steinmetzen verhinderten, eine neue Haupthütte aufzustellen, so hob der Kaiser 1731 kurzweg alle Haupt- und Nebenhütten und die eigene Gerichtsbarkeit derselben auf und verbot die Ablegung eines Eides auf Geheimhaltung der Eigentümlichkeiten des Steinwerkes, sowie die Beobachtung der (wie sich das Dekret ausdrückte) „läppischen" Grußformeln und des Unterschiedes zwischen Gruß- und Briefmaurern. Die Bauhütten bestanden jedoch im Geheimen fort, bis ihnen die Gewerbefreiheit der neuern Zeit alle Bedeutung genommen und den Boden unter den Füßen weggezogen hat.

3. Die französischen Handwerksgesellen.

Ein ganz anderes Bild, als die deutschen, bieten uns die französischen Handwerksverbindungen dar. Während wir dort reges Streben nach Vervollkommnung in der Kunst, Pflege des Schönen und eine grundsätzliche, sowohl moralisch edle, als religiös freie Gesinnung erblicken, tritt uns hier nur wildes, rohes Treiben, schwach gemildert durch einige erfreuliche Züge, entgegen. Im Schoße des französischen Handwerkes waltet scharfe Trennung zwischen den Zünften der Meister und den Vereinen der Gesellen. Jene haben weder ein gemeinsames Band, noch besondere Eigentümlichkeiten; diese aber bilden mächtige Verbindungen mit geheimen Verfassungen und Gebräuchen. Die feste Anfässigkeit der Ersteren und das Wandern der Letzteren von Ort zu Ort begründen diese Verschiedenheit im Verhalten beider Stände, die als solche durchaus nichts mit einander zu schaffen haben.

Verbindungen der französischen Handwerksgesellen (Compagnonnages) giebt es mehrere, die sich jedoch nicht nach Gegenden, sondern nach ihrer angeblichen Gründungsart und nach den Handwerken unterscheiden. Sie zerfallen zunächst in die zwei großen Parteien der Compagnons du devoir (Gesellen der Pflicht) und der Compagnons de liberté (Gesellen der Freiheit). Erstere zerfallen wieder in die Enfants de Maître Jacques (Kinder des Meisters Jakob) und in die Enfants de Maître Soubise (Kinder des Meisters Soubise), während die Letzteren sich gemeinsam Enfants de Salomon nennen. Sowohl zwischen den Gesellen der Pflicht und der Freiheit, als wieder zwischen den Kindern Jakob's und Soubise's waltet die grimmigste Feindschaft und der tötlichste Haß, der sich auch in ihren Mythen und Überlieferungen abspiegelt. Diejenige der Pflichtgesellen lautet: Bei der Erbauung des Tempels Salomo's in Jerusalem habe der aus der Bibel bekannte Baumeister Hiram unter seinen zahlreichen Arbeitern zur Erhaltung der

Zucht und Ordnung Gesellschaften mit besonderen Losungs=
wörtern und geheimen Gebräuchen gestiftet. Dies sei jedoch
die Veranlassung seines Todes geworden, indem einige Ge=
sellen das Losungswort der Meister von ihm erfahren wollten
und auf seine Weigerung, es mitzuteilen, ihn erschlagen hätten.
Diese Übelthäter nun seien die Stifter des Gesellenbundes der
Freiheit. Unter den pflichtgetreuen Arbeitern dagegen seien
auch zwei französische Meister gewesen, Jakob, ein Steinmetz
und Soubise, ein Zimmermann, welche nach der Vollendung
des Tempels nach Hause zurückgekehrt seien, wo sie, der Erste
in Marseille, der Zweite in Bordeaux landend, Verbindungen
nach dem Vorbilde derjenigen Hirams gestiftet hätten, welche
sich nach und nach auch über andere Handwerke als jene des
Bauens ausbreiteten, unter sich jedoch in beständigem Hader
lebten, weil sowohl die Steinmetzen, als die Zimmerleute, die
älteren sein wollten. Jedes dieser beiden Gewerke versetzt
nämlich, aus welchen Gründen ist unbekannt, seine Stiftung in
das Jahr 558 vor und diejenige des andern in das Jahr 550
nach Christus, und beide wollen hierfür Urkunden besitzen, die
jedoch Niemand gesehen hat. Was nun die Gesellen der Frei=
heit betrifft, so haben sie die nämliche Überlieferung, nur daß sie
dieselbe umkehren. Nach ihrer Meinung sind sie, von Sa=
lomo selbst in's Leben gerufen, die Abkömmlinge der guten
Arbeiter und ihre Gegner stammen von den Mördern Hirams.
Zu ihnen gehören vier Handwerke, die unter sich im Frieden
leben, die Steinmetzen, Zimmerleute, Tischler und Schlosser.
Die Genossen der Pflicht dagegen zählen 28 Handwerke, und
zwar gehören davon zu den Kindern Soubise's die Zimmer=
leute, Dachdecker und Gipser, zu den Kindern Jakobs aber die
Steinmetzen, Tischler, Schlosser und 22 andere später errichtete
Gewerke, welche sämtlich für die menschliche Wohnung, für die
Bearbeitung von Rohstoffen und für die Verfertigung von
Gerätschaften sorgen. Nur die Hutmacher kommen noch dazu,
während alle übrigen Gewerke, welche für die K l e i d u n g und
N a h r u n g arbeiten, zu keinem der Compagnonnages gehören,
sondern für sich vereinzelte Vereine bilden, die von jenen nicht
anerkannt werden. Namentlich werden die Schuster und die
Bäcker von den Compagnons verachtet und auf alle Weise ver=
folgt und angefeindet, wie hinwieder unter den Kindern Ja=

lob's selbst die Bauhandwerker ihre jüngeren Genossen verachten und teilweise nicht anerkennen; denn jene betrachten sich als die vollkommensten Gewerke, leiten in ihrer Unwissenheit das Wort Compagnon von Compas (Zirkel), dem Symbole der Baukunst, ab und sehen daher in ihrem Dünkel auf die übrigen Handwerke als auf solche herab, die keiner Kunst und Geschicklichkeit bedürfen.

Auch die Genossen des gleichen Gewerkes von den beiden Parteien der Pflicht und der Freiheit legen sich in den Weg, was nur immer möglich ist. Die Pariser Zimmerleute haben dem Haber dadurch einstweilen ein Ende gemacht, daß sie die Weltstadt unter sich teilten. Die Gesellen der Pflicht arbeiten auf dem rechten, jene der Freiheit auf dem linken Seine-Ufer, und kein Angehöriger der einen Partei darf es wagen, in das Gebiet der andern überzugreifen. Unter den übrigen Handwerken und in der Provinz ist es schlimmer. Da lieferten sich die feindlichen Bünde im Laufe der Zeit und sogar bis in unser aufgeklärtes Jahrhundert herab, manche Überfälle, Straßenkämpfe und sogar Schlachten auf freiem Felde, wobei besonders die Zirkel der Bauhandwerker eine furchtbare Waffe bildeten und nicht nur Verwundete, sondern auch zahlreiche Tote die Feindschaft der Compagnons besiegelten. Beide Parteien überhäufen sich beständig mit Schimpfwörtern. Die bezeichnendsten darunter sind: Chiens, Hunde, wie die Gesellen der Pflicht (weil Demut die Übertreibung der Pflicht) und Loups, Wölfe, wie die Gesellen der Freiheit (weil Wildheit die Übertreibung der Freiheit) von ihren Gegnern genannt werden.

Aber sogar unter einem und demselben Handwerke einer und derselben Partei kommen Feindschaften vor, und zwar veranlaßt durch die untergeordnete Stellung der Neuaufgenommenen oder Aspiranten, welche verschiedene Namen führen; bei den Zimmerleuten z. B. heißen sie, wie bei den deutschen Studenten, Renards, Füchse, und werden, gleich Diesen, auf alle Weise geplagt und mißhandelt. Als sie sich dies einst nicht mehr gefallen lassen wollten, traten sie aus und bildeten unter dem Namen der Compagnons Renards de la liberté eine eigene Gesellschaft, fanden es aber nicht unrecht, nun ihre Aspiranten ebenso zu behandeln, wie sie früher selbst behandelt worden waren.

Wahrscheinlich sind unter den französischen Handwerks=
Korporationen diejenigen der Bauleute, besonders der Stein=
metzen, um dieselbe Zeit entstanden, wie die deutschen Bauhütten.
Einen Anhaltspunkt hierzu giebt uns einzig die Gesellschaft
der Brückenbrüder, welche im Mittelalter das südliche
Frankreich zu Gunsten der Pilger nach dem heiligen Lande
und der Reisenden überhaupt mit Brücken, Straßen und Gast=
häusern versah. Ihre erste bekannte Urkunde wurde 1189
vom Papst Clemens III. erlassen, der sie, gleich seinem dritten
Vorgänger Lucius III. in seinen Schutz nahm. Sie trugen als
Abzeichen einen Spitzhammer auf der Brust, und es wird er=
zählt, daß sie im Johanniter=Orden aufgegangen seien. Wahr=
scheinlicher dürfte sein, daß durch sie jene Brüderschaften ent=
standen. — Die übrigen Compagnonnages sind urkundlicher
Weise nicht vor dem 14. Jahrhundert in's Leben getreten.
Den ältesten glaubwürdigen Ursprung unter ihnen
haben die Gerber aufzuweisen, welche ihre Gesellschaft von
1330 datieren.

Die Aufnahme in diese Vereine geschieht mittels ver=
schiedener Ceremonien, welche denen der katholischen Kirche
nachgeahmt sein sollen, weshalb im J. 1645 die Schneider
und Schuster dem geistlichen Gerichte zu Paris angezeigt und
ihre Versammlungen von der theologischen Fakultät verboten
wurden. Es sollen jedoch, wie behauptet wird, Grundsätze
unter den Compagnons herrschen, welche ziemlich von der
Kirchenlehre abweichen und die Religion mehr vom moralischen,
als vom dogmatischen Standpunkte auffassen, obschon ihre
Streitigkeiten mehr dem Vorbilde der dogmatischen Parteien,
als dem moralischen Ideal angemessen sind. Im Innern der
einzelnen Vereine herrschen jedoch trotzdem „unverbrüchliche
Treue, Verschwiegenheit, Brüderlichkeit, Aufopferung selbst von
Gut und Blut," und sind Liederlichkeit und gemeine Vergehen
und Verbrechen streng verpönt, wodurch die Ehre des Gesellen=
standes eifersüchtig gewahrt wird.

4. Die englischen Masonen.

Während die deutschen Handwerksvereine von der Reichs=
gewalt unterdrückt wurden und die französischen wenigstens ein

dunkles, der Geschichte des Landes unbekanntes Leben führen, sind dagegen die **englischen** Bauhütten zu einer Bedeutung emporgestiegen, welche eine welthistorische genannt werden kann. Die Sage führt die englische Baukunst auf den König Alfred den Großen (871—901) und auf seinen Nachfolger Aethelstan zurück, dessen jüngster Sohn Edwin Versammlungen der Maurer veranstaltet, zu York im Jahre 926 denselben Gesetze gegeben, bei dem König aber hochverräterischer Umtriebe angeklagt, schuldlos auf einem schadhaften Boote in das Meer hinausgetrieben worden und so umgekommen sein soll. Erwiesener Maßen aber wurden die Bauten von Bedeutung, wie in Deutschland, durch die Geistlichkeit geleitet, unter welcher Dunstan, Erzbischof von Canterbury, als eifriger und geschickter Baumeister genannt wird, während seit dem Aufkommen des gotischen Baustils auch dort weltliche Hände das Bauwesen übernahmen und wahrscheinlich **deutsche** Bauleute dasselbe vervollkommneten. Durch sie muß auch die deutsche **Bauhütte** in England Eingang gefunden haben; denn wir finden dort Vereine von Bauleuten mit Einrichtungen und Gebräuchen, die ganz den deutschen nachgebildet sind, und Verzeichnisse von Werkmeistern mit entschieden deutschen Namen. Doch kamen hier auch wieder eigentümliche Züge in Aufnahme, wie die, daß der Meister seinen Platz stets im Osten einnahm, daß man sich bei schönem Wetter im Freien, wenn auch in einsamer Gegend, versammelte, daß rings umher Wachen aufgestellt wurden, um Uneingeweihte fern zu halten, daß man unberechtigte Lauscher unter die Dachtraufe stellte, bis ihnen „das Wasser aus den Schuhen lief" u. s. w. Auch wichen die englischen Handwerker überhaupt darin von den deutschen ab, daß sie als Gesellen **nicht wanderten** und also ohne dies Meister werden konnten, wogegen jedoch ihre Lehrzeit zwei Jahre (sieben statt fünf) länger dauerte.

Die englischen Steinmetzen nannten sich zur Unterscheidung von den gewöhnlichen Maurern, welche rough masons (rohe Maurer oder Metzen) hießen, free-stone-masons, d. h. Bearbeiter zum Bauen bestimmter (freier) Steine, oder auch abgekürzt: free-masons, Freimaurer. In einem Parlamentsbeschlusse vom Jahre 1350 kommt dieser Name zum ersten Male vor: denn die englischen Maurer unterlagen polizeilicher Vormundschaft, und wurden, wie damals die Handwerker überhaupt, als Hörige behandelt, von der Krone und dem Adel unterdrückt; ja es war ihnen sogar verboten, Versammlungen zu halten und Erkennungszeichen anzuwenden.

Die alten englischen Freimaurer bestanden jedoch trotz dieser Anfeindungen fort, und gaben sich Gesetze, die zum Teil noch vorhanden sind. Sie betrachteten sich unter sich alle als **gleich**, als fellows, Genossen, Gesellen und kannten in ihren **Logen** (der englische Name für die deutsche Bauhütte, vom altdeutschen loubja, Laube, gebildet) die im öffentlichen Handwerksleben geltende Abstufung in Meister, Gesellen und Lehrlinge nicht. Meister hieß in der Loge blos der freigewählte Vorsteher der Gesellen; Lehrlinge wurden überhaupt noch nicht zu Mitgliedern aufgenommen. Die Mitglieder sorgten unter sich sowohl für die technische Ausbildung, als für das moralische Wohlverhalten der Einzelnen, waren duldsam gegen abweichende religiöse Ansichten und unterstützten einander im Unglück und Mißgeschick. Auch nannten sie sich **Brüder**, wie die deutschen Steinmetzen.

Nur nach und nach verbesserten sich die Verhältnisse der englischen Maurer. Eduard III. (1327—76) war der erste König, welcher ihnen wohl wollte, wenn es ihm auch nicht möglich war, allen Schritten des Parlaments gegen sie Einhalt zu thun. Das Verbot ihrer Versammlungen wurde in der Folge wenigstens dahin gemildert, daß solche während der Gegenwart von Beamten, des Sheriffs der Grafschaft oder des Mayors der Stadt, abgehalten werden durften; aber später kamen wieder neue Verbote aller Versammlungen vor, die indessen wenig oder gar keine Vollziehung fanden. Aus so kümmerlichen und gedrückten Umständen erhob sich aber, wie wir sehen werden, mit Beibehaltung des Namens, der Gebräuche und sog. Geheimnisse der Maurer, eine Gesellschaft, welche eine Ausdehnung gewonnen hat, deren sich wenig andere rühmen können.

5. Die Kalandsbrüder.

Im Punkte der Geselligkeit hatten mit den Steinmetzen manche Ähnlichkeit die **Kalandsbrüder**, welche seit dem

13. Jahrhundert in ganz Mitteleuropa (Deutschland, Frankreich und Ungarn) verbreitet waren, Wohlthätigkeit übten, unentgeltlich Seelenmessen besorgten, bei ihren Zusammenkünften aber sich den Freuden der Geselligkeit überließen. Diese Versammlungen fanden am ersten Tage des Monats statt, woher der Name der Verbindung kam, weil bei den Römern bekanntlich der erste Tag jedes Monats Calendae hieß, woraus das Wort Kalender gebildet ist. Die Mitglieder waren Männer und Frauen, Geistliche und Weltliche, — nur nicht Mönche und Nonnen. Daß die Kalandsbrüder trotz ihrer Seelenmessen keine blassen Asketen und abgehärmten Selbstquäler waren, zeigt ihr gereimtes Tischgesetz, welches also lautet:

> Der Wirt soll geben zur Not
> gut Bier und gut Brot;
> vier gute Schüsseln zurichten,
> die er mit nichten
> darf gar übermehren.
> Kuchen, Käse, Nüsse, Beeren,
> dergleichen reicht man wohl hintendrein,
> sonst nichts. — Auf keinerlei Weis soll man Wein
> zum Kaland schenken,
> ihn irgendwie durch Willkür kränken.

Es möchte sehr zu bezweifeln sein, daß diese Enthaltsamkeit vom Wein streng durchgeführt wurde. Wenigstens würde dazu nicht stimmen, daß man in späterer Zeit die Kalandsbrüder „nasse Brüder" und einen üppigen Schmaus einen „Kaland" nannte, und „kalandern" sagte für „liederlich sein." Nach der Reformation verfiel die Brüderschaft, und im 16. und 17. Jahrhundert löste sie sich auf.

Neunter Abschnitt.
Die geheimen Gesellschaften des Reformationszeitalters.

1. Die altevangelischen Gemeinden.

Die unter dem Namen der „Reformation" bekannte politisch-religiöse Bewegung am Anfange des 16. Jahrhunderts ist kein zu dieser Zeit plötzlich und unerwartet auftauchendes Ereignis, durch welches die Kirche Christi frevelhafter und tückischer Weise zerrissen worden, sondern einfach der einstweilige Schlußpunkt einer seit den ersten Jahrhunderten der Existenz des Christentums beharrlich fortgeführten, in den politischen, kirchlichen, wissenschaftlichen und künstlerischen Verhältnissen, besonders in den zahlreichen Sekten und in den geheimen Gesellschaften, wie z. B. der Templer und der Steinmetzen, klar genug ausgesprochenen Opposition gegen das in der Kirche herrschend gewordene jüdische Hohepriestertum und dessen empörenden Glaubenszwang. Nicht die Reformatoren haben die Reformation gemacht, um heiraten zu können, wie die Ultramontanen behaupten, obschon in jenem Wunsche durchaus nichts Unrechtes liegt, derselbe vielmehr als ein sehr tugendhafter erscheinen muß gegenüber dem kurz vor der Reformation herrschend gewordenen Konkubinenleben der Geistlichkeit, bei dem man allen Lüsten fröhnen konnte, ohne zu heiraten, wie die Urkunden jener Zeit genugsam darthun. In der Reformation ist vielmehr zum Ausbruche gekommen, was längst vorbereitet und reif dazu war. Was mit der Kirche in unlösbaren Widerspruch geraten war, trennte sich von ihr, — was mit ihr in Spannung gekommen war, eine Trennung aber nicht ertragen konnte, kehrte zu ihr zurück.

Der tiefere Grund dieser Erscheinung lag in der Thatsache, daß der Geist des Urchristentums durch die Entwickelung der römisch-päpstlichen Kirche (oben Seite 135 f.) keineswegs beseitigt wurde. Wenn auch die Form, unter welcher er in den ersten Zeiten der Oberherrschaft des Papsttums fortbestand, nicht bekannt ist, so tritt er uns doch schon sehr früh im Mittelalter unter der Gestalt von Gemeinden entgegen, welche als Autorität einzig und allein das Evangelium anerkannter, aber wegen des Widerspruches zwischen ihrem Wesen und dem der päpstlichen Kirche genötigt waren, sich in den Schleier des **Geheimnisses** einzuhüllen. Ihre Glieder nannten sich lediglich **Christen** oder **Brüder**, während die Anhänger des Papsttums sie als Ketzer (verderbt aus dem griech. $\textit{Καθαροί}$, die Reinen) und ihre Vereinigungen als Sekten brandmarkten. Je nach Zeit und Ort aber bezeichnete man sie als lombardische Armee, Waldenser, Arnoldisten, Begharden, Lolharden, Wiedertäufer u. s. w. Unter dem Namen der **Waldenser**, den sie sich aber nicht selbst gaben, waren sie über den größten Teil des Abendlandes, vorzugsweise aber in Deutschland, Ostfrankreich und Norditalien verbreitet. Von den Anhängern der römischen Kirche wurden sie gehörig schlecht gemacht und ihnen alle Laster und Verbrechen angedichtet. Aber sogar Inquisitoren machten davon eine Ausnahme und schilderten sie als rechtliche und ehrbare Leute, die nur in Sachen des Glaubens verwirrt wären. Alle unbefangenen Zeugnisse sprechen dafür, daß sie sowohl die sittlichsten als die frömmsten Leute des Mittelalters waren. Ihre ersten hervorragenden Führer (nicht Stifter) waren im zwölften Jahrhundert **Petrus Waldus** und **Arnold** von Brescia (der 1155 in Rom gehängt und dann verbrannt wurde), nach denen man sie auch benannt hat, und seit dieser Zeit wurde ihr Zuwachs bedeutend stärker als früher. Der Name **Begharden**, und für die Frauen **Beguinen** bezieht sich besonders auf diejenigen „altevangelischen Christen" (wie wir sie am passendsten nennen), welche, nach Geschlechtern getrennt, in Häusern ehelos beisammen wohnten und sich der Kranken- und Armenpflege widmeten.

Eine Abzweigung der Begharden war die Gesellschaft der

Brüder vom gemeinsamen Leben (fratres in communae viventes), im 14. Jahrhundert gestiftet von Gerhard dem Großen (de Groote) aus Deventer in Holland, der aus einem Mönche ein Bußprediger geworden war. Diese Brüder, auch die vom „guten Willen" genannt, lasen, zum Zwecke der Erwerbung von Kenntnissen, sowohl die Bibel, als die alt=klassischen Sittenlehrer, beteten in der Muttersprache, statt in dem unverständlichen Latein, stifteten die Hochschule zu Deventer, verbreiteten sich unter Gerhards Nachfolger, Florentius Radewyn aus Utrecht, in „Bruderhäusern" über den ganzen Norden Deutschlands und wurden dadurch, daß sie für die Bedürfnisse des innern Menschen sorgten, für welche die damalige Geistlichkeit so gut wie nichts that, im höchsten Grade beliebt und volkstümlich. Aus ihrer Gemeinschaft ging ein Buch hervor, welches das nach der Bibel ohne Zweifel am meisten gelesene genannt werden darf und noch heute sowohl in Safian und Goldschnitt auf den Boudoirtischchen frommer Damen, als in vergriffenem Carton= oder Schweinslederband in der Dachkammer armer Leute zu finden ist. Wir meinen die bald dem Thomas Hamerken, gewöhnlich nach seiner Vaterstadt Thomas von Kempen (a Kempis), genannt, welcher 1380—1472 lebte, bald anderen Verfassern zugeschriebenen vier Bücher von der Nachfolge Christi (de imitatione Christi), welche, wie ein neuerer Schriftsteller mit Recht bemerkt, als eine Anweisung für Jedermann betrachtet werden können, „sein eigner Priester zu sein." Es tritt daraus einerseits die Tendenz hervor, die bevorzugte Stellung des damals grundverdorbenen Priesterstandes zu untergraben, und den Gottesdienst aus der Kirche in die Herzen der Menschen zu verlegen, weshalb im ganzen Büchlein kein Wort von öffentlichem Kultus steht und der Geistlichkeit nur in bald entrüsteten, bald spöttischen Worten über ihren Hochmut und ihre Unwissenheit Erwähnung geschieht. Anderseits aber herrscht darin auch die der menschlichen Natur schnurstracks entgegengesetzte Zumutung, nicht etwa nur auf den lasterhaften, sondern geradezu auf jeden Lebensgenuß zu verzichten, ein reines Seelenleben zu führen und den Körper als eine unerträgliche Last zu verabscheuen. Die „Nachfolge Christi" ist daher der Ausdruck eines feurigen Mysticismus, einer flammenden Sehnsucht nach unmittelbarer Vereini=

gung mit Gott, und enthält, bei allem Schönen einzelner Teile, für Schwärmer eine große Gefahr bodenloser Überspanntheit. Ein Glaubensfanatismus ist ihr jedoch fremd, und da er auch der „Brüderschaft vom gemeinsamen Leben" überhaupt fremd war, so ging auch sie nach der Kirchentrennung unter, und ihre Häuser fielen in die Hände der beiden herrschenden Glaubensparteien. —

Noch früher wurden die eigentlichen **Begharden** unterdrückt und die **Beguinen** gezwungen, die Regel der Franziskaner anzunehmen und nach päpstlichem Gebote zu leben.

Man hat die sog. Ketzer ferner mit einer angeblichen Sekte der „Brüder und Schwestern vom freien Geiste" in Verbindung bringen wollen; allein diese Bezeichnung bezieht sich sich nur auf eine philosophische Schule, welcher zahlreiche Glieder der römischen Kirche und selbst Mönche angehörten.

Für die „altevangelischen Gemeinden" war das Neue Testament die Grundlage alles geistigen Lebens, und innerhalb desselben die Bergpredigt der Ausdruck wahrer christlicher Gesinnung. Von den Wundern hielten sie eben so wenig, als von Wortklaubereien in der Auslegung der Bibel. Sie hielten das katholische Glaubensbekenntnis nicht für allgemein verbindlich. Die Offenbarung verstanden sie als eine innere Begeisterung durch Gott, nicht als übernatürliche Inspiration. Auch sollen sie das Fegefeuer und die Auferstehung des Fleisches verworfen haben. Sicherer ist, daß sie vom Eide, von der Rache, vom Blutvergießen überhaupt und also auch von der Todesstrafe nichts wissen wollten. Das Evangelium lasen sie in der Volkssprache, und von ihnen gingen die ersten Übersetzungen der Bibel aus. Ihr Gottesdienst, welcher der Verfolgungen wegen meist geheim sein mußte, bestand in Gebet, Vorlesung aus dem Evangelium und dem Abendmahl unter beiden Gestalten. Grundsätzlich verwarfen sie die Taufe der Kinder und anerkannten nur die der Gläubigen; aber die Verfolgung hinderte sie, diesen Grundsatz durchzuführen. Die Messe und Ohrenbeichte übten sie nicht. An ihrer Spitze standen freigewählte **Bischöfe**, jeder für ein größeres Landgebiet. Dieselben sandten **Apostel** aus, welche ehelos blieben und kein Geld bei sich führten, dafür aber von den Brüdern, bei benen fie ankehrten, erhalten wurden. Soweit es die Gemeinden wagen konnten, hatten fie festangestellte Prediger, welche heiraten durften. In ihren besonderen Angelegenheiten waren die Gemeinden vollkommen unabhängig.

Im vierzehnten Jahrhundert standen die altevangelischen Gemeinden in der höchsten Blüte. Kaiser Ludwig der Baier begünstigte fie. Berühmte Volksprediger, selbst Dominikaner wie Meister Eckhart und Johannes Tauler, gingen in vielen Punkten mit ihnen einig, weshalb sie auch als Ketzer verdächtigt wurden. Aber nach Ludwigs Tod trat unter dem päpstlich gesinnten Kaiser Karl IV eine Reaktion ein, und die Gemeinden mußten sich wieder in ihr heimliches Dasein zurückziehen. Ihre deutschen Bücher wurden vernichtet oder in römischem Geiste umgearbeitet und viele ihrer Glieder als Ketzer verfolgt und verbrannt, welcher Greuel sich über das ganze Reich und bis weit in das fünfzehnte Jahrhundert hinein erstreckte. Unter diesen Umständen mußte ein Teil der altevangelisch Gesinnten einen Mittelweg einschlagen und ihren wahren Standpunkt durch mystische und asketische Einkleidungen und wunderbare Geschichten verhüllen, was in einer Reihe von Schriften geschah, die meist zwischen 1370 und 1380 von einem Straßburger Namens Rulman Merswin ausgingen und das Gemeinsame haben, daß sie von einer Gesellschaft der Gottesfreunde handeln, welche sich (angeblich) in den Gebirgen der Schweiz verborgen hielt. Ob eine solche Gesellschaft wirklich bestanden hat, ist nicht völlig gewiß; sicher aber war die aus jenen Schriften sprechende Gesinnung eine weit verbreitete und einflußreiche in damaliger Zeit.

Die verfolgten „altevangelischen" Christen flüchteten sich vielfach in die oben bereits betrachteten Bauhütten, deren Glieder in großer Anzahl zu ihnen gehörten, wie schon die Satiren gegen das Papsttum und den unwürdigen Teil der Geistlichkeit zeigen, welche die Steinmetzen (f. oben S. 179 f) an ihren Bauten anbrachten. Auch der „Gottesfreund aus dem Oberlande," welchen Merswin auftreten ließ, zeigte bedeutende Vertrautheit mit den Regeln der Baukunst. Die Johannesfeste waren sowohl den Bauleuten, als den altevangelischen Gemeinden besonders heilig, wie sich auch große Verwandtschaft zwischen den Ansichten jener Gemeinden und den Symbolen des gotischen Baustiles nachweisen läßt. Die Meister dieses Stils kamen aus denselben Gegenden wie die Waldenser, und in den Städten der berühmtesten Dome, Straßburg und Köln hatten sowohl die Bauhütten, als die altevangelischen „Brüder" ihre Hauptsitze. Beide Erscheinungen auch bildeten sich in Deutschland auf eigenartige Weise aus. Die Bauhütten schrieben dieselben Tugenden vor, die an den „Brüdern" gerühmt werden. Die Bauleute waren es, die im Mittelalter am meisten reisten, und sie treffen sich hierin mit den Aposteln der genannten Gemeinden. Der Umstand endlich, daß in den Bauhütten viele „Liebhaber des Handwerks" Zutritt hatten, erleichterte es ihnen besonders, den wegen ihres Glaubens Verfolgten Schutz zu gewähren und diesen durch das Geheimnis, mit dem sie ihre Kunst umgaben, aufrecht zu erhalten.

Aber ungeachtet der Verfolgung, welche die „Brüder" erlitten, verbreiteten sich die den ihrigen ähnlichen Lehren des Engländers Wicliffe und des Böhmen Hus mächtig in Deutschland. Den altevangelischen Gemeinden aber standen näher als die Hussiten, deren Fanatismus sie verabscheuten, die böhmischen Brüder, die schon vor Hus in Böhmen bestanden. Da aber dieselben in diesem Lande mehr Freiheit hatten als außerhalb desselben, so suchten die deutschen „Brüder" vielfach ihren Halt bei ihnen. In Prag wurde auch Konrad Reiser zum Apostel geweiht, welcher 1447 zum obersten Bischof der Waldenser gewählt wurde und seinen Sitz in Straßburg nahm, wo er aber verraten und 1458 verbrannt wurde. Trotzdem verbreiteten sich damals die Waldenser und Begharden wieder stärker und die „Brüder vom gemeinsamen Leben" (oben S. 190) waren ein Zweig der Begharden.

2. Die sogenannten Wiedertäufer.

Zu Anfang des 16. Jahrhunderts waren aber die Brüdergemeinden durch ihre Verfolgungen so geschwächt, daß ihre Grundsätze meist nur noch in den Bauhütten lebten. Da aber in jener Zeit die Kirchenbauten, deren es schon genug gab, abnahmen, wandten sich viele Bauleute der vor Mitte des 15.

Jahrhunderts erfundenen Kunst des Bücherdruckes mit beweglichen Lettern zu, deren Genossen ohnehin schon großenteils zu den Bauzünften gehörten. Die Buchdrucker und Buchhändler waren es aber, welche die deutsche Litteratur der altevangelischen Gemeinden bewahrten und erneuerten. Ein Hauptsitz dieser Thätigkeit war Nürnberg, wo der Generalvikar des Franziskanerordens, Johann von Staupitz, viel verkehrte, nachdem er als Professor in Wittenberg zurückgetreten war. Staupitz hatte, mit den altevangelischen Bestrebungen befreundet, denen auch Kaiser Maximilian günstig war, großen Einfluß auf Luther geübt und ihn auf die Bücher der Gottesfreunde hingewiesen, und die Folge war, daß Luther im Beginne seines Auftretens gegen Rom ganz im Fahrwasser der altevangelischen Gemeinden sich bewegte. Später aber, genauer seit dem Reichstage zu Worms, änderte der Reformator seinen Standpunkt. Er mußte zu der Erkenntnis kommen, daß sich mit den rein christlich-evangelischen, aller Gewalt abholden Grundsätzen eine dauerhafte Kirche, die sich gegen Rom zu halten wußte, nicht aufrichten ließe. Daher auferlegte er der seinigen die Herrschaft des Bibelbuchstabens, um sie nach innen, und die Oberhoheit des Staates, um sie nach außen zu befestigen.

Der in den altevangelischen Überlieferungen lebende und webende Staupitz konnte Luther auf dieser Bahn nicht folgen. Obschon seinen Überzeugungen treu, blieb und starb er in der katholischen Kirche. Aber er war nicht der Einzige, der so fühlte. Es trat für einige Zeit eine evangelische Richtung der lutherischen nicht nur gegenüber, sondern selbst entgegen. Ihr Führer wurde der Baier Hans Denck, der in Basel mit Konrad Grebel, Ludwig Hätzer, Balthasar Hubmeier und anderen wissenschaftlich gebildeten jungen Männern für Herstellung und Verbreitung fremder und eigener altevangelischer Bücher thätig gewesen war und seit 1523 in Nürnnerg als Rektor wirkte, 1524 aber, sofort nach Aufhebung des Katholizismus, mit seinen Freunden von der lutherisch gesinnten Obrigkeit verbannt wurde. Zu derselben Zeit tauchten in vielen Städten Deutschlands und der Schweiz Gemeinden, verstärkte Reste der Altevangelischen auf, welche sich Evangelische nannten und die Taufe der Erwachsenen einführten, daher man seitdem alle Altevangelischen „Wiedertäufer" oder Anabaptisten nannte. Ihr Auftreten war durchaus nichts neues, sondern nur die Fortsetzung desjenigen der Waldenser und ihrer Gesinnungsgenossen. Man hat ihnen allen möglichen Unfug nachgesagt und alle denkbaren Verleumdungen auf sie gehäuft, wogegen sie sich nicht verteidigen konnten, weil sie und ihre Bücher vernichtet wurden. Es war allerdings sehr schlimm für sie, daß ihr Auftreten mit dem 1525 ausbrechenden großen deutschen Bauernkrieg zusammenfiel und daß sich an diesem Leute betheiligten, die, wie der kräftige Thomas Münzer, zwar in religiöser Beziehung zu den Altevangelischen gehörten, aber sich von den Führern derselben durch ihr gewaltthätiges und fanatisches Vorgehen unterschieden.

Hans Denck und seine Freunde dagegen verdammten stets jede Gewaltanwendung. In ihren Gemeinden übten sie strenge Kirchenzucht und organisirten ihre Kirche in gewandter Weise unter Bischöfen, Synoden, Geistlichen und Aposteln. Ihr Auftreten war aber nicht mit Erfolg begleitet und konnte es auch nicht sein, da sie beide Kirchen, die alte wie die neue, zu Feinden hatten. In Zürich unterlag Konrad Grebel, in dessen Gefolge sich allerlei Elemente eingeschlichen hatten, die der Bewegung einen geradezu anarchischen Charakter verliehen, dem weit gewandtern und klügern Ulrich Zwingli, dessen Richtung eine weit freisinnigere war als diejenige Luthers, und die sogenannten Wiedertäufer wurden aus der ganzen Schweiz vertrieben, zum Teil sogar hingerichtet. Nun wurde Augsburg ihr Mittelpunkt, wo Denck an die Spitze trat, unterstützt von Grebel, Hubmeier, Hätzer und anderen. Man nannte Denck den Täuferpapst. Eine Synode in Augsburg 1526, führte die Spättaufe förmlich ein und eine zweite im folgenden Jahre sandte Apostel nach ganz Süddeutschland, der Schweiz und Österreich.

Ihre allen Strapazen trotzenden Wanderungen, ihre nächtlichen Zusammenkünfte mit den Gläubigen, ihr „Brotbrechen" nach dem Vorbilde Jesu, hatten etwas ungemein Rührendes, das durch die überall gegen sie hereinbrechende Verfolgung noch erhöht wurde. Luther, der überall den Satan witterte, wo man nicht glaubte, was er wollte, erklärte die Wiedertäufer als Sendlinge des Teufels, und selbst ihre Standhaftigkeit für ein

Werk desselben. Katholische und protestantische Regierungen wetteiferten seit 1528 infolge eines kaiserlichen Erlasses in massenhafter Niedermetzelung der Unglücklichen, welche über das Martertum jubelten, dessen der „Herr sie würdigte." Weit entfernt, gebeugt zu werden, erhoben sie oft wieder das Haupt, wenn man gelinder gegen sie verfuhr. Aber je mehr die Verfolgung die besseren Elemente wie Denck und seine Freunde, aus dem Leben schaffte, desto mehr schlichen sich unlautere und hirnverbrannte Leute unter die sog. Täufer. In Straßburg, wo die Uneinigkeit unter den verschiedene Standpunkte einnehmenden Reformatoren Bucer und Kapito ihr Wesen begünstigte, war ihr Anführer Melchior Hofmann; ein rastloser Reiseprediger durch ganz Deutschland, erfüllte er die Welt mit wahnsinnigen Behauptungen über die Apokalypse, bis in seiner Abwesenheit seine Sekte zerfiel und er, zurückkehrend, nur den Kerker für sich offen fand, in dem er starb.

Den größten, aber letzten Triumph feierten die Wiedertäufer in Münster, der Hauptstadt Westfalens. In dieser ganz und eifrig katholischen Stadt begründete der Prediger Bernhard Rotmann die Reformation nach Zwingli's Lehre, wurde daher von Luther angefeindet, bewies die Unrichtigkeit von dessen Ansicht dadurch, daß er eine Hostie zerbrach, zu Boden warf und fragte: „Seht, wo ist hier Fleisch und Blut? Wenn das Gott wäre, würde es sich von der Erde erheben und auf den Altar steigen," — und wandte sich endlich den Wiedertäufern zu, deren extremste Anhänger durch die Einwanderung holländischer Missionäre in Münster stark zunahmen und das Volk zur Buße aufriefen. Durch anhaltende Kämpfe errangen sie die Oberherrschaft in der Stadt, vertrieben ihre Gegner, sammelten überall her Ansiedler ihres Glaubens, zerstörten alle kirchlichen Kunstwerke, brachen die Spitze des Münsterturmes ab, weil „das Höchste erniedrigt werden müsse," und führten eine theokratische Republik ein, welche aber später in eine Aristokratie von zwölf Ältesten und endlich zu Gunsten Jan Beukelssohn's, eines Schneiders aus Leyden, in eine Monarchie, ein neues „Königreich Jerusalem," umgewandelt wurde. Während dieser Regierungsänderungen wurde Münster von dessen Bischof, sowie von katholischen und protestantischen Fürsten belagert, von den Wiedertäufern aber heldenmütig verteidigt. Wer sich in der Stadt nicht taufen ließ, wurde vertrieben und dann — von den bischöflichen Truppen als Protestant niedergemacht. Gütergemeinschaft, öffentliche Speisungen und Vielweiberei wurden eingeführt, von welcher letztern besonders der „König" Gebrauch machte, der mit Schrecken und Wut regierte und einst eine seiner Frauen, die ihn hatte verlassen wollen, auf dem Markte eigenhändig enthauptete und mit den übrigen um den Leichnam herumtanzte. Durch Verrat wurde endlich 1535 Münster eingenommen, der „König" und zwei seiner ersten Beamten mit glühenden Zangen langsam zu Tode gemartert und ihre Leichen in eisernen Käfigen an einem Turme aufgehängt, in der Stadt aber alle Freiheit aufgehoben und der katholische Glaube mit Gewalt wieder eingeführt. Luther sagte dazu: „Gott hat den Teufel aus Münster hinausgejagt, dafür aber ist des Teufels Großmutter wieder hereingekommen."

Seit dieser ihrer furchtbaren Katastrophe sind die Wiedertäufer ein kleines, stilles Häufchen harmloser Schwärmer geworden. Und auch keine andere Sekte durfte sich mehr rühren, seit die zwei großen Glaubensparteien Roms und Witttenbergs einander bekämpften, in ihren jeweiligen Friedensschlüssen nur sich selbst berücksichtigten, und so die ganze Christenheit in zwei Schafställe einpferchten.

3. Der Jesuitenorden.

Im Verlaufe dieser Kämpfe hatte aber die protestantische Richtung eine solche Ausdehnung gewonnen, daß ihrer Gegnerin bange werden, daß ihr geradezu der Sturz des geistlichen Römerreiches als furchtbares Phantom vor Augen schweben mußte. Da hieß es für sie: Sein oder Nichtsein, Handeln oder Untergehen. Zum Handeln bedurfte es aber einer Macht, und zwar einer mit Waffen des Geistes angreifend vorgehenden. Diese Macht konnte nicht das Papsttum sein; denn sowohl die Päpste, welche unmittelbar vor, als Jene, welche während der Kirchentrennung regierten, hatten durch ihre Schwäche, Frivolität, Habsucht und Charakterlosigkeit den Stuhl Petri vor der Christenheit in gründlichen Mißkredit gebracht. Die Waffen gegen die Fortschritte des Prote-

stantismus mußten daher einem andern Zeughause entnommen
werden, als jenem an der Tiber. Und dasselbe fand sich in
dem glaubensvollen S p a n i e n, das so eben einen achthun=
dertjährigen Kampf gegen die Feinde der Christenheit glücklich
beendet und daher in seinem Eifer noch frisch, in seinem Glauben noch nicht von der Zweifelsucht der neuen Zeit angefressen
war. Das fromme Rittertum dieses fanatischen Landes er=
zeugte den Helden, dem eine Wiederbelebung des Katholizismus,
eine Rückeroberung vieler seiner verlorenen Provinzen, eine
neue Befestigung und Akkreditierung des wankenden, römischen
Stuhles vorbehalten war, — wenn auch nicht seiner Person, —
doch seiner Schöpfung.

Wenn der in dem Gehirne des Miguel Cervantes de
Saavedra geborene scharfsinnige Junker Don Quijote de la
Mancha, der Ritter von der traurigen Gestalt, wirklich gelebt
hätte und es ihm gelungen wäre, ein neues Rittertum nach
seiner Phantasie zu begründen, das durch realistischere Nachfolger eine praktische Gestalt angenommen hätte, — diese Erscheinung wäre nicht wunderbarer gewesen, als die Gründung
der G e s e l l s c h a f t J e s u, d. h. die Wiedererweckung des
durch die Reformation begraben geglaubten Mönchtums in einer
neuen, zeitgemäßern Gestalt. Der Träger dieser Stiftung
Don Iñigo (Ignaz) Lopez de R e c a l d e, geboren 1491 auf dem
Schlosse L o y o l a in der baskischen Provinz Guipuzcoa, und
nach demselben benannt, wurde im Jahre 1521 als Soldat
bei der Verteidigung von Pampelona gegen die Franzosen
schwer verwundet und blieb infolge einer gefährlichen Operation
am zerschmetterten Beine hinkend. Hierdurch kriegsuntüchtig
geworden, verwandelte ihn auf seinem Schmerzenslager das
Lesen des Lebens der Heiligen in einen Krieger Gottes und
der Jungfrau. Es ist sehr natürlich, daß er bei dieser auf=
regenden Lektüre im Wundfieber Visionen hatte, in denen ihm
die Jungfrau mit dem „Jesuskinde" erschien. Da gab er zu
ihren Gunsten alle Weltlust auf und widmete sich einem heiligen
Leben. Als Ritter Mariens wachte er eine Nacht vor ihrem
wunderthätigen Bilde auf dem Berge Montserrat bei Barcelona, hängte am Morgen sein Schwert am Altare auf, ver-
schenkte sein weltliches Kleid und sein Geld, umhüllte sich mit
einem „Sacke" und umgürtete sich mit einem dicken Seile.

Dann lebte er als umherziehender Bettler, fastete, betete, peitschte sich, legte eine eiserne Kette und einen Dornengürtel um den Leib und brachte es durch diese Kasteiungen dahin, daß er in der Messe, als der Priester die Hostie erhob, in derselben deutlich den Leib und das Blut Christi zu erkennen glaubte. Er hatte Ekstasen und Gesichte in Menge, predigte vor dem Volke, bekehrte Sünder und nahm die berühmte Losung: ad majorem Dei gloriam (zur größern Ehre Gottes) an, wallfahrtete nach dem heiligen Lande und begann nach seiner Rückkehr, obwohl schon 33 Jahre alt, lateinisch zu lernen, um sich zum Priester auszubilden. Allein die Wissenschaften störten mit dem in ihnen verborgenen „Gifte" seine Frömmigkeit, und sein religiöser Eifer brachte ihn bei der Inquisition in den Verdacht eines Ketzers und in das Gefängnis, aus dem er jedoch bald entlassen werden mußte, weil nichts gegen ihn entdeckt wurde. Er mußte finden, daß in dem aller Neuerung feindlichen Spanien für ihn nichs zu wirken sei und begab sich daher nach Paris, wo er zwar ebenfalls bei der Inquisition der Dominikaner verzeigt, aber nicht in Untersuchung gezogen wurde, und sammelte nun sechs junge Männer um sich, drei Spanier, einen Portugiesen, einen Navarresen und einen Savoiarden, welche er für seinen Plan gewann, nach Jerusalem zu gehen, wenn dies aber nicht möglich sei, sich dem Papste anzubieten, daß er sie hinsende, wohin er wolle. Gemeinsam verpflichteten sie sich dann 1534 am Feste der Himmelfahrt Mariens in der unterirdischen Kapelle der Kirche von **Montmartre**, nach Einnahme des Abendmahles und Ablegung der drei mönchischen Gelübde, zur Ausführung jenes Planes. Das war die feierliche und geheimnisvolle Stiftung des **Jesuitenordens**. Rastlos begannen seine Stifter ihr Werk mit Stärkung der Katholiken im Glauben, Zurückführung der Zweifelnden in den Schoß der Kirche und Stärkung derselben gegen die „häretische Pest der Zeit," wie der Geschichtschreiber und Lobredner der Jesuiten, Professor Buß, die Reformation nennt. Die Mittel zum Leben gaben ihnen, wie Loyola's Briefe zeigen, spanische Freunde und Freundinnen in Hülle und Fülle. In Venedig trafen sich dann die Genossen, durch einen Savoiarden und zwei Franzosen auf zehn vermehrt; sie hatten auf dem Wege alle Tage die Messe gehört und kommuniziert und trugen stets den Rosenkranz um den Hals, um in ketzerischen Gegenden ihren Glauben offen zu bekennen. Die Kriegsereignisse der Zeit verhinderten ihre Reise nach dem heiligen Lande; sie stellten sich daher Paul III., dem ersten Papste seit der Kirchentrennung, welcher in der That wieder Papst war, vor, ließen sich dann zu Priestern weihen und empfingen endlich, nach mannigfachen Hindernissen, aus den Händen Pauls am 27. September 1540 die Bulle: Regimini militantis ecclesiae, durch welche die Gesellschaft Jesu die päpstliche Bestätigung erhielt, worauf die Genossen Loyola, nunmehr Pater Ignatius, zu ihrem General wählten, was er nicht anders erwartet hatte; denn er gab bei der Wahl ein weißes Blatt ab. Nichts beweist wohl so schlagend die gänzliche Verkommenheit der Frömmigkeit in der katholischen Kirche am Anfange des 16. Jahrhunderts und daher die Notwendigkeit einer Reformation, als die stets wieder sich erneuernden Verdächtigung der werdenden Gesellschaft Jesu als einer ketzerischen. Weil solche schwärmerische Hingebung an den Glauben ganz abhanden gekommen war, begriff man sie nicht und hielt sie, weil sie etwas neues war, auch für etwas Widerkirchliches.*)

Mit fabelhafter Schnelligkeit breitete sich die „Gesellschaft Jesu" über die Erde aus, so hart sich auch die älteren Mönchsorden und die Weltgeistlichkeit gegen sie, von der sie die Erschütterung ihres Ansehens mit Recht fürchteten, gegen ihre Aufnahme sperrten. Mit unglaublicher Gewandtheit wußten sich ihre Mitglieder, die gläubige Schwärmerei des Stifters gegen kluge Berechnung vertauschend, in alle Verhältnisse hinein zu finden und überall einflußreiche Stellungen einzunehmen, als Beichtväter der Monarchen und ihrer Gattinnen, der Minister und Generale, als Erzieher der Prinzen, als Lehrer an den Universitäten und Vorsteher von Gymnasien, als Missionäre unter den Heiden und Gründer von Kolonien. Sie verstanden es, die Welt für sich zu gewinnen, in der Predigt, im Beichtstuhle, in den Salons, am Krankenbette und bei fröhlichen Gelagen, schmiegten sich den Ansichten der Menschen an,

---

*) Nähere Angaben über die „Gesellschaft Jesu" finden sich in des Verfassers Schrift: Die Jesuiten, deren Geschichte, Verfassung, Moral u. s. w., Leipzig 1889.

waren tolerant bei Protestanten, verwerteten den Buddhismus für den katholischen Gottesdienst in China, schwärmten mit dem Schwärmer, scherzten mit dem Lebemann, disputierten mit dem Grübler und trösteten den Betrübten.

Die äußere Geschichte der Jesuiten ist zugleich die Geschichte der Stärkung und neuen Zunahme des durch die Reformation geschwächten Katholizismus. Ihnen hauptsächlich ist es zu verdanken, daß Deutschland und die Schweiz nicht ganz, Polen, Frankreich, Italien und Spanien nicht teilweise protestantisch wurden. Sie vorzüglich haben dem österreichischen Kaiserstaate seine katholische Mehrheit gesichert. Während nun aber diese Erfolge in die allgemeine Geschichte gehören, haben wir uns noch mit der Verfassung und Lehre des Jesuitenordens als geheimer Gesellschaft zu beschäftigen.

Der Jesuitenorden ist insofern keine geheime Gesellschaft, als seine Zwecke keineswegs unbekannt sind; dieselben bestehen in der Ausbreitung der katholischen Kirche, der Bekämpfung des Protestantismus und der Aufklärung und in der Vergrößerung des Einflusses der Gesellschaft selbst. Geheim dagegen sind durchweg die Mittel, durch welche diese Zwecke erreicht werden, und das Thun und Treiben des Ordens überhaupt. In den zahlreichen Schriften der Jesuiten besitzen wir indessen Anhaltspunkte genug, um auf die Natur jener Geheimnisse schließen zu können, und was im Orden vorgeht, ist weniger in Bezug auf die allgemeinen Regeln dieser Vorgänge, als in Bezug auf den Verlauf einzelner Fälle geheim.

Zur Verfassung des Ordens rechnen wir die Art und Weise, wie der Jesuit wird, und diejenige, wie er wirkt. Erstere ist enthalten in den Exerzitien, dem Werke des schwärmerischen Stifters, seinen eigenen Erlebnissen nachgebildet; letztere in den Konstitutionen, welche nach seinem Entwurfe von seinem staatsklugen Nachfolger Jakob Lainez überarbeitet wurden. Jene sind das geistige Wesen, diese der Leib der Gesellschaft Jesu.

Als Zweck des Ordens wird von diesem selbst angegeben: „nicht nur, mit Hilfe der göttlichen Gnade an der Seligkeit und Vervollkommnung derjenigen zu arbeiten, welche die Gesellschaft ausmachen, sondern auch mit derselben Hilfe aus allen Kräften an der Seligkeit und Vervollkommnung des

Nächsten." Um diesen Zweck zu erreichen, werden von den Mitgliedern die drei Gelübde der Armut, der Keuschheit und des Gehorsams abgelegt. Dasjenige der Armut soll so verstanden werden, daß sowohl die Einzelnen, als die Kirchen und Häuser der Gesellschaft keine Einkünfte haben, sondern von Almosen leben sollen.

Die Mitglieder zerfallen in vier Klassen, welche von unten herauf folgende sind: 1) Die Novizen, welche in der Regel zwei Jahre in einem Novizenhause zubringen und genau beobachtet werden, von ihrer Bestimmung im Orden aber nichts erfahren. Sie werden strengen Prüfungen unterworfen, ob etwas ihrer Aufnahme entgegenstehe, zu welchen Hindernissen namentlich gehören: „Abweichung vom Glauben, Verbrechen und schwere Sünden, Verbindlichkeiten gegen einen andern Orden, Verehelichung, störende körperliche Fehler. Man erkundigt sich nach allen ihren persönlichen, Familien= und anderen Verhältnissen, nach ihren Anlagen und Fertigkeiten, Ansichten und Absichten. Sie müssen sechs Hauptproben durchmachen, welche darin bestehen, daß sie sich je einen Monat lang mit geistlichen Betrachtungen abgeben, in Spitälern dienen, ohne Geld reisen und betteln, verachtete Dienste leisten, Kinder oder ungebildete Personen im Glauben unterrichten, und predigen oder Beichte hören. Die geistlichen Betrachtungen oder Exercitien bestehen insbesondere in fortwährender, ununterbrochener Vertiefung in religiöse Fragen, welche so eingerichtet und eingeteilt ist, daß dabei notwendig jede eigene Überzeugung und selbständige Richtung des Exerzierenden ertötet werden muß. Eine Generalbeichte schließt die Laufbahn des Novizen, dessen Beschäftigung von Stunde zu Stunde während des Tages genau vorgeschrieben ist. 2) Die Scholastiker; sie legen die drei Gelübde ab, verpflichten sich zum Eintritte in den Orden, studieren erforderlichen Falls die Wissenschaften nach dem System der Jesuiten und machen noch einmal Exerzitien und eine Probezeit durch. 3) Die Koadjutoren können immer noch entweder geistlich oder weltlich sein; im letztern Falle dienen sie dem Orden als Köche, Gärtner, Krankenwärter und Diener aller Art, während die Geistlichen sich vorzüglich dem Unterrichte der Jugend widmen. 4) Die Professen müssen als Koadjutoren die Priesterweihe erhalten haben und legen dem Orden noch ein viertes Gelübde ab, nämlich dem Papste unbedingt zu Willen zu sein, sich von ihm überall hinsenden zu lassen, wohin er es für gut findet. Sie sind die Regenten des Ordens und widmen sich allein den Zwecken desselben. Außer diesen vier Klassen giebt es noch affilierte Jesuiten, d. h. solche Personen, welche, ohne die mönchischen Gelübde abzulegen, für die Interessen des Ordens arbeiten und ihm unbedingt gehorchen. Man nennt sie: Jesuiten im kurzen Rocke. Ihre Organisation und ihr Verhältnis zum Orden und zur Außenwelt, sowie ihr Personalbestand, sind durchaus Geheimnisse. Auch giebt es J e s u i t i n n e n.

Der oberste Würdenträger des Ordens ist der G e n e r a l, welcher absolute Gewalt besitzt und auf Lebenszeit gewählt wird. Als seine Minister und zugleich als seine Aufseher figurieren die A s s i s t e n t e n, vier bis sechs an der Zahl, denen Jedem ein bestimmter Teil der Erde zur Oberaufsicht zugewiesen ist. Unter jedem Assistenten steht eine Anzahl von Provinzen, in welche die Erde eingeteilt ist, und an der Spitze jeder Provinz ein P r o v i n z i a l. Solcher Provinzen giebt es z. B. in Österreich und Deutschland, nebst den Niederlanden drei, in Italien vier, in Frankreich zwei u. s. w., zusammen gegenwärtig siebzehn. An der Spitze der lokalen Niederlassungen stehen S u p e r i o r e n. Diese Niederlassungen sind entweder Profeßhäuser, deren es drei, in Rom, Palermo und Genua, Exerzitienhäuser, deren es zwei, in Rom und Lyon, giebt, dann mehrere Novizenhäuser, Seminare, Kollegien, Pensionate und Missionen. — An der Seite jedes Würdenträgers, des Generals, der Assistenten, der Provinziale und der Superioren steht ein Admonitor oder Konsultor, der ihn an seine Pflichten zu erinnern hat. Zur Überwachung der Provinzialverwaltung werden vom General B i s i t a t o r e n abgeordnet. Das Rechnungswesen und die Prozesse des Ordens besorgen P r o k u r a t o r e n, die Censur der von Ordensgliedern verfaßten Schriften R e v i s o r e n. Die G e n e r a l v e r s a m m l u n g, welche unter dem Vorsitze des Generals aus den Assistenten und Abgeordneten der Provinzen besteht, wählt den General und die Assistenten, entscheidet nötigenfalls über Entsetzung derselben, und bestätigt die von dem General

getroffenen Abänderungen der Konstitutionen, sowie Veräuße=
rungen von Ordensgütern. In besonders wichtigen Fällen wird
eine **Generalkongregation** berufen, an welcher alle
Professen teilnehmen dürfen. Jede Provinz hat überdies eine
Provinzialkongregation.

Was von den Obern in der Gesellschaft Jesu ihren Unter=
gebenen aufgetragen wird, muß ohne Prüfung vollzogen werden;
der Niedere ist ein Leichnam (cadaver) in der Hand des
Höhern, wie es in den Konstitutionen, Teil VI. Kap. 1, § 1
wörtlich heißt. Wie dieses Verhältnis **blinden Gehor=
sam**, so hat daneben jenes unter den Gleichstehenden, sowie
jenes der Höheren gegen die Niederen, **Mißtrauen** zum
Inhalte. Keiner traut dem Andern, Alles überwacht, belauscht,
denunziert einander. Ein wirklich staunenswertes System von
Berichterstattung ist im Orden eingeführt. Jeder Würden=
träger berichtet in vorgeschriebenen Perioden seinen Obern über
seine Untergebenen, der Admonitor oder Konsultor jedes Würden=
trägers über den Letztern dem Generale, zu gewissen Zeiten
auch die Superioren dem General mit Umgehung der Pro=
vinzialen. Genaue Listen werden über alle Mitglieder und
deren Thun und Treiben geführt.

4. Die jesuitische Moral.

Die moralischen Grundsätze des Ordens bezeichnet man
gewöhnlich durch den Satz: „der Zweck heiligt die Mittel."
Wörtlich lautet derselbe in vielen Schriften jesuitischer Moral=
theologen so: Wo (oder wem) der Zweck erlaubt ist, da (oder
dem) sind auch die Mittel erlaubt. Da aber die Jesuiten sehr
klug sind, so umhüllen sie diesen Grundsatz mit so vielen Aus=
nahmen und Vorbehalten, daß man nicht wohl sagen kann, sie
lehren ihn schlechthin. Dagegen sind die Lehren der Jesuiten
im Einzelnen, wie wir gleich zeigen werden, derart, daß da=
raus der Grundsatz „der Zweck heiligt die Mittel" dem Sinne
nach in allen Richtungen hervorschaut. Dies ist um so weniger
zweifelhaft, als die Losung des Ordens heißt: Alles zur
höhern Ehre Gottes, und daher Alles, was derselbe thut, es
mag sein, was es will, als zur Ehre Gottes unternommen,
d. h. als schön und löblich ausgegeben wird. Das Wort

„jesuitisch" ist daher auch, und zwar nicht infolge von Verleumdungen und Übertreibungen allein, sprichwörtlich geworden für jede Handlungsweise, welche nach den allgemein geltenden Begriffen verwerflich ist, angeblich aber zu guten Zwecken vorgenommen wird, und für jede Ausdrucksweise, welche vom Sprechenden anders verstanden wird, als sie der Hörende verstehen kann. Freilich geht Alles, was man über die Ansichten der Jesuiten weiß, von Einzelnen aus; aber es ist nicht zu vergessen, daß kein Jesuit Das, was er schreibt, öffentlich herausgeben darf ohne ausdrückliche Billigung von Seite des Ordens als solchen. (Konst. VIII, 1,8). *)

Der Charakter der jesuitischen Moral liegt vorzüglich darin, daß sie, wie die bedeutendsten Schriftsteller des Ordens übereinstimmend lehren, Alles für erlaubt hält, was irgend ein achtenswerter Lehrer (Doctor gravis), für Jesuiten also offenbar zunächst ein jesuitischer, als erlaubt erklärt. So sagen die Jesuiten Escobar, Sanchez, Sa und mehrere Andere ausdrücklich, was ein einziger gelehrter Mann behaupte, erhalte dadurch einen Grad von Wahrscheinlichkeit (lat. probabilitas, daher dieses System Probabilismus genannt wird), und dürfe daher unbedenklich in's Werk gesetzt werden. Ja, Sa erlaubt sogar das Wahrscheinliche in dem Falle, wenn das Gegenteil davon sicherer ist. Es ist aber den Jesuiten in den Deklarationen zur Ordensverfassung vorgeschrieben, daß sie unter mehreren Handlungsweisen stets diejenige wählen sollen, welche dem Orden vorteilhafter ist, sie möge die sicherere sein oder nicht. Was dabei übel ausfällt, wird ja nach der Lehre der römisch-katholischen Kirche ganz bequem durch Beichte und Absolution wieder gut gemacht. Sagt ja der Jesuit Vasquez, mit Zustimmung von Escobar, Sanchez und Suarez, der Beichtvater dürfe dem Beichtkinde unter Umständen auch eine weniger wahrscheinliche, ja sogar eine gegen seine eigene Ansicht streitende Handlungsweise anraten, wenn selbe leichter und vorteilhafter sei, und ergänzt der Ordensmann Bauny diese interessante Maxime deutlich durch die Versicherung: Wenn die Ansicht, nach welcher jemand handelte, probabel sei, d. h.

---

*) Vergl. mit dem folgenden: E. Eisele (Pfarrer). Die zehn Gebote nach den Jesuiten. Halle 1889.

Gründe der Wahrscheinlichkeit für sich habe, so **müsse ihn der Beichtvater absolviren, auch wenn er selbst eine ganz andere Ansicht hege,** — und wenn er sich dessen weigere, so begehe er eine Todsünde. Da nun der Jesuit Lessius den Mord aus Rache, der Jesuit Navarra den Mord zur Verhinderung eines Zweikampfes, der Jesuit Tamburini „ehrbaren" Frauen und Mädchen die Preisgebung ihrer Ehre um Geld erlaubt, die Jesuiten Fagundez und Hurtabo gestatten, daß sich ein Sohn über die Tötung seines Vaters freuen dürfe, **wenn ihm hierdurch Güter zufallen,** — Escobar es für erlaubt hält, daß ein Arzt eine Arznei verordne, von welcher anzunehmen ist, daß sie heilen **könne,** — wenn es auch wahrscheinlicher sei, daß sie **schade,** und Sanchez versichert es sei keine Lüge, zweideutige Worte in dem Sinne auszusprechen, welchen der Sprechende hineinlegen will, obwohl die Angeredeten sie anders verstehen, und es sei ebensowenig eine Lüge, bei der Äußerung unzweideutiger Worte etwas im Stillen hinzuzudenken, und sogar in dieser Weise zu schwören, sei kein Meineid, — so ist es klar, daß auf diese jesuitischen Autoritäten hin jedes Verbrechen als erlaubt und „probabel" angesehen und von Jesuiten daher auch ungestraft verübt werden kann. Der Jesuit darf z. B., wie Sanchez wörtlich sagt, wenn er Jemanden getötet hat, schwören, er habe es nicht gethan, **sofern er in Gedanken hinzufügt: „vor seiner Geburt"**! Das Angeführte, das ohne Ausnahme mit ausdrücklicher Genehmigung des Ordens gedruckt wurde, und dem wir noch eine Menge anderer Beispiele folgen lassen könnten, ist, denken wir, genügend, um die jesuitische Moral als eine durchaus verwerfliche zu charakterisiren. Namentlich in geschlechtlicher Beziehung ist dieselbe derart, daß die Schriften der Jesuiten zu den unzüchtigsten und schmutzigsten Büchern gehören, die es giebt. Übrigens haben im 17. Jahrhundert drei Päpste nicht weniger als 143 Sätze der jesuitischen Moralisten verdammt.

Die Jesuiten verweigern aber nicht nur den allgemein anerkannten Grundsätzen der Moral ihre Huldigung, sondern selbst den Geboten der Kirche, welche zu schützen und zu verbreiten der Zweck ihres Ordens ist. Die Jesuiten Escobar, Busembaum, Laymann, Tamburini u. A. lehren nämlich, daß es nicht nötig sei, der gesamten Messe beizuwohnen, es genüge, einen Teil davon zu hören; es sei erlaubt, während der Messe zu plaudern, wenn man den Altar nicht aus dem Auge verliere, auch die Zerstreutheit während der heiligen Handlung genüge, wenn das Betragen im Übrigen anständig sei, auch verfehle man den Zweck der Messe nicht, wenn man unter derselben schöne Frauen anblicke oder gar verbrecherische Absichten hege. Sogar in der Beichte lassen dieselben zweideutige Ausdrücke und Mental-Reservationen (Vorbehalte in Gedanken) zu, sowie die Verschweigung einer Sünde, sofern dieselbe in einer Generalbeichte inbegriffen sei, die Annahme eines zweiten Beichtvaters, um bei dem ersten in gutem Rufe zu bleiben, u. s. w. Sie gestatten ferner den Geistlichen mit Laien um den Ertrag von Messen zu spielen oder ihre Gläubiger damit zu bezahlen, daß sie Messen für sie lesen. Selbst die Unfehlbarkeit des Papstes existiert für sie nur in den Schranken ihrer Probabilitätstheorie, und gilt nur, je nachdem die Aussprüche des heiligen Vaters ausgelegt und verstanden werden. Verweigert z. B. der Papst den Banditen das Asylrecht, so gilt dies nicht, sofern der Mord nicht um Geld, sondern aus — Gefälligkeit (!) stattfand, und das kirchliche Asyl genießen auch Jene, welche neben der Kirche ein Verbrechen begingen, um gleich darauf vom Asyle Gebrauch machen zu können.

Es ist nun klar, daß mit solchen Grundsätzen ein Glaube aus Überzeugung unvereinbar, und es ist mit Sicherheit anzunehmen, daß die Obern der Jesuiten vollständig glaubenslos sind und die katholische Kirche nur benutzen, weil sie vermöge ihrer großen Ausbreitung eine Macht darstellt, die ihnen zur Erreichung ihrer Zwecke bequem ist, worin sie stark an die Templer erinnern. Daher heucheln sie Gehorsam dem Papste, während derselbe vielmehr ihr Werkzeug ist, heucheln Haß gegen die Ketzerei, weil sich, falls sie mit letzterer offen einig gingen, die Katholiken von ihnen nicht mehr hinter das Licht führen ließen, und gehen daher so weit, den Tod der Ketzer zu verlangen und die Religionsfreiheit zu verdammen.

Die Jesuiten sind mithin nicht nur Feinde der Aufklärung, welche letztere nur dann wahr sein kann, wenn sie mit einer gesunden und aufrichtigen Moral verbunden ist und offen bekennt, was sie will und warum sie es will, — sondern sie sind auch Feinde der katholischen Kirche, weil letztere ohne Moralität nicht bestehen kann. Wenn daher die Jesuiten ihren Zweck, mit Hilfe der katholischen Kirche zu großer Macht zu gelangen, erreichen und die Leitung genannter Kirche völlig an sich reißen sollten, nach welchem Erfolge sie dann keine Ursache mehr hätten, mit ihren wahren Ansichten hinter dem Berge zu halten, so wäre es mit dem katholischen Glauben zuversichtlich vorbei, aber nicht zum Vorteile der wissenschaftlichen Forschung, sondern blos zum Vorteile der Heuchelei und einer allgemeinen Entsittlichung.

Die Zwecke des Jesuitenordens sind daher rein egoistische, sie bestehen nur im Vorteile des Ordens, in seiner Macht und seinem Reichtum; weder die Menschheit, noch die Kirche kann durch ihn beglückt werden, weil die Durchführung seiner Grundsätze die Auflösung beider herbeiführen müßte.

Diese Anschauung wird übrigens bestätigt durch die **politischen Grundsätze der Gesellschaft Jesu**. Hätte letztere nicht Plane, welche über die Religion und die Kirche hinausgehen, so brauchte sie sich nicht mit Politik zu beschäftigen. Die Politik spielt aber eine sehr hervorragende Rolle in der Litteratur des Ordens.

Die **Templer** hatten die Absicht, durch eine **Aristokratie** zur höchsten Macht auf Erden zu gelangen und die Gewalt der Fürsten zu vernichten. Die **Jesuiten** versuchen es, dem fortgeschrittenen Zeitbewußtsein und dem neuern politischen Geschmacke gemäß, mit der **Demokratie**. Daher wir denn auch heute in Deutschland und der Schweiz Ultramontane und Demokraten in rührender Freundschaft zusammenwirken sehen.

Es war ein bewundernswerter, richtiger Blick, der die Jesuiten bereits längst vor der französischen Revolution veranlaßte, sich auf das **Volk** zu stützen und dessen **Souveränetät** zu lehren. Der Jesuit Bellarmin sagt mit Recht, die Art der politischen Macht, ob Monarchie, Aristokratie oder Demokratie, folge notwendig aus der Natur des Menschen; die politische Macht selbst aber ruhe auf der gesamten Menge; denn es gäbe von Natur keinen Vorzug der einen Menschen vor den anderen; die Gewalt der Gesamtheit sei also gött-

lichen Rechtes. Der Jesuit Mariana baut hierauf weiter die
Ausführung, daß es an dem Volke sei, die Regierung zu be-
stellen und die erbliche Monarchie daher zu verwerfen, weil
sie die Persönlichkeit des Herrschers dem Zufalle überlasse.
Ein Monarch dürfe demgemäß, wenn er seine Macht miß-
brauche, vom Volke abgesetzt und mit dem Tode bestraft
werden. Man sieht, die englischen Revolutionärs von 1649
und die französischen von 1793 waren gelehrige Schüler der
Jesuiten in politischer Beziehung. Seitdem haben sämtliche Jesuiten, welche sich mit politischen Fragen schriftstellerisch
beschäftigten, die Frage, ob man einen Tyrannen töten dürfe,
bejaht. Und es ist eine Lüge, wenn behauptet wird Mariana sei der einzige, der dies that; denn ihm stehen zur
Seite: Lessius, Azorius, Sotus, Suarez, Tanner, Escobar,
Delrio, Beccanus, Bonartius, Salas, Valentia, Comitolus und
viele andere. Die Schattenseite hiervon ist freilich die, daß die
Jesuiten unter einem Monarchen, der seine Gewalt mißbraucht,
wesentlich nur einen solchen verstehen, welcher der Kirche und
speziell dem Jesuitenorden entgegentrete, d. h. natürlich einen
aufgeklärten Monarchen, z. B. einen Heinrich IV., auf
dessen Ermordung der Jesuit Rainold (eigentlich Rosseus) bereits im Jahre 1592 so deutlich anspielte, daß es einer Aufforderung dazu gleichkam. Auch ist es den Ordensvätern mit
der Verteidigung der Volkssouveränetät keineswegs um das
Wohl des Volkes, sondern nur darum zu thun, die Völker zur
Erreichung ihrer Zwecke gegen die Fürsten zu benutzen, um
dann an der Stelle der Letzteren die Ersteren zu regieren.
Wollten die Templer ein aristokratisches Ordensreich, so wollen
die Jesuiten ein demokratisches unter päpstlicher und katholischer Firma errichten, dessen wirkliche Regierung aber in ihren
eigenen Händen liegen soll. Und dies ist klug berechnet; denn
noch keine Macht hat die Völker so gut zu bändigen und zu
gängeln, ihre Sinnlichkeit zu wecken und ihre Verstandesthätig-
keit einzuschläfern gewußt, wie die römisch-katholische Kirche,
seitdem sie völlig unter jesuitischem Einflusse steht.

Die Geschichte des Jesuitenordens hat der dritte General
desselben, Franz Borgia, in dem treffenden Bilde dargestellt:
Wie Lämmer haben wir uns eingeschlichen, wie Wölfe haben
wir regiert, wie Hunde wird man uns vertreiben, wie Adler

werden wir uns verjüngen. Nach dem Tode Loyola's hatte der Orden bereits über 1000 Mitglieder; nach der Mitte des 18. Jahrhunderts, kurz vor seiner Aufhebung durch Clemens XIV., besaß er 1358 Häuser mit 22,600 Mitgliedern, davon die Hälfte aus Priestern bestand. Nach seiner Wiederherstellung (1814) begann er langsam wieder zu wachsen, allein obgleich er 1844 wieder 4133, 1857: 6303, 1860: 7144, 1865: 7956 und 1872: 8809 Mitglieder (darunter etwa 3500 Priester) zählte, ist er doch noch kaum ein Schatten jener Macht, die er vor hundert Jahren besaß und wird auch schwerlich je wieder mehr werden. Denn die Bildung und Wissenschaft unserer Zeit ist zu einer Macht emporgewachsen, mit welcher sich die Leistungen der Jesuiten nicht messen können. Zwar haben die Letzteren, um von der Theologie nicht zu sprechen, welche ihr natürliches Gebiet ist und mehr Glaubenseifer, als Tiefe und Gründlichkeit erfordert, — mehrere Gelehrte von Bedeutung aufzuweisen, so namentlich glänzende, aber unkritische und parteiische Geschichtschreiber, wie Mariana und Straba, und eine Anzahl von Naturforschern, wenn auch nicht Entdecker ersten Ranges; allein ihr ganzes Erziehungssystem, welches das Hauptgewicht darauf legt, die Schüler für die Zwecke des Ordens tauglich zu machen, ist darauf eingerichtet, alle Originalität zu zerstören und eine geisttötende Uniformität zu erzielen. Es ist z. B. bezeugt, daß in der Mitte des 18. Jahrhunderts an bairischen Jesuitenanstalten die Schüler das Vaterunser rückwärts hersagten, das Vorkommen von Wörtern wie et, in u. s. w. im Katechismus des Canisius zählen, in der Geschichte rein mechanisch Namen und Zahlen sich merken mußten. Auch ist die Gewandtheit und Fertigkeit ihrer Prediger wohl imstande, das Volk eine Zeitlang zu blenden; allein ihr komödiantenhaftes Auftreten vermag nicht auf die Dauer zu fesseln, und die Gebildeten stößt es geradezu ab. Endlich findet ihre oft anerkennenswerte Aufopferung in menschenfreundlichen Bestrebungen so viele Gegenbilder auf Seiten der freien Humaniät und Wissenschaft, daß an nennenswerte Erfolge ihrer Bestrebungen kaum mehr zu denken ist.

5. Astrologen und Alchemisten.

Mit der Schöpfung des Jesuitenordens und mit den der Reformation einen großen Teil ihrer Erfolge wieder entziehenden Thaten derselben war das Zeitalter der Kirchentrennung im Wesentlichen abgeschlossen. Durch den westfälischen Frieden (1648), welcher die beiden großen Kirchen der Christenheit auf Kosten aller übrigen Glaubensrichtungen anerkannte, fand es nur noch seine formelle Erledigung; denn der Eifer für den Glauben als solchen war bereits längst vor dem dreißigjährigen Kriege erloschen; man fand sich ermüdet von theologischen Streitigkeiten und zugleich abgestumpft für andere ernste und wichtige Bestrebungen, und so kam es, daß man im Übergange vom 16. zum 17. Jahrhundert auf allerlei unnütze, irrige und nichtige Träumereien und Phantastereien verfiel, unter welchen die Afterwissenschaften der **Astrologie** und der **Alchemie** die größte Rolle spielten. Von diesen beiden Wahngebilden hatte naturgemäß das erste, weil sich sein Schauplatz am sternhellen Himmel befand und, ohne materielle Interessen zu suchen, nur Ruhm und Ehre als Ziele kannte, mehr einen öffentlichen Charakter, das letztere aber, das nur in düsteren Gewölben mittels besonderer Vorrichtungen verfolgt werden konnte und die Habsucht vor Allem reizte, einen vorzugsweise **geheimen**.

Es war daher natürlich, daß zunächst die Alchemie oder die vorgebliche Kunst, Gold und Silber hervorbringen zu können, zu Gedanken an geheime Gesellschaften Anlaß bot, namentlich wenn sie sich, wie damals oft der Fall war, mit mystischen, theosophischen (über Gott grübelnden) und kabbalistischen (die Bedeutung heiliger Wörter untersuchenden) Bestrebungen verband, womit sich namentlich die Anhänger und Schüler des berühmten Theofrastus Bombastus **Paracelsus**, des Reformators der Medizin, eines eifrigen Astrologen und Alchemisten, beschäftigten. Es war die Zeit eines Jakob **Böhme**, welcher, Schuhmacher und Philosoph zugleich, zwar nicht nach edlen Metallen geizte, aber doch zu zwecklosen Grübeleien über göttliche Dinge vielen Anstoß gab.

Für und gegen jenes mystische und abergläubische Treiben erschienen nun, namentlich seit dem Anfange des 17. Jahrhunderts, eine Menge Schriften. An diesem Federkampfe beteiligte sich ganz besonders der lutherische Theolog Johann Valentin Andreä aus Tübingen (geb. 1586, gest. 1654), welcher auf den merkwürdigen Gedanken geriet, jene Mystiker dadurch zu geißeln, daß er im Jahre 1614 in zwei satirischen Schriften zum Scherze vorgab, es bestehe eine geheime Gesellschaft zum Zwecke derartigen Treibens, welcher er nach seinem Familienpetschaft, ein Andreaskreuz mit vier Rosen an den Enden enthaltend, den Namen der Rosenkreuzer gab. Diese Schriften, betitelt Fama fraternitatis Roseae Crucis (Ruhm der Brüderschaft des Rosenkreuzes) und Confessio fraternitatis oder Bekenntnis der löblichen Brüderschaft des Rosenkreuzes, leiteten die angebliche Gesellschaft von einem Mönche, Namens Christian Rosenkreuz, ab, welcher im 14. und 15. Jahrhundert gelebt, sich nach dem heilgen Lande begeben, im Oriente sich in geheimen Wissenschaften unterrichtet, zur Pflege derselben aus Mitbrüdern seines Klosters den nach ihm benannten Bund gestiftet habe und 106 Jahre alt gestorben sei; 120 Jahre später habe man in seinem Grabe, das nach der Ordensregel geheim gehalten worden, aber in einem Gewölbe prachtvoll eingerichtet gewesen sei, auf seinem unversehrten Leichname ein pergamentenes Buch gefunden, welches die Verfassung und Geheimnisse des Ordens enthalten habe. Eine spätere Schrift „Chymische Hochzeit Christiani Rosenkreuz", erschienen 1616, spann diese Fabel noch weiter aus. Nun war jene Zeit so verrannt in den alchemistischen Wahn, daß man das Erzählte für baare Münze hielt und daß nun eine wahre Flut von Schriften erschien, in welchen die Einen für, die Anderen gegen die angebliche Gesellschaft der Rosenkreuzer anstraten. Zu den Letzteren gehörten die Theologen, welche in derselben ketzerische Grundsätze, und die Mediciner, welche darin Gefahr für ihren Zunftzwang witterten, während die Alchemisten, und besonders die Anhänger des Paracelsus, mit Eifer die Rosenkreuzer aufsuchten und ihre Berechtigung verteidigten. Auch fehlte es nicht an Versuchen, das Symbol des Rosenkreuzes mystisch zu deuten, indem man darin bald die Heiligkeit, verbunden mit der Verschwiegenheit, bald das von Christus am Kreuz vergossene rosenfarbene Blut finden wollte. Erstaunt über den von ihm wider Willen hervorgerufenen Kampf des Unsinns gegen die Beschränktheit, wollte nun Andreä das gestiftete Unheil wieder gut machen, indem er mittels seiner Schriften: Mythologia Christiana und Turris Babel (der babylonische Turm) in die Welt hinausschrieb: es sei Alles ein Scherz, die Brüderschaft sei ersonnen und existiere nicht. Da er jedoch unterließ, sich selbst als Verfasser jener ersten Schriften zu nennen, so war es umsonst, daß er die rosenkreuzerischen Schriftsteller mit der ganzen Lauge seines Spottes übergoß. Umsonst stiftete er, um die Gemüter auf andere Bahnen zu lenken, eine „christliche Brüderschaft", zu dem Zwecke, die Religion von Mißbräuchen zu reinigen und wahre Frömmigkeit zu pflanzen. — Der Unsinn dauerte fort; die in Andreä's Schriften nur flüchtig berührte Alchemie wurde Gegenstand einer Menge neu auftauchender Bücher, deren Verfasser Mitglieder des angeblichen Bundes zu sein behaupteten. Auch wurde die Sache von Abenteurern und Parteien aller Art ausgebeutet und es kam so weit, daß sich in den Rheingegenden und den Niederlanden wirklich geheime alchemistische Gesellschaften unter dem Namen der Rosenkreuzer bildeten, die sich daneben auch Fraternitas Roris cocti, Brüderschaft des gekochten Taues, d. h. des Steins der Weisen nannten, aber keine gemeinsame Organisation bildeten. Viele Menschen wurden von diesen Schwindlern um das Ihrige gebracht; es bildeten sich Verzweigungen der Gesellschaft in Deutschland und Italien. Auch in England verbreitete der Arzt Robert Flubb, ein eifriger Mystiker und Alchemist, durch zahlreiche Schriften den seltsamen Orden. Über denselben wird u. a. erzählt: Die Rosenkreuzer reisten umher, gingen schlecht gekleidet, schoren das Haar zunächst der Stirne ab, trugen als Abzeichen eine schwarze Seidenschnur im obersten Knopfloch und wenn sie zu Mehreren ausgingen, ein grünes Fähnlein, und gaben sich als Ausläufer des großen Johanniterordens aus. In ihren Versammlungen dagegen trugen sie an einem blauen Bande ein goldenes Kreuz mit einer Rose daran, und ihr Vorsteher, betitelt Imperator (Kaiser), war in priesterlichen Schmuck gehüllt. Sie beobachteten gegen Außen strenges Stillschweigen, lösten sich aber im 18. Jahrhundert nach und nach auf, ohne daß genau bekannt wäre, wie die später von uns zu erwähnenden freimaurerischen Rosenkreuzer mit ihnen zusammenhangen. All dies ist jedoch wenig zuverlässig, und im Ganzen fand dies Treiben nicht viel Anklang; bald wandten sich vielmehr die hervorragenberen Geister ernsteren und würdigeren Bestrebungen zu.

Zehnter Abschnitt.
Entstehung und Verfassung des Freimaurerbundes.

1. Entstehung des Freimaurerbundes.

Die Reformation und die mit ihr verknüpften Ereignisse hatten die Menschen vielfach zum Denken angeregt. Die Unduldsamkeit jedoch, welche die Machthaber und Mitglieder beider Konfessionen an den Tag legten, indem sie ihre Gegner verleumdeten und verfolgten, stieß alle wahrhaft human Gesinnten so sehr ab, daß sich insgeheim eine Richtung ausbildete, welche das Heil weder im Katholizismus, noch im Protestantismus suchte, sondern in einem brüderlichen Verhalten aller Menschen ohne Unterschied des Glaubens. Die Aufklärung, welche in frivoler Form unter den Templern, in satirischer unter den Steinmetzen guter Ton gewesen, nahm eine würdigere, nicht nur verneinende, sondern wesentlich aufbauende Richtung an, und dazu trugen namentlich die B a u l e u t e Englands bei. In diesem Lande war man der konfessionellen Kämpfe satt, der Verfolgung der Protestanten unter der „blutigen Maria", wie jener der Katholiken unter der eisernen Elisabeth, und sehnte sich nach Toleranz. Die Grundsätze der letztern schöpfte man vorzüglich aus der wiederauflebenden Litteratur und Kunst, welche so tiefen Eindruck hervorbrachten, daß, wie früher die romanische, so nun auch die gotische Baukunst, als Ausdruck eines bestimmten konfessionellen Strebens, ihren Anhang verlor und die der alten griechischen und römischen nachgeahmte, sogen. augustische Bauart, oder die „Renaissance", die Gemüter der Kunstverständigen eroberte. Durch das Aufgeben der Gotik fielen natürlich die Satiren des Meisels weg; die weiten Hallen, die schlanken, luftigen, von niederdrückenden Bogen unabhängigen, blumengekrönten Säulen und die niederen, mit dem Gebäude verwachsenen, über dasselbe wenig hervorragenden Türme und Kuppeln drückten eine die Menschheit in weitestem Maße umfassende, Überhebungen nicht duldende, Freiheit mit praktischer Menschenliebe verbindende Gesinnung aus. Freilich war dieser Baustil durch allerlei geschmackloses Schnörkelwerk verunstaltet; aber dies war nur ein Auswuchs des damaligen Geschmackes überhaupt, der sich auch in der Poesie durch die widerwärtigen Hirtengedichte offenbarte. Die Renaissance-Architektur wurde in England durch den in Italien gebildeten Maler Inigo Jones eingeführt, welcher 1607 unter Jakob I. Generalintendant der königlichen Bauten und zugleich Vorsteher der Freimaurer wurde, deren Logen er reformirte. Er führte statt der jährlichen vierteljährliche Hauptversammlungen ein; diejenigen Maurer, welche nur am Handwerke hingen und für höhere, geistige Bestrebungen keinen Sinn hatten, wurden veranlaßt, in die Zünfte zurückzutreten, während auf der andern Seite wieder begabte Männer, die nicht zum Handwerke gehörten, aber an der Baukunst und an den Bestrebungen der Zeit überhaupt Interesse hatten, sich den Logen unter dem Titel „angenommener Brüder" anschlossen. In diesem verändertem Bestande erwachte ein neuer, freier Geist unter den freien Maurern, genährt durch die überall auftauchenden Ideen einer von Glaubensvorurteilen abgelösten Menschenliebe. Unberechenbar viel trugen zu der neu aufkeimenden Richtung bei die Bilder, welche Thomas Morus in seiner Utopia und Sir Francis Bacon in seiner „Neuen Atlantis" von Ländern entwarfen, die zwar nur in ihrer Phantasie existierten, aber ideale Zustände besaßen, wie aufgeklärte Männer sie auf die Erde herabwünschen mochten, sowie die Schriften des böhmischen Predigers Amos Komensky, lat. Comenius, welcher im dreißigjährigen Kriege von den Kaiserlichen aus seinem Vaterlande vertrieben worden und 1641 nach England gekommen war, — Schriften, welche kirchliche Engherzigkeit verdammten und eine weltbürgerliche Gesinnung empfahlen. Freilich litten die Logen, weil sich in ihnen Männer der verschiedensten politischen und religiösen Ansichten befanden, schwer unter der englischen Revolution und den Bürgerkriegen, die auf sie folgten; allein die später wiederkehrende Ruhe, die wissenschaftlichen Forschungen, denen die unter Karl II. gestiftete königliche Gesellschaft der Wissenschaften, im Gegensatze zu theologischen Grübeleien, großen Vorschub leistete, und endlich die Vertreibung des auf's neue konfessionelle Reibungen herbeiführenden Jakob II., gestatteten den Freimaurern, sich wieder zu erholen und ihre Arbeiten fortzusetzen. Dazu hatte namentlich auch der Wiederaufbau der im Jahre 1666 großenteils abgebrannten Stadt London und insbesondere der großen Paulskirche, dieses protestantischen Gegenstückes der Peterskirche in Rom, beigetragen, deren Baumeister, Christof Wren, der Bruderschaft angehörte. Nachdem jedoch diese Bauten vollendet waren, nämlich um die Zeit des Todes König Wilhelms III. (1702), und demzufolge die Bauleute Mangel an Arbeit hatten, fühlten die Freimaurerlogen auf empfindliche Weise das Unzureichende ihrer bisherigen Organisation. Die Bauleute von Fach nahmen immer mehr ab, indem sie dahingingen, wo ihnen Arbeit winkte, und die „Angenommenen Brüder", bisher die Minderen an Zahl, überragten an Menge die Bauverständigen immer mehr.

Ihre Versammlungslokale wurden in Folge dessen eine Art von Klubhäusern, welche Einrichtung sich am Anfange des 18. Jahrhunderts in London ausbreitete. Es gab vornehmere und geringere, politische und konfessionelle, gesellige und närrische Klubs, sogar solche von Abenteurern und Gaunern. Seit dem Sturze der Puritaner waren, unter den beiden letzten Königen aus dem Hause Stuart, Karl II. und Jakob II., die Sitten immer lockerer und die Ausschweifungen immer ärger geworden, wie Hogarths damals erscheinende Sittenbilder und die damals aufgeführten Schauspiele drastisch darthun. Diesem Unwesen wirkten die volkstümlichen Zeitschriften des Schriftstellers Richard Steele und des Dichters Josef Abbison entgegen, welche einen mächtigen und sehr günstigen Einfluß auf das häusliche, öffentliche und litterarische Leben Englands ausübten.

Gleichzeitig mit dieser Richtung, aber nicht in Übereinstimmung mit ihr, die einen orthodoxen Charakter zur Schau trug, wirkten die aus der Schule des großen Philosophen John Locke hervorgehenden sog. **Freidenker** oder **Deisten**, welche, entgegen dem blinden Glauben der Konfessionen, teils, wie **Herbert**, den Glauben an Gott und Unsterblichkeit aus Vernunftgründen verfochten, teils aber, wie **Anton Collins** und **John Toland**, alle Theologie verwarfen und bis zum Pantheismus schritten.

Eine Mischung dieser verschiedenen Erscheinungen gewann nun auch in den Klubhäusern oder Logen der ehemaligen Maurer, die sich stetsfort „Freimaurer" nannten, die Oberhand, nämlich ein Streben nach durchgreifender Verbesserung der Sitten, verbunden mit gemäßigt deistischem Standpunkte. Die Logen fühlten jedoch das Bedürfnis, diesem moralischen und freisinnigen Streben eine festere Organisation, als sie bisher gehabt, zur Grundlage zu geben. Es waren keine weltumgestaltenden großen Geister, keine mit ehernen Zügen in das Buch der Weltgeschichte eingegrabenen Namen, deren Träger den folgenreichen Gedanken faßten, aus der Werkmaurer-Gesellschaft eine geistig zu fassende Freimaurer-Brüderschaft zu bilden, an die Stelle des materiellen den symbolischen Bau zu setzen. Die beiden Theologen **Theophil Desaguliers** (zugleich Naturforscher und Mathematiker) und **James Anderson** und der Altertumsforscher **Georg Payne** standen an der Spitze der Männer, welche im Jahre 1717 die Vereinigung von vier Logen der Maurer Londons zu einer **Großloge** und die Wahl eines **Großmeisters** und zweier **Großaufseher** herbeiführten und damit den **Freimaurerbund**, wie er noch heute besteht, stifteten. Was Jerusalem dem Juden, Mekka dem Mohammedaner, Rom dem Katholiken, das ist London dem Freimaurer.

Jetzt waren die Maurer Englands keine Handwerksgenossenschaft mehr, sondern eine Gesellschaft von Männern aller Stände und Berufsarten, wie nicht minder aller Religionen (schon die genannten Stifter waren verschiedener Konfession), welche sich in dem höheren Gefühle der Menschlichkeit begegneten und keinen anderen Maßstab der Menschenwürde anerkannten, als Sittlichkeit, Herzensgüte und Wahrheitsliebe. Die neuen Freimaurer behielten die Sinnbilder der Werkmaurer, ihre Sprüche und Gebräuche bei; nur legten sie dieselben in moralischem Sinne aus. Sie bauten nicht mehr Häuser und Kirchen, sondern einen geistigen Tempel der Menschheit, benutzten das Winkelmaß nicht mehr zum Messen der rechten Winkel an Quadersteinen, sondern zur Berichtigung der Unebenheiten des menschlichen Charakters, den Zirkel nicht zum Beschreiben von Kreisen an Bauwerken, sondern zum Einschlusse aller Menschen in eine brüderliche Familienrunde.

Ein Bild der jungen Freimaurerbrüderschaft ist es wahrscheinlich, welches Toland in der von ihm 1720 erdachten „Sokratischen Gesellschaft" entwarf, der er jedoch ein antigriechisches Gewand umlegte. Die Symposien (Brudermähler) dieser Gesellschaft, ihre Wechselreden in Fragen und Antworten, ihre Abneigung gegen Gewaltherrschaft, Glaubenszwang und Glaubenshaß, ihre milde Denkart und ihr brüderliches Verhalten erinnern auffallend an freimaurerische Verhältnisse.

Spielten auch die konfessionellen Unterschiede und alle jene Dogmen, welche von Menschen erfunden worden sind, keine Rolle in dem neuen Bunde, so achtete derselbe doch die Religion im Allgemeinen hoch und hielt fest an jenen zwei einzigen Glaubenssätzen, welche nie erfunden wurden, sondern sich dem menschlichen Geist und Herzen von selbst aufdrängen, — dem Dasein Gottes und der Unsterblichkeit der Seele. Es wurde daher stetsfort jede Loge mit Gebet zum „allmächtigen Baumeister des Weltalls", eröffnet und geschlossen und Gedächtnisfeiern für abgeschiedene Brüder gehalten, von denen die Formel gebraucht wurde: er ist in den ewigen Osten hinübergegangen, d. h. dahin, wo das Licht herkommt.

Auch die politischen Parteien blieben unberücksichtigt unter den Freimaurern, und nur der Grundsatz war Allen gemein, das Vaterland zu lieben, Gesetz und Ordnung zu achten und das Wohl des Volkes zu befördern.

Da dem neuen Bunde an seiner Einheit liegen mußte, so war einer der ersten Beschlüsse der Großloge dahin gerichtet, daß ohne ihre Genehmigung keine Loge als rechtmäßig betrachtet werden solle. Es giebt daher bis auf den heutigen Tag keine anerkannte Freimaurerloge, welche nicht ursprünglich und mittelbar von London aus gegründet worden wäre. Trotz dieser Beschränkung, ohne welche der Bund wieder zerfallen wäre, entstanden schon in den ersten Jahren nach seiner Gründung eine Menge neuer Logen, welche die Ermächtigung hierzu von Seite der Großloge erhielten. Bei dieser Zunahme des Bundes machte sich das Bedürfnis fühlbar, gemeinsame Gesetze zu besitzen, und im Auftrage der Großloge unterzog sich einer der Stifter, Anderson, der Aufgabe, die bisherigen Beschlüsse der Bundesbehörde mit den alten Urkunden und Gebräuchen der Maurer zu vergleichen und zu einem Ganzen zu bearbeiten; es ist das „Konstitutionenbuch", welches noch gegenwärtig als Grundlage des freimaurerischen Thuns und Treibens gilt; es wurde öfter im Drucke herausgegeben und ist Jedermann zugänglich. Einen weitern Grundstein des Wesens der Freimaurerei legte die Großloge 1724 durch die Einsetzung eines Ausschusses für Mildthätigkeit und betrat damit eine der schönsten Stufen des Wirkens dieser Brüderschaft, diejenige nämlich der Hülfe in Not und Elend, nicht nur der Brüder, sondern aller Menschen.

Die innere Gliederung des Bundes endlich wurde vollendet durch die Einführung der Grade. Diejenigen Brüder nämlich, welche das Amt eines Meisters, d. h. des Ersten unter den einander gleichen Genossen oder Gesellen, bekleidet hatten, traten nach Ablauf ihrer Amtsdauer nicht mehr, wie früher, unter die einfachen Gesellen zurück, sondern bildeten eine eigene Abteilung, die der Meister, und anderseits wurden die Neuaufgenommenen nicht mehr sofort Gesellen, sondern hatten vorerst einige Zeit als Lehrlinge zuzubringen. So entstanden die drei Grade der Meister, Gesellen und Lehrlinge, wahrscheinlich um das Jahr 1720; andere, höhere Grade, waren damals noch unbekannt. Die Beförderung der Lehrlinge zu Gesellen und dieser zu Meistern, welche vorzunehmen erst nur die Großloge das Recht hatte, wurde bereits 1725 jeder einzelnen Loge bewilligt.

Die nun so mit den Grundlagen ihrer Eigentümlichkeit ausgestaltete Freimaurerei breitete sich bald weiter aus. Es traten, von reisenden englischen Maurern oder von in England aufgenommenen Fremden gegründet, in allen zivilisirten Ländern Logen in's Leben, welche sich, wenn sie zahlreich genug waren, baldmöglichst auch zu Großlogen vereinigten. So entstand 1730 die Großloge von Irland, 1736 von Schottland und von Frankreich, 1740 eine Provinzialloge von England in Hamburg, 1742 die Loge zur Einigkeit in Frankfurt a. M. und eine Loge in Wien, 1744 die große Mutterloge zu den 3 Weltkugeln in Berlin, 1734 die Loge des Großmeisters der Niederlande im Haag, 1743 eine Loge in Kopenhagen, 1755 eine solche in Stockholm, 1737 in Polen, 1738 in Rußland, 1737 eine Provinzialloge von England in Genf und 1739 eine Loge in Lausanne, 1733 eine solche in Florenz, schon 1727 und 28 Logen in Gibraltar und Madrid und 1735 in Lissabon, 1733 zu Boston in Nordamerika und von da aus bald in Philadelphia u. a. O. So war der Freimaurerbund innerhalb der ersten drei Jahrzehnte seines Bestehens bereits in allen zivilisierten Ländern vertreten und gab also hinsichtlich schneller Verbreitung seinem Gegenpol, dem Jesuitenorden, nichts nach. Gegenpole nennen wir die beiden Gesellschaften, weil eine jede von ihnen gerade jene Eigenschaften besitzt, welche der andern fehlen. Die Jesuiten sind streng zentralisiert, die Freimaurer nur konföderiert. Jene gehorchen den Befehlen eines Einzigen, diese dem Willen der Mehrheit, jene machen die Moralität von Gründen der Zweckmäßigkeit, diese von der Rücksicht auf das Wohl der Menschheit abhängig, jene anerkennen nur einen Glauben, ohne ihm doch aufrichtig anzuhangen, diese ehren jede aufrichtige Überzeugung, ohne eine einzelne solche als alleinseligmachend anzuerkennen, jene suchen die Selbständigkeit der Einzelnen zu unterdrücken, diese vielmehr sie zu entwickeln.

2. Verfassung des Bundes.

Der Freimaurerbund bildet, vermöge seiner historischen Entstehung durch Ableger aus England und durch weitere Verzweigungen solcher Ableger, kein einheitlich organisiertes Ganzes. Er besitzt keine Zentral- oder Oberbehörde, weder bekannte noch unbekannte gemeinsame Oberhäupter. Seine einzige Einheit besteht in dem gemeinsamen Namen und Zweck, in den gemeinsamen Erkennungszeichen, in Übereinstimmung der die innere Einteilung betreffenden Hauptzüge und in ähnlichen, wenn auch stark von einander abweichenden Gebräuchen.

Verschieden dagegen sind in den einzelnen Ländern die Mittel, durch welche man den Zweck der Maurerei zu erreichen sucht, sowie die Organisation der Logen und die Einrichtung der Arbeiten.

Dem gemeinsamen Zwecke der Freimaurerei mangelt es, im Gegensatze zu dem seines Strebens nur allzu gut bewußten Jesuitenorden, an vollkommener Klarheit. Verschiedene maurerische Schriftsteller drücken ihn verschieden aus, und eine offizielle, allgemein anerkannte Formulierung desselben existiert nicht. Das nur ist entschieden und ausgemacht, daß der Zweck des Freimaurerbundes weder ein religiöser noch ein politischer, sondern ein rein moralischer ist. „Die Freimaurerei befördert das Wohl der Menschheit"; darin werden wohl alle Freimaurer übereinstimmen, wenn auch die Einen mehr auf das materielle, Andere auf das rein sittliche, Andere auf das geistige Wohl, und wieder die Einen mehr auf die Gesamtheit, die Anderen mehr auf die Einzelnen Rücksicht nehmen. Da aber diese einzelnen Rücksichten einander keineswegs stören oder ausschließen, sondern vielmehr ergänzen, so kann auch der Mangel an bestimmter Formulierung des Bundeszweckes kein Hindernis wohlthätiger Wirkungen des Bundes sein. Und der Bund hat demgemäß auch schon viel Gutes gestiftet. Nicht nur seine Mitglieder unterstützt er in Notfällen; auch alle würdigen, hilfsbedürftigen Menschen außerhalb seiner Kette läßt er nicht umsonst um Hilfe rufen, und hat im Laufe der Zeiten manch wohlthätige und gemeinnützige Anstalt gestiftet oder befördert.

Damit aber bei der großen Verbreitung des Bundes, bei welcher es unmöglich ist, daß jedes Mitglied das andere kennt, keine Anmaßung dieser Mitgliedschaft von Seite Unberechtigter stattfinde, besitzen die Freimaurer Kennzeichen, durch welche sich außer der Angehörigkeit auch der Grad verrät, in welchem sich der Betreffende befindet. Diese Kennzeichen bestehen in einem Worte, das auf besondere Weise ausgesprochen wird, einem Zeichen, das in verschiedenen Bewegungen der Hand besteht, und in einer besondern Art, die Hand des Begrüßten zu drücken. Auch an der Art und Weise des Anklopfens, des Trinkens u. s. w. erkennt man den Freimaurer, sofern er davon Gebrauch machen will.

Außer diesen allgemeinen Eigentümlichkeiten giebt es noch besondere, die nur einzelnen Teilen des Bundes gemeinsam sind. Der letztere zerfällt nämlich, infolge seiner Verbreitung durch Leute verschiedener Geistes- und Geschmacksrichtung, in eine Anzahl von Systemen, deren Verschiedenheit in gewissen Ceremonien besteht, welche bei Aufnahmen, bei Beförderungen in die höheren Grade, bei der Gedächtnisfeier verstorbener Brüder und, in einfacherer Weise, bei anderen festlichen Anlässen Anwendung finden. Im letztgenannten Falle bestehen dieselben lediglich in gewissen feierlichen Reden und Gegenreden oder Fragen und Antworten, mit welchen die Verhandlungen eröffnet und geschlossen werden, und welche in ähnlicher Weise schon bei den alten Steinmetzen und auch in anderen geheimen Gesellschaften vorkamen. Den Gebräuchen der Steinmetzen ist ursprünglich auch die Aufnahme in den ersten Grad, den der Lehrlinge, nachgebildet, während die Aufnahmen in die höheren Grade in weiterer Ausschmückung derselben bestehen. Es sind im Ganzen, mit den erforderlichen Abänderungen, die Aufnahmegebräuche, die schon bei den Mönchs- und geistlichen Ritterorden stattfanden, von denen wir bei Anlaß der Templer ein Beispiel gaben. Das Vorbild aller dieser Aufnahmen ist aber ohne Zweifel die christliche Taufe.

Manche Leute möchten ohne Zweifel gerne wissen, was bei den freimaurerischen Aufnahmen vorgeht. Solchen ist zu bemerken, daß die dabei stattfindenden Gebräuche eben in allen Systemen verschieden sind und daher zu ihrer Veröffentlichung ein besonderes dickes Buch erforderlich wäre, daß dieselben überdies in schriftlicher Mitteilung die ganze Wirkung verlieren, welche sie in der Vornahme selbst ausüben, und daß sie auf Jemanden, der sie aus bloßer Neugier kennen lernen wollte, durchaus keinen Eindruck zu machen geeignet wären.

Eine große Rolle bei diesen Gebräuchen spielen die Symbole oder Sinnbilder der Freimaurerei, von denen die ältesten den Bauhütten entlehnt sind und daher maurerische Werkzeuge darstellen, andere aber sich ihnen zu verschiedenen Zeiten beigesellt haben und an verschiedene geheime Gesellschaften, sowie an kirchliche Gegenstände erinnern. Mit den

Symbolen indessen sowohl, als mit den Zeremonien, ist im Laufe der Zeit vieler Mißbrauch getrieben und in dieselben Vieles aufgenommen worden, was die ursprüngliche Einfachheit und Würde des Bundes stört und denselben vielfach von nützlicheren Beschäftigungen abzieht.

Die Erkennungszeichen, Gebräuche und Sinnbilder sind das einzig G e h e i m e in der Freimaurerei. Geheimnisse, d. h. Kenntnisse von Dingen, welche anderen Menschen verborgen wären, besitzt der Bund n i c h t, und alles, was je über solche behauptet wurde, ist Erdichtung. Diskretion über seine Verhandlungsgegenstände und seinen Mitgliederbestand hat er mit vielen anderen Gesellschaften gemein und ist also in dieser Beziehung blos eine g e s c h l o s s e n e, nicht eine geheime Gesellschaft. Von geheimen Vorgängen, Umtrieben und Thaten, wie solche bei den Jesuiten und den politischen geheimen Vereinen neuerer Zeit vorkamen, ist im Freimaurerbund keine Spur zu finden.

Der Freimaurerbund ist in jedem Lande f ü r s i c h, und ganz unabhängig von anderen Ländern organisiert. Ein engerer Verein von Maurern, welcher sich regelmäßig in seiner Gesamtheit versammelt, heißt eine L o g e (franz. auszusprechen: Lohsche). Der Ort (die Stadt), wo sich eine oder mehrere Logen befinden, heißt O r i e n t, der Vorsitzende der Loge: Meister vom Stuhl, welchem zwei Aufseher oder Vorsteher und mehrere andere Beamte zur Seite stehen. Auch die Versammlungen sowohl, als die Gebäude, in welchem erstere stattfinden, heißen Logen. Eine Loge kann isoliert, d. h. vollkommen unabhängig sein; dies ist jedoch höchst selten der Fall. In der Regel gehört eine jede einem Vereine von Logen an, welcher den Titel G r o ß l o g e oder G r o ß o r i e n t führt. Die einzelnen Logen eines solchen Bundes arbeiten bald nach einem gemeinsamen Systeme, bald nach verschiedenen solchen. Diese Großlogen besitzen wieder sehr verschiedene Einrichtungen. An ihrer Spitze steht in der Regel ein G r o ß m e i s t e r mit mehreren G r o ß b e a m t e n, welche Würdenträger bald aus freier Wahl der Abgeordneten sämtlicher verbündeten Logen, bald aus alten Vorrechten der Logen gewisser Oriente hervorgehen. Die freieste Logenverfassung hat seit 1844 die Schweiz, wo der Sitz der Großloge alle 5 Jahre wechselt. In monarchischen Staaten ist dieser Sitz in der Regel an die Residenz gebunden. In Deutschland existieren acht Großlogen, deren Gebiete einander wechselseitig durchkreuzen, so daß sich oft in einer Stadt mehrere Logen befinden, die verschiedenen Großorienten angehören, was aber der brüderlichen Eintracht unter ihnen keinen Eintrag thut. In Frankreich, Belgien Spanien und Brasilien giebt es je zwei Großlogen, von denen eine jede einem andern Systeme von Gebräuchen huldigt. In Holland, der Schweiz, Dänemark, Schweden, England, Schottland, Irland, Ungarn, Italien, Portugal und Griechenland gehören dagegen alle Logen je zu einer einzigen Großloge. Eine solche giebt es auch in jedem der Vereinigten Staaten von Nordamerika und in jeder größern der mittel- und südamerikanischen Republiken. In den englischen Kolonien in Ostindien, Kapland, Australien u. s. w. sind die Logen unter die Großoriente der drei britischen Königreiche verteilt, während sie im englischen Nordamerika eigene Oberbehörden besitzen. Im Ganzen giebt es über 90 Großlogen, über 15000 einzelne Logen und wohl fast eine Million (mit den nicht thätigen wohl einige Millionen) Freimaurer. Dies ist jedoch nur eine ungefähre Schätzung. Eine genaue Zählung ist bei dem Mangel an einheitlicher Organisation unmöglich.

3. Die Loge.

Die einzelnen Logen führen besondere Namen, welche entweder von einer Persönlichkeit oder von einer Tugend oder von maurerischen Sinnbildern oder endlich von lokalen Verhältnissen entlehnt sind; in England und Amerika begnügen sie sich oft mit bloßen Nummern nach der Zeit ihrer Gründung. Diese letztere kann stattfinden, wenn sich eine gewisse Zahl regelrecht aufgenommener Brüder, und unter ihnen wenigstens drei Meister, dabei beteiligen und die Genehmigung von Seite der Großloge des betreffenden Landes (oder eines andern, falls sich dort keine solche befindet) erlangen. Unumgänglich für jede Loge ist ein gedecktes, d. h. gegen jeden Einblick und jedes Eindringen Unberechtigter geschütztes Lokal. Reichere

Logen besitzen einige Häuser, oft sehr geschmackvoll, selbst prächtig gebaute und eingerichtete, andere miethen sich unter Vorsichtsmaßregeln ein. In diesem Lokal befinden sich Räumlichkeiten für unzeremonielle Zusammenkünfte, oft auch Restaurationen, Bibliotheken, Archive, vor Allem aber die eigentliche Loge. Diese ist ein länglich viereckiger Saal, der je nach dem örtlichen Geschmacke ausgestattet und mit maurerischen Sinnbildern verziert ist. Der Anzug der die Versammlung besuchenden Brüder ist in der Regel schwarz, mit weißen Handschuhen als Sinnbild der Reinheit der Hände von ungerechtem Gute, und einem kurzen weißen Lederschurz zur Erinnerung an die Entstehung des Bundes aus den Genossenschaften der Steinmetzen und an die fortwährende Pflicht der Arbeit. Anderweitige Insignien, sowie Unterscheidungszeichen der Grade und der Beamten sind den lokalen Abteilungen überlassen. In England und dessen Kolonien, Nordamerika, Belgien und Frankreich erscheinen die Freimaurer bei festlichen Anlässen, z. B. bei Einweihung eines Logenhauses, besonders aber bei Beerdigungen von Brüdern, im vollen maurerischen Schmuck und Ornate, unter Vortragung ihrer Sinnbilder, öffentlich auf der Straße. In Deutschland und der Schweiz verschmäht man solche unpassende Schaustellungen.

Die Logenversammlungen sind, je nach den daran Teilnehmenden, Lehrlings-, Gesellen- oder Meisterlogen. An den Lehrlingslogen nehmen die Mitglieder a l l e r Grade Teil; ihre Aufgabe ist die Beratung aller Logenverhältnisse im Allgemeinen, die Vornahme der Wahlen und die Aufnahme neuer Lehrlinge. An den Gesellenlogen nehmen die Gesellen und Meister Teil; sie dienen blos zur Beförderung vom ersten in den zweiten Grad. Den Meisterlogen wohnen ausschließlich die Meister bei; sie beraten die Geschäfte der Lehrlingsloge vor und befördern Gesellen zu Meistern. Dazu kommt noch in jedem Grade der Unterricht über denselben, was man eine Instruktionsloge nennt. Jeder Grad hat nämlich eine gewisse Bedeutung, einen Inbegriff von Lehren und eine Anzahl von Sinnbildern. Der Inhalt des ersten oder L e h r l i n g s g r a d e s ist das Erblicken des Lichtes in geistigem Sinne, die geistige Geburt des Menschen; es wird dabei auf den Bund im Allgemeinen, auf dessen Zweck und Wesen aufmerksam gemacht und seine Einrichtung erklärt. Der zweite oder **Gesellengrad** weist auf das menschliche Leben, auf dessen Freuden, Leiden und Gefahren hin, lehrt, wie man den Verlockungen der Leidenschaften widerstehen, sich selbst erkennen und das Ideal eines mustergiltigen Lebenswandels sich schaffen solle. Die Lehre des dritten oder **Meistergrades** behandelt endlich das Ende des Lebens, den Tod, erinnert den Menschen an dessen Unvermeidlichkeit, ermahnt ihn, in Nachahmung großer Männer, die sich für die Menschheit aufopferten, demselben würdig entgegenzugehen, ohne Furcht und ohne Selbstsucht, und regt auch zu Gedanken über die Frage der Unsterblichkeit an. Bisweilen erhalten die drei Grade auch Bezug auf den maurerischen Wahlspruch: **Schönheit, Stärke und Weisheit.***) Diese drei Grade heißen auch Johannisgrade und die Logen Johannislogen, weil die Freimaurer Johannes den Täufer als den Schutzpatron ihres Bundes betrachten; denn er war schon derjenige der mittelalterlichen Bauleute (und wie wir sahen auch der Tempelritter). Man legt diese Patronschaft auch gerne so aus, daß die Freimaurerei die Vorläuferin eines glücklichern Zustandes der Menschheit sei, wie Johannes der Vorläufer Jesu genannt wird. An seinem Feste (24. Juni) oder um die Zeit desselben wurde auch 1717 die erste Großlogenversammlung in London gehalten und findet noch heute in jeder Loge auf der ganzen Erde ein zugleich ernstes und heiteres Fest statt.**)

Aufnahmefähig in den Freimaurerbund sind alle nach den Gesetzen ihres Landes volljährigen, dabei gutbeleumdeten und selbständigen **Männer** ohne Rücksicht auf Familie, Stand, Beruf und Religion. Leider haben sich aber die Freimaurer nicht immer und überall in dieser Beziehung von ver-

---

*) Den der Freimaurerei in irriger Weise zugeschriebenen Wahlspruch „Freiheit, Gleichheit, Brüderlichkeit" haben nur die französischen Freimaurer angenommen, und zwar erst seitdem er derjenige ihres Landes ist.

) Die sog. **höheren Grade, welche in Wahrheit nur Liebhabereien ohne wirklichen Zweck sind, berücksichtigen wir hier nicht, weil wir sie für Entstellungen der wahren Maurerei halten, weil sie in allen Systemen nach Namen und Zahl verschieden sind und weil die wahren Johannislogen eine Überordnung derselben nicht anerkennen.

alteten und empörenden Vorurteilen frei erhalten. Bis auf unsere Tage sperren sich die nordamerikanischen Logen, **farbige**, d. h. nicht weiße Menschen, — und mehrere deutsche, sowie die dänischen und die schwedischen Großlogen und Logen, **Juden** aufzunehmen, wovon die Folge war, daß sich in Ameriïa eine große Menge farbiger und in Deutschland einige jüdische Logen gebildet haben, während z. B. in den englischen Kolonien Brüder aller Farben und Religionen in denselben Logen mit einander arbeiten. Es ist jedoch zu hoffen, daß bei vermehrter Ausbreitung wahrer Bildung und Humanität jene durchaus unmaurerischen Ausschließungen dort, wo sie noch bestehen, schwinden werden.

Nicht an allen Orten und nicht durchaus sind indessen die **Frauen und Kinder** von der Maurerei ausgeschlossen. Fast überall ist es gebräuchlich, daß die Söhne von Maurern, von denen anzunehmen ist, daß sie durch ihre Väter über die Bedeutung des Bundes bereits unterrichtet seien, noch **vor** erreichter Volljährigkeit aufgenommen werden können. Ebenso giebt es besondere Versammlungen, welchen die Frauen, Bräute, Schwestern und Töchter der Maurer beiwohnen dürfen; man nennt sie **Schwesternlogen** oder Schwesternfeste. — Unmaurerische Auswüchse und Mißbräuche sind es aber, wenn z. B. in den französischen Logen, unter freiem Zutritte für das Publikum, maurerische Taufen und Kopulationen nach eigenem Ritus gefeiert werden, und in noch höherm Grade können so bezeichnet werden die in Frankreich zu verschiedenen Zeiten aufgekommenen **Adoptions- oder Frauenlogen**, in welchen weibliche Personen unter besonders für sie eingerichteten Ceremonien aufgenommen und in verschiedene Grade befördert wurden, und als deren Vorsteherinnen vor der Revolution die unglückliche Prinzessin von Lamballe, zur Zeit Napoleons die Kaiserin Josefine, unter der Restauration die Herzogin von Larochefoucauld genannt werden. Auch anderwärts ist bisweilen der Ruf erhoben worden, die Pforten der Loge auch dem schönen Geschlechte zu öffnen, es bedarf jedoch keiner Erörterung, daß durch eine solche Neuerung der Ernst, die Würde, die Verschwiegenheit und der Friede unter den Maurern, sowie in den Familien derselben, im höchsten Grade gefährdet würden. Die unbeabsichtigte Einweihung einer Dame in die wirklichen Geheimnisse der Freimaurerei kam einmal vor. Elisabeth Aldworth, die Tochter des irischen Viscount Doneraile, in dessen Hause eine Loge ihre Versammlungen hielt, belauschte einst als junges Mädchen durch eine Öffnung in der Wand eine maurerische Aufnahme. Sie wurde entdeckt und, um nichts zu verraten, selbst aufgenommen. In ihren späteren Jahren zeichnete sie sich durch ihre Wohlthätigkeit aus und erschien einst bei einem öffentlichen Aufzuge in maurerischer Bekleidung an der Spitze der Brüder. Auch die Kaiserin Maria Theresia soll einst in männlicher Kleidung sich in eine Wiener Loge eingeschlichen haben, weil ihr hinterbracht worden war, ihr Gatte, der Kaiser Franz, welcher Freimaurer war, treffe dort mit Frauenzimmern zusammen; als sie jedoch keine solchen bemerkte, habe sie sich eilig zurückgezogen. In neuester Zeit hat eine ungarische Loge eine dortige Gräfin aufgenommen, welcher Akt aber von der Großloge des Landes kassiert wurde.

Der Freimaurerbund ist diejenige unter den sogenannten geheimen Gesellschaften, in welcher der Aufgenommene die meiste Unabhängigkeit bewahren und den größten Nutzen für die Menschheit stiften helfen kann, — wenn er will. Faule Arbeiter im Weinberge des Herrn nützen nirgends etwas. Der Freimaurerbund ist aber auch diejenige Gesellschaft, welche unter allen der Welt die mächtigste Ausdehnung gewonnen und das Meiste zur Beförderung religiöser und politischer Duldsamkeit und zur Abschaffung barbarischer Einrichtungen und Gebräuche beigetragen hat. Deshalb ist er auch von allen Machthabern, Sekten und Individuen, welche ihre Anmaßungen, Mißbräuche und Interessen durch ihn bedroht sahen, stets auf die gehässigste Weise angegriffen worden.

4. Die verfolgten Freimaurer.

Von den Verfolgungen, welche den Freimaurerbund trafen, geben wir hier eine kurze Übersicht. An die Spitze derselben stellen wir, wie billig, jene, welche von dem „heiligen Vater der Christenheit" ausgingen. — Schon zwanzig Jahre nach der Stiftung des Freimaurerbundes, als bereits auch in Rom durch Engländer eine Loge gegründet, doch schon wieder eingegangen war, im Jahre 1738 erließ Papst Clemens XII. die Bulle „in eminenti", durch welche er die Freimaurer exkommunizierte, ihnen keine andere Absolution, als durch den jeweiligen Papst gestattete und die Geistlichen, als „Inquisitoren der ketzerischen Verderbtheit" anwies, gegen die Übertreter des Bannfluches „vorzugehen und zu inquirieren, und sie als der Ketzerei gar sehr verdächtig mit angemessenen Strafen zu belegen und in Schranken zu halten, — nötigenfalls auch mit Anrufung der Hilfe des weltlichen Armes." Begründet wurde diese Exkommunikation 1. durch den Umstand, daß die Freimaurer j e d e r Religion und Sekte angehören und sich „mit einer gewissen zur Schau getragenen Rechtschaffenheit begnügen" (d. h. sie werden verdammt, weil sie t o l e r a n t und r e c h t s c h a f f e n sind!!!), 2. dadurch, daß sie im Geheimen arbeiten und sich durch einen Eid unter Androhung der schwersten Strafen zur Wahrung der Geheimnisse verpflichten, 3. daß sie die schwersten Schäden nicht blos der Ruhe des weltlichen Staates, sondern auch dem geistlichen Wohle der Seele zufügen, 4. daß sie im Widerspruche mit den bürgerlichen und kanonischen Gesetzen stehen. Diese Behauptungen zu beweisen, unterließ jedoch der Papst!

Eine sonderbare Folge dieser Bulle war die Stiftung eines neuen Ordens, durch welchen die Liebhaberei für geheime Gesellschaften von solchen Katholiken sollte befriedigt werden können, welche sich durch die päpstliche Verdammung vom Freimaurerbund abgehalten glaubten. Es entstand der M o p s o r d e n, welchem Weltliche und Geistliche, Männer und Frauen, aber n u r Katholiken angehörten. Einer der Stifter soll der Erzbischof von Köln, Clemens August aus dem Hause Baiern, gewesen sein. Verbreitet war der Orden in Deutschland und Frankreich, die Gründung schob aber jedes dieser Länder dem andern zu. Seine Dauer war indessen kurz; seine Symbolik war an die Treue des Hundes (Mopses) geknüpft; seine weiteren Schicksale sind aber unbekannt geblieben.

Die vorhin erwähnte Bulle wurde zwar vom Kardinal-Staatssekretär F i r r a o im Kirchenstaate bekannt gemacht, den Freimaurern Güterkonfiskation, Todesstrafe, Niederreißen ihrer Versammlungshäuser angedroht und den Kandidaten des Bundes bei Geld- oder Galeerenstrafe die Anzeige zur Pflicht gemacht; in den übrigen Ländern aber wurde die Bulle so wenig beachtet, daß Papst Benedikt XIV., von welchem erzählt wird, daß er selbst Freimaurer gewesen, sich genötigt fand, sie durch die Bulle „Providas" von 1751 zu bestätigen. Der Erfolg war jedoch derselbe, obschon auch die altersschwache Sorbonne (theologische Fakultät) in Paris 1748 gegen den verhaßten Bund ihren Fluch geschleudert hatte. Der Bund bestand nicht nur fort, sondern wuchs sogar, obschon ihn der Felsen Petri zu zermalmen drohte, und der letztere schwieg daher, bis er nach Wiederherstellung des Jesuitenordens im Jahre 1814 die rechte Zeit gekommen glaubte, durch ein Edikt des Kardinal-Staatssekretärs Consalvi unter Pius VII. die Freimaurerbrüderschaft auf's neue zu verdammen, worauf einem freimaurerischen Kaufmanne, der noch zu rechter Zeit geflohen war, die Güter eingezogen und auf offenem Markte verkauft wurden. Schon 1821 wiederholte dies Pius VII., indem er die Freimaurer auf die willkürlichste Weise mit der politischen Gesellschaft der Carbonari, und 1826 Leo VII., indem er sie durch die Bulle „Quo graviora mala" auf komische Weise mit den — Bibelgesellschaften zusammenwarf. Auch der letzte Papst, Pius IX., hat nicht weniger als fünfmal den Freimaurerbund „verdammt, verboten und geächtet", und der heutige Leo XIII., folgte seinem Beispiele, ohne von der Freimaurerei mehr zu kennen, als Gerüchte und Behauptungen ihrer Feinde!

Die übrigen italienischen Regierungen alten Stils ahmten dem Beispiele der Päpste nach. Schon im Jahre 1737 erließ Gaston, der letzte Großherzog Toscana's vom Hause Medici, das einst die Wissenschaften so großartig beförderte, ein Verbot gegen die Freimaurer, das aber keinen Bestand hatte, da sein Nachfolger, Franz von Lothringen, selbst Bundesbruder war. So fanden auch in Sardinien, Venedig und Neapel wiederholte Verbote statt, doch ohne auf die Dauer beobachtet zu werden, da z. B. in Neapel die Königin Karoline, Schwester der unglücklichen Marie Antoinette, die Freimaurer beschützte.

Ernster waren die Schritte gegen den Bund auf der pyrenäischen Halbinsel. In Portugal hatten es 1743 der Goldarbeiter Johann Coustos aus Bern in der Schweiz und der

Juwelier Mouton aus Paris gewagt, eine Loge in Lissabon zu gründen, wurden jedoch verraten, in die Kerker der Inquisition geworfen, fürchterlich gefoltert, dann aber der Erste, als Protestant, auf die Galeere verurteilt, und der Zweite, als Katholik, — entlassen. Ähnliche Kerkerleiden erduldeten später noch mehrere Maurer; andere wurden verbannt; namentlich wütete der blutige Usurpator Dom Miguel 1823—1834 gegen sie, und der Kardinal Souza, Erzbischof von Lissabon, hetzte den Pöbel gegen die Maurer, deren mehrere ermordet wurden. Trotzdem lebten die Logen immer wieder auf und bestehen heutzutage in großer Anzahl. In Spanien ließ auf die erste päpstliche Bulle hin König Philipp V. 1740 mehrere Freimaurer in Madrid in die Kerker der Inquisition werfen und zu der Galeere verurteilen. Als sich aber der Bund trotzdem ausbreitete, stachelte Fanatismus und Ehrgeiz, bei Anlaß der zweiten Bulle, den Franziskanermönch und Inquisitionsbeamten Josef Torrubia, gegen die Brüder einen Schlag herbeizuführen. Unter Verleugnung seines wirklichen Charakters und Berufes ließ er sich in der angenommenen Gestalt eines Weltpriesters 1751 in den Bund aufnehmen, nachdem ihn der päpstliche Pönitentiarius des Eides der Verschwiegenheit entbunden hatte. Nachdem er erfahren, was im Bunde vorging, klagte er denselben bei der Inquisition an: der ärgerlichsten und gottlosesten Gepränge, Lehren und Handlungen, der Sodomiterei, Zauberei und Ketzerei, des Atheismus und Aufruhrs, und verlangte die Ächtung der Mitglieder, die Einziehung ihrer Güter und, zu guter Letzt, ihre Verbrennung (!) in einem „erbaulichen Autodafé, zu größerer Verherrlichung des Glaubens und Stärkung der Gläubigen." Die Maurerei wurde zwar sofort durch Ferdinand VI. unterdrückt, die erhobenen Anklagen jedoch, wie es scheint, so wenig begründet gefunden, daß man es für geraten fand, das Holz des „erbaulichen Autodafé" für andere Zwecke zu sparen. Erst einige Jahre später, 1757, wurde ein Franzose, Tournon, welcher von der spanischen Regierung berufen worden war, die Fabrikation kupferner Schnallen in Madrid zu lehren, auf die Anklage eines seiner Lehrlinge als Ketzer, Zauberer und Maurer verhaftet, indem man in den Verzierungen seines maurischen Diploms Zauberfiguren zu erblicken glaubte. Obschon

Tournon nur in Frankreich maurerischen Versammlungen beigewohnt und nicht einmal gewußt hatte, ob es in Spanien auch Maurer gebe, dagegen so unklug gewesen war, seinen Angestellten die Aufnahme anzuraten, hob die Inquisition eine strenge Untersuchung gegen ihn an, machte ihm u. a. zum schweren Vorwurfe, daß die Maurer **blos an einen Gott** statt an die Dreieinigkeit, glauben, und verurteilte ihn dann, aus **besonderer Milde**, zu einjähriger Haft und nachheriger Verbannung aus Spanien; während seiner Haft aber mußte er die Exercitien des Ignatius von Loyola durchmachen, täglich den Rosenkranz beten, den Katechismus auswendig lernen, an den hohen Festen beichten, kniend seine „Ketzereien" abschwören und sich verpflichten, niemals wieder maurerischen Versammlungen beizuwohnen, ja sogar sich nie wieder als Maurer zu bekennen. Erst unter der französischen Herrschaft hörte die Verfolgung der Freimaurer auf, doch nur, um nach deren Ende von neuem wirder zu wüten. 1815 wurden die Meisten von ihnen verhaftet, 1824 Alle vogelfrei erklärt, 1825 ihrer fünf in Granada **gehängt** und ein Aufzunehmender zu achtjähriger Kettenstrafe verurteilt, 1829 in Barcelona der Oberst Galvez hingerichtet und zwei Andere auf die Galeere geschickt, 1853 die ganze Loge zu Gracia bei Barcelona, mit dem Deutschen Eybert an der Spitze, verhaftet und die Mehrzahl zu mehrjährigem Kerker verurteilt. Endlich hat aber die Nemesis dieses scheußliche Regiment erreicht, welches des Mittelalters dunkelste Zeiten in unsere helle Gegenwart hineinzwängen zu können wähnte.

Elfter Abschnitt.

Die Geheimbünde des achtzehnten Jahrhunderts.

1. Allerlei Geheimbündeleien.

Das 18. Jahrhundert war mit seiner keimenden Aufklärung, inmitten häßlicher Überbleibsel der mittelalterlichen Barbarei, der Entstehung geheimer Gesellschaften äußerst günstig. Die sich kundgebenden Kontraste in der Anschauung der Menschen mußten diese reizen, sich unter Gleichgesinnten über ihre Ansichten auszusprechen und im Geheimen gegen ihre Widersacher zu arbeiten, oder sich wenigstens den Anschein wichtiger und geheimer Absichten zu geben, um sich im Stillen und ungestört ihren Liebhabereien und Vergnügungen widmen zu können. So entstanden denn eine Menge Gesellschaften, welche das vom Freimaurerbunde gegebene Beispiel nachahmten und mehr oder weniger mit demselben zu wetteifern sich bemühten. Diese Gesellschaften können wir einteilen in 1. Männer- und Frauen-Orden, 2. Studentenorden, 3. Verschiedene.

Die Männer- und Frauen-Orden gingen aus dem Bestreben hervor, den Damen dafür, daß selbe in den Freimaurerlogen nicht Zutritt fanden, einen Ersatz zu bieten. Unter ihrer großen Zahl verdienen nur folgende Erwähnung: Der Orden der Holzhacker (franz. Fendeurs), von dem als Freimaurer hoch stehenden Ritter Beauchaine 1747 gestiftet, entlehnte seine Symbolik durchweg dem Holzhauen, nannte seine Logen Chantiers (Holzhöfe), seine Mitglieder Cousins und Cousines, den Aufzunehmenden Briquet (Feuerstahl) u. s. w. Der Orden der Hoffnung (Espérance) entstand auf das Anbringen der Frauen französischer Freimaurer, welche auch ihre geheime Gesellschaft haben wollten. Es wurden nur solche Damen aufgenommen, deren Männer Brüder waren; Maurer der höhern Grade bedurften der Aufnahme nicht, um die Versammlungen zu besuchen. Eine Frau bekleidete das Amt der Großmeisterin. Auf deutschen Boden entstanden Esperance-Logen in Göttingen, Hannover, Braunschweig, Hamburg, Jena, Leipzig, Stuttgart. In Göttingen gehörten namentlich die Studenten dazu und eigneten sich durch den Umgang mit den Damen feinere Sitten an. Verdächtiger Natur war der Orden von St. Jonathan (später Joachim) mit dem Zusatze „zur wahren und vollkommenen Freundschaft" oder auch „zur Verteidigung der Ehre der göttlichen Vorsehung"; er soll zum Zweck gehabt haben, den Glauben an die Dreieinigkeit zu befördern, sich des — Tanzens (namentlich des Walzers) und des Hazardspieles zu enthalten' und (für die Frauen) — die Kinder selbst zu säugen. Er wurde 1755 von deutschen Adeligen gestiftet und hatte den Herzog Christian Franz von Sachsen-Koburg zum ersten Großmeister. Obschon beide Konfessionen darin vertreten waren, nahmen die Gebräuche einen stark katholischen Charakter und 1785 der Orden den Titel: „Ritterlich-weltliches Ordenskapitel von St. Joachim, dem gebenedeiten Vater der heil. Jungfrau Maria, der Mutter unseres Herrn und Heilandes Jesu Christi" an. Die Verbindung erlosch ohne Geräusch. Der Orden der Kette der Pilgrime bestand in Deutschland und Dänemark aus Personen höherer Stände, hatte zur Losung: Willfährigkeit, Beständigkeit und Stillschweigen, welcher Wörter Anfangsbuchstaben auf einem weißen Band im Knopfloche getragen wurden. Die Mitglieder beider Geschlechter hießen Favoriten, und ihre Aufnahme nannte man: ein Glied an die Kette hängen, was jeder Einzelne mit Jemandem vornehmen konnte, den er ein halbes Jahr lang gekannt hatte. Die Symbolik bezog sich auf das Reisen. Der Argonauten-Orden wurde im Jahre 1772 von dem braunschweigischen Freimaurer Konrad v. Rhetz gestiftet. Auf einer Insel in einem Teiche des von ihm gepachteten Staatsgutes hatte er einen Tempel gebaut, in welchem die Aufnahmen stattfanden. Auf Schiffchen fuhr man dahin, und der „Großadmiral", wie sich der Stifter nannte, bewirtete die Mitglieder; auch die Aufnahme war unentgeltlich. Losungswort war: Es lebe die Freude, das Ordenszeichen ein silberner, grün emaillirter Anker. Die Beamten hießen: Steuermann, Schiffsprediger u. s. w., die Mitglieder Argonauten. Mit dem Tode des Stifters 1787 zerfiel der Orden, und der Tempel ist spurlos verschwunden. Auch der berühmte Fenelon stiftete zu Douay einen Orden, das Palladium genannt, dessen geheime Sprache den „Abenteuern Telemachs" entnommen war.

Die Studentenorden entsprangen dem Bedürfnisse, gegenüber den rohen verwilderten Landsmannschaften ein gesitteteres Element in das Leben der studierenden Jugend einzuführen. Sie beruhten auf Freundschaft; gegenseitig standen die Mitglieder gegen äußere Angriffe für einander ein, pflegten gemeinsame gesellige Vergnügungen, wirkten für Aufklärung und Untergrabung des Aberglaubens, lieferten zu diesem Zweck Aufsätze, und übten auch Wohlthätigkeit gegen Arme. Bei Aufnahmen befolgten sie eigentümliche Gebräuche. Der wichtigste unter ihnen war derjenige der Schwarzen Brüder, auch Harmonie=Orden genannt; die übrigen hießen: Amicisten, Konkordisten, Konfirmisten, Konstantisten, Unitisten u. s. w. Andere geheime Orden waren:

Der Orden vom Senfkorn, angeblich schon 1708 in England gestiftet und über Holland und Deutschland verbreitet; er nahm die Gestalt eines protestantischen geistlichen Ritterordens an und beschäftigte sich vorzugsweise mit religiösen Angelegenheiten. Man setzte ihn mit den Herrnhutern in Verbindung. Die Mitglieder trugen ein goldenes Kreuz, auf dessen Mitte ein Senfbaum abgebildet war.

Der Orden der Echten, vom preuß. Offizier Bessel 1758 in Landeshut gestiftet, widmete sich blos geselligem Vergnügen und soll den Zweck gehabt haben, den schlesischen Adel für Preußen zu gewinnen.

Die Dukatensocietät wurde 1746 durch den preuß. Obersten Ludwig Grafen v. Neuwied gestiftet; ihre Mitglieder bezahlten monatlich einen Dukaten; sofern sie aber neue Mitglieder anwarben, wurden sie für den Ersten von ihrem Bei=

trage befreit, für den Dritten, Fünften und jeden weitern Ungeraden erhielten sie sogar einen Dukaten. Diese gemeine Prellerei, welche der einzige Zweck des Vereins war, machte denselben zwar schnell anwachsen, bereitete ihm aber schon nach zwei Jahren den Untergang von Staatswegen.

Weitere betrügerische Ordensstiftungen wurden durch einen Abenteurer und Schwindler versucht, welcher die Geheimnissucht seiner Zeitgenossen zu seinem Vorteile ausbeutete. Matthäus Großinger, wie er hieß, oder Franz Rudolf von Großing, wie er sich nannte, ein Fleischerssohn aus Komorn in Ungarn, geb. 1752, war angeblich Jesuit gewesen, wollte nach der Aufhebung dieses Ordens Friedrich dem Großen österreichische Aktenstücke verkaufen, wurde jedoch damit abgewiesen, gab sich dann unter Joseph II. für ein Opfer des früheren reaktionären Systems aus und stiftete zu den oben angedeuteten Zwecken 1784 den Rosenorden und 1788, als Frau verkleidet, den gleich dem vorigen aus Personen beider Geschlechter bestehenden Harmonieorden. Er gab eine „Frau von Rosenwald", welche aber nicht existierte, als Haupt des Ordens aus, mit dem Titel: Stiftsrose. Die einzelnen Lokalvereine hießen Rosen, die Vorsteher Rosenherren und Rosendamen. In Wahrheit war aber Großing Alles in Allem und zog die sehr beträchtlichen Beiträge und alle eingehenden Gelder ein, was bei diesen Gesellschaften eigentlich die Hauptsache war. Trotzdem starb er in ärmlichen Verhältnissen, da er das Erschwindelte in üppigem Wohlleben regelmäßig wieder verschwendete.

Die Sucht nach Geheimnissen und geheimen Gesellschaften war im 18. Jahrhundert überhaupt so stark, daß Betrüger aller Art nicht nur neue Orden stifteten, sondern auch die bestehenden zu selbstsüchtigen Zwecken zu benutzen suchten. Es werden hierüber eine Menge Anekdoten erzählt, von denen wir folgende als Beispiel geben. Jemand wollte sich in eine geheime Gesellschaft aufnehmen lassen. Man hatte ihm aufgetragen, in einem Kaffeehause zu warten, bis er abgeholt würde. Als es dunkel wurde, kam ein wohlgekleideter Mann und ersuchte ihn, ihm zu folgen. In der nächsten Nebenstraße verband ihm sein Führer die Augen und führte ihn auf Umwegen in ein Haus, wo er mit ihm über enge Treppen auf und ab stieg. Zuletzt wurden ihm in einem Zimmer, unter der Bemerkung, daß dies zur Ceremonie gehöre, alle Kleider und Kostbarkeiten abgenommen, bis er im bloßen Hemde war, worauf ihn sein Führer wieder durch Umwege zu einer Treppe brachte und ihn dort verließ. Nach einiger Zeit hörte er eine Thüre aufgehen und, mit einem Schrei des Entsetzens von weiblicher Stimme, wieder zuwerfen, worauf ein Mann heraus trat und ihn rauh anfuhr: wie er so unverschämt sein könne, unbekleidet in fremde Häuser einzubringen. Er erkannte sofort die Stimme seines Dieners und dieser jene seines Herrn; denn er befand sich vor seinem eigenen Hause, und ein Gauner hatte ihn auf listige Weise beraubt.

Ein anderer Liebhaber geheimer Orden, der bereits in einem solchen aufgenommen war, ließ gegen seine Vereinsgenossen den Wunsch laut werden, die geheimen Oberen kennen zu lernen. Nach einiger Zeit erhielt er eine mit allerlei Zeichen versehene Einladung, sich an einem gewissen Ort einzufinden. Als er dort wartete, kam ein Mann, gab sich für einen Beauftragten der Oberen aus, führte ihn in einen Wald, verband ihm die Augen und stieg mit ihm in einen gerade ankommenden Wagen, welcher fest verschlossen war. Nachdem sie lange gefahren waren, hielt der Wagen in einem Hofe, und sie stiegen in einen Saal empor, der schwarz verhängt war; an einem roten Tische saßen drei weißgekleidete verschleierte Männer, welche sich für die unbekannten Oberen ausgaben und ihn mit vorgehaltenen Waffen zwangen, ihnen namhafte Summen mittels Wechsel an seine Frau und seinen Banquier zu verschreiben. Er ward nun mehrere Tage eingesperrt, dann nochmals vor die sauberen Oberen geführt, die ihm verkündeten, er sei nicht wert, ihr Angesicht zu sehen, und ihn dann auf dieselbe Weise fortführen ließen, auf welche er hergekommen. In dem Walde, wo er eingestiegen, wurde er nachts mit verbundenen Augen wieder ausgesetzt, und als er nach Hause kam, fand er seine erzwungenen Wechsel richtig bezahlt und sich um 30,000 Dukaten geprellt. Die Gauner konnte er nicht nur nicht finden, — sie beaufsichtigten ihn vielmehr, was er aus zahlreichen anonymen Briefen ersah, und sein Verlust zwang ihn zuletzt, nach Amerika zu entfliehen.

2. Einwirkung dunkler Gewalten.

Die im 18. Jahrhundert keimende Aufklärung mußte den Anhängern der alten Glaubensdespotie und Adelsherrschaft, deren goldene Schlösser sie zu zerstören drohte, ein arger Dorn im Auge sein. Sie wußten schon, wie alles, was sie mühsam gebaut, um die Menschen in Dummheit und Demut zu erhalten, dem Ruine entgegenging und im Begriffe war, vor der nahenden Sonne des geistigen Lichtes wie Seifenblasen zu zerplatzen. Es handelte sich für sie um Sein oder Nichtsein, wie für die Organe des Papsttums zur Zeit der Reformation. Auch sie mußten sich wehren auf Tod und Leben gegen eine weit gefährlichere Macht, als die des Protestantismus gewesen, die indessen bereits ganz unschädlich geworden war. Die Aufklärung wollte sich nicht nur trennen von der römischen Kirche, — nein, — sie erklärte ihr den Krieg der Vernichtung, sie strebte nach Abschaffung jeder Autorität, die sich anmaßte, den Glauben der Menschen zu bestimmen und ihre Ansichten zu bevormunden. Diese unangenehme und unbequeme Aufklärung mit e i n e m sichern Schlage zu treffen, — das mußte ein wahres Labsal für die Dunkelmänner und Finsterlinge sein. Wie aber dies beginnen? Dazu mußte sich Rat finden lassen. Die einzelnen Schriftsteller, welche hauptsächlich für Aufklärung wirkten, schweigen machen, das ging nicht. Die Zeit der Hexenprozesse und der Inquisition war vorbei. Man mußte ein Organ finden, in welchem sich die verhaßte Richtung gleichsam verkörperte, und dies konnte kein anderes sein, als der F r e i m a u r e r b u n d, dessen geheimes Wesen wenige Jahre nach seiner Stiftung bereits in ganz Europa Aufsehen erregt hatte, und von dem hinlänglich bekannt war, daß er keine Rücksicht auf konfessionelle Unterschiede nahm, d. h. im kirchlichen Sinne, wie man es nannte, i n d i f f e r e n t, und daher für den Glauben höchst gefährlich war. Wir wissen aus den Prozessen der spanischen Inquisition gegen gefangene Freimaurer, wie es in katholischen Kreisen höchst mißfiel, daß die Logen statt der Dreieinigkeit und der Jungfrau Maria den „allmächtigen Baumeister der Welt" verehrten, statt des Kreuzes und Rosenkranzes, Zirkel nnd Winkelmaß trugen. Durch die Inquisition, römische oder spanische, konnte man freilich nichts Wesentliches ausrichten; die plumpen Do minikaner konnten mit ihren Kerkermauern und Scheiterhaufen nur noch Erbitterung hervorrufen; es mußten andere Kämpfer an ihre Stelle treten, welche durch Schmeicheleien und Spielereien die Menschen in einen geistigen Kerker sperrten, durch vorsichtiges Einschleichen in aufgeklärte Verbindungen sie mit geistigen Flammen verbrannten. Für die Werkzeuge zu diesem Plane hielt man damals in allen aufgeklärten Kreisen die **Jesuiten**, deren Beteiligung an demselben zwar nicht bewiesen ist, aber dem Geiste dieses Ordens vollkommen entspricht. Der erwähnte Plan war ein wohl ausgedachter, geistreich kombinirter. Er knüpfte sich an politische Absichten, und zwar an solche, welche das Mutterland der Freimaurerei, England, zum Gegenstande hatten, daher gleichsam das Nest des „Drachen" der Aufklärung auszunehmen bestimmt waren. Aus diesem Lande war nämlich die zum Katholizismus zurückgekehrte Dynastie der **Stuarts** seit dem Ende des 17. Jahrhunderts vertrieben, trachtete aber, mit materieller Hilfe Frankreichs und mit intellektueller des Papstes, nach der Rückkehr auf den verlorenen Thron. Die Bestrebungen verbannter Könige und Königssöhne haben etwas Poetisches und Romantisches. Durch diese Seite konnten alle gutmütigen Schwärmer, durch das Prinzip der Legitimität, welches den Vertriebenen anhaftete, alle Adelichen und Legitimisten, durch die Konfession derselben im vorliegenden Falle alle Katholiken gewonnen werden. Nun war der Freimaurerbund eine geheime Gesellschaft und als solche natürlich ein Sammelplatz aller Schwärmer, Mysterienliebhaber und Romantiker. Ferner war in ihm der Adel stark vertreten; nach den vier ersten Großmeistern der Großloge von England, welche noch Werkmaurer waren, gehörten alle späteren dem höchsten Adel des britischen Reiches an; wir finden unter ihnen die Herzoge von Montagu, Richmond, Norfolk, Chandos u. s. w., nicht zu gedenken einer Menge von Viscounts, Carls und Lords. Und was endlich das katholische Element betrifft, so hatte es mit der Maurerei das Ceremonien= und Mysterienwesen, die hierarchische Abstufung und die kosmopolitische Verbreitung gemein, und es konnte daher, mit einigem Aufwande jesuitischer Kniffe, der Bund so gut allmählich und unmerklich katholisiert werden, wie der Buddhismus in China durch sorgfältige Vermischung seiner Elemente mit den ihm sehr ähn=

lichen katholischen, und in dieser Weise die **Gesellschaft des Johannes** zur Schule der Vorbereitung auf die **Gesellschaft Jesu** gemacht werden. Zieht man nun noch dazu in Betracht, daß die nunmehrigen adeligen Häupter der Freimaurer sich, vermöge ihres Ahnenstolzes, der Herkunft des Bundes von Handwerkern schämen mochten, so war es leicht, sie durch Auftischung von Fabeln, die ihnen eine noblere Abstammung vorgaukelten, zu irgend welchen Zwecken zu gewinnen. Gelang es dann, die Maurer so weit zu bringen, so konnte nicht nur der Herd der Aufklärung zerschlagen, sondern es konnte mit Hilfe der ehemaligen Kämpen derselben auch das mächtigste protestantische und vorzugsweise aufgeklärte Reich einem katholischen König zurückgegeben und damit zu weiteren Eroberungen der römischen Kirche der Grund gelegt werden. Natürlich konnte dieser kolossale Plan nicht auf einmal, und nicht in Bezug auf alle Teile des Bundes in gleicher Weise ausgeführt werden. Er mußte in gewisse Stadien zerfallen, welche wir, nach den historischen Ergebnissen, folgendermaßen unterscheiden können: 1. die Befriedigung aristokratischer Gelüste überhaupt durch Einführung **höherer Grade**, 2. die Speisung solcher Grade mit Fabeln über die Entstehung der Maurerei aus **geistlichen Ritterorden**, 3. die Beschwichtigung der beharrlichen **Protestanten** durch einen ihre Konfession scheinbar beibehaltenden geheimen Katholizismus, 4. die Gewinnung der für eigentlich religiöse Bedürfnisse nicht empfänglichen Personen durch Hoffnung auf Reichtum mittels **alchemistischer** und andere abergläubiger Thorheiten, 5. die direkte Bezugnahme des Bundes auf geistliche und speziell auf **katholische Verhältnisse**, und endlich 6. für vollendete Fanatiker die nackte, römisch-inquisitorische **Glaubenswut**.

3. Hochgradschwindel.

Ohne daß über diese Thatsache genügendes Licht verbreitet wäre, entstand um die Jahre 1741—43 in England der sogen. **Royal-Arch-Grad** (Grad des königlichen Gewölbes), zuerst als obere Abteilung des Meistergrades, dann aber als selbständiger höherer Grad. Sein Inhalt war „aus alt- und neutestamentlichen Bibelstellen, religiösen Dogmen und

maurerischen ober vielmehr unmaurerischen Fabeln gemischt";
seine Tradition bezog sich auf den zweiten Tempelbau in Jerusalem nach der Rückkehr aus der babylonischen Gefangenschaft
(Neubau der römischen Kirche nach Besiegung der Reformation?),
weshalb auch der Vorsteher einer Royal=Arch=Loge den Titel:
Zerubabel führte und ein Kleid von Scharlach und Purpur
(wie die Kardinale!) trug; die Versammlung hieß „Kapitel",
die drei maurerischen Grade nannte man „Probegrade" (!) und
den Bund in kirchlicher Ausdrucksweise einen „Orden"; die
Beamten betitelte man „vortrefflich", die Vorsteher „allervortrefflichste"; die Schreiber trugen Chorhemden mit roten
Schärpen, die Übrigen rote Bänder und Schürzenfutter, und
auf dem Titelblatte der Gesetze des Grades war eine Arche
abgebildet mit der Überschrift: nulla salus extra (kein
Heil außerhalb!!), wobei zu erinnern, daß nach katholischer Lehre die Arche Noahs ein Vorbild der Kirche ist.
Später gab der Royal=Arch=Grad ein Programm seiner Arbeiten
heraus, worin er die Maurerei in eine operative und spekulative
und erstere wieder in eine manuale, instrumentale und scientifische teilte (eine ganz scholastisch=jesuitische Einteilung!) und
als Zweck des „Ordens" angab, das Menschengeschlecht in
Eine Herde unter dem großen Hirten der
Seele (!!) zu bringen. Im Übrigen aber wurde man in
diesem Grade mit kindischer Spielerei beschäftigt.

Noch bevor diese Frucht in England aufgegangen war,
tauchte in Frankreich, man weiß nicht gewiß, auf welche
Veranlassung, die Behauptung auf, daß die Freimaurer
während der Kreuzzüge in Palästina entstanden seien und
sich dort mit den Johanniter=Rittern verbunden hätten, weshalb die Logen St. Johannislogen hießen (!); nach den
Kreuzzügen seien dann zuerst (was wahrscheinlich im Interesse der Stuarts verbreitet wurde) in Schottland, von hier
aus in England uud später in anderen Ländern Logen entstanden. Diese historische Lüge fand bei den Adeligen im
Bunde natürlich Anklang und blendete die vielen ungebildeten
Mitglieder, die in den nicht sehr ernsten und gewissenhaften
französischen Logen aufgenommen worden waren. Es entstanden daher von dieser Zeit an Hochgrade mannigfacher Art
in Frankreich. Zugleich wurde es, in Folge jener Fabel,

welche Schottland den ersten Rang in der Geschichte der europäischen Maurerei einräumte, gebräuchlich, die höheren Grade schottische, oder, nach dem Schutzheiligen dieses Landes, auch St. Andreas-Grade, und die Logen, in welchen diese erteilt wurden, schottische oder St. Andreaslogen zu nennen. Zum Inhalte ihrer Aufnahmen wählte man die in den Überlieferungen der englischen und französischen Handwerker eine Rolle spielende Mythe vom Tode des Baumeisters Hiram und lehrte die Aufgenommenen, diesen Tod zu rächen, worunter von Seite der Urheber dieses Treibens nichts anderes verstanden wurde, als die Rache für die Vertreibung der Stuarts und für die Leiden, welche der katholischen Kirche durch die Reformation und die Aufklärung bereitet worden waren. Die Versammlungen dieser Grade erhielten bezeichnender Weise die kirchliche Benennung „Kapitel" und „Konsistorien."

Bei dieser Zunahme der Grade reichte indessen die Hiramsfabel nicht mehr aus, und man mußte in den höheren Stufen auf andere Mythen denken. Man sah indessen ein, daß man mit der Anekdote von der Verbindung der Freimaurer mit den Johannitern nicht weit kommen werde, weil dieser Orden noch bestand, und mußte daher, wollte man den adeligen Brüdern zulieb ritterliche Anfänge der Maurerei behaupten seine Zuflucht zu einem aufgehobenen Orden nehmen. Es diente gewiß zum großen Verdrusse der strengen Katholiken, aber es war nichts anderes zu machen, daß es keinen anderen Orden dieser Art gab, als denjenigen der teilweise kehzerischen Tempelritter.

Die Fabel vom Zusammenhange der Templer und Freimaurer lautete nun: Einige vor der päpstlich-königlichen Verfolgung (s. oben S. 150 ff.) fliehende Tempelritter, unter ihnen der Großkomthur Harris und der Marschall Aumont, seien nach Schottland gekommen und hätten dort, um ihren Unterhalt zu finden, als gemeine Maurer gearbeitet. Nachdem sie dann von dem Tode und einem angeblichen Testamente des unglücklichen Großmeisters Molay, in welchem er die Fortsetzung des Ordens angeordnet haben sollte, Kenntnis erhalten, hätten sie noch in demselben Jahre den „Freimaurerbund" gestiftet und 1314 auf der schottischen Insel Mull das erste „Kapitel" gehalten. Abgesehen nun davon, daß dieses Märchen, wie wir später sehen werden, auch anders erzählt wird, fällt dasselbe schon dadurch dahin, daß der Freimaurerbund urkundlich keinen andern Ursprung hat, als die Stiftung der englischen Großloge im Jahre 1717, erscheint dann aber auch deshalb als absurd, weil nicht nur Harris und Aumont vollkommen erdichtete Personen sind, sondern auch die Großloge von Schottland und die ältesten Logen dieses Königreiches von einer derartigen Stiftung des Bundes nichts wissen, und überdies die Zwecke und Gesinnungen des Tempelordens und des Freimaurerbundes zu sehr verschieden sind, als daß ein Zusammenhang zwischen ihnen möglich wäre. Dort Freisinnigkeit aus Frivolität, hier Ausschließung des Glaubenshasses aus Menschenliebe, dort Egoismus, hier Gemeinnützigkeit, dort Adelsstolz, hier alleiniges Hochhalten der Menschenwürde.

Doch, — Schwärmern und Intriguanten liegt, wenn auch aus verschiedenen Gründen, an historischer Wahrheit nichts. Die bedeutendsten Männer waren im aufgeklärten 18. Jahrhundert so verblendet, an die Abstammung der Freimaurer von den Templern zu glauben; sogar der sonst so helle Lessing, der so manche maurerische Tradition für „Staub, nicht als Staub" erklärte, konnte sich von diesem Wahne nicht losmachen.

Die erste ernstliche Einführung des falschen Templertums in die Maurerei fand in Frankreich statt. Der Ritter von Boneville gründete am 24. November 1754 in Paris ein Kapitel der Hochgrade, das sich (wahrscheinlich nach dem damaligen Großmeister der französischen Freimaurer Louis v. Bourbon, Graf v. Clermont) „Kapitel von Clermont" nannte, und dessen Mitglieder größtenteils Anhänger der Stuarts und somit auch der Jesuiten waren. Hier wurde jene Sage von der in Schottland vollführten wunderbaren Verwandlung der Templer in Freimaurer erfunden, gelehrt und bei den Aufnahmen in die höheren Grade aufgeführt, deren Mitglieder die Tracht der Templer trugen und in deren Gebräuchen der Tod des Großmeisters Molay an die Stelle des Todes Hirams trat, unter welch' letzterm, wie man behauptete, auch eigentlich blos Molay gemeint sei. Durch dieses Kapitel erstreckte sich der Einfluß der Jesuiten bald auf die gesamte französische Maurerei. Sicherlich weder aus Zufall, noch aus Patriotismus, erklärte sich gleich im folgenden Jahre die bisher von England noch abhängige französische Großloge unabhängig und nahm Statuten an, nach welchen die „schottischen Meister" (die man in England und selbst in Schottland nicht kannte), die Oberaufsicht über die Arbeiten führen sollten, allein die vorgekommenen Fehler tadeln konnten, die Freiheit hatten, das Wort zu ergreifen, stets bewaffnet und bedeckt zu sein, und wenn sie selbst Fehler begingen, blos von „Schotten" zur Rede gestellt werden durften. Ferner mußten die Aufzunehmenden getauft sein. Der Bund hieß nur noch Orden, die Oberen Groß-Inspektoren, die größeren Versammlungen sogar Konzilien! Nach Aussage eines Maurers war einer der höheren Grade, der des Rosenkreuzers, geradezu nichts anderes, als die in Scene gesetzte katholische Religion!

4. Apostel des Unsinns.

Die grassierende Geisteskrankheit verbreitete sich bald weiter, und zwar natürlich zuerst nach Deutschland, wo in jener entwürdigten Zeit, vor dem Auftreten eines Lessing und Klopstock, alles, was französisch hieß, mit fürchterlicher Gewissenhaftigkeit nachgeäfft wurde. Schon im Jahre 1742 hatte der Unsinn der „Andreas- oder Schottenlogen" in Berlin Eingang gefunden und war das katholische Prädikat „hochwürdig" den Vorgesetzten beigelegt worden. Das zweifelhafte Verdienst dieser Verpflanzung nach Osten gebührt dem Baron C. G. v. Marschall, welcher zu Paris von den Stuart'schen Parteigängern in die neue Templerei eingeweiht worden und dann zum Clermont'schen Kapitel übergegangen war. Nach seinem baldigen Ende wurde seine Stelle von einem Manne übernommen, welcher das sonderbare Bild des redlichsten und emsigsten Strebens nach einem phantastischen Ziele darbietet, dessen wahre Natur ihm unbekannt war. Karl Gotthelf, Reichsfreiherr von Hund und Altengrottkau, so hieß er (geb. 1722), war ein Edelmann aus der Lausitz und wirklicher Geheimer Rat des römischen Kaisers, geistig beschränkt, ohne höhere Bildung, aber Idealist, ritterlich, gastfrei und wohlthätig. In Frankfurt a. M. als Maurer aufgenommen und mit Franzosen bekannt geworden, die ihn seinem Gelde zulieb mit Schmeicheleien überhäuften, begab er sich nach Paris und ließ sich dort zugleich in die katholische Kirche aufnehmen und in die falsche Templerei einweihen, die er von ganzem Herzen umfaßte; auch wurde er dem Prätendenten Karl Eduard selbst vorgestellt und zum „Heermeister in Deutschland" ernannt. Nach seiner Rückkehr mit Marschall bekannt geworden und durch ihn in seinem Wahne bestärkt, gründete er auf seinem Gute, welches den ominösen Namen „Unwürde" führte, eine Loge, in welcher er mit seinen Geistesverwandten Templer spielte, Ordenskonvente abhielt und es sogar dazu brachte, daß sich mehrere Freimaurerlogen unter seine Oberleitung begaben. Die Versammlungen des neuen Ordens führten lateinische Protokolle und Korrespondenzen; und man faßte den Plan, zuerst durch Stiftung von Waisenhäusern die Augen der Welt auf sich zu ziehen und dann jene Anstalten in Kriegsschulen zur Fortpflanzung des Ordens zu verwandeln.

Dies harmlose Treiben stand nun allerdings entweder gar nicht mit den Jesuiten in Verbindung oder war wenigstens ein ganz unschädlicher Ableger des Treibens derselben, die einem ehrlichen Schwärmer von Hunds Schlage zu keinen ernsten Schritten verwenden konnten.

„Um diese Zeit," sagt ein zeitgenössiger Schriftsteller, „brach der siebenjährige Krieg aus. Die französischen Kriegsvölker kamen nach Deutschland und mit ihnen viele Jesuiten. Bei der französischen Armee, besonders bei dem Kommissariat, waren denn auch Freimaurer von höheren Graden in großer Zahl, und es war keine geringe Spekulation von einigen solcher Herren, die mysteriöse Ware in Deutschland zu Gelde zu machen. Ich habe einen französischen Kommis gekannt, der einen ganzen Wagen voll Freimaurerdekorationen zu ungefähr 45 verschiedenen Graden mit sich führte, die er für Geld von Straßburg bis nach Hamburg austeilte. Von dieser Zeit an begnügte sich fast keine einzige deutsche Loge mehr mit den drei symbolischen Graden; aber fast jede hatte eine andere Reihe von höheren Stufen, je nachdem sie einem andern Windbeutel in die Hände gefallen war, und so veränderte sich auch ihr System, wenn ein neuer Apostel ankam, der sie reformierte."

Ein solcher Apostel des Schwindels war der Marquis von Lernais oder Lerney, welcher als Kriegsgefangener nach Berlin gekommen war und dort die jesuitische Lehrweise des

Kapitels von Clermont bekannt und beliebt zu machen suchte, ja bei der Großloge zu den 3 Weltkugeln ein Kapitel in demselben Sinne gründete. Um solche Kapitel auch im übrigen Deutschland zu verbreiten, oder, deutsch gesagt, um dieses Land den Jesuiten in die Hände zu liefern, — dazu wurde ein mehr als zweideutiges Subjekt ausersehen, nämlich Philipp Samuel Rosa, welcher als protestantischer Geistlicher merkwürdiger Weise bis zum Konsistorialrat und Superintendenten emporgestiegen, aber wegen unsittlichen Lebens abgesetzt war, worauf er sich mit Goldmacherei abgab und viele Leute betrog, bis er sich flüchten mußte und kein Auskunftsmittel wußte, als: die Freimaurerei, welche er durch seine Aufnahme befleckt hatte, zum Gelderwerbe zu mißbrauchen. Von dem Clermont'schen Kapitel in Berlin mit dem Titel eines „Ritters von Jerusalem und Priors des Kapitels von Halle" geschmückt, reiste Rosa umher, wozu die Loge in Halle, welche er durch Schlauheit und liebenswürdiges Benehmen in seine Hände bekam, die Mittel hergeben mußte. Dieses schamlose Treiben indessen sowohl, als sein Verhältnis zu einem andern Abenteurer öffnete den bethörten Brüdern endlich die Augen. Dieser noch schamlosere Betrüger, Leuchte mit Namen, von abschreckendem Aeußern und geringer Bildung, trieb ebenfalls Goldmacherei und trat nach hergestelltem Frieden (1763), da ihn die Erfolge Rosa's zu Ähnlichem ermuntern mochten, unter dem falschen Namen eines englischen Barons von Johnson und als Abgesandter der „wahren Oberen" des Tempelherrenordens in Jena auf, errichtete ein „Hochkapitel," traf Aufnahmen von Novizen und Rittern, log ihnen die abenteuerlichsten Märchen von geheimen Schätzen des Ordens, von Streitkräften und Flotten, über die derselbe zu gebieten habe, u. s. w. vor, erließ Kreisschreiben durch ganz Deutschland, worin er alle „Tempelritter" vor sich forderte und ließ dann die an ihn abgelieferten Diplome anderer Oberer unter Pauken- und Trompetenschall verbrennen. Unbegreiflicher Weise folgten Viele seinem Rufe, und selbst Rosa, der Betrüger, ließ sich von dem Gauner imponieren, kam nach Jena, demütigte sich vor ihm, und das Berliner Kapitel wurde vom „Orden" ausgeschlossen. Da sich aber Rosa in Halle schämte, seine Unterwerfung einzugestehen und vielmehr den dortigen „Rittern" riet, den Johnson nicht anzuerkennen, mit dem er doch zugleich über Gründung neuer Tempellogen in Halle unterhandelte, diese niedrige Doppelzüngigkeit aber wieder durch Johnson selbst verraten wurde, jagten ihn die enttäuschten Hallenser endlich wegen „abscheulicher Laster" und Unordnungen in Führung der Kasse mit Schimpf und Schande fort, worauf er verscholl.

Es konnte indessen nicht fehlen, daß auch H u n d auf den angeblich englischen Schwindler (der doch kein Wort Englisch verstand) aufmerksam wurde. Die Dunkelmänner, für welche Rosa gearbeitet hatte, sahen nun ein, daß sie ein ungeschicktes Werkzeug gewählt, daß ein auf e i g e n e Faust handelnder Taschenspieler, und noch dazu ein Ungläubiger, der stets nur mit Verachtung von den Theologen sprach und ihre Vernichtung durch den Orden voraussagte, — den Ihrigen aus dem Sattel geworfen hatte und daß daher ein Ehrenmann geeigneter sein dürfte, ihrer Sache zu dienen, als ein Gauner. Hund wurde daher ausersehen, die jesuitische Templerei zu retten; weil man ihn aber, als einen Schwärmer und Ehrenmann zugleich, nicht in die geheimen Fäden der Intrigue einweihen durfte, ohne ihn, den deutschen Don Quijote des 18. Jahrhunderts, aus allen seinen Himmeln zu werfen, — mußte die Entlarvung des Betrügers durch eine vorhergehende Demütigung erkauft werden. Johnson war mit Hund in Korrespondenz getreten und hatte den Letztern durch seine geschickt fabrizierten Vollmachten angeblicher geheimer Oberen so zu blenden gewußt, daß derselbe ihn wirklich für einen höhern Ordensbeamten hielt und seinem Rufe zu einem „Konvente" in Altenberge (Herzogtum Sachsen-Gotha) im Mai 1764 Folge leistete. Um diesem Ordensfeste Glanz zu verleihen und dem betrogenen Hund zu imponieren, beutete Johnson seine reichen Anhänger in unverschämtester Weise aus, indem er sie unter lügenhaften Vorwänden dahin brachte, ihm so viel wie möglich von ihren Gütern zu verschreiben. Unter dem Vorwande, Friedrich der Große stelle ihm nach, ließ er, um sich wichtig zu machen und zugleich vor Reklamationen sicher zu sein, einige seiner Ritter mit bloßem Schwerte vor seinem Schlafzimmer wachen, und sandte Andere bei Nacht und Sturm in ritterlicher Rüstung und zu Pferde in die Wälder der Umgegend, um die preußischen Soldaten von ihm abzuhalten; auch ließ er von Zeit zu Zeit Alarm schlagen, worauf sie sich an gewissen Punkten sammeln mußten, und drohte den Widerspenstigen mit Arrest, indem er, um zu zeigen, daß es ihm Ernst sei, einen seiner Vertrauten veranlaßte, sich freiwillig von ihm gefangen halten zu lassen. Herrn von Hund hatte er seinen Opfern inzwischen als ihren künftigen Gebieter angekündigt, und als derselbe nun erschien, mußte er dem Abenteurer vor versammeltem Ordenskapitel in ritterlicher Rüstung knieend huldigen und wurde dafür als Provinzialheermeister investiert und über Johnsons bisherige Ritter, 30 bis 40 an der Zahl, gesetzt. Hund war jedoch noch nicht lange mit seinem neugefundenen „Obern" zusammen, als er durch Mitteilungen der Gepreßten, wie durch seine eigene Beobachtung der Bildung und Lebensart Johnsons, mißtrauisch wurde und endlich die volle Überzeugung gewann, daß er es mit einem Betrüger zu thun habe. Als er ihn nun, im höchsten Grade entrüstet, selbst und durch Andere zur Rede stellte, sah sich Johnson endlich entlarvt, gab vor, in Jena seine Legitimationspapiere holen zu wollen, machte sich aber davon und versteckte sich bei noch nicht enttäuschten Anhängern, bis ihn 1765 die schon vorher in der Einbildung gefürchteten preußischen Soldaten ergriffen und auf Verlangen der weimarischen Regierung nach der Wartburg brachten, wo er in Luthers Zimmer auf Kosten des „Ordens" bis zu seinem Tode (1775) verpflegt wurde. Nun hatte Hund freie Hand und richtete seinen „Orden" sofort nach eigenem Geschmacke ein. Wenn er stets von „unbekannten Oberen" desselben sprach, so war dies kein Betrug, sondern der bethörte und sich selbst bethörende Schwärmer dachte dabei an die Intriganten, die ihn zu Paris eingeweiht hatten, und in deren Auftrag er handelte. Das System des Ordens nannte er, nach dem unbedingten Gehorsam, den die Mitglieder geloben mußten, die „strikte Observanz," im Gegensatze zur „laten (schlaffen) Observanz," worunter er die übrige Freimaurerei begriff. Es umfaßte sieben Grade, indem zu den drei freimaurerischen als 4. der „schottische Meister," als 5. der Novize(!)," als 6. der „Tempelherr" und als 7. gar der Eques professus (Ritter mit Gelübden!!) kamen. Alle Ritter trugen lateinische Ordensnamen; Hund nannte sich Eques ab ense (Ritter vom Schwert); Andere hießen: Ritter von der Sonne, vom Löwen, vom Stern, ja sogar vom Walfisch, vom Käfer, vom goldenen Krebs, vom — Maulwurf u. s. w. Bald wurde die „strikte Observanz" vorherrschend in den deutschen Logen. Man vergaß das wahre, einfache Maurertum, und dachte nur noch an Rittertum und Templerei. Sogar 26 deutsche Fürsten schlossen sich dem Orden an, dessen Lenker durch diese Erfolge so aufgeblasen wurden, daß sie ganz Europa, ohne es zu besitzen, in neue Provinzen, nach dem Muster derjenigen des alten Templer- und des Jesuitenordens, einteilten und für jede Provinz einen Heermeister wählten, welchem ein Provinzialkapitel zur Seite stand. Die Unterabteilungen der Provinzen hießen nach templerischem Vorbilde Priorate, Präfekturen, Komthureien u. s. w. Um diese Einteilung nicht blos auf dem Papier, sondern in Wirklichkeit zu haben, sandte Hund den Baron G. A. von Weiler (Ritter von der goldnen Ähre) nach Frankreich und Italien, wo es demselben wirklich gelang, verschiedene Kapitel zu errichten; ja der große Orient von Frankreich, — soweit ging die Verblendung! — vereinigte sich sogar mit der strikten Observanz, doch nicht ohne daß die französischen Maurer sich gegen die Abhängigkeit von einer solchen „ausländischen" Schöpfung sperrten, indem sie vergaßen, daß dieselbe ursprünglich in ihrem Lande ausgeheckt worden war. Gegen die deutschen Logen, die von diesem aftermaurerischen Treiben nichts wissen wollten, benahmen sich die Hund'schen Tempelherren hochmütig und wegwerfend, ja sie wollten dieselben nicht einmal anerkennen, — und nur wenige Bauhütten hatten den Mut, sich im Sinne „gesunder Vernunft" gegen „dunkle Neuerungen" auszusprechen. An ihrer Spitze stand die wackere Loge zur Einigkeit in Frankfurt am Main, welche sich von London aus als englische Provinzialloge erklären ließ, um ihre Unabhängigkeit von den unechten Templern zu wahren.

Ein eifriger Apostel der strikten Observanz, Johann Christian Schubart von Kleefeld (Ritter vom Vogel Strauß), reiste rastlos umher, um die Logen für jenes System zu gewinnen, und entwarf einen Plan, wie der Orden zu Reichtümern gelangen könne. Hunds Verhältnisse waren nämlich durch den Krieg in Unordnung geraten, und er wünschte, seine

Güter dem Orden zu verschreiben, ja er bot demselben sogar an, ihm andere auf seinen Tod zu vermachen, falls er auf die einen Geld erhielte (wodurch die neuen Templer für 42,000 Thaler einen Wert von einer halben Million Thaler erhalten hätten!!); aber der arme Orden besaß selbst kein Geld. Um solches zu schaffen, schlug Schubart vor, von den Aufgenommenen und Beförderten enorme Beiträge zu erheben (bei der Aufnahme z. B. 350 Thlr.!); man fand dies jedoch nicht durchführbar, und Schubart zog sich vom Orden zurück, um sich fortan — der Landwirtschaft zu widmen.

Der Mohr hatte seine Arbeit gethan, — der Mohr konnte gehen; d. h. Hund hatte den neuen Templerorden aus Johnsons Händen gerettet und eingerichtet, — nun brauchte man ihn nicht mehr. Es war jetzt Zeit, daß der jesuitische Einfluß selbst hervortrat und sich durch läppische Spielereien mit Helmen und Schwertern, Harnischen und Templermänteln nicht mehr stören ließ. Um ihr Ziel einer Verwendung des Freimaurerbundes für den Plan der Katholisierung von Deutschland, zu erreichen, war es daher nötig, daß dessen Urheber bei Zeiten für eine geistliche Leitung jenes nun mit ritterlicher Maske umgebenen Bundes sorgten. Hierzu diente als neues Werkzeug der protestantische Theolog Johann August von Stark, geb. 1741 in Schwerin. Während er in Göttingen studierte (1761), ließ er sich im Freimaurerbunde aufnehmen und war dann Lehrer in Petersburg, wo er dem mystischen Systeme des Griechen Melesino anhing, dessen Zeremonien voller Gebete und Kniebeugungen waren, und sogar die Messe enthielten, während die Versammlungen höherer Grade Konklave(!) hießen und die Mitglieder Chorhemden trugen! Später beschäftigte er sich in Paris mit orientalischen Handschriften und trat dort 1766 zur katholischen Kirche über, was ihn aber nicht verhinderte, nach seiner Heimkehr die Stellen eines Professors der Theologie in Königsberg, dann eines Oberhofpredigers und Generalsuperintendenten daselbst und später in Darmstadt (wo er 1816 starb) zu bekleiden. Durch Vermittelung ihm bekannter Mitglieder der strikten Observanz wandte er sich an Hund und enthüllte diesem nun das große Geheimnis, welches er in Petersburg erfahren, — daß die wahren Mysterien der Templer nicht den Rittern, sondern blos den Klerikern (s. oben S. 141) bekannt gewesen und unter Eingeweihten bis auf die damalige Zeit fortgepflanzt worden seien, — und daß das eigentliche Haupt der Templer Niemand anders sei, als der „Ritter von der goldnen Sonne," der Prätendent Karl Eduard Stuart, damals in Florenz. Entzückt über diese Vermehrung seiner angeblichen Wissenschaften, anerkannte Hund den Stark und zwei von dessen Freunden als Kleriker des Tempelordens, und die Letzteren trieben es so weit, eigene Zeremonien und Grade auszuarbeiten und weltliche Ritter aus besonderm Wohlwollen in dieselben einzuweihen. Weil indessen Hund sich weigerte, dem Stark 200 Thaler zu einer Reise nach Petersburg zu bewilligen, wo der angebliche Obere der Kleriker, Pylades mit Namen, weilen sollte, der sich jedoch als ein in Deutschland fortgejagter, ganz ungebildeter Uhrmacher entpuppte, — zerfielen die Beiden, und Stark erklärte, das „Klerikat" unabhängig vom Orden besorgen zu wollen. Schmollend in der Hoffnung, hierdurch seine Unentbehrlichkeit zu beweisen, beauftragte er seinen klerikalischen Freund und „Prior", den reichen Gutsbesitzer Ernst Werner v. Raven, als langjähriges Mitglied der Rosa'schen und Hund'schen Kapitel, „Ritter von der Perle" genannt, statt seiner mit den weltlichen Templern zu verhandeln. Raven, ein Ehrenmann wie Hund, aber eitel und geistig beschränkt und aller Mystik, sowie der Alchemie ergeben, erschien nun 1772 auf einem Konvente, der zu Kohlo in der Lausitz zum Zwecke der Verständigung zwischen den Rittern und Klerikern abgehalten wurde, — im Ornate der Tempelkleriker, nämlich im weißen Talar mit rotem Kreuze auf der Brust, auf dem Haupte aber einen Hut, ähnlich, wie ihn die Kardinäle tragen, und hatte einen von Stark entworfenen Vereinigungsvertrag bei sich, den die Ritter, lüstern nach den klerikalen Geheimnissen, mit beiden Händen annahmen. Bei diesem Anlasse wurde nun auch der durch seine Schwärmerei lästige Hund fallen gelassen und mit einer Heermeisterstelle abgefunden, während zum Großmeister des Ordens Herzog Ferdinand von Braunschweig, und andere Fürsten zu unter ihm stehenden Superioren und Protektoren ernannt wurden. Die geheimen Lenker des Possenspiels suchten sich eben der Fürsten zu versichern, um durch ihre Vermittelung auch die Länder in ihre Netze zu bekommen.

Der katholische Pomp der Kleriker hatte aber bereits bei den Protestanten Bedenken und Mißtrauen hervorgerufen, und die Stimmung im Orden ging offenbar darauf hinaus, sich von allen unbekannten Oberen und fremdartigen Geheimnissen loszusagen und nur noch selbstgewählte Beamte anzuerkennen. Dies Streben verriet sich deutlich auf dem Konvente des Ordens zu Braunschweig 1775. Dort wurde sowohl Hund über seine Legitimation als Heermeister, wie die Kleriker über ihre Geheimnisse ernsthaft interpelliert. Weder der Erste, der sich in vollem ritterlichem Ornate eingefunden und in Prozessionen einherstolzierte, noch die Anderen konnten sich genügend ausweisen und suchten sich mit Ausflüchten zu helfen. Alle Leitung wurde ihm daher entzogen und die Regierung des Ordens nach Braunschweig, dem Sitze des Großmeisters, verlegt. Dieses Sinken seiner Macht brach dem armen Hund das Herz; er starb schon im folgenden Jahre zu Meiningen und wurde im Heermeisterschmuck vor dem Altare der Kirche zu Melrichstadt beigesetzt.

So schienen die Plane der Jesuiten hartnäckig fehlschlagen zu wollen. Die eigensinnigen Deutschen wollten sich, bei aller Leichtgläubigkeit und Schwärmerei, in ihren Netzen nicht fangen lassen. Da sandten die frommen Väter einen neuen Apostel aus, einen rätselhaften Menschen, von dem weder die Zeit noch der Ort seiner Geburt und seines Todes je bekannt geworden sind, der sich aber gegen Vertraute selbst als Sendling der Jesuiten bekannte. Gugomos, so war sein Name, angeblicher Freiherr und Professor der Künste, wirklich aber badischer Kammerjunker und Regierungsrat, als Mitglied der strikten Observanz „Ritter vom triumphierenden Schwan", lud, als Würdenträger des Tempelordens mit einer Fut von Titeln, den Großmeister, das Direktorium und den Prior der Kleriker 1776 zu einem Konvente nach Wiesbaden ein, um, wie er frech behauptete, dieselben in der wahren Templerei zu unterrichten. Unbegreiflicher Weise folgten dieser sonderbaren Einladung viele „Ritter," unter ihnen sogar einige Fürsten; Gugomos aber rühmte sich in lügenhafter Weise genossener Einweihungen, deren Beschreibung stark an die jesuitischen Exerzitien erinnert, zeigte Insignien und Vollmachten eines „heiligsten Stuhles" in Cypern vor, welche Kruzifixe und ähnliche

Verzierungen trugen, und behauptete, der Orden, dem er angehöre, und von welchem der alte Templerorden blos ein Zweig gewesen, sei schon vor Moses entstanden und habe unter seinen Großmeistern ägyptische, jüdische und andere Könige, griechische Philosophen, selbst Christus, sowie Apostel und Päpste gezählt, — die Templer hätten sich in Cypern (also nicht in Schottland!) fortgepflanzt, und die dortigen Erzbischöfe seien die Nachfolger der Großmeister. Die freimaurerischen Grade, faselte er, seien eine spätere Neuerung des ursprünglich ritterlichen und klerikalen Systems, dessen Organisation, nach seinen Angaben, vollkommen derjenigen des Jesuitenordens glich. Zur Belehrung in den geheimen Wissenschaften, fuhr er fort, müsse ein heiliger Tempel erbaut werden, und bei dessen Einweihung werde das „natürliche Feuer" vom Himmel fallen, — weiterer Lügen und Aufschneidereien nicht zu gedenken. Mehrere durchschauten den Betrüger; Andere gingen in's Garn und ließen sich von ihm „einweihen", wobei sie fasten (!), an die höchsten Oberen lateinische Suppliken richten, sich dem „heiligen Stuhle" unterwerfen, der jesuitischen Manier nachgebildete Fragen beantworten und versprechen mußten, „unter Umständen gegen ihr Vaterland die Waffen zu tragen" (ganz jesuitisch!). Als indessen Gugomos sah, wie klein das in ihn gesetzte Zutrauen sei, entfloh er und verschwand, und mit ihm auch die jesuitische Einwirkung auf die deutsche Maurerei. — Denn seit Hund's Tode war das „Klerikat" gar nicht mehr berücksichtigt worden, und Stark geriet wegen seines heimlichen Katholizismus und öffentlichen Protestantismus immer mehr in Mißkredit und außer Zusammenhang mit der Maurerei. Um dann endlich mit den „unbekannten Oberen" gänzlich aufzuräumen, sandte der Großmeister Herzog Ferdinand den etwas zweideutigen Advokaten Karl Eberhard Wächter, „Ritter von der Kirsche," nach Italien, damit er jene „Oberen" aufsuche. Wächter trieb in Italien vielen Schwindel mit Hochgraden und Templerei, wodurch er sich sehr bereicherte; Karl Eduard Stuart aber, den er besuchte, leugnete, jemals Freimaurer gewesen zu sein, obschon er sich dieses, wie er bemerkte, zur größten Ehre angerechnet hätte, — sei es, daß es wirklich so war (dem aber von anderen Seiten sehr widersprochen wird), — sei es, weil inzwischen der Jesuitenorden aufgehoben war und der Prätendent es mit dem Papste, der ihn unterstützte, nicht verderben wollte, indem er im Interesse eines aufgehobenen Ordens einen exkommunizierten zu bearbeiten suchte! Karl Eduard war übrigens bekanntlich so sehr dem Trunke ergeben, daß seinen Aussagen kein Gewicht beizulegen ist.

Die templerische Spielerei dauerte indessen noch einige Zeit fort; allein sie ermüdete bald ihre Jünger. Ein Teil derselben wandte sich zur ursprünglichen, von unechten Zuthaten reinen Maurerei, wie sie in England gestiftet worden war, zurück, — während Andere ihre Augen neuen mystischen Lichtern zuwandten, die seit einiger Zeit am Horizonte der Logen aufgetaucht waren, und mit denen wir uns bald weiter beschäftigen werden. Von diesen neuen Systemen angefeindet als veraltetes Zeug und Betrug, nahm die strikte Observanz an Zahl der Mitglieder und an allgemeiner Achtung immer mehr ab. Um diesem Übelstand abzuhelfen, und die Maurerei durch Aufklärung über ihr wahres Wesen aus der Zersplitterung wieder zur Einheit zu führen, berief der Großmeister Herzog Ferdinand im Jahre 1782 einen neuen Konvent nach Wilhelmsbad bei Hanau. Es fanden sich jedoch, da blos die Tempelritter Stimmrecht hatten, auch fast nur solche ein, und zwar aus Deutschland, Österreich, Frankreich, Italien und Rußland, — die neu entstandenen Systeme hielten sich fern. Nach langwierigen Verhandlungen in 30 Sitzungen machte sich die Überzeugung endlich geltend, daß eine Abstammung der Freimaurer von den Templern sich nicht historisch nachweisen lasse, besonders infolge der Aufklärungen, welche Christoph Bode, „Ritter von der Lilie des Thales," über das Treiben der Jesuiten gab, und man beschloß, die französischen Brüder nachzuahmen, welche bereits vier Jahre vorher auf dem „Nationalkonvente Galliens" in Lyon beschlossen hatten, den Templernamen fallen zu lassen und sich künftig „Ritter der Wohlthätigkeit aus der heiligen Stadt" zu nennen. Dieser neue Orden blieb jedoch auf Frankreich beschränkt; in Deutschland zerfiel das Ritterwesen vollständig.

Die beiden neuen Lichter aber, auf welche wir bereits aufmerksam gemacht, waren: das sogen. schwedische System und die erneuerte Rosenkreuzerei.

5. Das schwedische System.

Die schwedischen Maurer hatten in der Mitte des 18. Jahrhunderts das auch bei ihnen eingedrungene echte englische Maurertum zu einfach und schlicht gefunden, und verlangten nach mehr Glanz und Pomp, Geheimnissen und Abstufungen. Diesem vermeintlichen Bedürfnisse suchte der phantastische König Gustav III. abzuhelfen durch die Bearbeitung eines neuen, des schwedischen, Systems, welches aus der wirklichen Maurerei, der strikten Observanz und dem, was man unter „Rosenkreuzerei" verstand, vorzüglich aber aus dem Systeme von Clermont, zusammengebraut wurde, und bei dessen Schöpfung die damals erscheinenden Schriften und Lehren des bekannten schwedischen Mystikers und Geisterjehers Immanuel Swedenborg nicht unwirksam gewesen sein mögen. Gustav verband mit dieser Schöpfung zugleich den Plan, mittels der Freimaurer, die er durch Pomp gewann, sich die ihm lästige Adelspartei vom Halse zu schaffen. Bald nach dem Inslebentreten des schwedischen Systems geschah es nun, daß ein deutscher Freimaurer, Johann Wilhelm Ellenberger, welcher durch Adoption von seinem mütterlichen Oheim den Namen Zinnendorf erhielt und seines Berufes Militärarzt war, mit der strikten Observanz, der er als „Ritter vom schwarzen Stein" und als Präfekt der Mark Brandenburg angehörte, zerfiel und daher zur Befriedigung seines Ehrgeizes ein neues angeblich maurerisches Licht aufstecken wollte. Er sandte 1765 einen seiner Freunde nach Schweden, von dessen neuen Mysterien er gehört hatte, — um diese letzteren kennen zu lernen. Durch List erhielt der Reisende die Akten des schwedischen Systems, brachte sie Zinnendorf, und Dieser erklärte sofort die strikte Observanz als Betrug und gründete nach dem schwedischen System mehrere neue Logen in Norddeutschland, welche sich 1770 zu der sogen. Großen Landesloge von Deutschland vereinigten. Obschon die schwedische Großloge gegen die Berechtigung Zinnendorfs zur Gründung von Logen nach ihrem System förmlich protestierte, breitete sich die neue Schöpfung aus, und Zinnendorf leitete dieselbe bis an seinen Tod, welcher 1782 durch einen Schlagfluß eintrat, während er gerade, den Hammer in der Hand, eine Loge eröffnen wollte. Die von ihm geschaffene „große Landesloge von Deutschland," welcher jedoch dieser Titel nicht mit Recht zukommt, da sie nur einen kleinen Theil der deutschen Logen unter sich hat, besteht noch heutzutage.

Das schwedische System hat zehn Grade und beruht auf der Annahme, daß gewisse Geheimnisse von Christus an sich durch die Apostel, die Tempelkleriker und die Baugenossenschaften hindurch fortgepflanzt haben, und auf der Fabel, daß ein Neffe des Großmeisters Beaulieu, eines Vorgängers Molay's, den Letztern während dessen Gefangenschaft besucht habe und auf dessen Anleitung in die Gruft seines Oheims hinabgestiegen sei, wo er in einem verborgenen Kasten die Insignien und Urkunden des Ordens gefunden habe, die dann von Paris nach Schottland und von da nach Schweden geflüchtet worden seien. Die Symbole der höheren Grade erinnern an das templerische Ritterthum und an die katholische Kirche, so z. B. das Lamm Gottes. Die Zeremonien des höchsten Grades sollen der Messe sehr ähnlich sehen und seine Mitglieder verpflichtet sein, beständig das rote Kreuz der Tempelherrn auf der Brust zu tragen, alle Abende das Gebet des heil. Bernhard zum Lamm Gottes (!) herzusagen, am Karfreitag bis Sonnenuntergang zu fasten, dann drei Schnitten Brot mit Salz und Öl zu genießen, beim Abendessen aber sich des Lamm- und Taubenfleisches (!) zu enthalten, — was jedoch heutzutage schwerlich mehr beobachtet wird. Der oberste Würdenträger des Systems führt den Titel: Vikar Salomon's. Mehrere ausgezeichnete Mitglieder desselben, darunter der berühmte Dichter J. H. Voß, haben seine Zeremonien „nichtig, unnütz und lächerlich" genannt. Auch zeichnet sich dasselbe unvorteilhaft durch die hartnäckige Verweigerung der Aufnahme von Juden aus. Eine geistreiche Organisation ist ihm jedoch nicht abzusprechen. Das seit 1853 auch in Dänemark eingeführte schwedische System ist dasjenige, welches durch die bekannte Schrift „Sarsena" veröffentlicht wurde; wer also glaubt, durch die letztere die wahre Freimaurerei kennen zu lernen, der befindet sich in einem kolossalen Irrtum; — er hat nur ein geschickt gemaltes Zerrbild davon zu sehen bekommen.

6. Die neuen Rosenkreuzer und ihre Geistesverwandten.

Das andere neue Licht, welches der falschen Templerei Konkurrenz machte, war die erneuerte Rosenkreuzerei. Wie lange die von uns oben (S. 213) erwähnten alten Rosenkreuzer fortbestanden und ob und wie sie mit den neuen Ordensmännern desselben Namens zusammenhingen, ist nicht hinlänglich bekannt. Das aber kann als höchst wahrscheinlich angenommen werden, daß diese neuen Rosenkreuzer, gleich den neuen Templern, eine Schöpfung der Jesuiten waren, um der Aufklärung zu gleicher Zeit von verschiedenen Seiten her beikommen zu können. Während man die ritterlichen Norddeutschen durch die Templerei kirre zu machen suchte, hoffte man die zu tiefsinnigen Untersuchungen geneigten Süddeutschen mittels Grübeleien über die Geheimnisse des Lebens, in die alleinseligmachende Kirche zu führen, soweit sie nicht schon darin waren, und sie außerdem durch Vertiefung in abergläubisches Treiben von aller Beteiligung an der überhandnehmenden Aufklärung abzuziehen.

Bezeichnender Weise zu derselben Zeit, da Rosa und Johnson ihr Wesen trieben, um das Jahr 1760, scheint der neue Rosenkreuzerorden in Süddeutschland aufgekommen zu sein. Obskure Leute, welche der maurerischen Geschichte durchaus fremd sind, standen an seiner Spitze, und gaben vor, unter „unbekannten Oberen" zu arbeiten. Wenn sie wußten, daß ein brauchbarer Mann Neigung z. B. zur Alchemie hatte, so schrieben sie ihm anonyme Briefe in dunkeln Ausdrücken und mit rätselhaften Zeichen, sandten ihm dann einen Unbekannten, der sich ihm als Adept zu erkennen gab und ihm verkündete, daß „ehrwürdige Väter" das Glück derer begründen wollten, welche ihre Schüler würden, ihm hierauf Geldrollen übergab und weitere versprach, die jedoch ausblieben. Der Kandidat erhielt von nun an wiederholte Aufträge, mußte Reisen machen, und wurde in verschiedene Grade aufgenommen, endlich aber, wenn man erreicht hatte, was man von ihm wollte, nämlich Einfluß in gewissen Kreisen u. dgl., ihn aber nicht weiter zu verwenden wußte, plötzlich fallen gelassen und ignoriert, und alle seine Bemühungen, die Oberen zu finden, waren umsonst. Fanden die Rosenkreuzer dagegen, daß sie Jemanden zu Mehrerm, nicht blos als Mittel, sondern auch zum Zwecke brauchen konnten, so ließen sie ihn weiter steigen. Sie bildeten nicht, wie die neuen Templer, einen integrierenden Teil des Freimaurerbundes, sondern waren von diesem durchaus unabhängig, wie denn auch von ihren n e u n Graden die drei ersten nicht die maurerischen Namen führten. Wohl aber benutzten sie einzelne Logen und Brüder, wo sie konnten und es ihrem Zwecke dienlich war. Namentlich fielen manche unzufriedene Mitglieder der strikten Observanz in ihre Hände. Eifrigen Freimaurern gaben sie vor, der Maurerbund sei blos eine Vorschule zu höheren und geheimeren Kenntnissen, blos der Vorhof des wahren Tempels, die Freimaurerei erhalte erst im Rosenkreuzerorden Wahrheit und Bestätigung. Die einzelnen Mitglieder erhielten neue, meist erdichtete Namen, z. B. Jöbron, Ormesus, Cedrinus u. s. w.; ihre Logen nannten sie „Kreise." Den Oberen mußte vollkommener Gehorsam geleistet und durfte kein Geheimnis verschwiegen werden. Kein Mitglied der unteren Grade kannte andere, als diejenigen seines „Kreises." Die Sache des Ordens wurde für diejenige Gottes und Christi ausgegeben, das Losungswort der Rosenkreuzer war: „Auf daß Gott und sein Wort mit uns sei." Fromme Redensarten, gemischt mit unverständlichen und mystischen, bildeten ihre Sprache. Sie behaupteten, ein verborgenes Buch zu besitzen, welches die heilige Geschichte vor Erschaffung der Welt (!), namentlich den Fall der bösen Engel, erzähle, mithin der Bibel vorangehe. Den Neuaufgenommenen wurde ein Büschel Haar abgeschnitten (die Tonsur!); sie mußten einer „heiligen Kongregation" Gehorsam und Stillschweigen geloben; das unbekannte Oberhaupt wurde als M. M. (Magnus Magus, der große Zauberer — von Rom?) bezeichnet. Verbreitet waren sie, nach ihrer Behauptung, in ganz Europa und in Vorderasien.

Ihre Beschäftigung bestand in mystischer, kabbalistischer und überhaupt verrückter Auslegung der Bibel und anderer angeblich heiliger oder geheimer Bücher, in unsinniger Deutung des Zusammenhanges der Naturdinge (so wurde z. B. behauptet: die Planeten und andere Gestirne werfen der Sonne beständig das von ihr empfangene Licht wieder zu und dadurch werde ihre Macht und ihr Glanz erhalten!!!), ferner in Geisterseherei und Teufelsbannerei, in Alchemie, Goldmacherei, Bereitung von Lebenselexiren, in chemischen Versuchen, aus Regenwasser, Harn und anderen Substanzen edle Metalle zu bereiten, ja sogar in der angeblichen Kunst, durch chemische Prozesse — Menschen zu erzeugen. Einmal war dem Kreise in Berlin von dem sogen. Oberen ein chemischer Prozeß aufgetragen worden, als der anwesende Chemiker Klaproth bewies, daß dadurch das Gebäude, in welchem sich das Laboratorium befand, — es war der Palast des Prinzen Friedrich von Braunschweig, — in die Luft gesprengt werden müßte, worauf der Prinz die Gaukler fortjagte und ihre Hexenküche abbrechen ließ. Die Mitglieder trugen in den Versammlungen weiß und schwarze Schärpen, in den höheren Graden priesterliche Kleider und silberne oder goldene Kreuze. Die Zeremonien der Aufnahme waren den freimaurerischen nachgemacht, aber stets mit Bezug auf astrologischen und alchemistischen Unsinn. Furchtbare Eide wurden dabei geschworen. Versprochen wurde den Mitgliedern, im neunten und höchsten Grade würden sie alle Geheimnisse der Natur erfahren und die Oberherrschaft über Engel, Teufel und Menschen erlangen.

Der erste Prophet der neuen rosenkreuzerischen Afterweisheit in Deutschland war Johann Georg S ch r e p f e r, geboren 1739 in Nürnberg, erst Soldat, und später Kaffeewirt in Leipzig, von dem man übrigens nicht weiß, ob und wo er Freimaurer geworden. Im Jahre 1777 errichtete er in seinem Kaffeehause auf eigene Faust eine sogen. schottische Loge, offenbar um seine Kundschaft zu verbessern, und behauptete, eine bessere Maurerei zu lehren, als die wirklichen Logen. Von einer solchen zurechtgewiesen, benahm er sich trotzig, beleidigte sie und ihre Mitglieder, erhielt aber dafür auf Befehl des Herzogs Karl von Kurland, des Protektors jener Loge, auf der Wache Stockprügel, deren Empfang er bescheinigen mußte. Von anderen, ängstlicheren Brüdern wurde er dagegen, aus Furcht, er möchte die Bundesgeheimnisse veröffentlichen, höflich behandelt, und wußte sie durch Vorgaben geheimer Kenntnisse so zu verblenden, daß sogar der Herzog Ferdinand von Braunschweig und der genannte Herzog von Kurland neugierig wurden und ihn zu sich nach Braunschweig und Dresden kommen ließen.

Nun kleidete er sich in eine elegante Uniform, stolzierte mit einem Degen einher und erfreute sich des Umganges hochstehender Personen. In seiner Loge veranstaltete er Zaubereien und Geistererscheinungen mittels physikalischer Experimente und magischer Laternen. Er ließ beliebige verstorbene Personen auftreten, wobei sich die Zuschauer nicht von ihren Plätzen bewegen durften. Es gab aber boshafte Käuze darunter, von welchen einer, ein Kaufmann, einst an einem Geiste die Tags zuvor bei ihm gekauften Schuhschnallen entdeckte und ein anderes Mal heimlich die Thüre verriegelte, so daß der polternde Geist nicht herein konnte. Bei diesem Treiben ergab sich indessen der aufgeblasene Schrepfer einem liederlichen und verschwenderischen Leben und benahm sich gegen seine Gönner roh und anmaßend, so daß ihm diese endlich in seinen Geldverlegenheiten nicht weiter helfen wollten. Es kam so weit, daß er sich aus denselben nicht mehr retten konnte. An einem Morgen, nachdem er noch mit seinen wenigen übrig gebliebenen Anhängern eine sogen. Loge gehalten, ging er mit denselben in das Rosenthal bei Leipzig, entfernte sich unter einem Vorwande vom Wege in ein Gebüsch und erschoß sich da am 8. Oktober 1774, erst 35 Jahre alt. Aus seinen hinterlassenen Papieren wollen glaubwürdige Männer schließen, er sei im Dienste der Jesuiten gestanden!

Merkwürdiger Weise war aber mit diesem häßlichen Vorfalle das Rosenkreuzerwesen noch nicht auf seinem Höhepunkte angelangt. Es erstieg denselben durch Johann Christoph Wöllner (bei Spandau 1732 geboren, seit 1759 Prediger, seit 1766 Rat in preußischem Dienste, 1788 Staatsminister, gestorben 1800) und Joh. Rudolf Bischofswerder (1741 in Thüringen geboren, kursächsischer Kammerherr, 1772 preußischer Major, 1786 Kriegsminister, gestorben 1803). Von der strikten Observanz als „Ritter vom Greif" nicht befriedigt, suchte Bischofswerder einen Bund, der sich mit Magie beschäftigte, und war so glücklich, denselben in der Rosenkreuzerei zu finden. Er wurde, dieser Neigung gemäß, vom Herzoge Karl von Kurland, dessen Stallmeister er damals war, abgesandt, um den auf Anordnung seines Herrn geprügelten Schrepfer zu prüfen. wurde dessen feurigster Anhänger, gewann den Herzog für ihn, war Zeuge seines Todes, glaubte aber dennoch an einen höheren

Beruf des Gauklers, lebte als Einsiedler, um geträumten geheimen Oberen zu entgehen, wähnte in dem Schwindler Gugomos ein neues Licht zu erblicken und wollte für ihn nach Cypern reisen, um die Geheimnisse der Templer zu holen. Durch die Gunst des Kronprinzen Friedrich Wilhelm von Preußen, des Neffen Friedrichs des Großen, emporgestiegen, teilte er dieses Glück mit Wöllner, der sich als „Ritter vom Würfel" ebenfalls von der Templerei getrennt hatte, und nun gleich ihm zu den höchsten Stufen des Fürstendienstes erhoben wurde. Beide gewannen den Kronprinzen, der 1786 dem großen Oheim als König Friedrich Wilhelm II. folgte, für die Rosenkreuzerei, deren Direktor in Berlin Wöllner war und sogar die Großloge zu den 3 Weltkugeln in ein Rosenkreuzerkapitel verwandelte. Endlich brachten sie es als Minister dahin, daß an die Stelle von Aufklärung und Toleranz, die unter dem alten Fritz geherrscht hatten, Dunkelheit und Glaubenszwang traten. Während sie den geistig beschränkten, eiteln und genußsüchtigen König, im Einverständnis mit seiner Mätresse, der sogenannten Gräfin Lichtenau, durch Geisterbeschwörungen und tolle Gelage beschäftigten, verfaßten sie das berüchtigte **Religionsedikt** von 1788, durch welches der Aufklärung und freien Forschung in den preußischen Staaten der Todesstoß versetzt werden sollte und führten die Censur wieder ein. Mit dem Tode des Königs stürzte jedoch das stolze Kartenhaus, an welchem bereits die mutigen Verfechter der Freiheit, Biester und Gedike, lange gerüttelt hatten, samt der ganzen Rosenkreuzerei in Trümmer.

Zu gleicher Zeit mit den Rosenkreuzern bestanden zwei Abarten derselben, welche beide nach fremden Erdtheilen benannt waren: die **Asiatischen Brüder** und die **Afrikanischen Bauherren**. Die Asiaten wurden vom Freiherrn Hans Heinrich von Ecthofen in Wien gestiftet, welcher mit den Rosenkreuzern zerfallen war, nahmen zwar nur Freimaurer auf, aber auch Juden, und verirrten sich auf dieselben Abwege, wie die Rosenkreuzer. Ihr Hauptsitz war Wien, welches sie Thessalonich nannten, wie sie überhaupt jedem Ort einen fremden Namen gaben. Die angeblichen Oberen des Ordens hießen „Inquisitoren". Der Grade waren fünf: zwei Probestufen, Suchende und Leidende, und drei Hauptstufen. Die Mitglieder trugen runde schwarze Hüte mit je nach dem Grade verschiedenfarbigen Federn, schwarze Mäntel und weiße oder schwarze Bänder mit verschiedenen Zeichen daran, in den höheren Graden rote Hüte und Mäntel, in den höchsten eine ganz rosenrote Kleidung. Zehn Mitglieder bildeten eine Meisterschaft, zehn solche eine Dekade oder Obermeisterschaft u. s. w. Schauderhaft entarteten die Asiaten in Österreich. Der Schmelztiegel der Goldmacherei brachte mehrere Brüder zur Fälschung und Unterschlagung und hierdurch zu Pranger und anderen entehrenden Strafen. Sie trieben auch Geisterseherei, bis einst, als sie den Geist des Großmeisters Molay beschwören wollten, ihnen einen Schatz heben zu helfen, — der Pfarrer Michael Korn, ein aufgeklärter Mann und Freimaurer, und seine mit Knütteln und Dreschflegeln bewaffneten Bauern in Mödling die Geisterbeschwörer überfielen und durchprügelten.

Die **Afrikaner**, vom Kriegsrate **Köppen** in Berlin gestiftet, hatten eine etwas würdigere Beschäftigung als die Rosenkreuzer und Asiaten; sie untersuchten die Geschichte der Freimaurerei, nahmen nur Gelehrte und Künstler auf, verhandelten in lateinischer Sprache und setzten Preise für wissenschaftliche Arbeiten aus, verstiegen sich aber dabei in überladene sinnlose Symbolik, Kabbalistik, Magie und Mysteriomanie, namentlich in angebliche ägyptische Mysterien und Hieroglyphen. Sie zählten fünf untere oder Lehrgrade, und drei höhere oder innere, welche den Klassen des templerischen Rittertums entsprachen. Der Orden dauerte aber nur wenige Jahre.

Andere mystische Sekten, deren es eine Menge gab, z. B. die „unbekannten Weltweisen", und welche meist nur auf Geld spekulierten und die Aufgenommenen betrogen, übergehen wir und erwähnen nur noch die **Kreuzbrüder** oder **Kreuzfrommen**, gestiftet vom Grafen Christian von **Haugwitz** (1752—1832), welcher erst als „Ritter vom heiligen Berge" der strikten Observanz, dann dem Zinnendorf'schen Systeme angehört hatte und endlich dazu fortschritt, eine Gesellschaft zu gründen, von welcher ein Zeitgenosse sagt, sie sei „eine Verschwörung des Despotismus gegen die Freiheit, des Lasters gegen die Tugend, der Dummheit gegen das Talent, der Finsternis gegen die Aufklärung." Die Kreuzfrommen hielten sich im strengsten Geheimnisse verborgen, korrespondierten in Chiffern, suchten die Fürsten zu umgarnen, um an ihrer Stelle zu herrschen (wie Bischofswerder und Wöllner bereits gethan hatten!) und trieben allen möglichen Aberglauben, um die Wissenschaft tot zu machen, so daß in ihnen erst die höchste Ausbildung des Rosenkreuzertums zu suchen ist. Mit dem Freimaurerbunde standen sie in gar keiner Verbindung.

An die Rosenkreuzerei erinnern auch die geheimen Gesellschaften, welche der bekannte M e s m e r stiftete, um seine Theorie vom thierischen Magnetismus (später Somnambulismus) zu pflegen und zu verbreiten, und deren es in Frankreich und den französischen Kolonien eine große Menge gab. Sie hatten ein eigenes, dem freimaurerischen nachgeahmtes Zeremoniell und erweckten das Gefühl, daß es ungefähr so bei den eleusinischen Mysterien zugegangen sein müsse.

Wenn aber Mesmer den Charlatanismus, von dem er jedenfalls nicht freizusprechen ist, wenigstens durch einen Schein von Wissenschaftlichkeit verdeckte, so gaben sich dagegen andere in F r a n k r e i c h auftretende Abenteurer, gleich dem Deutschen Schrepfer, nicht die geringste Mühe, etwas Besseres zu scheinen, als sie waren, und fanden dennoch, — so tief war die Wundersucht der Menschen eingefressen! — Glauben an ihre angeblichen übernatürlichen Kräfte! Der Erste derselben war der sog. Graf S a i n t - G e r m a i n, dessen wahrer Name, Alter und Herkunft unbekannt geblieben sind. Er behauptete, mehrere hundert oder gar tausend Jahre alt zu sein und gab sich als Rosenkreuzer und Freimaurer aus. Weit übertraf ihn an Unverschämtheit der berüchtigte C a g l i o s t r o, der sich ebenfalls „Graf" nannte, aber eigentlich Joseph Balsamo hieß, geb. 1743 in Palermo. Er änderte oft seinen Namen, durchzog mit seiner schönen Frau ganz Europa, verkaufte ihre Reize um Geld, überließ sich daneben allen Ausschweifungen, fälschte Wechsel, betrog die Leute in schamlosester Weise, gab vor, Wunder zu thun und Geister zu bannen, erfand, nachdem er sich 1770 in London zum Freimaurer hatte aufnehmen lassen, eine eigene für Männer und Frauen bestimmte, wie er sie nannte „ägyptische Maurerei," errichtete „ägyptische Logen," verkehrte mit den Rosenkreuzern und hielt seine ganze Zeit zum Besten, mit Ausnahme der Kaiserin Katharina II. von

Rußland und der Freifrau von der Recke, die ihn entlarvten, und geißelten. Durch seine Beteiligung an der bekannten **Halsbandgeschichte** in Frankreich diskreditiert, wandte er sich nach Rom, fiel aber der Inquisition in die Hände, die ihn zum Feuertode verurteilte. Vom Papste begnadigt, starb er 1795 im Gefängnisse. An der Spitze seines angeblich maurerischen Systems stand er selbst unter dem Titel G r o ß k o p t (korrumpiert Großkoftha), an derjenigen der Frauenlogen seine Frau als Großkoptin oder Königin von Saba. Die Mitglieder hießen Kopten und Koptinnen. Logen dieser Art gab es nur in Frankreich und vorübergehend zu Mitau in Kurland. Das Geheimnis bestand in der Herleitung der Maurerei aus den ägyptischen Mysterien, in der angeblichen Kunst, sich zu verjüngen und das Leben auf Jahrtausende (!) zu verlängern, u. s. w. Zu den Zwecken gehörte auch die Belehrung der Protestanten (!!) und die Wiederherstellung des Tempelordens.

Außer den Erfolgen, welche diese Abenteurer erzielten, machten auch noch Schwärmer verschiedener Art in Frankreich Aufsehen, indem sie rosenkreuzerartige Verbindungen stifteten, so namentlich der Mystiker Martinez P a s q u a l, ein Anhänger Jakob Böhme's, und dessen Schüler Claude von St. M a r t i n, deren maurerische Sekte als die der M a r t i n i s t e n oder der A u s e r w ä h l t e n C o ë n s bekannt ist, zehn Grade hatte, auch Frauen aufnahm, sich mit Theosophie, d. h. Grübeleien über das Wesen Gottes abgab, schließlich aber sich mit den „Rittern der Wohlthätigkeit" vereinigte. Ihnen ähnlich, aber noch abergläubischer und mit Cagliostro in Verbindung, war das zwölfgradige System der P h i l a l e t h e n (Wahrheitsfreunde), das der S o n n e n r i t t e r und andere. Offenbar mit den Jesuiten in Verbindung waren dagegen die „unbekannten P h i l o s o p h e n," welche einen Dolch als Ordenszeichen trugen und deren Zeremoniell die Rache (für die Aufhebung der Jesuiten?) zum Inhalte hatte, die C e n t r a l i s t e n, welche die Einheit aller Religionen, d. h. ihr Aufgehen in der römisch-katholischen, lehrten, die Illuminierten von A v i g n o n, welche eine fanatische Verehrung Maria's betrieben, u. s. w.

Den ganz nackten, der Freimaurerei grundfeindlichen Charakter des Jesuitismus und dessen grimmigen Zorn über das Mißlingen seiner Absichten auf die erstere verrieten endlich die italienischen Zappatori, deren Zweck es war, die Maurer lächerlich zu machen und ihre Geheimnisse zu veröffentlichen. Ihr Sinnbild war eine Axt, bestimmt, den Baum der Maurerei umzuhauen; aber die Axt ist vergessen und der Baum blüht noch!

Damit endeten die fruchtlosen Versuche der Jesuiten oder ihrer Verwandten gegen den „Bund der Bünde"! Es endeten damit aber leider nicht die jenem Treiben entstammenden Verirrungen, die aus der Freimaurerei etwas ganz anderes machten, als sie ihrem Wesen nach sein sollte. Die Faseleien der französischen Hochgrade wurden, jetzt ohne jesuitische oder jesuitenähnliche Einwirkung, rein nur zur Befriedigung der Eitelkeit, mit der Zeit zu nicht weniger als 33 Graden verarbeitet und namentlich in Amerika kultiviert, wohin sie durch den französischen Abenteurer Stephan Morin 1761 gebracht wurden und von wo sie im Jahre 1803, nachdem sie während der Revolution in Frankreich in Verfall geraten waren, — als Neuigkeit zurrückkehrten! Die Titel dieser Grade sind hochtrabend und nichtssagend zugleich: es gab: Großschotten, Ritter vom Osten, Großprinzen von Jerusalem, Großpriester, Ritter der ehernen Schlange, Fürsten der Gnade, Groß=Inquisitoren (!!), Fürsten des königlichen Geheimnisses u. s. w. Auch der Royal=Arch=Grad wurde in das System eingefügt und ein Grad nach dem Rosenkreuzer=Orden benannt, und in einigen Abarten dieser Kinderspielereien kamen gar die Namen vor: Affen= und Löwenritter, und wieder: „Kaiser vom Osten und Westen". Das Erhabene grenzt eben leider nur zu oft an das Lächerliche! Das sog. altschottische System der 33 Grade blüht noch heute in Frankreich, Italien, Spanien und neben den rechtmäßigen Großlogen, mit besonderen Behörden, auch in Großbritannien und mehreren Teilen von Amerika. Im September 1875 versuchten die Anhänger dieses Systemes auf einem Weltkongreß in Lausanne dasselbe gegenüber der echten Maurerei zu befestigen; es kamen aber dabei nur recht häßliche Spaltungen innerhalb des Systems zu Tage. Freimaurer, welche in dasselbe eingeweiht sind, haben es als einen Inbegriff von unnützen Thorheiten bezeichnet.

Zwölfter Abschnitt.

Die Illuminaten und ihre Zeit.

1. Das Zeitalter der Aufklärung.

So wenig als die Reformation ein absichtliches Werk der Reformatoren, eben so wenig war die französische Revolution ein solches der Mißvergnügten und Revolutionäre. Diese beiden großen Ereignisse der Weltgeschichte waren vielmehr notwendige Folgen der vorangehenden traurigen kirchlichen Zustände im 15., und der ebenso traurigen politischen im 18. Jahrhundert. Wohl haben sich die Anhänger verrotteter, aber einträglicher Vorrechten günstiger Einrichtungen nach Kräften bemüht, den Ausbruch der französischen oder vielmehr europäischen Revolution aus absichtlichen Bemühungen der Freimaurer oder anderer geheimer Gesellschaften herzuleiten. Allein die Ergebnisse dieser Bemühungen waren eben keine Beweise, sondern lediglich willkürliche Behauptungen. Es läßt sich wohl nachweisen, daß einzelne Mitglieder derartiger Gesellschaften solche Grundsätze ausgesprochen haben, wie sie nachher im Verlaufe der angedeuteten revolutionären Bewegungen zur Geltung gelangten, wie z. B. die Rechtsgleichheit Aller vor dem Gesetze, die Aufhebung der Folter und der grausamen Leibes- und Todesstrafen, der Hexenprozesse und der Inquisition, und es sind dies auch notwendige Folgen der freimaurerischen Grundsätze; allein dieselben kamen nicht deshalb zur Geltung, weil sie teilweise von Freimaurern angeregt wurden, sondern weil die allgemeine Stimmung erwachte, daß jene Reformen in der Ordnung und am Platze und ein längst gefühltes Bedürfnis seien. Alle großen Ideen in der Geschichte müssen eben zuerst von Einzelnen ausgesprochen werden; aber dies bewirkt ihre Ausführung noch nicht unmittelbar, und kann sie nicht bewirken, so lange nicht allgemein das Gefühl, daß sie ausgeführt werden müssen, zur Herrschaft gelangt. Die Art und Weise der Ausführung aber, ob auf friedlichem oder auf gewaltsamem Wege, hängt von ganz anderen Umständen ab, keineswegs von dem Willen Derjenigen, welche die betreffenden Ideen anregten. Ja, es geschieht sehr oft, daß sich die Letzteren an den ihre Gedanken ausführenden Thaten nicht nur nicht beteiligen, sondern sie sogar mißbilligen und bekämpfen, weil sie nicht ahnten, daß ihre Grundsätze solche Konsequenzen, ihre Gedanken solche Tragweite haben könnten. Ebenso wenig aber, wie den Einzelnen, ist die Art und Weise der Verwirklichung ihrer Grundsätze den Gesellschaften, welchen sie angehören, zur Last zu legen. Haben wir ja gerade an dem Beispiele des Freimaurerbundes deutlich genug gesehen, wie im Schoße einer solchen Gesellschaft die grellste Verschiedenheit der Richtungen walten kann. Vermöge der Nichtberücksichtigung religiöser und politischer Meinungen bei Aufnahme der Mitglieder des fraglichen Bundes hatten in dessen Abteilungen auch die verschiedensten Schattierungen des menschlichen Denkens, Fühlen und Wollens ihren Sitz aufgeschlagen. Wir sahen, wie die strikte Observanz der Spielerei eines erneuerten Templertums, das Clermont'sche, klerikalische und schwedische System einem verborgenen Katholizismus, die Rosenkreuzer, Asiaten und Afrikaner einem dunklen Mystizismus und Aberglauben sich in die Arme warfen, — Alles Bestrebungen, die von der Aufklärung so weit entfernt sind, wie die Finsternis vom Lichte, und wie gleichzeitig ein Teil der Logen streng an der ursprünglichen, unparteiischen Stellung des Bundes festhielt, d. h. von keiner der verschiedenen Zeitströmungen sich hinreißen ließ, — woraus doch sattsam hervorgeht, daß der Freimaurerbund des 18. Jahrhunderts in seiner großen Mehrheit nichts weniger als revolutionären Umtrieben günstig war.

Jene gemäßigte, elastische Aufklärung vom Anfange des 18. Jahrhunderts, welche sich in der Religion auf Deismus, in der Politik auf Konstitutionalismus beschränkte, von der

Religion und Monarchie im Ganzen aber keineswegs abzufallen gewillt war, und welche als die Mutter des Freimaurerbundes betrachtet werden kann, hatte im Laufe der Zeit, außerhalb der anfangs blos für Menschenwohl und Bruderliebe schwärmenden, nachher aber sich nach allen Seiten hin verirrenden Logen, eine entschiedenere und kräftigere Gestalt angenommen. Hierzu trug, jedoch nur in langsamer und allmäliger Stufenfolge, vor Allem die Litteratur bei und zwar eine von der Freimaurerei durchaus unabhängige, wenn auch von einzelnen Maurern bediente Litteratur.

Diese Litteratur der Aufklärung begann lange vor der Stiftung des Freimaurerbundes, in der Mitte des siebenzehnten Jahrhunderts, und zwar in England zur Zeit der dortigen Revolution. Der große Milton war einer ihrer ersten Vertreter, und Addison nebst seinen Genossen brachten sie durch ihre die Verirrungen der Zeit geißelnden Zeitschriften zur Einwirkung auf die politischen und sozialen Zustände, während Swift die litterarische Polemik gegen religiöse Krebsschäden in's Leben rief. Von da an verbreitete sich die aufklärende Litteratur auch über Deutschland und Frankreich, dort in bedächtigerer, hier in kühnerer Weise. Ein Beaumarchais, Voltaire, Diderot, d'Alembert, Rousseau und so viele Andere (von denen blos Voltaire, und zwar erst im Alter von achtzig Jahren, Freimaurer wurde, nachdem er den Bund vorher sogar lächerlich gemacht; von Rousseau ist die Aufnahme nicht sicher) liehen dem allgemeinen Gefühle, daß die mittelalterlich-feudalen Zustände nicht länger dauern können, daß Censur, Leibeigenschaft, Folter, Hexenprozesse, Inquisition, Adelsherrschaft und Mätressenwirtschaft nicht mehr länger das Volk unterdrücken und aussaugen dürfen, ihre begeisterten und beredten Worte, deren Refrain Voltaires oft angeführtes und selten verstandenes Kraftwort war: Ecrasons l'infâme (laßt uns das Schändliche, d. h. den Aberglauben und die Knechtschaft, zermalmen!).

In Deutschland hatte diese litterarische Richtung den Vorteil, der ihr in Frankreich mangelte, nämlich denjenigen der Protektion durch fürstliche Personen. Wandte auch der eigentliche Schöpfer Preußens, Friedrich der Große, in der antinationalen Richtung der Zeit seiner Jugend befangen, sein

Interesse blos der französischen Litteratur zu, während er gegen die Sprache seines Vaterlandes spröd und gegen dessen litterarische Bestrebungen blind blieb, so gab doch seine weitherzige Glaubensbefreiung (der Ausdruck „Toleranz" wäre für seinen Standpunkt zu eng!) der deutschen Aufklärung einen bedeutenden Anstoß, jedoch nicht im Namen des Freimaurerbundes, in den er zwar vor dem Antritte seiner Regierung (am 15. August 1738 in Braunschweig) aufgenommen war, und dem er sein Leben lang treu blieb, den er jedoch, im Hinblicke auf dessen damalige Verirrungen, nicht als Vertreter der Aufklärung betrachten konnte. Weit ferner stand dem Bunde der große Schöpfer der neuern deutschen freisinnigen Litteratur, Gotthold Ephraim Lessing, (erst 1771, 42 Jahre alt, im schwedischen Systeme aufgenommen); er besuchte weiter keine Loge mehr, obschon er in seinem „Nathan dem Weisen" die Grundsätze des Bundes in ihrer Reinheit predigte und in seinen „Ernst und Falk" betitelten Gesprächen für Freimaurer die Aufgabe desselben einer gelungenen, die Geschichte der Maurerei aber einer verfehlten Prüfung unterzog. Sein bedeutendster Gesinnungs- und Kampfgenosse, Christoph Friedrich Nicolai (1733—1811), der Einflußreichste unter den Männern der deutschen Aufklärung (welche Stellung sein schwachsinniges Alter nicht ungeschehen machen konnte), war dagegen eifriger Freimaurer, indem er nach Kräften die templerischen Thorheiten verspottete, die jesuitischen Einwirkungen aufdeckte und bekämpfte und die falschen Vorstellungen von der Geschichte des Bundes zu berichtigen suchte, durch welche letztere Bemühung er jedoch noch keineswegs das Wahre fand, indem er den Bund von einer englischen gelehrten Gesellschaft des 17. Jahrhunderts, statt von den Bauleuten, herleitete. Grade darin aber, daß in Deuschland die Maurerei unter Fürsten des Thrones und des Gedankens mehr Jünger zählte als in Frankreich, möchten wir einen der Gründe dafür finden, daß im erstern Lande die fortschrittliche und aufklärende Bewegung auf das geistige Gebiet beschränkt blieb und sich nicht zu maßlosen, alle Grundlagen der Sittlichkeit und Wohlfahrt umstürzenden Greueln hinreißen ließ, wie im zweiten; denn die Maurerei machte es stets und macht es noch jetzt allen ihren Jüngern zur Pflicht, „Gesetze und Ordnung zu achten und zu keinem gewaltsamen Umsturze Hand zu bieten," womit sie freilich dem Geiste der Zeit nicht Halt gebieten kann.

Im Ganzen blieb aber der Zusammenhang zwischen den Logen und der aufklärenden Bewegung Deutschland's ein sehr schwacher; denn erstere huldigten durchweg einem stark ausgesprochenen Stabilismus, der nur zu Gunsten neuer Geheimlehren und Ceremonien durchbrochen wurde, während die letztere, einem mächtigen Strome gleich einherbrausend, von Jahr zu Jahr zunahm und fortschritt.

Wir haben im vorigen Abschnitte darauf hingewiesen, daß der in den Logen herrschende Stabilismus und die Beschränkung ihres allgemeinen Interesses auf Formwesen der Einwirkung jesuitischen Geistes zugeschrieben werden müsse, welcher damit die Aufklärung im Ganzen zu treffen wähnte, aber nicht berechnete, daß sich dieselbe so wenig am Aufgehen hindern läßt wie die Sonne, und daß daher, wenn auch die Logen als solche von einem Wirken für sie abgehalten wurden, an ihrer Stelle einzelne Männer, sowohl Brüder als Nichtmaurer, in den Kampf eintraten, der nicht vermieden werden konnte, weil er ein integrierendes Glied in der langen Kette der Bestrebungen des Menschengeschlechtes für Befreiung von allen drückenden Fesseln bildete.

2. Die Illuminaten.

Mit der Aufhebung des **Jesuitenordens** durch Papst **Clemens** XIV. war die ganze mühevolle Arbeit zweier Jahrhunderte im Interesse einer geistlichen Weltherrschaft in Trümmer gefallen, — und da war es, daß ein geistvoller Kopf den Gedanken faßte: was jener Orden angestrebt, könne mit ähnlichen Mitteln zu Gunsten der Aufklärung versucht und vielleicht erreicht werden. Ein Schüler der Jesuiten war es, in welchem dieser Gedanke aufleuchtete; er war durch ihren geisttötenden mechanischen Unterricht ihr Feind geworden; er hatte aber auch ihre Schliche und Geheimnisse kennen gelernt und hoffte, durch Nachahmung derselben in einem dafür empfänglichen katholischen Lande ähnliche Resultate zu Gunsten entgegengesetzter Ideen zu erzielen. Adam **Weishaupt**, so hieß er, war geboren 1748 und wurde schon 1773 Professor des kanonischen und Naturrechts an der damaligen Hochschule zu Ingolstadt, las aber auch über Geschichte und Moralphilosophie, und zwar als der Erste an jener Anstalt, in deutscher Sprache und aufgeklärtem Geiste. Die Ränke der beseitigten Patres gegen ihren Nachfolger auf dem beinahe ein Jahrhundert von ihnen innegehabten Lehrstuhle brachten in ihm jenen Gedanken zur Reife, den er schon als Studierender gefaßt hatte und in welchem ihn ein Freund bestärkte, — und die Gründung einer Loge der Rosenkreuzer oder Asiatischen Brüder in dem nahen Burghausen, welche Schwindler seine Schüler an sich zu locken suchten, führte die Verwirklichung herbei. Am 1. Mai 1776 stiftete er, wahrscheinlich zunächst aus jenen bedrohten Studenten, den Orden der "Perfektibilisten," (sich Vervollkommnenden) wie er ihn zuerst, oder der Illuminaten (Erleuchteten), wie er ihn später nannte. Um denselben zu verbreiten und zu stärken, ergriff er Maßregeln, welche unter den damaligen Verhältnissen nicht unpraktisch genannt werden können. Die erste derselben bestand in der vollständigen Übertragung des hierarchischen Regierungssystems der Jesuiten auf den neuen Orden, welcher von oben herab auf despotische Weise gelenkt werden sollte, — die zweite in der Herbeiziehung der Freimaurerei zur Beförderung der Ordenszwecke, wie dies ja auch die Jesuiten versucht hatten. Zu diesem Ende ließ sich Weishaupt, der von Eitelkeit, Ehrgeiz und Ränkesucht erfüllt war, von der wahren, reinen Freimaurerei aber keine Idee hatte, sondern nur ihre Verirrungen kannte, nach der Stiftung seines Ordens in eine Maurerloge zu München aufnehmen. Nicht Freimaurer haben also den Bund der Illuminaten gestiftet, sondern von diesem außerhalb der Loge entstandenen Orden wurde die Maurerei blos benutzt, und es trat an die Stelle der fehlgeschlagenen reaktionären eine eben so unmaurerische revolutionäre Einwirkung auf den Bund. In diesem Plane wurde Weishaupt namentlich durch Franz Xaver von Zwackh, pfalzbair. Regierungsrat in Landshut, einen in die höchsten Grade eingeweihten Freimaurer unterstützt. Mehrere Jahre nach seiner Entstehung war der Illuminaten=Orden noch auf Süddeutschland, besonders Baiern, beschränkt; da aber Weishaupt wünschte, daß auch der Norden, und nicht nur Katholiken, sondern auch Protestanten sich an seiner Schöpfung beteiligten, so sandte er den Marquis Costanzo von Costanza, bair. Kämmerer, 1779 nach Frankfurt a. M., um in den dortigen Logen für den Orden zu werben. Costanzo selbst richtete nicht viel aus, da die dortigen reichen Kaufleute weltbewegenden Thaten abhold waren; aber ein junger Mann, mit dem er bekannt wurde, sollte nach Weishaupt der thätigste Beförderer der neuen Gesellschaft werden. Freiherr Adolf von Knigge, so hieß sein Name, weltbekannt durch sein vielgelesenes Buch: über den Umgang mit Menschen — geb. 1752, seit seiner Jugend ein Liebhaber der Geheimbündelei, sogar ihrer tollsten Auswüchse (Alchemie und Geisterseherei) und ohne wirkliche Beförderung bereits in die höheren Grade der „strikten Observanz" eingeweiht, aber durch dieselben nicht befriedigt, ergriff die Idee des Illuminatentums mit Begeisterung und führte dem Orden eine Menge Männer zu, die dem Bunde als Apostel dienten, wie z. B. den Übersetzer Bode und den Assessor Franz von Ditfurth zu Wetzlar, mit welchen Beiden er am Konvente zu Wilhelmsbad für die Sache der Aufklärung kräftig einstand und der Templerei den Todesstoß versetzen half. Als dann Knigge, der den Orden für einen alten hielt, mit Weishaupt in Korrespondenz trat, war er nicht wenig erstaunt, von ihm zu vernehmen, daß der Bund gleichsam erst als Embryo existiere; denn es bestand blos der Grad des „kleinen Illuminaten" in Wirklichkeit. Er ließ sich aber hierdurch nicht abschrecken, reiste nach Baiern und wurde von den Illuminaten glänzend aufgenommen. Seine reiche Phantasie trieb ihn aber, den Bund weiter auszubilden, und gern überließ ihm der wohl zu anregenden Gedanken, nicht aber zur Schöpfung von Formen geeignete nüchterne Weishaupt die Ausarbeitung der einzelnen Grade und ihres Inhaltes, in welchen, nach Beider Idee, Erinnerungen an den altpersischen Feuer- und Lichtdienst, mit Anwendung auf das geistige Feuer und Licht der Aufklärung, die Hauptrolle spielen sollten.

Die Grundzüge der Einrichtung des Illuminaten-Ordens waren folgende: Ein oberster Vorsteher (Weishaupt) leitete das Ganze, indem er zwei Würdenträger, jeder von Diesen wieder zwei, und so fort, unter sich hatte, so daß der Erstgenannte mit leichter Mühe das Ganze regieren konnte. Der ganze

Geschäftsgang war in das strengste Geheimnis eingehüllt. Jedes Mitglied trug im Orden einen Namen, der einen aus der Weltgeschichte oder Sage bekannten Mann bezeichnete (Weishaupt z. B. hieß: Spartacus, Zwack: Cato, Costanzo: Diomedes, Knigge: Philo, Ditfurth: Minos, Nicolai: Lucian u. s. w.); auch die Länder und Städte hatten falsche Namen; so z. B. sagte man statt München: Athen, statt Frankfurt: Edessa, statt Österreich: Ägypten, statt Franken: Illyrien u. s. w. In der Korrespondenz bediente man sich einer geheimen Schrift, indem an die Stelle der Buchstaben Zahlen gesetzt wurden, und in der Zeitrechnung des altpersischen Kalenders mit dessen Monatsnamen und Jahrzahlen.

Die Zahl und Benennung der Grade des Bundes ist nie in rechte Ordnung gebracht worden, daher sie an verschiedenen Orten verschieden angegeben wird. Darinnen stimmen indessen die Angaben überein, daß es drei Hauptstufen gab. Die erste derselben, die Pflanzschule, war für heranwachsende junge Leute bestimmt. Der Aufzunehmende war zuerst Novize, als welcher er außer dem ihn Anwerbenden kein Ordensmitglied kennen lernte; er mußte sich durch Lieferung einer ausführlichen Lebensbeschreibung, genaue Auskunft über alle seine Verhältnisse und Führung eines Tagebuches zur Beförderung tüchtig und zum Ordenszwecke brauchbar ausweisen. In diesem Falle wurde er Minerval; die Genossen dieser Klasse bildeten eine Art gelehrter Gesellschaft, welche sich vorzüglich mit Beantwortung von Fragen aus dem Gebiete der Sittenlehre befaßte; auch mußten die Minervalen über ihre Vorstellungen und Erwartungen vom Orden Auskunft geben und das Gelübde des Gehorsams gegen den letztern ablegen; sie standen unter der Aufsicht ihrer Vorgesetzten, lasen und schrieben, was ihnen diese auftrugen und wurden nach jesuitischer Art dazu angehalten, einander auszukundschaften und über einander zu berichten. Die Leiter der Minervalen hießen kleine Illuminaten, wurden in der Versammlung ihres Grades durch ihre Ernennung zu dieser Würde überrascht, was den Ehrgeiz ungemein stachelte, und erhielten Unterricht in der Behandlung und Beobachtung der Untergebenen, worin sie sich dann übten, und über welche sie Bericht erstatten mußten. Die zweite Hauptstufe war die Freimaurerei, durch deren drei alte und zwei sogen. schottische Grade die Illuminaten gleichsam **hindurchgingen**, und deren Logen durch Annahme eines den Ideen der Illuminaten angepaßten Systems, wofür eifrig gewirkt wurde, dahin gebracht werden sollten, dem Orden stetsfort Zuwachs zu liefern. Die drei alten Maurergrade wurden den eigentlichen Illuminaten ohne Zeremonien mitgeteilt, die Mitglieder der zwei schottischen Grade hießen: **große Illuminaten**, welche die Aufgabe hatten, die Charaktere der Mitglieder zu studieren und Diejenigen zu leiten und zu beaufsichtigen, welche wieder Andere unter sich hatten, — und **dirigierende Illuminaten**, welche den einzelnen Abteilungen der illuminatischen Maurerei vorstanden. Die dritte und höchste Ordensstufe, die der **Mysterien**, welche in die vier Grade des Priesters, des Regenten, des Zauberers (Magus) und des Königs (Rex) zerfiel, ist nur teilweise entworfen und gar nicht in Ausführung gebracht worden. Erst in ihnen sollten nach Knigge's Plan die eigentlichen Zwecke des Ordens enthüllt werden. Die obersten Leiter der Ordensabteilungen, deren Verhältnisse indessen nie gehörig festgestellt wurden, hießen: **Areopagiten**. Man dachte auch an eine Abteilung für Frauen, durch welche auf die Männer eingewirkt werden sollte u. s. w.

Die Zwecke, welche dieser durchaus den Jesuiten nachgeahmten Organisation der Illuminaten zu Grunde lagen, erinnern auffallend an die des pythagoreischen Bundes; sie bestanden nicht in einer plötzlichen und gewaltsamen, wohl aber in einer allmählichen und friedlichen Revolution, durch welche die Ideen der Aufklärung des 18. Jahrhunderts zum Siege gelangen sollten. Diese Revolution sollte bewirkt werden durch Gewinnung aller hervorragenden geistigen Kräfte für den Orden, dessen Zwecke die Aufgenommenen nur nach und nach erfuhren; und da es nicht fehlen konnte, daß die Mitglieder, wenn sie alle jene Kräfte unter sich zählten, auch überall zu den höchsten Stellen im Staate emporstiegen, so konnte auch der Sieg ihrer aufgeklärten Grundsätze nicht ausbleiben. In den höheren Graden sollte als großes Geheimnis des Ordens mitgeteilt werden: die Mittel, um bereinst die Erlösung des Menschengeschlechtes zu bewirken, seien **geheime Weisheitsschulen**; durch sie werde der Mensch von seinem Falle sich erholen;

Fürsten und Nationen werden ohne Gewaltthätigkeit vom Erdboden verschwinden und das Menschengeschlecht eine einzige Familie, jeder Hausvater der Priester und Herr der Seinigen und die Vernunft das alleinige Gesetzbuch der Menschen sein! Um solche Grundsätze den Gemütern einzuimpfen, waren den Mitgliedern die aufgeklärten Bücher bezeichnet, welche sie lesen sollten; es wurden in scharfem Gegensatze zu jenen freimaurerischen Systemen, in welchen die Jesuiten die Hände hatten, alle Formen vermieden, welche Anhänglichkeit an eine besondere Religion oder Kirche pflegen konnten, und alles herbeigezogen, was die Herrschaft der Vernunft und das Unterliegen der Offenbarung begünstigte.

Der Illuminatenbund nahm infolge eifriger Anwerbungen im Verhältnisse zu der kurzen Zeit seines Bestehens rasch zu und stieg auf etwa 2000 Mitglieder, wozu der Umstand sehr viel beitrug, daß zur Aufnahme eines Kandidaten jeder Einzelne berechtigt war, der hierzu von Ordensoberen die Vollmacht erhalten hatte. Es gehörten ihm gesellschaftlich und wissenschaftlich hochstehende Männer in Menge an, wie die Herzoge Ernst von Sachsen-Gotha, Ferdinand von Braunschweig, Karl August (damals noch Prinz) von Sachsen-Weimar, der spätere Fürstbischof Dalberg, der spätere Minister Montgelas, der Präsident Graf Seinsheim, der berühmte Philosoph Baader, die Professoren Semmer in Ingolstadt, Moldenhauer in Kiel, Feder in Göttingen, u. a., der Erzieher Leuchsenring in Darmstadt, die katholischen Domherren Schröckenstein in Eichstädt und Schmelzer in Mainz, der Bischof Häfelin in München, die Schriftsteller Bahrdt, Biester, Gedike, Bode, Nicolai u. s. w. Auch Goethe, Herder und vielleicht Pestalozzi haben dem Orden angehört. Der Bund im Wilhelm Meister erinnert auffallend an die Illuminaten und keineswegs an die Freimaurer.

Außerhalb Deutschland's war zwar der Orden noch nicht verbreitet, einige in Deutschland eingetretene Franzosen ausgenommen; aber seine Plane gingen bereits weiter. An der Spitze des Ganzen sollte ein General stehen (wie bei den Jesuiten), unter ihm in jedem Lande ein National, in jeder Hauptabteilung eines Landes ein Provinzial, in jeder

Lokalsektion **Präfekten** u. s. w. In Deutschland bildeten die acht alten Reichskreise die Provinzen. Für Österreich war eine besondere National-Direktion vorgesehen, und im Geiste sah man bereits sogar in Rom den National Italiens residieren.

In der Nachahmung jesuitischer Einrichtungen jedoch, sowie in der unvorsichtigen Aufnahme vieler Personen, welche entweder durch anstößiges Betragen oder durch Mangel an Eifer und Thatkraft dem Bunde schadeten, lagen die Keime des Verderbens für den Illuminatismus. Durch despotische Einrichtungen und ein Spioniersystem konnte weder Freiheit noch Aufklärung befördert werden, welch' letztere der Stifter der Illuminaten doch durch die erstere herbeizuführen hoffte, — und ohne eine strenge Auswahl tauglicher Individuen kann in einem Vereine nichts Gutes zustande gebracht werden. Dazu kam der Mangel an Geldmitteln, die geringe Opferwilligkeit der Mitglieder, besonders aber die Uneinigkeit, welche sich nach und nach zwischen Weishaupt und Knigge immer schärfer entwickelte. Während jenem nur am **Zwecke** des Bundes lag, alles Andere aber nur Beigabe und wertloses Formenwesen schien, schrak umgekehrt dieser, als feiner Weltmann, vor den Konsequenzen der Bestrebungen seines Genossen zurück, sah Religion, Moral und Staat gefährdet, fürchtete sich vor freigeistigen Büchern, und hätte es weit lieber gesehen, wenn sich der Bund nach dem Muster der damaligen Freimaurer, nur in etwas abweichender Weise, mit Zeremonien, Graden und Mysterien befaßt und irgend ein unschädliches und unschuldiges Ideal von Menschenwohl und Bruderliebe sich vorgesetzt hätte. Weishaupt nannte Knigge's Lieblingsgegenstände unnützen Flitterkram und Kinderspielzeug, und die beiden „Areopagiten" gerieten immer weiter auseinander.

Mehr noch als dieser sich entwickelnde Sturm im Innern bewirkten die allgemach laut werdenden Angriffe von Außen. Es wuchsen den Illuminaten Feinde der verschiedensten Gattung wie Pilze empor. Einmal gehörten dazu die Freimaurersysteme von reaktionärer oder abergläubiger Richtung, wie die Rosenkreuzer, Asiaten, Afrikaner, Schweden, die Reste der strikten Observanz u. s. w., dann solche Illuminaten, welche ihre Erwartungen im Orden getäuscht sahen oder von einem Verrate desselben an die Feinde der Freiheit und des Lichtes Vorteile hofften und daher mit dem Vorsatze, ihn zu verderben, austraten, und endlich vor allem die trotz der Aufhebung des Jesuitenordens im Verborgenen stetfort wirkenden Söhne und Anhänger Loyola's, die unter dem unsittlichen, bigotten und despotischen Kurfürsten Karl Theodor wieder großen Einfluß in Baiern gewannen, — dem Lande, in welchem der Orden die ältesten und meisten Mitglieder zählte. An diesem korrumpierten Hofe spielten einige Höflinge, Professoren und Geistliche, welche dem Orden angehört hatten, an ihrer Spitze der Geheimschreiber Joseph Utzschneider, die Verräter, indem sie den Bund der Rebellion, der Glaubenslosigkeit und aller möglichen Laster und Verbrechen anklagten und zugleich die Freimaurer ohne weiteres mit ihm zusammenwarfen. Lange bekümmerte sich Karl Theodor um diese Wühlerei und Angeberei nicht. Endlich aber verbot er am 22. August 1784 alle geheimen oder ohne landesherrliche Ermächtigung gestifteten Vereine und Gesellschaften, worunter also die Illuminaten und Freimaurer jedenfalls in ihrer Gesamtheit inbegriffen waren. Die Freimaurerlogen gehorchten sofort und schlossen ihre Pforten; Weishaupt und seine Genossen aber fuhren fort zu arbeiten und hofften, den Kurfürsten durch offene Vorlage ihrer Gesetze und Gebräuche umstimmen zu können. Eitle Hoffnung! Der Beichtvater des Kurfürsten, Pater Frank, ein Exjesuit, der bereits seit 1781 gegen die Freimaurer gearbeitet hatte, bewirkte schon am 2. März 1785 ein zweites Dekret, durch welches das erste bestätigt, allen trotz demselben fortbestehenden geheimen Gesellschaften mit besonderer Betonung der Illuminaten definitiv alle und jede Versammlung von Mitgliedern untersagt und gegen alle gesammelten Gelder solcher Vereine die Konfiskation verfügt wurde. Durch Härte in der Vollziehung dieser Ukase zeichnete sich der Minister Alois Xaver Kreitmayr, der Redaktor der bairischen Zivil- und Kriminal-Gesetzbücher, aus. Weishaupt wurde seines Amtes entsetzt, aus Ingolstadt verbannt, der Verteidigung unfähig erklärt (!!) und mußte aus dem Lande fliehen. Zuerst weilte er in Regensburg; aber bald gingen aus Schriften, welche mittels Hausdurchsuchungen bei Illuminaten vorgefunden wurden, die schärfsten Anschuldigungen gegen die Ordensmitglieder hervor, welche dem Kurfürsten für seinen Thron bange machten. Ohne Rücksicht auf Stand und Stellung schritt man gegen die der Teilnahme am Bunde Angeklagten oder auch blos Verdächtigten mit Einsperrungen, Absetzungen, Verbannungen, ja gegen Leute niedern Standes sogar mit Peitschenhieben ein. All dies aber hing, unter Umgehung aller regelmäßigen Gerichte, von einer besondern, blos unter dem Hofe stehenden Kommission ab, die sich sogar einen kirchlich-frömmelnden Anstrich gab durch ihr Fahnden auf „heidnische Bücher", welche im Illuminatenorden empfohlen waren. Ja es genügte, wenn Verdächtige die Fasttage nicht hielten, sie der Religionsverspottung zu beschuldigen. Die Verfolgung dauerte bis in die Zeit der französischen Revolution hinein, und wer von derselben nicht geradezu verdammend sprach, wurde als Revolutionär betrachtet. Gesellschaften jeder Art wurden ausspioniert, ob sie Illuminaten enthielten, und alle Angeber erhielten reiche Belobungen und Belohnungen, so daß selbst Verwandte einander, ja sogar Väter ihre Söhne anzeigten. Besonderer Grimm traf die Schulen, gegen welche ein Teil der Geistlichkeit geradezu wütete, indem man dieselben als Pflanzstätten des Illuminatismus verschrie. Dieses System nährte natürlich bei den Ungebildeten den Aberglauben und die Dummheit, bei den Gebildeten aber umgekehrt die Aufklärung und die Opposition gegen den mönchischen Geist im Staate. Unter Karl Theodors Nachfolger besserten sich die Zustände.

Weishaupt fühlte sich, als die bairische Regierung einen Preis auf seinen Kopf setzte, in Regensburg nicht mehr sicher und floh nach Gotha, wo ihn der Herzog Ernst, ein Ordensmitglied, beschützte und zum Hofrate ernannte, und wo er als Schriftsteller bis 1830 lebte, den anfänglich gehegten Plan aber, seinen Orden mit Verbesserungen wieder ins Leben zu rufen, nicht ins Werk setzen konnte. Denn obschon der Orden auch außerhalb Baierns verbreitet gewesen, gab ihm doch seine dortige Unterdrückung den Todesstoß. Diese Maßregel hatte einerseits seine Häupter zu schwer getroffen, als daß sie sich so bald wieder erholen und ihre Arbeiten wieder aufnehmen konnten, und andererseits beeilten sich alle ängstlicheren Gemüter, einen so anstößigen Bund zu verlassen; ihnen lief der furchtsame Knigge voran und er, der gewesene Templer, Freimaurer und Illuminat, eiferte nun in seinem ge=

schniegelten und geschnürten „Umgang mit Menschen" mit heftigen Worten gegen alle „geheimen Gesellschaften." Wenige waren so charakterfest und mutig, wie der Naturforscher Ignaz von Born aus Siebenbürgen, welcher Jesuit gewesen, nach der Aufhebung dieses Ordens aber sich der Aufklärung in die Arme geworfen hatte und Freimaurer geworden war. Er sandte nach Aufhebung der bairischen Logen aus Wien, wo er als Beamter Kaiser Josephs II. lebte, sein Diplom als Mitglied der bairischen Akademie der Wissenschaften mit einem derben Schreiben zurück und erklärte, lieber Freimaurer, als Mitglied eines Kollegiums bleiben zu wollen, in welchem er die erstere Eigenschaft nicht beibehalten dürfe. Und so war Voltaire's Ruf „Ecrasons l'infâme" von der Partei, der er ursprünglich galt, erhoben und in gehässigster Verfolgung verwirklicht worden, ehe die Männer der Aufklärung eine Hand gerührt hatten, zu zermalmen, was ihnen schändlich erschien. Übrigens wird erzählt, die Unterdrückung der Illuminaten sei im Einverständnisse mit — Friedrich dem Großen geschehen, weil der Orden seinem Regierungssystem gefährlich zu werden gedroht habe! — —

3. Nachahmungen der Illuminaten.

Kurze Zeit nach der Auflösung des Illuminatenordens im Süden tauchte im Norden Deutschlands ein ähnliches Projekt auf, und zwar aus dem Kopfe eines Mannes, welcher ein ebenso eifriger Aufklärer, als leider zugleich ein sittlich herabgekommener Vagabund war und die ihm reichlich verliehenen Geistesgaben auf eine traurige Weise mißbrauchte. Es war dies der Doktor Karl Friedrich Bahrdt, protestantischer Theolog, der an verschiedenen Orten als Geistlicher, Professor oder Erzieher, eine Zeitlang selbst als Speisewirt bei Halle lebte. Im Jahre 1788 faßte er den Gedanken, einen Bund zur Förderung der Aufklärung zu stiften und in Verbindung mit der Freimaurerei zu bringen, welcher er sich auf einer Reise in England angeschlossen hatte. Er nannte dieses Projekt die „deutsche Union der XXII.", indem er in einem gedruckten Cirkular, das er umhersandte, behauptete, es hätten sich 22 Männer zu dem angedeuteten Zwecke vereinigt, und zum Beitritte einlud. Die Union sollte den Plan Jesu wieder aufnehmen, welch' Letztern Bahrdt in einem bändereichen Werke als den Stifter einer Art von Freimaurerloge dargestellt und dessen Wunder er auf gezwungene Weise natürlich zu erklären gesucht hatte. Diesem Plane gemäß sollte der neue Bund eine „stille Verbrüderung" sein, welche den Aberglauben und Fanatismus vom Throne stürzen würde, und zwar durch litterarische Thätigkeit. Diese letztere wurde auf geistreiche Weise so organisiert, daß die Gesellschaft durch eifriges Fortwirken nach und nach die gesamte Presse und den gesamten Buchhandel in ihre Hände bekommen und hierdurch die Mittel erhalten hätte, der Aufklärung die Herrschaft zu sichern. Gegen Außen sollte dieselbe blos als eine litterarische Vereinigung erscheinen, im Innern aber drei Grade enthalten, von denen die unteren wesentlich Lesegesellschaften gewesen wären, und nur der höchste den eigentlichen Zweck gekannt hätte. Dieser bestand in Vervollkommnung der Wissenschaften, der Künste, des Handels und der Religion, Verbesserung der Erziehung, Unterstützung der Talente, Belohnung der Verdienste, Versorgung verdienter Menschen im Alter und Unglück, sowie der Witwen und Waisen von Unionsmitgliedern. — Da es jedoch herauskam, daß Bahrdt dieses hübsche Gemälde blos entworfen hatte, um durch Eintrittsgebühren zu Geld zu gelangen, so blieb die „Deutsche Union" auf dem Papiere. Seinen Urheber aber brachte das Projekt in langwieriges Gefängnis, welches er nicht lange überlebte. Er starb 1792.

Wirklich in's Leben getreten, wenn auch nur auf kurze Zeit und auf beschränktem Raume, ist eine andere Nachahmung der Illuminaten, nämlich der Bund der Evergeten (Gutes Thuenden), welcher am Ende des vorigen Jahrhunderts in Schlesien bestand. Seine Thätigkeit verbreitete sich über alle Künste und Wissenschaften mit Ausnahme der positiven Theologie und der positiven Jurisprudenz. Die Mitglieder führten ähnliche Ordensnamen wie die Illuminaten, anerkannten aber keine unbekannten, sondern nur bekannte Obere. Man rechnete die Jahre seit dem Tode des Sokrates (400 v. Chr.). Das Oberhaupt hieß Archiepistat; der später zu erwähnende Freimaurer Feßler bekleidete unter dem Namen „Pythagoras" diese Würde. Der Bund hatte zwei Grade, von denen nur der höhere die politischen Zwecke kannte, die auf Volksrepräsentation hinausliefen. Durch seine Protestation gegen solche Tendenzen führte Feßler eine Trennung des Bundes herbei, den seine Gegner später zu einer Art moralischen Femgerichtes, mit Aufspürung und Brandmarkung aller Laster, stempeln wollten. Einer von ihren drei Führern verriet die beiden Anderen, wurde samt ihnen 1796 verhaftet, aber bald wieder entlassen, womit der Bund sein Ende erreichte.

4. Unterdrückung der Freimaurerei in Österreich.

Wie gegen die Illuminaten und die bairischen Freimaurer wurde bald darauf auch gegen diejenigen Österreichs von Seite der reaktionären Partei das „Ecrasons l'infâme" ausgesprochen und ausgeführt.

So lange Kaiser Joseph II. regierte, kam seine beschränkte Toleranz, welche nur Katholiken und Protestanten kannte, die Sekten aber so grausam verfolgte, wie irgend ein Pfaffenregiment, zwar auch den Freimaurern zu Gute, doch ebenfalls in sehr beschränktem Maße. Unter seinem Vater, der selbst Maurer war, hatten sie zwar von Seite der strengen Maria Theresia einige Verfolgungen auszustehen; aber im Ganzen und im Anfange seiner eigenen Regierung blühten die Logen wie selten irgendwo in Europa. Joseph war zwar nicht selbst Maurer; aber er schützte die Brüder und beförderte selbst die Errichtung einer österreichischen Großloge, unter welcher die Provinziallogen von Böhmen, Ungarn, Siebenbürgen, Galizien, Österreich und der Lombardei und 45 einzelne Logen standen. Die gebildetsten und geachtetsten Männer des Reiches gehörten dem Bunde an, wie der Landesgroßmeister: Oberstkämmerer Graf von Dietrichstein, der um die Aufhebung der Folter und anderer Verbesserungen vielfach verdiente Freiherr Joseph von Sonnenfels, Fürst Karl von Liechtenstein, Graf Franz von Esterhazy, der Philosoph Reinhold, der Naturforscher Born, die Dichter Alxinger, Denis und Blumauer, die großen Musiker Haydn und Mozart u. s. w. Es ist der Erwähnung wert, daß Denis,

Blumauer, Born und Reinhold vorher Jesuiten waren, seit Aufhebung des Ordens aber sich der freisinnigen Sache zugewandt hatten. Die Arbeiten der Logen bezogen sich nicht nur auf die Maurerei als solche, sondern umfaßten auch die Wissenschaft in ihrem ganzen Umfange, und die Brüder lebten sich in deren Forschungen und Entdeckungen mit regem Geiste hinein. Die Logen legten selbst Bibliotheken, physikalische Kabinette, naturhistorische Sammlungen an und hielten wissenschaftliche Zeitschriften. Mozart's Zauberflöte ist eine Darstellung maurerischer Ideen, und in den Prüfungen des Helden sind die maurerischen Aufnahmsgebräuche nach damaligem System angedeutet. Auch die Wohlthätigkeit wurde in reichem Maße geübt. Die Logen in Prag stifteten 1778 auf Anregung des Grafen Künigl ein Waisenhaus; diejenigen Wiens unterstützten die Überschwemmten des Jahres 1784 mit Nahrung und Kleidung, mehrerer anderer schöner Thaten nicht zu gedenken, die von den Gegnern des Bundes zum Danke nur verspottet wurden. Unter den gebildeten Ständen genoß die Maurerei großes Ansehen, und es gehörte zum guten Ton, maurerische Abzeichen in Miniatur an den Uhrenketten zu tragen.

Da traf 1785 die Auflösung der Freimaurer und Illuminaten in Baiern wie ein Blitz aus heiterm Himmel die österreichischen Brüder. Ob nun Kaiser Joseph auf den Rat des Grafen Dietrichstein durch eine Beschränkung des Logenwesens dieses läutern und vor ähnlichen Verirrungen, wie in Baiern, bewahren wollte? Genug, in demselben Jahre erließ er eine Verordnung, in welcher er vorschrieb, daß künftig nur in den Hauptstädten der Kronländer Logen bestehen dürfen, und zwar in einer Stadt höchstens drei, in anderen Städten dagegen gar keine. Ein solch landesherrliches Eingreifen war aber noch nie, und auch damals nicht, von Nutzen für die Maurerei. Der Eifer erschlaffte, der edle Born, Meister vom Stuhl einer Wiener Loge, trat gekränkt aus, und Reinhold folgte ihm. Besonders Wien, mit seinen acht und Prag mit seinen vier Logen waren durch die befohlene Reduktion der Werkstätten schwer betroffen. Zu begrüßen war dagegen, daß bei dieser Gelegenheit die „Gaukeleien" der Asiaten ein Ende nehmen mußten, nachdem ihnen, wie wir bereits erzählt, eine empfindliche Züchtigung zu Teil geworden. Ihre überladenen orientalischen Kostüme wanderten zu den Maskenverleihern, ihre angehängten Geschmeide zu den Goldschmieden, und ihre verschnörkelten Pergament-Diplome verbrannten sie selbst mit solchem Eifer, daß bereits die Feuerglocke ertönte, die Spritzen herbeieilten und der Pöbel ihr Haus stürmen wollte.

Schlimmer noch ging es den Freimaurern, als auf Joseph II. Leopold II. folgte, der ihnen zwar gewogen war und ihre Wohlthätigkeit anerkannte, jedoch bald durch die Einflüsterungen eines Intriganten bearbeitet wurde. Ein unwürdiger Bruder, Leopold Alois Hoffmann, Professor in Wien, dessen Charakterlosigkeit schon daraus hervorgeht, daß er Asiat und Illuminat (!) zu gleicher Zeit gewesen, der aber, durch welche Mittel ist unbekannt, seit 1785 zum grimmigen Feinde aller Aufklärung bekehrt war, schlich sich in das Vertrauen des neuen Kaisers ein und klagte bei diesem, wie auch zugleich in der von ihm zu reaktionären Zwecken gegründeten „Wiener-Zeitschrift" die Freimaurer als Veranlasser aller kirchlichen und staatlichen Umwälzung, besonders auch der französischen Revolution, an, zwar nur mittels versteckter Andeutungen, ohne Jemanden zu nennen, aber doch so, daß Niemand im Zweifel sein konnte, wer gemeint sei. Die Prager Logen erließen darauf eine würdige und klare Zurechtweisung. Da Kaiser Leopold schon nach zweijähriger Regierung starb, konnten die Einflüsterungen des „freimaurerischen Judas" bei ihm nichts mehr fruchten; aber sein Sohn und Nachfolger Franz II. that, als fanatischer Feind aller Freiheit, was dem Vater zugemutet worden war. Er verlangte 1794 vom deutschen Reichstage in Regensburg die Unterdrückung aller deutschen Logen, was aber von den norddeutschen Fürsten abgelehnt wurde. Als die österreichischen Logen diese Gesinnung ihres Monarchen wahrnahmen, schlossen sie freiwillig ihre Arbeiten und kamen so einer gewaltsamen Auflösung zuvor. Der Kaiser verbot jedoch 1795 noch nachträglich die Freimaurerei in seinen Staaten, und verpflichtete 1801 insbesondere die Staatsbeamten, sich von allen „geheimen Gesellschaften" ferne zu halten. So endete die Freimaurerei in Österreich, wo sie bis heute noch nicht wieder in Logenform auferstanden ist.

5. Die Freimaurer und die französische Revolution.

Eine Verbindung der Freimaurer und selbst der Illuminaten mit der französischen Revolution, welche inzwischen ausgebrochen war (1789), kann nur Unwissenheit oder absichtliche Verleumdung behaupten, wie dies damals in Deutschland durch den Geheimrat Grolman in Gießen, einen Freund Starks (in der strikten Observanz bezeichnend „Ritter vom roten Krebs" genannt), in Frankreich durch den Abbé und Chorherrn Augustin Barruel, in England durch den Schiffskapitän und Professor John Robinson geschah, jedoch keinerlei Erfolg hatte, und nur Spott und — Vergessenheit erntete. — Wir haben bereits gesehen, daß die Illuminaten blos in Deutschland verbreitet waren, wo keine Revolution stattfand, ja daß sie bereits vor dem Ausbruche der französischen Umwälzung nicht mehr existierten. In Bezug auf die Freimaurer aber haben wir bereits gezeigt, daß sie der Bewegung fremd waren, welche keinen anderen Grund je hatte, und haben konnte, als die Unzufriedenheit des französischen Volkes mit der bourbonischen Schmachherrschaft, welche unter den Regierungen Ludwig XIV. und XV. zu einem solchen Abgrund der Verworfenheit gediehen war, daß der gute Wille des geistig beschränkten Ludwig XVI. das Übel nicht mehr beseitigen konnte. Umsonst sehen wir uns in allen kritischen und ernst zu nehmenden Werken über die Geschichte der französischen Revolution nach irgend einer Erwähnung der Beteiligung freimaurerischer Vereine an jenem Ereignisse um. Völlig entscheidend über das Verhältnis der Freimaurer zur französischen Revolution ist aber die Thatsache, daß die Schreckensherrschaft dem Groß-Oriente von Frankreich ein Ende machte. Alle Klubs der französischen Revolution waren öffentlich; man wollte von geheimen, und selbst blos von geschlossenen Versammlungen nichts mehr wissen und begann daher schon 1791, die Freimaurer als Aristokraten zu verfolgen. Der damalige Großmeister, Ludwig Philipp Joseph, Herzog von Orleans, gab seine Titel bekanntlich auf, nannte sich „Bürger Egalité" (wahrscheinlich mit dem Hintergedanken, sich durch Popularität

auf den Thron zu schwingen) und erklärte zuletzt (1793) auch:
er habe das „Phantom" der Gleichheit, welcher die Maurerei
anhänge, gegen die Wirklichkeit derselben aufgegeben; es solle in
der Republik kein Mysterium bestehen, und er werde sich daher
in nichts mehr mischen, was auf die Freimaurerei Bezug habe.
— Noch in demselben Jahre fiel sein Kopf auf der Guillotine
und besiegelte die „Wirklichkeit der Gleichheit," und die meisten
Mitglieder der beiden eifrigen Logen: Contrat Social und
Neuf soeurs mußten durch das gleiche Ende erkennen lernen,
daß die „wirkliche" Gleichheit ein furchtbareres „Phantom"
war, als jene, welche sie in der Bruderkette gesucht hatten.
Nur drei Logen in Paris bestanden während des Blutregiments
behutsam und heimlich fort, und erst der Sturz der Schreckens-
männer rief den Bruder Roëttiers de Montaleau aus
dem Kerker, in welchem er blos deshalb geschmachtet hatte, weil
er Freimaurer war, und gestattete ihm, den Großen Orient und
dessen Tochterwerkstätten wieder ins Leben zu rufen.

So überstand die französische Maurerei den wilden Sturm
der Revolution: die deutsche aber benützte dieselbe Zeit, sich
zu läutern und zu kräftigen, indem sie auf geraume Zeit sich
ins Verborgene zurückzog und auf öffentliches Leben und Treiben
keinen Einfluß mehr ausübte. Aller Aberglaube und alle
Spielerei geriet in Mißkredit; die Rosenkreuzer, Asiaten,
Afrikaner, Templer u. s. w. mußten, von der öffentlichen
Meinung gerichtet, ihr Unwesen aufgeben und entweder aus
den Logen scheiden oder zur Vernunft zurückkehren. Der von
Bode in Gotha 1790 projektierte allgemeine „Deutsche Freimaurerbund" mißlang zwar infolge des baldigen Todes dieses
erleuchteten Maurers (1793); allein dafür entstand, wenn auch
mit beschränkter Ausdehnung, bereits 1783 der wackere Eklek-
tische (das Wahre „auswählende") Freimaurerbund mit dem
Hauptsitze in Frankfurt, welcher seitdem um die Herstellung reiner Maurerei sich bedeutende Verdienste erworben hat.

Dreizehnter Abschnitt.

Politische und soziale Geheimbünde der neuesten Zeit.

1. Deutschland.

Mit dem Ausbruche der französischen Revolution, welche das Interesse der ganzen Welt einzig auf die Politik konzentrierte, war der Freimaurerbund in die stillen Wände seiner Logen zurückgetreten, um von seinen im 18. Jahrhundert durchgemachten Verirrungen der Templerei, der Rosenkreuzerei und des Illuminatismus sich zu reinigen, zu läutern und zu der ehrwürdigen Gestalt des alten, reinen, ächt humanen Maurertums zurückzukehren. Die Welt aber erschallte von den Schlägen, welche die entfesselte Volkswut gegen das Königtum, den Adel und die Kirche führte, von den wilden Klängen der Marseillaise, unter welchen die Söhne Galliens rücksichtslos gegen den Feind stürmten, der ihnen das Weggeworfene wieder aufdrängen wollte, und vom Donner der Kanonen, der Mitteleuropa erfüllte, als die „große Nation," durch Siege übermütig geworden, den Nachbarvölkern eine verdächtige Freiheit bringen zu wollen und dafür goldene Schätze einzutauschen sich erkühnte.

Durch den Kampf der Parteien, von denen die eine die Glieder der andern auf das blutige Schaffot brachte, entnervt und demoralisiert, wurde die Revolution die Beute eines lecken Emporkömmlings, der die begehrlichen Hände nach ganz Europa streckte und Millionen hinmetzeln ließ, um sich auf einem angemaßten Throne zu behaupten. Unter dem schweren Drucke seines eisernen Willens verschwand jede Freiheit und Selbständigkeit, jede ungestörte Bewegung der Presse und des Vereinslebens. Die Freimaurerei war eine kaiserliche Anstalt; der Imperator bestellte ihre Großmeister; die Verhandlungen bestanden in Huldigungen an den Mächtigen, soweit die Logen seinem Arme erreichbar waren, und jedes eigentümliche Leben erstarb in denselben. Dieser Druck erzeugte aber, wie ein jeder solcher, gerade das Gegenteil von dem was er beabsichtigte; statt das Vereinsleben für sich zu gewinnen, zwang er es vielmehr, soweit es sich nicht gutwillig beugen ließ, aufrührerisch zu werden, was bei freiem Gewährenlassen unterblieben wäre, und so entstanden unter dem Szepter Napoleons I. die ersten geheimen politischen Vereine.

Das Land, in welchem zuerst solche entstanden, war natürlich dasjenige, welches den Druck des Imperators am empfindlichsten fühlte, — Deutschland. Schon längere Zeit waren hier die geheimen Gesellschaften in der Blüte; wir erinnern nur an die Bauhütten und die Femgerichte, und an die verschiedenen maurerischen und aftermaurerischen Systeme, mit denen wir uns bereits beschäftigt haben. Es gab aber auch außerdem geheime Verbindungen, welche noch weniger als jene an das Tageslicht traten, indem sie weder öffentliche Bauten aufführten, noch durch Urteilsvollstreckungen Spuren ihres Waltens zurückließen, noch bekannte Personen zu ihren Gliedern zählten, da sie die Städte und das vornehme Leben flohen. Es sind dies Verbindungen, über deren Alter und Ursprung wir uns gänzlich im Unklaren befinden, die aber durch ihre tendenziösen Eingriffe in das soziale Leben sich gewissermaßen zu Vorläufern der geheimen politischen Vereine stempeln. Wir rechnen dahin die Gesellschaft der Köhler, welche in Deutschland seit alter Zeit die Bewohner der Waldgebirge u. a. abgelegener Gegenden vereinigte, geheimnisvolle Aufnahmen traf und sich mittels eigentümlicher, auf das Holzspalten bezüglicher Redensarten, Zeichen an den Kleidern und Rufe erkannte, ohne welch' letztere im Spessart oder Odenwald in unsicheren Zeiten Niemand, wenn er angegriffen wurde, auf Hilfe zählen konnte. Ferner das in Altbaiern übliche Habergericht, welches, gleich den Femgerichten, seine fabelhafte Herkunft auf Karl den Großen zurückführt, seine Eingeweihten unter den dortigen Landleuten zählt und solche Laster und Vergehen der Landesbewohner, durch welche irgend Jemand oder auch die öffentliche Sittlichkeit bedroht, beleidigt oder geschädigt wird, durch nächtlichen Überfall mit vermummten Gesichtern, Gewehrschüssen, Katzenmusiken und gereimten Strafreden rächt und bestraft. Eine solche Exekution ist unter dem Namen des „Haberfeldtreibens" bekannt und berüchtigt. Umsonst haben sich bisher die Behörden bemüht, diesem Unfuge Einhalt zu thun.

Unter Napoleons Herrschaft nun entstand in demjenigen Teile des damals zerrissenen und gedemütigten deutschen Landes, welcher noch die meiste Selbständigkeit bewahrt hatte, nämlich in Preußen, im Jahre 1806 oder 1807 der Tugendbund, welcher den Zweck hatte, im deutschen Volke Vaterlandsliebe und Unabhängigkeitssinn zu pflanzen und zu hegen. Von Königsberg aus, wo die Stifter des Bundes lebten, verbreitete sich derselbe, mit Gutheißung der preußischen Regierung, rasch durch das gesamte Königreich, das damals freilich sehr stark verkleinert war. An seiner Spitze stand der Hohe Rat, dessen Mitglieder aus den Stiftern gewählt und von Zeit zu Zeit erneuert wurden. Fünf Abteilungen des Bundes beschäftigten sich mit Erziehung und Volksbildung, mit Staatswirtschaft, mit Polizei, mit Militärwesen und mit Litteratur. Jeder Eintretende teilte sich selbst einer dieser Abteilungen zu, und jede derselben hatte einen wöchentlichen Arbeitstag. Nur preußische Staatsbürger christlicher Religion konnten aufgenommen werden. Ein Mitglied des hohen Rates bekleidete die Stelle eines Censors und hatte darüber zu wachen, daß die Bundesgesetze beobachtet und keine Unwürdigen aufgenommen wurden, und Streitigkeiten zwischen den Mitgliedern zu schlichten. Diesen Bund fürchtete der französische Kaiser mehr als den preußischen Staat. Als auf sein drohendes Verlangen der große Minister Stein aus dem preußischen Dienste scheiden mußte und bei diesem Anlasse ein Schreiben an die Regierung erließ, in welchem er eine Volksvertretung und die Aufhebung der gutsherrlichen Gerichtsbarkeit als wünschbar darstellte, und bald darauf der kühne Schill, ein Mitglied des Tugendbundes, seinen waghalsigen tragischen Zug unternahm (1809), zwang Frankreich den König von Preußen auch dazu, den Tugendbund aufzulösen. Wenn auch nicht mehr formell, so fuhren die Mitglieder in Wirklichkeit insgeheim dennoch fort, die Bundeszwecke zu verfolgen; mit dem Ausbruche des Freiheitskrieges 1813 war jedoch seine Aufgabe erledigt und man findet keine Spur mehr von seinem Wirken. Trotzdem unterfingen sich hündische Polizeikreaturen, wie der Geheimrat S ch m a l z in Berlin und der Professor D a b e l o w in Göttingen, den gewesenen Tugendbund als einen Geistesverwandten des Jakobinerklubs, als den Urheber revolutionärer Umtriebe anzuklagen. Die geharnischten Erwiderungen, welche N i e b u h r und S ch l e i e r m a ch e r auf diese gehässige Denunziation erließen, und die Demonstration, mittels welcher die Göttinger Studenten Dabelow's Schrift an den Schandpfahl hefteten, konnten zwar nicht verhindern, daß Schmalz mehrere Orden, sogar den preußischen roten Adlerorden erhielt, zwangen aber zugleich die preußische Regierung, dem Tugendbunde ein Ehrenzeugnis auszustellen und jede künftige derartige Polemik zu verbieten. Von da an aber wurde jeder hämische Denunziant ein „Schmalzgesell" betitelt.

Der Geist des Tugendbundes war, wie die erwähnten Beweise der Entrüstung über das Denunziantenwesen zeigten, noch nicht erloschen. Aber statt in den Männern, waltete er nur noch in den studierenden Jünglingen der deutschen Hochschulen. Sein nächster Ausbruck wurde die B u r s ch e n s ch a f t, welche zu dem Zweck entstand, an der Stelle der erloschenen Studentenorden (oben S. 236) den Landsmannschaften gegenüber, welche dem Raufen und der Liederlichkeit ergeben und dabei die gehorsamen kriechenden Diener der Regierungen waren, wieder ein reges, ideales, für Freiheit und Vaterland begeistertes Leben an den hohen Schulen hervorzurufen. Die erste Burschenschaft entstand im Jahre 1815 an der Universität J e n a, und bald folgten ihr fernere an anderen, sodaß 1818 bereits die Burschenschaften von 14 Hochschulen eine allgemeine Versammlung beschicken, und eine gemeinsame Verfassung beraten konnten, 1819 aber sämtliche Hochschulen Deutschlands, mit Ausnahme von Landshut und Göttingen und derjenigen Österreichs, Burschenschaften besaßen. Der Geist dieses Studentenbundes war ein solcher der Opposition gegen das in Deutschland herrschende Beamten- und Militär-Regiment, von welchem die Versprechungen bereits vergessen waren, auf welche hin das Volk im Kriege gegen Frankreich die Throne gerettet und ihnen die verlorenen Lande zurück erobert hatte. Die „Burschen", wie sich die Mitglieder nannten, glühten von Begeisterung für ein freies und einiges Deutschland, ohne jedoch sich von dessen künftiger Organisation ein klares Bild zu machen, und ohne sich vor unpraktischen und unmöglichen Phantasien zu hüten, zu welchen sogar die Wiederherstellung des Kaisertums im mittelalterlichen Ruhm und Glanz gehörten. Doch wurde auch ein ziemlich energischer, von Adolf Follèn verfaßter Entwurf einer demokratischen Verfassung Deutschlands beraten, nach welcher die Fürsten, und an ihrer Spitze der König, zu bloßen vom Volke gewählten Beamten herabsinken sollten. Die Autoritäten der Burschen waren die geistigen Kämpfer für Deutschlands Freiheit, wie der Philosoph Fichte, der Dichter Arndt, der Turnvater Jahn, dem seine närrischen Eigenheiten gerne nachgelassen, ja sogar zum Verdienst angerechnet wurden, der Historiker Görres, so lange er noch nicht ein römischer Pfaffenknecht geworden war. Nach dem Vorbilde dieser Männer huldigten die Burschen einer strengen Sittlichkeit, indem sie jede Ausschweifung verpönten, und einer ernsten Frömmigkeit, indem sie sowohl den Gewissenszwang und die blinde Gläubigkeit, als die rücksichtslose Verwerfung alles Göttlichen verabscheuten. Die Farben, welche sie an Mütze und Band trugen, waren Schwarz, Rot und Gold, welche man für jene des alten deutschen Reiches hielt (obwohl dasselbe keine eigentlichen Farben, sondern blos ein Wappen, den Doppeladler, geführt hatte), — ihre Tracht ebenfalls eine solche, die man die alte deutsche nannte (schwarzer Rock, mit einer Reihe Knöpfe bis hinauf, umgelegter Kragen und ein Barett). Ihre Sprache gefiel sich in Kraftausdrücken, mit Anspielungen auf die alten Deutschen, in Vermeidung der Fremdwörter und im Verdammen der Weichlichkeit, der Polizei, des Franzosentums u. s. w. Jährlich oder öfter hielten die Abgeordneten der einzelnen Burschenschaften, deren sich, bei der großen Menge der Mitglieder, oft mehrere an einer Universität befanden, einen deutschen Burschentag, oft an einem Orte, wo keine Universität bestand. Die gemeinsamen Geschäfte leitete ein jährlich einer andern Universität übertragener Vorort. Zeremonien, Symbole, Grade und Geheimnisse kannte der Bund nicht.

Es wäre jedoch, bei dem Geiste, der die deutschen Regierungen damals erfüllte, nicht zu erwarten gewesen, daß die Burschenschaft sich eines ungestörten Daseins hätte erfreuen können. Schon ihre Grundsätze mußten sie der Polizeigewalt verdächtig und anstößig erscheinen lassen, geschweige denn die teils fröhlichen, teils ernsten Ereignisse, an denen sich ihre Mitglieder beteiligten. Schon an ihrem ersten Feste, an welchem die allgemeine deutsche Burschenschaft beschlossen wurde, an dem zur Ehre der Schlacht bei Leipzig am 18. Oktober 1817 gefeierten Tage auf der Wartburg, wo sich Studenten aller deutschen Hochschulen mit mehreren allgemein geachteten Professoren, wie Fries, der Philosoph, und Oken, der Naturforscher, zusammenfanden, ernst und würdig über Deutschlands Hoffnungen beratschlagend, kam zum Schlusse der mehr mutals böswillige Einfall zur Ausführung, die Werke der Schmalz und Dabelow, des russischen Spions Kotzebue und des Demagogenriechers Kamptz und anderer Dunkelmänner und Volksfeinde nebst einem Zopf, einem Korporalsstock und einer Offiziersschnürbrust, als Abzeichen des Beamten- und Söldnertums, auf einem Scheiterhaufen zu verbrennen. So allgemeine Sympathie und ungemeine Heiterkeit dieser Einfall erregte, so verhängnisvoll wurde er für die Burschenschaft, — jedoch für sich allein weniger als in Verbindung gebracht mit einem spätern, ernstern Vorfalle. Der Burschenschafter Karl Sand aus Wunsiedel nämlich, protestantischer Theolog, ein Mitglied des engern Bundes der sog. Unbedingten, d. h. der rücksichtslosen Vollstrecker solcher Grundsätze, die sie als wahr erkannten, ließ sich vom Feuereifer für die Sache des mißhandelten Vaterlandes hinreißen, den schmählichen Kotzebue, der um russisches Gold die deutschen Studenten verleumdete, 1819 in Mannheim zu ermorden, wofür er 1820 hingerichtet wurde. Diese That eines unreifen Fanatismus, die unter keinen Umständen irgend etwas nützen konnte, obschon sie so wenig wie das bald darauf folgende Attentat gegen den nassauischen Staatsrat Ibell, im Auftrage der Burschenschaft oder eines andern Vereins unternommen war, hat dem freisinnigen Deutschland unberechenbaren Schaden zugefügt. Sie war die nächste Veranlassung dazu, daß die deutschen Regierungen, im Einverständnis mit der russischen, sofort gegen Alles, was freien Sinnes war, ohne

Unterschied eine Hetzjagd anstellten. Die Turnplätze wurden geschlossen, Jahn, Arndt und andere Volksmänner verhaftet, ihre Papiere mit Beschlag belegt, außerordentliche Gerichte aufgestellt u. s. w. Obschon das Resultat der eifrig geführten Untersuchung gleich Nichts war, fand man es doch der Mühe wert, einen Kongreß der deutschen Regierungen in Karlsbad abzuhalten, bei welchem der grundsatzlose Despot Metternich präsidierte und der lüderliche Gentz das Protokoll führte. Man beschloß die Einführung einer Zensur gegen die Presse und gegen alle Schriften unter zwanzig Bogen, die Aufstellung außerordentlicher Regierungskommissarien (Aufpasser) bei den Universitäten, Beschränkungen des Besuchs derselben, sowie der Professorenwahlen, und die Niedersetzung einer Zentral-Untersuchungskommission gegen „demogogische Umtriebe,"— Beschlüsse, die mit nur allzu sehr übertriebener Ängstlichkeit und fürchterlicher Gewissenhaftigkeit vollstreckt wurden. — Es war eine dunkle Zeit über Deutschland hereingebrochen; die Burschenschaft wurde natürlich aufgelöst, ihre Farben und Tracht verboten und das Turnen blieb ebenfalls verpönt. Auf die lächerlichste Weise fahndete die Polizei nach Allem, was an die gefürchteten Farben und Trachten erinnerte. Das Verfahren der Reaktion erntete jedoch Spott, — die gefährlichste Waffe gegen Regierungen, und die von 1820 an in Spanien, Portugal, Italien und Griechenland ausbrechenden Revolutionen fachten den Geist des Widerstandes gegen unerträglichen Druck in Deutschland wieder von Neuem an. Die Burschenschaften versammelten sich im Geheimen wieder und waren als geheime Gesellschaften weit mehr zu fürchten denn vorher; sie hielten selbst geheime Burschentage ab. Unter den Entschiedenern aus ihnen bildete sich überdies der Jünglingsbund, welcher den ausgesprochenen Zweck hatte, die bestehenden deutschen Verfassungen umzustürzen, den Bundesobern Gehorsam leistete, seine Mitglieder nur mit wenigen Anderen bekannt werden ließ, Waffen anschaffte und sich darin übte, einen Eid der Verschwiegenheit leistete und Verräter mit dem Tode bedrohte. Es wurde zudem das Gerücht laut, daß ein dem Jünglingsbunde gleichgesinnter Männerbund existiere, mit welchem sogar preußische Offiziere und Festungskommandanten einverstanden seien; was Wahres daran war, kam jedoch nie zum

Vorschein. Wohl wurde verabredet, unter dem Scheine einer Freischar zur Unterstützung der Griechen gegen die Türken, Bewaffnete in Deutschland zusammenzuziehen, dann aber die Revolution zu beginnen und die Republik auszurufen, — jedoch bald wieder aufgegeben.

Auch die Reaktion nach den Erhebungen von 1820 in Südeuropa war nicht im Stande, die Burschenschaft zu vernichten. Wieder aufgelöst, bildete sie sich von Neuem, jedoch nicht mehr im früheren Geiste der Einigkeit, sondern in Parteien gespalten. Man zählte deren drei: die Teutonia, Arminia und Germania, welche sich gegenseitig oft heftig bekämpften und im Kleinen dieselben Schattierungen der Meinung darboten, wie das Volks- und Staatsleben im Großen. Die Teutonia huldigte, im Rückblick auf das ihr als mißverstandenes Ideal vorschwebende Mittelalter, einer mystischen Religiosität und verschmähte jede Beschäftigung mit Politik, — die Arminia widmete sich ausschließlich wissenschaftlichem und geselligem Leben, mit strenger Betonung der Sittlichkeit und Vaterlandsliebe, ohne über Verfassungsformen absprechen zu wollen, — die Germania aber strebte nach einer revolutionären Erhebung, legte auf die Sittlichkeit kein großes Gewicht und verwarf alle religiöse Autorität. Ihrer energischen Zwecke wegen teilte sich die Germania in zwei Grade, von denen der höhere den niedern in allen Dingen leitete, und suchte die früher von den Studenten schroff aufrecht erhaltene Abschließung gegen die Philister (Bürger) zu beseitigen. Sie war die zahlreichste unter den drei Fraktionen, und trug bei allen Gelegenheiten, wo diese sich maßen, den Sieg davon. Stark beteiligt war die Germania, in Folge ihrer Grundsätze, an dem kläglich mißlungenen Frankfurter Attentat 1833, durch welches die Anhänger der Revolution mittels Überrumpelung einer Wache den Bundestag zu sprengen wähnten, und dieser Vorfall bot einen neuen Anlaß dar, die Burschenschaften furchtbar zu verfolgen, ohne daß man die Unschuldigen von den Schuldigen schied. Maßlos harte, selbst Todesurteile wurden gegen Studenten ausgesprochen, jedoch sämtlich gemildert, und 1840 schloß eine Amnestie die Verfolgung. Die Burschenschaften der verschiedenen Richtungen dauerten zwar fort, hatten jedoch so wenig politische Bedeutung mehr, daß die deutschen Studenten bei der Revolution von 1848, mit Ausnahme Wiens, wo bis dahin nie eine Burschenschaft bestanden hatte, keine politische Rolle spielten, sondern sich begnügten, an einem neuen Wartburgfeste auf Reformen in der Stellung und Verfassung der Universitäten zu bringen. Seitdem die Vereinsfreiheit hergestellt ist, sind die Burschenschaften natürlich auch nicht mehr geheim.

2. Frankreich.

Auch in Frankreich selbst hatte die Despotie Napoleons I. einen entschiedenen Widerstand hervorgerufen, wenn sich auch derselbe nicht auf die Dauer halten konnte. Schon im Anfange seiner Regierung bildete sich in Besançon, unter maurerischen Formen, eine Gesellschaft der **Philadelphen** (sich als Brüder liebenden), welcher der General **Oudet** einen politischen, auf Umsturz der Regierung Napoleons zu Gunsten der Republik gerichteten Zweck gab. Sein früher Tod bei Wagram 1809 führte jedoch die Auflösung der Gesellschaft herbei. Auch Moreau hatte ihr angehört und pflanzte sie in Amerika fort. — Eine größere Rolle spielten geheime politische Verbindungen unter der **Restauration**, durch welche mittels der **Bourbonen** an die Stelle des napoleonischen materiellen Druckes ein mehr geistiger getreten war. Schon 1816 entstand in Grenoble die geheime Gesellschaft **Union**, mit dem Zwecke, die durch das bourbonische Junker- und Pfaffenregiment bedrohten „freisinnigen Ideen wach zu halten." Sie verpflanzte sich nach Paris und Lyon; Lafayette, Dupont, Cousin, Courrier, Comte und andere bedeutende Männer gehörten ihr an. Im Geheimen waren sie über den Sturz der Regierung einverstanden. Mit ihnen hing eine öffentliche Gesellschaft in Paris zusammen, die „Freunde der Preßfreiheit," welche mit dem Plane umging, an die Stelle der Bourbonen den Prinzen von Oranien, Sohn des Königs der Niederlande, auf den französischen Thron zu rufen. Der Minister Decazes löste sie 1819 auf. Noch mehr als diese Gesellschaften trugen indessen Casimir Delavigne's Drama „die sicilische Vesper" und Beranger's unvergleichliche Volkslieder zur Untergrabung der Bourbonen bei. Gleichwohl organisirte sich die Union 1820 von Neuem, als nach der Ermordung des Herzogs von Berri die Preßfreiheit und das Wahlrecht beschränkt wurden. Ermutigt durch die Revolution in Spanien, verschworen sich im genannten Vereine Bürger, Studenten und Soldaten, jenes Ereignis in Frankreich zu wiederholen, gelangten jedoch zu keinem Ziele. Der Druck wurde immer unerträglicher und reizte zu neuen Unternehmungen. Diese konzentrierten sich zunächst 1824 in der Gesellschaft: Aide-toi et le ciel t'aidera (Hilf dir und der Himmel wird dir helfen), welche von dem Redacteur der Zeitung „le Globe" gegründet wurde und nach dessen Eingehen den „National" zum Organe wählte. Ihr Charakter bestand in Opposition durch gesetzliche Mittel, wurde aber immer entschiedener. Unter ihren Mitgliedern finden wir: Guizot (welcher der erste Präsident des Vereins war, dessen Grundsätze er später, als allmächtiger Minister, nur zu schnell vergaß), Odilon Barrot, Duvergier, Thiers, Mignet, Armand Carrel, Cavaignac, Arago, Garnier-Pagès, Bastide und Andere. Der Verein wirkte besonders auf die Wahlen, trug später viel zur Julirevolution 1830 bei, trat nach derselben auch gegen das Haus Orleans, das die Erwartungen des Volkes nicht erfüllte, in Opposition, löste sich aber schon 1832 auf. — Ein späterer ähnlicher Verein, derjenige der „Menschenrechte" genannt, von Cavaignac geleitet, ging gerade auf die Republik los, war vollkommen organisiert, mit Waffen versehen, zerfiel in viele kleinere Abteilungen von weniger als 20 Mitgliedern, welche durch ihre Vorsteher untereinander in Verbindung standen, und hatte sich über ganz Frankreich verbreitet. Als Ludwig Philipp die Preßfreiheit antastete und die Vereinsfreiheit geradezu aufhob, erfolgte der republikanische Aufstand von 1834, der jedoch niedergeschlagen wurde, was dem Verein der Menschenrechte einen harten Schlag versetzte und anderen Verbindungen seiner Art die Wirksamkeit erschwerte.

In neuester Zeit trat in Frankreich die soziale Revolution schärfer hervor als die politische, und zahlreiche Gesellschaften strebten, seit dem tollen Unternehmen Baboeufs und seiner „Pantheons-Gesellschaft" von 1796, nach dem Umsturze der sozialen Zustände, jede mit einem andern Systeme, das sie für das alleinseligmachende hielt. Das meiste Aufsehen unter allen kommunistischen und sozialistischen Vereinen erregten die Saint-Simonisten, welche sich nach dem Tode ihres

Stifters, des Grafen Saint-Simon, (1825) vereinigten, sein begeistertes Programm einer neuen **Religion der Arbeit** aber nicht verstanden, sondern sich in unreife Phantastereien verloren, weshalb der treue Verfechter der Ideen Saint-Simons, **Bazard**, unwillig austrat. Sie wollten auf sozialistischer Grundlage vollkommen das Nämliche anstreben, was die Jesuiten auf katholischer, nämlich eine Weltherrschaft ihrer Sekte und ihrer Grundsätze, und suchten daher eine neue Religion in Aufnahme bringen, welche rationalistische und mystische Elemente vereinigte; sie führten baroke Zeremonien und Priesterämter ein, teilten sich in drei Grade, nämlich zwei des „Noviziates" und einen der „Familie", welche letztere gemeinsam wohnte, verwarfen die Wissenschaft, ja sogar die Ehe und Familie, lehrten und übten Gemeinschaft der Güter und Weiber und ernteten verdienter Maßen Spott und Hohn. Ihr geiler und verrückter Hohepriester, der den bezeichnenden Namen **Enfantin** führte, suchte beständig das „freie Weib", mit welchem er den „wahren Doppelpriester" darstellen könne, und lebte mit seinen Anhängern in patriarchalischer Weise auf seinem Gut, bis die Polizei 1832 der sauberen Wirtschaft ein Ende machte.

Der neueste sozialistische Geheimbund in Frankreich ist die **Marianne**, welche wahrscheinlich nach dem Juni-Aufruhr von 1848 entstand, ihren Zentralsitz in London unter den französischen Flüchtlingen, in allen französischen Departements aber Komités hatte, die einander nicht, sondern nur jenes in London kannten, dem sie monatliche Berichte abstatteten. Dieser Bund bezweckte eine demokratisch-sozialistische Revolution in Frankreich und die Befreiung aller Völker Europa's, Aufhebung der stehenden Heere, der Beamtenregierung, der Kirche, der höheren Vermögen als 50,000 Fr., Bestrafung aller Volksfeinde durch ein Volksgericht u. s. w. Seit Napoleons III. Sturz ist er verschollen.

3. Italien.

In keinem Lande haben in neuerer Zeit die geheimen politischen Vereine eine so große Rolle gespielt, wie in **Italien**. Von geistlicher und weltlicher Regierung mißhandelt, von den Großmächten als bloßer „geographischer

Begriff" zerrissen und fremder Herrschaft mit gebundenen
Händen überantwortet, hatte dieses unglückliche Land bis zum
glorreichen Jahre 1860 eine Geschichte von lauter Blut,
Thränen, Kerker, Folter und Blei. In diesem Lande entstand
daher auch jene geheime Gesellschaft, deren Name unseren Zeit=
genossen der bekannteste nach dem der Freimaurer ist, nämlich
jene der Carbonari, deutsch Köhler oder Kohlen=
brenner. Die Carbonari hatten den hauptsächlichen Schau=
platz ihrer Wirksamkeit im ehemaligen Königreiche Neapel
und werden zu allererst in der Bulle von 1814 genannt,
mittels welcher Papst Pius VII. die Freimaurer und andere
geheime Gesellschaften verdammte. Ihre eigenen Überlieferungen
versetzten, gleich denjenigen anderer ähnlicher Vereine, ihren
Ursprung in längst vergangene, dunkle Zeiten; sie wollten bald
von den oben erwähnten deutschen Köhlern, bald aus Frank=
reich, bald aus Spanien abstammen. Für keine dieser An=
nahmen spricht historische Wahrscheinlichkeit; wir halten die
Carbonari vielmehr für eine echt italienische Erscheinung,
welche ihren Ursprung dem Fremdenhasse in der Zeit der
Unterwerfung Italiens durch die Franzosen, unter der Re=
gierung Murats in Neapel (1808—1814), verdankt. Die Art
und Weise ihrer Entstehung ist vergessen; es ist indessen nicht
unwahrscheinlich, daß in die Wälder geflüchtete Feinde der
Fremdherrschaft die Stifter waren und daher zur Annahme
einer Symbolik Anlaß gaben, welche von Kohlenbrennen ent=
nommen ist, wie jene der Freimaurer vom Bauen. Aus dieser
Analogie müssen wir auch schließen, daß entweder Freimaurer,
oder Leute, welche von der Freimaurerei Kenntnis hatten, sich
unter den Stiftern befanden, jedoch ohne daß sie etwas von
der in der alten echten Maurerei vorherrschenden milden,
humanen, liebevollen Richtung in die neue Schöpfung hinüber=
trugen, in welcher nur Haß, Rache und politische Leidenschaft
ihr Wesen trieben. Auch haben die beiden Vereine keinen ge=
schichtlichen Zusammenhang; im Gegenteil, so sehr die Carbo=
nari Gegner der Fremdherrschaft, so waren die Freimaurer=
logen auch in Neapel eine Stütze des napoleonischen Re=
giments, wie sie dies überall waren, wo dasselbe waltete: in
Spanien, Westdeutschland und Oberitalien, — nicht aus per=
sönlicher Sympathie für den Eroberer oder politischer für

Frankreich als solches, sondern weil sie auf dieser Seite mehr
Aufklärung und religiöse Duldsamkeit sahen, als auf jener der
alten, einheimischen Regierungen, und weil sie von den letzteren
verfolgt und unterdrückt wurden, während die französischen
Waffen sie stets schützten.

Die Carbonari wuchsen an Zahl unter der Regierung
Murats zum Erstaunen schnell (sie sollen sich auf 24—30000
vermehrt haben), führten einen beständigen Krieg gegen die
Regierung, und übten einen solchen Einfluß auf das Volk, daß
den Beamten nichts übrig blieb, als sich ebenfalls aufnehmen
zu lassen. Freilich weihte man sie nur in die untersten Grade
ein und hatte davon den Vorteil, sie in den Händen zu haben,
ohne daß sie die eigentlichen Geheimnisse des Bundes kannten.
Umsonst suchte Murat die Kohlenbrenner für sich zu gewinnen;
es waren ihrer zu Viele durch französische Kugeln und andere
Mittel der Gewalt gefallen, und sie betrieben daher nach
Kräften die Rückkehr der Bourbonen. Damit bereiteten sie sich
jedoch eine gräßliche Enttäuschung. Die restaurierte Regierung
hatte, nach der Art ihres Geschlechtes, nichts gelernt und nichts
vergessen, und erbitterte durch ihren Druck bald Alle gegen sich,
welche Bildung und Einfluß besaßen. Alle diese aber waren
Carbonari, und diese Gesellschaft arbeitete daher gegen die
Bourbonen bald noch eifriger, als gegen Murat, und wuchs
noch mehr an, angeblich auf 642 000 Mitglieder. Als die
Regierung ein solches Heer gegen sie heranwachsen sah, mußte
sie auf ein Gegengewicht denken, und sie fand dasselbe in der
Gesellschaft der **Calderari**, deutsch **Kesselschmiede** oder
Kesselflicker, welche sich aus den fanatisiertesten Anhängern
der Bourbonen und der Kirche bildete und gegen alles erbittert
war, was für Freiheit und Aufklärung kämpfte. Ihr Ursprung
wird verschieden angegeben. Einige leiten sie von den Hand=
werkszünften in Sizilien her, welche eifrig für ihre bedrohten
alten Vorrechte einstanden, besonders die Kesselschmiede, —
Andere davon, daß sich die Legitimisten und Klerikalen in ihren
gegenseitigen Mitteilungen zuerst herumziehender Kesselflicker als
Boten bedienten. Während jedoch die Calberari, der großen
Masse der Carbonari gegenüber, nicht emporkommen konnten,
indem sie nicht, wie sie gewähnt hatten, als „Kessel" den
„Kohlen" Widerstand leisteten, sondern von den Kohlen viel-

mehr verbrannt wurden, trugen die Carbonari, neben den schlechten Zuständen des Landes, das Meiste zum Ausbruche der Revolution von 1820 bei, deren nächstes Ziel war, den König zur Verleihung einer Verfassung zu zwingen. Während dieser Revolution befand sich die Carbonaria auf der Spitze ihrer Macht, in der Blüte ihres Lebens; selbst Geistliche schlossen sich ihr an und verfochten sie gegen die Exkommunikationsbulle des Papstes, indem sie sie als ein „christliches" Institut schilderten, während freilich wieder andere dieses Standes den Mitgliedern die Sakramente verweigerten. Dem that aber der Justizminister Troia Einhalt, indem er die erwähnte Bulle als ungültig erklärte, und der König selbst mußte öffentlich in den Farben der Carbonari erscheinen, wie einst sein Vetter Ludwig XVI. in der Jakobinermütze.

Diesen Augenblick ihrer Blüte benützen wir, um von der Einrichtung der Carbonaria eine Skizze zu geben. Die Carbonari nannten sich: buon' cugini (gute Vettern), wie die Freimaurer: Brüder. Die nicht zum Bunde Gehörenden hießen Heiden (pagani). Ein einzelner Verein von Carbonari hieß (der Loge entsprechend) eine Vendita, d. h. Verkauf (von Kohlen), man rechnete eine solche auf durchschnittlich 2000 Einwohner; die Stadt Neapel allein zählte ihrer 140. Jede Vendita führte zwei Bücher, ein „goldenes", in welches die Gesetze, Protokolle und die Verzeichnisse der aufgenommenen Mitglieder, und ein „schwarzes", in welches die Feinde des Bundes, die Zurückgewiesenen und die Ausgestoßenen eingetragen wurden. Die erst nach dem Siege der Revolution Aufgenommenen wurden von den Älteren verachtet, weil diese der Gefahr getrotzt hatten, jene blos der Zeitstimmung folgten; die Vornehmen aber stießen sich daran, daß nun allerlei Volk im Bunde gemischt war, zogen sich zurück und wandten sich lieber den Freimaurerlogen zu. Während des Jahres 1820 bildeten sich auch weibliche Carbonari-Vereine, die sich aber „Gärtnerinnen" und „gute Basen" nannten und ihre Sprache der Blumenzucht entnahmen. Die Venditen einer Provinz bildeten eine „Republik", deren Namen man dem Altertum entlehnte, z. B. Apulien, Lukanien u. s. w., und im Jahre 1820, vorher nicht, versuchte sich eine gemeinsame Bundesbehörde, Alta Vendita, in Neapel zu konstituieren, was jedoch

nicht vollständig gelang. Das Versammlungslokal einer Vendita
hieß Barake, die Umgebung derselben: Wald. Um auf=
genommen zu werden, mußte man 21 Jahre alt sein. Die
Barake war aus Balken zusammengefügt, der Boden mit Back=
steinen gepflastert. Die „guten Vettern" saßen auf Bänken
längs der Wand, die Würdenträger auf Stühlen vor Baum=
strünken, auf denen die Insignien des Bundes lagen; statt der
Hämmer hatten dieselben Beile in der Hand. Über dem Sitze
des Präsidenten oder „Großmeisters" hing das Bildnis des
heil. Einsiedlers Theobald, des Schutzheiligen der Gesellschaft.
Der Kandidat wurde, nach einem Noviziat von neun Tagen,
während dessen man ihn den Katechismus des Bundes lehrte,
in die „Kammer des Nachdenkens" geführt, dann durch den
„Vorbereiter" in einen Sack gehüllt, ihm die Augen verbunden
und ein Dolch an seinen Gürtel gehängt. Er wurde nun auf
Umwegen zur Barake geführt, und als ein „Heide" angekündet,
der sich im Walde verirrt habe, dann eingelassen, mußte
Prüfungen durchmachen und Reisen vollführen, bei deren erster
er das Laub des Waldes rauschen hörte, bei der zweiten durch
Wasser watete, bei der dritten Feuerflammen fühlte, was an
die Vergänglichkeit des Irdischen, an die Notwendigkeit der
Reinigung und an die Flammen der Liebe erinnern sollte,
leistete hierauf einen furchtbaren Eid, nichts zu verraten und
den „guten Vettern" stets beizuspringen, erhielt das „Licht"
mittels Entfernung der Augenbinde und wurde zuletzt feierlich
aufgenommen, indem er die Erkennungszeichen des Bundes er=
hielt. Diese bestanden in einem Bande mit den drei Farben
der Köhler: schwarz, rot und blau, welche Kohlen, Feuer und
Rauch, oder auch Glaube, Liebe und Hoffnung bedeuteten, so=
wie einem Worte und einem Griffe. Die bei der Aufnahme
gehaltenen Reden überflossen von Religion, Liebe, Tugend und
Frieden. Über dem ersten Grade, dessen Aufnahme wir soeben
geschildert, dem des Lehrlings, stand der zweite, der des
Meisters. Die Aufnahme fand statt in der „Ehrenkammer"
und stellte die Verurteilung Jesu vor. Der Großmeister hieß:
Pilatus, der erste Beisitzer: Kaiphas, der zweite: Herodes.
Nachdem der Kandidat eingeführt worden und sich über die
Kenntnis des Katechismus der Lehrlinge ausgewiesen, wurde
er in den „Ölgarten" geführt, wo er beten mußte, daß der

bittere Kelch an ihm vorübergehe. Er mußte dann in der That einen Kelch mit bitterm Getränke leeren, wurde gebunden und vor Pilatus geführt, der ihn an Kaiphas und dieser an Herodes wies, und von diesem wieder zu Pilatus zurück. Vor allem mußte er sich für den Sohn Gottes ausgeben; dann setzte man ihm eine Dornenkrone auf, gab ihm ein Szepter von Binsen in die Hand, er wurde gegeißelt und scheinbar gekreuzigt, endlich aber losgebunden und mußte nun den Eid der Meister ablegen, worauf er durch eine Rede erfuhr, daß der Zweck des Bundes die Befreiung des Vaterlandes und der Sturz der Throne sei und daß er für diesen Zweck zu dulden habe, wie Christus für den seinigen. Einzelne Venditen drückten sich jedoch gemäßigter aus und verwarfen die Monarchie nicht schlechthin. Nötigenfalls, wenn Widersprüche sich ergaben, erklärte man auch, daß unter einer „Republik" jede geordnete Staatsform zu verstehen sei. Es gab auch höhere Grade der Carbonari, die jedoch nicht in allen Venditen üblich waren und verschieden benannt und geschildert werden. Es wurde darin meist gelehrt, den Tod Christi zu rächen, d. b. die Unterdrücker der Freiheit zu vernichten.

Schon bald nach ihrem Siege zerfielen übrigens die Carbonari in Konstitutionelle und Republikaner. Sie hatten aber keine Zeit, sich völlig zu entzweien; denn die schon im Frühling 1821 hereinbrechende Reaktion und die infolge des Meineides König Ferdinands, der die Verfassung beschworen hatte und nun wieder verriet, einmarschierenden Österreicher machten dem Bunde ein Ende; derselbe wurde aufgelöst, die Mitglieder, auf die furchtbarste Weise verfolgt, eingekerkert, verbannt, öffentlich, auf Eseln sitzend, ausgepeitscht, hingerichtet, und ihre Schriften öffentlich verbrannt, und der Pöbel jubelte jetzt ihrer Erniedrigung mit demselben tierischen Geheul zu, mit dem er ihre Erhöhung begrüßt hatte.

Außer den Carbonari bestanden im Königreiche Neapel noch andere geheime Gesellschaften, wie die europäischen Patrioten, die Entschiedenen, die Philadelphen, welche aber jenen an Bedeutung nicht von ferne gleich kamen, wenn sie sich auch manche grobe Exzesse, sogar Meuchelmorde, zu Schulden kommen ließ.

Auch die reaktionäre Partei in Italien hatte ihre geheimen Vereine, wie wir schon an den Calderari gesehen haben. Viel wirksamer als die Letzteren waren die **Sanfebisten** (Verteidiger des heiligen Glaubens), auch Crociferi (Kreuzträger) genannt, welche nach Vernichtung aller freisinnigen Einrichtungen und Stärkung der päpstlichen Macht strebten, mit dem Hintergedanken, auch Oesterreich, wenn sie es nicht mehr nötig hätten, als noch zu liberal, aus Italien hinaus zu werfen.

Nach dem Unterliegen der neapolitanischen Revolution zogen sich die Reste der Carbonari nach Mittel- und Oberitalien und nach Frankreich zurück und verbreiteten sich dort ziemlich stark. Die Revolution in den päpstlichen Staaten und in Modena 1830 und 1831 wird ihnen zugeschrieben und der Kaiser Napoleon III. gehörte ihnen an. In Frankreich verschwanden sie unter den zahlreichen dortigen geheimen Gesellschaften. Gegen die Mitte der dreißiger Jahre verschwand die Carbonaria ganz und machte dem einen allgemeinern und zentralern italienischen Charakter tragenden **Jungen Italien** Platz, welches, unter der Leitung des unbeugsamen Republikaners Josef **Mazzini** rücksichtslos und mit eiserner Thatkraft auf eine einige italienische Republik lossteuerte, sich auch geheimer Formen bediente und Grade zählte. Eine Zeit lang verband sich das Junge Italien mit einem gleichgesinnten „Jungen Deutschland, Frankreich, Polen" und einer „Juugen Schweiz" zu einem „**Jungen Europa**," dessen Sitz hauptsächlich die **Schweiz** war, welche durch die Umtriebe der diese Vereine bildenden Flüchtlinge und durch ihre teilweise hirnverbrannten Unternehmungen, z. B. den lächerlichen Savoierzug (1834), den auswärtigen Mächten gegenüber in arge Verlegenheiten geriet. Im Jahre 1835 wurde ein preußischer Spion, Lessing mit Namen, der das Treiben des „Jungen Deutschland" auskundschaftete, im Sihlhölzchen bei Zürich ermordet. Der Flüchtling Rauschenplatt beabsichtigte mit anderen einen Einfall in den Schwarzwald, und 1836, am Freischießen in Lausanne, sollte durch einen Handstreich die Schweiz in eine Einheitsrepublik verwandelt werden, was durch Ernst Schülers Verhaftung vereitelt wurde. In den vierziger Jahren verschwanden diese Vereine spurlos. Das letzte Lebenszeichen des jungen Italien war die Unternehmung der Brüder Bandiera 1844 in Calabrien. In den neuesten Ereignissen seit 1848 und 1859 spielten die geheimen Gesellschaften keine Rolle mehr; das ganze Volk war an ihre Stelle getreten.

Einen ganz anderen Charakter haben die der Politik ganz fremden geheimen Räuber= und Gaunergesellschaften im südlichen Italien. Die mächtigste derselben war ehemals die jetzt sehr geschwächte Camorra mit dem Hauptsitz in Neapel. Sie entstand in den Gefängnissen und Galeerenbagnos unter den Gefangenen, welche sie dann nach ihrer Freilassung fortsetzten. Die Mitglieder zerfallen in Grade, welche je nach abgelegten Proben der Tüchtigkeit im Verbrechen erworben werden. Diese Thaten bestehen in Diebstählen, Erpressungen, Spielbetrug, Mord u. s. w. Der an der Spitze stehende Häuptling verfügt über Leben und Tod und letzterer trifft jeden Verräter, sowie den, der seinen Beuteanteil unterschlägt, der feig ist oder sich weigert, einen ihm aufgetragenen Mord zu vollziehen. Die Camorristen brandschatzten und beherrschten besonders die Märkte, Spielhäuser und Bordelle, und unter den Bourbonnen hatten sie ihre Verbündeten in der Polizei.

Eine ähnliche Verbindung ist auf der Insel Sicilien die Mafia, welche früher in allen Ständen, selbst den höchsten, und unter den Beamten verbreitet war. Sie übte eine wahre Schreckensherrschaft sowohl über ihre eigenen Leute, als über die ganze Bevölkerung aus und schrak vor keinem Verbrechen zurück. Auf demselben Fleck Erde artete der 1883 entdeckte Unterstützungsverein Mano fraterna (Bruderhand) in eine Gesellschaft der Rache an allen Gegnern aus.

In Spanien spielte eine Rolle dieser Art in neuester Zeit die verbreitete Bande der Schwarzen Hand; sie hatte aber mehr sozialistische als räuberische Zwecke und bestahl nur Reiche, während sie den Armen und Unterdrückten Hilfe leistete. Jeden Ungehorsam bestrafte sie mit dem Tode durch ein „Gericht" mit oft wechselnden Mitgliedern. Alle diese Geheimbünde hatten ihre Gesetzbücher und Gaunersprachen, und so noch viele andere Räuberbanden, deren Aufzählung uns zu weit führen würde.

4. Griechenland.

Als die Neugriechen begannen, für die Wiederherstellung ihrer Nationalität zu arbeiten und zu diesem

Zwecke ihre Sprache in wissenschaftlichen Vereinen zu pflegen stifteten heißblütige Köpfe unter ihnen, welche die Befreiung ihres Vaterlandes vom Türkenjoche nicht erwarten konnten, 1814 auf russischem Gebiete, in Odessa, den politischen Verein der Hetärie (Genossenschaft), mit geheimen, der Freimaurerei nachgeahmten Formen und sieben Graden, welcher sich die Täuschung vorspiegelte, Rußland werde die Bestrebungen der Griechen unterstützen. Die Hetärie verbreitete sich anfangs blos unter den Griechen in Rußland und den Donaufürstentümern, später aber durch Sendboten auch in der Türkei. Ein Schwindler Galatis, der sich die Eigenschaft eines solchen anmaßte und in Konstantinopel sich die Leitung des Bundes zu erschleichen suchte, wurde von den Eingeweihten nach Hermione gelockt und erschossen. Alle bedeutenden Griechen, wie die Ypsilantis, Mauromichalis und andere traten der Hetärie bei, und die Oberleitung derselben wurde dem Grafen Kapodistrias, damaligem russischem Minister angeboten, der aber als Diplomat nichts davon wissen wollte. Durch die langsame, aber endlich doch, wenigstens teilweise, gelingende Befreiung Griechenlands erfüllte die Hetärie ihre Aufgabe und trat dann vom Schauplatze der Geschichte ab.

5. Rußland und Polen.

Aber auch in Rußland selbst, das die Griechen auf so schmähliche Weise im Stiche ließ, weil sie nicht das türkische Joch gegen das russische vertauschen wollten, äußerte sich das Streben nach politischer Freiheit mittels geheimer Vereine. Der seit der französischen Expedition nach Moskau zunehmende Verkehr zwischen Rußland und dem Auslande hatte in ersteres neue Ideen gebracht, und das Beispiel anderer, sich gegen Despotie erhebender Länder reizte zur Nachahmung. Dichter und Geschichtschreiber nährten freie Gesinnungen und es bildeten sich Vereine, welche nach Reformen im Reiche, z. B. nach Aufhebung der Leibeigenschaft strebten, deren Wirken aber noch sehr unschuldig war. Weil indessen gleichzeitig Satiren gegen die Staatsverwaltung erschienen, die auch teilweise von solchen Gesellschaften ausgingen, und zufällig ein Militäraufstand ausbrach, den Kaiser Alexander ihnen zuschrieb, sah sich der Letztere, der ohnehin von seinen früheren freisinnigen Grundsätzen immer mehr abfiel, und dem zugleich vor der Hetärie und den Carbonari graute, im Jahre 1821 veranlaßt, alle geheimen Gesellschaften in Polen, und 1822 auch jene in Rußland aufzuheben und von diesem Banne nicht einmal die **Freimaurer**, denen er doch selbst angehörte, auszunehmen. Seitdem schläft die Freimaurerei in Rußland, obschon sie dort viele Wohlthaten ausgeübt und keinen Schaden angerichtet hatte. Die Polizei untersuchte die Logen, ob diesem Ukas nachgelebt wurde, und von nun an mußten alle Beamten eine Erklärung unterschreiben, daß sie keiner geheimen Gesellschaft angehörten.

Die harte Maßregel bewirkte das gerade Gegenteil ihres Zweckes. Die unschädlichen Freimaurer gehorchten, die gefährlichen politischen Verschwörer jedoch kehrten sich nicht daran. Ihre zwei geheimen Gesellschaften bestanden fort, und ihr Wirken machte das Reich zittern. Die Stifter derselben waren zwei merkwürdige Männer: Alexander Nikolajewitsch Murawiew, ein Ehrenmann, aber Schwärmer, welcher für Rußland den Besitz einer Verfassung wünschte, und Paul Pestel, ein schlauer, ehrgeiziger, entschlossener Kopf, welcher nach radikalen und demokratischen, selbst sozialistischen Einrichtungen strebte; jener war verabschiedeter Offizier, dieser noch im Dienste als Oberst. Sie stifteten den „Bund des Heils", welcher drei Grade umfaßte: die Brüder, die Männer und die Bojaren, und in seinen Statuten sich hinsichtlich des Zweckes der Gesellschaft, auf „Bekämpfung und Abschaffung" der Mißbräuche beschränkte. Nach den erwähnten verschiedenen Gesinnungen der beiden Stifter teilte sich der „Bund des Heils" jedoch bald in Parteien, und endlich schied Murawiew mit seinen Gesinnungsgenossen aus und bildete den „Bund des gemeinen Wohls," der sich vorzugsweise im Norden verbreitete, während Pestels Bund im Süden die Hauptstärke hatte, wo sein Quartier Tultschin lag. Im „Bunde des gemeinen Wohls" blieben die Stifter als „Zentral-Verein" an der Spitze, und aus ihnen wurde ein „Zentralrat," bestehend aus einem „Aufseher" und fünf Beisitzern gewählt. Der Bund zerfiel sodann in „Direktionen" von zehn bis zwanzig Mitgliedern; er war geheim, aber ohne Zeremonien. Pestel bestrebte sich zwar 1824, die

beiden Vereine, die größtenteils aus Offizieren bestanden, zu
vereinigen; allein man fürchtete ihn und seine Plane, die er
nicht anstand, seinen Untergebenen sogar als Absicht des Kaisers
vorzugeben, obschon er sich im Geheimen sogar mit dem Ge=
danken an Fürstenmord trug. Auch wandte er sich an die
polnischen geheimen Gesellschaften; aber aus Mangel an Vor=
sicht waren die beiden Bünde bereits verraten, und der Tod
Alexanders brachte Rußland in seinem Bruder Nikolaus
einen energischern, unerbittlichen Herrscher. Die Verschworenen
hatten Ende 1825 in Petersburg den Versuch gewagt, den
ältern Bruder Konstantin als Kaiser zu proklamieren, ob=
schon dieser auf die Thronfolge verzichtet hatte; allein sie un=
terlagen der Waffengewalt und der Kraft, die Nikolaus ent=
wickelte, und zugleich wurden Pestel und seine Mitschuldigen
verhaftet und ihre Papiere mit Beschlag belegt. Umsonst ver=
suchten sich Sergei Murawiew, ein Verwandter Alexanders,
und Bestuschew mit den kaiserlichen Truppen bei Ustinofka
in der Gegend von Kiew zu messen; sie unterlagen trotz
tapferer Haltung. Pestel, Rilejew, Sergei Murawiew, Michael
Bestuschew und Kachowski wurden zur Vierteilung verurteilt,
aber zum Hängen begnadigt. Von da an gab es ein Viertel=
jahrhundert lang keine geheimen Gesellschaften mehr in Ruß=
land. Wie reif übrigens das dortige Volk für politische Ver=
änderungen war, zeigen Äußerungen der Soldaten während
der erwähnten Empörung. Als man rief: Es lebe Kon=
stantin! Es lebe die Konstitution! fragten sie, ob dies Kon=
stantin's Frau sei, und als Sergei Murawiew seine Leute auf=
forderte, die Republik hochleben zu lassen, bemerkten sie: sie
wollten ihm dies gerne zu Gefallen thun; aber wer solle dann
Kaiser werden?

Auch an der Herbeiführung der polnischen Revolution
von 1830 waren geheime Gesellschaften beteiligt, welche seit
1815 wirkten, eine bedeutende Stärke und reiche Hilfsquellen
besaßen und fast alles umfaßten, was polnisch fühlte und nach
Wiederherstellung der Unabhängigkeit des Landes strebte, über
deren Organisation aber nichts näheres bekannt ist. Mit dem
Scheitern des Aufstandes verschwanden sie, um neuen Klubs
Platz zu machen, von denen wir noch weniger wissen.

In Rußland wurde erst 1849 wieder eine von Michail

Petraschewski geleitete geheime Gesellschaft entdeckt, die zwar ziemlich harmlos war und sich auf das Lesen verbotener Bücher und auf sozialistisch-politische Reden beschränkte, deren 21 Mitglieder aber zum Tode verurteilt, jedoch zu Zwangsarbeit und anderen Strafen begnadigt wurden.

Sofort nach dem Tode Nikolaus I. (1855) begannen, da Alexander II. die auf ihn gesetzten Hoffnungen nicht sofort erfüllen konnte, jene geheimen Umtriebe, welche bewiesen, wie wenig der russische Charakter fähig ist, zu begreifen, daß Reformen nur langsam und auf bestimmten Grundlagen bewirkt, nicht aber despotische Zustände plötzlich in freiheitliche verwandelt werden können. Der edeldenkende Alexander II. ging mit Reformen vor, welche hochherzig gemeint waren, für deren Durchführung aber sich weder der Kaiser und seine Ratgeber als fähig, noch die Russen als reif erwiesen. Die Leibeigenschaft wurde aufgehoben, Selbstverwaltung der Kreise und Regierungsbezirke, Schwurgerichte und Preßfreiheit eingeführt. Aber alle diese Geschenke wurden nur verpfuscht oder mißbraucht und trugen lediglich faule Früchte. Es erwies sich, daß die russische Nation, wenige Ausnahmen abgerechnet, aus einer ungeheuern Mehrheit von unwissendem Volk und einer kleinen Minderheit anmaßender Halbwisser bestand. Unter diesen kopflosen Halbwissern entstand der Nihilismus (Prinzip der Vernichtung), welchen Namen der Dichter Iwan Turgenjew 1861 erfand. Nihilisten gab es freilich schon früher; auch die im Auslande „wirkenden" Revolutionäre Alexander Herzen (unehelicher Sohn des Moskauers Jakowlew und einer Schwäbin) und Michail Bakunin waren Nihilisten. Der Romanschmierer Nikolai Tschernyschewski war es aber, der den Nihilismus in ein System brachte, indem er das Nichts, d. h. die Befreiung von allen Gesetzen der Pflicht und der Sitte als Ziel der Menschheit verkündete. Eine Schule von Nihilisten bildete sich, welche diese hirnverbrannte Lehre in die Wirklichkeit übersetzte; es bildete sich die geheime Gesellschaft „Semlja i Wolja" (Land und Freiheit), welcher Name die Antwort sein sollte auf die Frage: was muß das Volk haben? Sie wurde 1864 entdeckt und mehrere ihrer Mitglieder, samt Tschernyschewski wanderten nach Sibirien. Aber der Bund dauerte fort und umfaßte sogar Glieder des

Abels und Heeres und noch mehr des Beamtenstandes und
der Studentenschaft. Es begannen seit 1866 Mordversuche
auf den Zaren, der sie wahrlich nicht verdient hatte. Die
Nihilisten wühlten für Sozialismus und Anarchie, und Brand-
blätter, wie Mordwaffen gingen aus verborgenen Höhlen mit
geheimen Pressen und Werkstätten hervor. Im Auslande erscheinende Hetzschriften gingen mit denselben Hand in Hand.
Der „verkommene Schulmeister" Sergei N e t s c h a j e w organi-
sierte seit 1869, von Herzen und Bakunin nach Rußland gesandt, die geheimen Gesellschaften daselbst zu einem Bunde; er
wurde zwar, nachdem er den Studenten Iwanow, der ihm
nicht unbedingt vertraute, ermordet und sich nach der Schweiz
geflüchtet hatte, an Rußland ausgeliefert. Aber sein Bund
bestand fort und wühlte planmäßig unter dem Volke, das seine
Mitglieder bearbeiteten. Allerdings arbeiteten sie, wenn sie
„ins Volk gingen" nicht für dasselbe Ziel. Die einen waren
nur Sozialisten, die anderen aber geradezu Anarchisten. Daß
diese beiden Richtungen unvereinbar sind, war den wenigsten
klar. In Menge beteiligten sich Frauen und Mädchen, meist
sog. Studentinnen, teils in Rußland, teils im Ausland, besonders in der Schweiz an diesem Treiben, teilweise solche aus
den besseren Ständen, aber in der Regel Personen, denen
weibliche Anmut und Würde zur Mythe geworden waren.
Zahlreiche Entdeckungen, Verhaftungen, Prozessierungen und
Bestrafungen schreckten die Nihilisten und Nihilistinnen nicht
ab, thaten aber doch ihrer Weiterverbreitung Eintrag, während
zugleich das Volk ihre Apostel nicht nur nicht verstand, sondern
selbst oft der Polizei auslieferte. Aber die schmählichen Zustände Rußlands, welche der orientalische Krieg seit 1877 enthüllte, gaben dem Nihilismus neue Nahrung, ja sie trieben ihn eine
Stufe weiter, — zum Terrorismus. Er begann mit der That der
Wera S a s s u l i t s c h, welche am 24. Januar 1878 den Peters-
burger Stadthauptmann General T r e p o w, der den Nihilisten
Bogoljubow im Gefängnis hatte züchtigen lassen, anschoß ohne
ihn zu töten. Aber die „Geschworenen" waren so gute Nihilisten,
daß sie einfach erklärten, das Attentat habe „nicht stattgefunden!"
Es folgten natürlich mehrere weitere Mordhandlungen, die
teilweise gelangen, teilweise mißlangen. Es fielen 1878 der
General Mesenzew, 1879 der Fürst Krapotkin, dessen gleich-

namiger Vetter selbst Nihilist war, ebenso eine Anzahl angeblicher Spione. Am 14. April 1879 schoß Solowjew auf Alexander II. und wurde gehängt und mehrere seiner Gesinnungsgenossen folgten ihm nach. Der Nihilismus wurde durch diese Gegenmaßregeln so schwer getroffen, daß er in die Bünde der Terroristen und der Sozialisten zerfiel, deren jeder seine geheim gedruckten Zeitungen hatte. Eine neue Verschwörung zum Zwecke des Zarenmordes und der sozialpolitischen Revolution bildete sich aus Männern und Weibern und „verurteilte" am 7. September 1879 Alexander zum Tode. Es wurden unter der Eisenbahn, auf der er von der Krim zurückkehren sollte, drei Minen gelegt. Nur die nördlichste bei Moskau, sprang am 1. Dezember, traf aber nicht den Zug des Kaisers. Die Thäter verschwanden, aber sie gaben ihr Ziel nicht auf. Am 17. Februar 1880 versuchten die Nihilisten, den Winterpalast in Petersburg in die Luft zu sprengen; die Mine sprang wohl, aber ihr Opfer wurden nur 10 Todte und 53 verwundete Soldaten. Der Wahnwitz, durch solche Schandthaten irgend etwas in den russischen Zuständen verbessern oder — verschlechtern zu können, dauerte auf der einen, die Unfähigkeit, diesen Zuständen abzuhelfen, auf der andern Seite fort. Eine neue Maulwurfsarbeit wurde in der „kleinen Gartenstraße" zu Petersburg unternommen, aber wieder aufgegeben, da die Polizei aufmerksam wurde. Desto entsetzlicher war das Gelingen des nächsten, größten und bisher letzten Mordwerkes der Verbrecherbande. Scheljabow, der Anstifter des Winterpalastverbrechens war auch der Haupturheber dieser Schauerthat; Ryssakow, Grinewitzki und Sofia Perowskaja, die Mitanstifterin der Moskauer Mine, waren seine Hauptgehilfen. Zwar wurde Scheljabow am 11. März 1881 verhaftet; aber am 13. März, als Alexander so eben einen Ukas unterzeichnet hatte, der seinem Reiche eine Verfassung geben sollte, schleuderte Ryssakow auf der Straße, welche der Zar fuhr, und welche von der Polizei nicht bewacht war, die erste Bombe, die seinen Wagen zertrümmerte. Er stieg aus und gleich darauf zerriß die zweite Bombe sowohl den, der sie warf, Grinewitzki, als sein kaiserliches Opfer und mehrere andere Personen. Noch am selben Abend starb Alexander, — hingemordet ohne jeden Zweck, blos um die Mordlust und den Wahnwitz einiger

Menschenbestien zu befriedigen. Als Zarenmörder wurden Scheljabow, Michailow, Kibaltschitsch, Ryssakow und das Mordweib Perowskaja am 15. April gehängt. Die Häupter der Mordbande warnten zwar Alexander III., der aber jedes Nachgeben verweigerte. Seitdem ist der Nihilismus scheinbar verstummt, und auch die russische Regierung bemüht sich nicht, sein ferneres „Wirken" unmöglich zu machen; sie hat wichtigeres und bringenderes zu thun, nämlich die Ausrottung der deutschen Kultur in den Ostseeprovinzen, welche der russischen Barbarei ein Greuel ist.

6. Großbritannien.

Auf den britischen Inseln, wo die gesamte Politik stets öffentlich war, würde von geheimen politischen Gesellschaften keine Rede sein, wenn jenes Krebsübel nicht wäre, das in dem unglücklichen Verhältnis zwischen dem herrschenden England und dem unterdrückten Irland besteht. Dieses Verhältnis erhielt seine schlimmste Gestalt durch die religiöse Feindschaft, die seit der Reformation den Rassenhaß zwischen dem keltischen und dem angelsächsischen Elemente noch verschärfte. Den häßlichsten Gipfel erhielt dieser Haß durch die Einrichtung der aller Freiheit feindlichen Hochkirche in Irland, wo sie nichts zu suchen hatte, wo aber das katholische Volk bis auf die neueste Zeit jene ihm fremde und verhaßte Afterkirche zu erhalten hatte. Dieses empörende Mißverhältnis wurde noch übertroffen durch die Mißhandlung der irischen Pächter und ihrer Familien von seiten der englischen Gutsherren, deren Väter sich die Güter der Iren angeeignet hatten. Je drückender und unerträglicher diese Zustände wurden, die man unter Elisabeth und Cromwell zu wahren Vernichtungskriegen gesteigert hatte, desto mehr nahmen an Umfang, Thätigkeit und Erfolgen ihre Gegenfüßler, die für Irlands Unabhängigkeit kämpfenden Geheimbünde zu. Ihr erster, der Bund der **Whiteboys** (weißen Bursche) entstand schon über drei Jahrzehnte vor dem der Orangemänner (1760); er bedrohte jeden mit dem Tode, der einem Iren seine Pachtung entrisse, einen Pächter verjagte, einen höhern Pachtpreis verlangte als die Verbündeten festgesetzt, diesen Preis überböte, den Platz eines vertriebenen Pächters annähme, das konfiszierte Eigentum eines Pächters kaufte, den Zehnten zahlte u. s. w. Die Verschworenen begnügten sich aber nicht mit dem Tode ihrer Feinde, sie verstümmelten ihr Vieh, brannten ihre Häuser nieder, verwüsteten ihre Güter, ja ermordeten ihre Freunde und Verwandten, entehrten ihre Frauen und Töchter; sie raubten jedoch nichts als Waffen. Der Bund bestand indessen nicht in gleicher Stärke und unter gleichem Namen fort; wenn die Unterdrückung nachließ, so erlahmte er ebenfalls; wenn sie wieder ärger wurde, so erhob er sich wieder. Im Jahre 1763 hießen die Verbündeten Hearts of oak (Eichenherzen), 1772 Steelboys (Stahlbursche), 1785 Rightsboys (Rechtsbursche) u. s. w., seit 1811 wieder Whiteboys und seit 1832 Whitefeet oder Blackfeet (Weiß- oder Schwarzfüße). Zur Zeit der nordamerikanischen Erhebung gegen England bildeten sich Gesellschaften der protestantischen Irländer; sie erklärten zwar, mit den Katholiken im Frieden leben, sie aber nicht in das Parlament wählen lassen zu wollen; dabei wiesen sie alle englischen Waaren zurück und verfügten über ein bewaffnetes Heer von 10 000 Mann; aber eine Erhebung fand nicht statt. Tiefer drang die Sympathie mit der französischen Revolution und ergriff die zusammenhaltenden Irländer beider Kirchen, welche den Bund der „Vereinigten Irländer" gründeten und Verbindungen mit Frankreich anknüpften. Als aber England einige Zugeständnisse machte und in Frankreich die Schreckensherrschaft begann, wandten sich die Wohlhabenden von der Bewegung ab, welche dann zusammenbrach, ehe die Franzosen zur Hilfe erschienen, die nun nichts zu unternehmen vermochten. Die Rache Englands war furchtbar. Die Folter und der Galgen entfalteten ihre Schrecken, und die wenigen Freiheiten Irlands wurden vernichtet. In diese Zeit fällt die Stiftung jenes geheimen Bundes von Protestanten, welcher den Zweck verfolgte, die Unterdrückung Irlands, besonders aber der Katholiken, aufrecht zu erhalten. Dieser Bund nennt sich die „Orange-Männer", nach Wilhelm III. aus dem Hause Oranien, welcher den vertriebenen König Jakob II. 1690 am Boynefluße in Irland schlug. Er bildete sich im Jahre 1794 und nahm ein Zeremoniell an, das dem freimaurerischen nachgeahmt ist, obschon es keinen größeren Kontrast geben kann, als zwischen der toleranten Freimaurerei und dem glaubensvollen Oranges-Bunde. Die Verbindung hat vier Grade und als Centralleitung in Irland und in England je eine „Großloge", unter welcher in Irland 20 Provinzial-, 80 Bezirks- und 1510 einzelne Logen stehen. Aufnahmefähig sind nur „reine (?) Protestanten". In London soll es 50 000 (?) Mitglieder und auch in Canada eine große Zahl solcher geben. In neuester Zeit scheint die Verbindung an Bedeutung sehr abgenommen zu haben, wahrscheinlich weil auch die Unterdrückung der Iren abnahm.

Es sind jedoch der Beschwerden genug geblieben, zu denen die Bewohner der „grünen Insel" Grund haben, da sie fortwährend von den englischen Lords in schamloser Weise ausgebeutet werden. Erst 1829 erhielten die (besitzenden) Katholiken das Recht, in das Parlament gewählt zu werden. Um diese Zeit steigerte der dabei vorzüglich thätig gewesene Daniel O'Connell (der 1815 einen Orangisten im Duell erschossen hatte) seine Agitation bis zum Verlangen einer Trennung Irlands von England mit bloßer Personalunion; 1838 verließ er, um die katholische Geistlichkeit für seine Ziele zu gewinnen, die damit einen ganz ultramontanen Anstrich erhielten, den Freimaurerbund, dem er seit 1799 angehört hatte. Nach seinem Tode (1847) gewannen die Mitglieder des „jungen Irland", welche die patriotische Richtung über die konfessionelle setzten, die Oberhand; aber der 1848 geplante Aufstand scheiterte. Massenhaft wanderten nun die Iren nach Amerika aus, wo sie aber ihre Bestrebungen fortsetzten und 1861 den Geheimbund der Fenier gründeten, der sich auch über Irland und England erstreckte, aber von der britischen Regierung hart verfolgt und durch neue Zugeständnisse an Irland gelähmt wurde. An seine Stelle trat seit 1868 die Partei der Homerulers, welche keine geheime mehr ist und die Unabhängigkeit Irlands in Gesetzgebung und Verwaltung anstrebt. Im Jahre 1869 wurde endlich die Herrschaft der Hochkirche in Irland abgeschafft, wovon aber das irische Volk nicht den mindesten Nutzen hatte. Ob und wie es zu besseren Zuständen gelangen wird, wer will es wissen?

7. Nordamerika.

Ebensowenig wie in England, wäre in Nordamerika Anlaß zu geheimen politischen Gesellschaften, wenn nicht die große Leidenschaftlichkeit und der excentrische Charakter der Yankees solche ausgeheckt hätte, die jedoch von geheimen Gesellschaften anderer Natur an Zahl noch weit überboten werden. So hat denn auch der Freimaurerbund in Nordamerika eine ganz andere Gestalt angenommen als in Europa, wenigstens als in dessen gebildeteren Teilen. Es kommt den amerikanischen Freimaurern, Ausnahmen abgerechnet, mehr auf Glanz und Pomp, als auf ernstes, würdiges Streben, mehr auf die Schale, als auf den Kern der Maurerei an. Daher konnte auch nur dort eine Geschichte in Scene gesetzt werden wie die folgende. Es verbreitete sich im Jahre 1826 das Gerücht, daß ein Handwerksmaurer, William Morgan, um sich eine Einnahme zu verschaffen, mit dem Plane umgehe, ein Werk über die Geheimnisse der Freimaurerei, mit Illustrationen versehen, herauszugeben. Da bildete sich eine Verschwörung Solcher, die dem Namen, nicht dem Herzen nach Freimaurer waren, um ihn an der Ausführung seines Vorhabens zu hindern. Sie bemächtigten sich seiner, entführten ihn und sperrten ihn im Fort Niagara, am berühmten Wasserfalle dieses Namens, auf der Grenze Canada's gegen die Vereinigten Staaten ein, dessen Kommandant auch dem Namen nach Freimaurer war. Ein Gerichtshof im Staate New-York verurteilte zwei der Entführer zu Gefängnisstrafen. Bezüglich Morgans aber behaupteten Einige, die Freimaurer hätten ihn in den Niagara gestürzt, Andere, sie hätten ihn sonst ermordet, — kurz, er verschwand, ohne daß die darüber geführte amtliche Untersuchung etwas sicheres an den Tag brachte. Später aber versicherten glaubwürdige reisende Amerikaner, sie hätten Morgan in der asiatischen Türkei, und zwar in Smyrna, gesehen, wo er Sprachunterricht erteilt habe. Völlig aufgeklärt wurde die Sache nie; sollte aber Morgan ermordet worden sein, so war dies nicht nur ein die Grundsätze der Maurerei frech verleugnendes Verbrechen, sondern auch völlig überflüssig; denn die sog. maurerischen Geheimnisse sind in Amerika oft und wiederholt gedruckt worden und in den

Buchhandlungen zu haben. Die amerikanischen Maurer aber büßten schwer genug für das einzig in seiner Art bastehende Verfahren einiger unwürdiger Bundesmitglieder. Denn der Vorfall mit Morgan weckte die schon früher, besonders auf Seite der orthodoxen Sekten und der übereifrigen Demokraten, welche im Maurerbunde Freigeisterei und Aristokratie witterten, vorhandenen Antipathien gegen den Bund, und der von den erwähnten Klassen aufgehetzte Pöbel stürmte die Logen und verfolgte die Brüder volle acht Jahre lang (bis 1834), während welcher Zeit sogar eine politische Partei der „Antimaurer" im Lande sich Geltung zu verschaffen wußte. Dieser Wahnsinn verrauchte jedoch wieder, und die Maurerei nahm in Amerika stärker zu, als vorher, so daß in den Vereinigten Staaten allein etwa 10,000 Logen existieren, weit über die Hälfte derjenigen auf der ganzen Erde.

8. China.

Gerechtfertigter, als in den freien Ländern des angelsächsischen Stammes sind geheime politische Gesellschaften in dem despotisch unterdrückten „Reiche der Mitte", in China. Dort existiert eine solche Verbindung mit dem Zwecke, die seit 200 Jahren das Land bedrückende mandschuisch-tungusische Kaiser-Dynastie zu stürzen und durch eine rein chinesische zu ersetzen. Über diesen Bund sagt ein in Batavia erschienenes englisches Werk des dortigen chinesischen Dolmetschers G. Schlegel Folgendes:

Die Entstehung und Fortentwickelung dieser im ganzen alten und neuen Asien vielleicht einzig bastehenden Brüderschaft liegen in einem Dunkel, das vielleicht nie aufgehellt wird, wie groß auch die Rolle sei, welche das Licht in ihren Gebräuchen spielt. So viel scheint keinem Zweifel zu unterliegen, daß sie schon die Seele des großartigen Befreiungskrieges vom Joche der Mongolen (im vierzehnten Jahrhundert) gewesen. Ihre Benennung „Bund von Himmel und Erde" erinnert an den wahren, uralten National-Kultus, von welchem jedoch das budbhistische Pantheon keineswegs ausgeschlossen ist; außerdem nennt die Verbindung sich Hung, welches Wort hier einem soviel als Überflutung bedeutenden Schriftzeichen entspricht;

denn die Erde soll von ihren Anhängern gleichsam überflutet werden.

Diese bombastische Ausdrucksweise kann aber nach unserer Ansicht keinen Grund zur Annahme einer kosmopolitischen Tendenz der Verbrüderten abgeben; denn „Erde" oder „Welt" ist selbst für den heutigen Chinesen immer noch gleichbedeutend mit „China". Auch ist keine Stelle ihrer litterarischen Denkmäler bekannt, die einen auf Verbrüderung aller Völker gerichteten Wunsch ausspräche. Eine Art Tugendbund sind die Hung unleugbar, sofern jedem Mitgliede neben der politischen Thätigkeit auch Sittenreinheit und immer werkthätige Bruderliebe zur Pflicht gemacht werden; aber diese Anforderungen gelten nur den gegenseitigen Beziehungen der Verbrüderten, und ihr Katechismus sagt nirgends, daß man jeden Menschen, von welcher Nation er auch sei, als Bruder im weitern Sinne zu betrachten habe. Außerdem sind Übertretungen von Statuten des Bundes mit barbarischen Strafen bedroht, die auf nichts weniger als bedeutende Fortschritte in der Humanität schließen lassen, und nichts weniger als human können auch die Mittel heißen, deren sich die Häupter des Bundes oft bedienen, wenn es auf Gewinnung neuer Mitglieder ankommt.

Am Eingange der Logen (wie man die geheimen Versammlungsgebäude nennen kann) werden neue Mitglieder von der Brüderschaft empfangen, die, in doppelter Reihe aufgestellt, durch Kreuzung der Spitzen ihrer Schwerter einen Bogen bilden. Diese Zeremonie heißt der „Durchgang unter der Brücke." Die Schwerter sind gerade und zweischneidig. Jede Loge hat ihren Haupteingang gegen Osten; der Altar und Sitz des chinesischen Großmeisters steht in derselben Himmelsgegend. Die Loge heißt Land der großen Gleichheit (thái ping ti), weil ein Geist brüderlicher Gleichheit Alles durchdringen soll. Die Verpflichtung, dem Bunde anzugehören, heiligt ein blutiger Eid, wie ehemals bei den Freimaurern. Vor Ableistung dieses Eides werden drei Becher Wein dem Himmel, der Erde und dem Altare zugetrunken. Die Novizen der Hung erscheinen in Trauerkleidung mit aufgelöstem Haar und Stroh-Sandalen an den Füßen, womit angedeutet wird, daß ihr alter Mensch absterben und ein neuer angezogen werden soll, daher sie auch nach der Aufnahme sich neue Menschen nennen und ihre

Jahre künftig von diesem Zeitpunkte der Wiedergeburt an berechnen. Auch eine Reinigung durch Wasser müssen sie bestehen.

Eines der vornehmsten Symbole ist das Anzünden von Lampen. Licht ist in dem Hung-Bunde wie in der Maurerei wichtigstes Symbol. Dort wie hier sind Wage und Meßschuh die Werkzeuge des Wägens und Messens im natürlichen wie im symbolischen Sinne.

Neue Mitglieder werden auf verschiedene Weise gewonnen. Sind die Adepten unfähig, durch Aufzählung der Beschwerden gegen die Mandschu-Herrschaft Leute zum Eintritt in den Bund zu bewegen, so ergreift man wohl das Mittel der Drohungen. Eines schönen Tages findet Jemand in seinem Hause ein Blatt Papier mit dem Siegel des Bundes, wodurch ihm befohlen wird, sich zu einer bestimmten Zeit an einen bestimmten Ort zu begeben, mit beigefügter Drohung, daß im Falle seines Nichterscheinens oder gar einer Denunziation, er selbst mit seiner Familie gemordet und sein Haus niedergebrannt werden solle. Zuweilen hält den Erkorenen auf seinem Wege ein Unbekannter an und reicht ihm einen ähnlichen Befehl. Selbst brutale Gewalt wird angewendet. Einer der Eingeweihten beschimpft irgend eine Person auf ihrem Wege durch einen Schlag ins Gesicht. Der Insultierte setzt natürlich dem fliehenden Beleidiger nach, der ihn an irgend eine abgelegene Stelle lockt. Hier stellt er sich endlich zum Kampfe, gibt aber zugleich ein Zeichen, das andere Bundesbrüder herbeizieht, die nun seinen Gegner zu Boden schlagen. Das Opfer wird sofort in einen Sack gesteckt und an den Ort geschleppt, wo man Loge hält. Begibt er sich in Folge drohender Einladung aus freien Stücken an den bezeichneten Ort, so erblickt er anfänglich nicht eine Seele, da die Bundesbrüder hinter Bäumen oder altem Mauerwerk sich verbergen, um von da aus zu sehen, ob er nicht von Polizei oder Soldaten begleitet wird. Schon beginnt der Ankömmling freier zu atmen und glaubt alle Gefahr vorüber; da erscheint plötzlich Einer und winkt ihm zu folgen, bis sie, oft auf unheimlichem, pfadlosem Wege, zu dem mystischen Lager kommen, wo die versammelte Brüderschaft ihrer wartet.

Geheime Erkennungszeichen der Hung giebt es bei Fragen und Antworten auf Reisen, beim Eintritt in Haus, Laden oder

Schule eines „Bruders", bei der Begegnung mit Räubern oder Piraten (die möglicher Weise auch Hung-Brüder sind!), beim Theetrinken, Weintrinken, gemeinsamen Essen, Tabakrauchen, Betelkauen u. s. w. Immer müssen hier gewisse auswendig gelernte Verse zur Hand sein, die größtenteils Anspielungen auf den bezweckten Umsturz der Mandschu-Herrschaft enthalten.

Das Auflösen der Haare mittelst Beseitigung des Zopfbandes scheint nur in den Logen statthaft zu sein, da ein fliegendes oder als Wulst auf dem Scheitel befestigtes Haar — die ursprüngliche und nationale Art es zu tragen — sofort Hochverrat wittern ließe, wenn es vor den Augen der mandschuischen oder den Mandschu ergebenen Bureaukratie sich präsentierte. Der berufene chinesische Zopf führt nämlich mit großem Unrecht seinen Namen; er ist mandschuische Nationaltracht und wird den Chinesen seit dritthalb Jahrhunderten durch ihre Unterdrücker gewickelt, die nicht haben wollten, daß die unterworfene Nation ein von ihnen verschiedenes Kostüm trage. Nur wo die Hung sich stark und widerstandsfähig fühlen, haben sie den verhaßten Zopf ganz abgelegt.

Als mächtige Verbindung traten sie zuerst in Süd-China auf, das überhaupt nordischen Barbaren am längsten und ausdauerndsten Widerstand zu leisten pflegte. Von dort ist ja auch in der Mitte dieses Jahrhunderts der bekannte Befreiungskrieg ausgegangen, auf dessen Erfolge europäische Einmischung hemmend eingewirkt hat.

Mit wenig Erfolg suchte der Schulmeister Hung-siu-tsuen, der sich einen Mischmasch von Chinesen- und Christentum zurecht gemacht hatte, jenem Kampfe einen religiösen Charakter zu verleihen. Zwar schwang er sich zum Kaiser der Rebellen empor, schaffte, soweit er gebot, den Zopf ab und eroberte Nanking. Aber er verfiel in mönchische Unthätigkeit, schloß sich vom Volke ab und in seinen Palast ein, wurde endlich wahnsinnig, und die Hung-Brüder traten neben ihm als dritte Partei des Reiches der Mitte auf, welche nach Wiederherstellung des ehemaligen Kaiserhauses Ming strebte. Es folgte namenlose Verwirrung, welche 1864 mit der Einnahme Nankings durch die Kaiserlichen und dem Tode des Rebellenkaisers endete. Seither ist jeder Widerstand gegen die herrschenden

Mandschus erlahmt, und der Zopf blüht wieder von neuem. Wunderbar zäh aber muß eine Kultur sein, welche nach mehrtausendjährigem Bestande noch solche Stürme aushält!

9. Die internationale Anarchie.

Nach der Lehre der Jesuiten in den „Stimmen aus „Maria-Laach" und den übrigen Blättern der „schwarzen Internationale" wäre der r o t e Zweig dieser Erscheinung lediglich ein Ausfluß der Freimaurerei. Richtig verstanden, ist aber die letztere vielmehr eine Schutzwehr gegen alle Extreme von links und rechts, gegen das Extrem des Glaubenszwanges und der Geistesknechtschaft, wie gegen das der Glaubens- und Zügellosigkeit. In Wahrheit entstanden die beiden nur scheinbar von einander verschiedenen Geschwister: der internationale Sozialismus und die internationale Anarchie aus der Unfähigkeit des Staates und der Kirche, Bedürfnisse zu verstehen, die über den bureaukratischen Gesichtskreis dort, den hierarchisch-dogmatischen hier hinausragen. Mit Polizeimaßregeln wird die Menschheit so wenig erzogen wie mit Glaubensschrullen. Es fehlt hier und dort an einer m o r a l i s c h e n E r z i e h u n g der Massen, die erst noch erfunden werden muß, wenn es nicht schon zu spät ist. Mit der Furcht vor der Hölle, welche das einzige Mittel ist, über welches das Gehirn der katholischen wie protestantischen Orthodoxen verfügt, um die Menschen vom Laster abzuhalten, wird heutzutage so wenig ausgerichtet wie jemals. Im Mittelalter hielt diese Furcht so wenig vom Faustrecht der Vornehmen ab wie von den Judenmorden der Gemeinen. Vielmehr gingen Staaten und Kirchen aller Farben der Menge mit dem schönsten Beispiel herzloser Grausamkeit und teuflischer Menschenvernichtung voran. Dieser Thatsache sind sämtliche Revolutionen zu verdanken; Beweis dafür ist, daß die siegreichen Revolutionäre es genau so und wo möglich schlimmer trieben als die gestürzten Machthaber. Heute sind Staaten und Kirchen zahmer geworden; aber in den Massen ist der Stachel geblieben, und weil Staaten und Kirchen für die Erhebung der Massen nichts oder wenigstens nichts wirksames thun, so wollen andere Leute dies besorgen, aber statt auf die wohlthätige Weise, die in der Pflicht der Staaten und Kirchen gelegen wäre, auf gewaltthätige Art. Verzweifelte Menschen kommen durch die Trost- und Hoffnungslosigkeit der öffentlichen Zustände auf die wahnwitzige Idee, denselben durch die Vernichtung alles Bestehenden abzuhelfen. Diesen Gedanken zuerst in ein System und in die Form eines Geheimbundes gebracht zu haben, war das „Verdienst" des Kommunisten Karl Marx, der im Jahre 1864 die „internationale Arbeiter-Association" gründete. Schon vier Jahre darauf trugen der Russe Michail Bakunin und der Belgier Viktor Dave den Gedanken der Anarchie in diese Vereinigung hinein. Die erste Frucht dieser Verschmelzung war, auf die Zustände Frankreichs angewandt, der Aufruhr der Kommune in Paris, welcher 1871 das erbauliche Schauspiel eines Bürgerkrieges der besiegten Franzosen unter sich, im Angesichte der deutschen Sieger darbot. Zu derselben Zeit setzte die Internationale auch in der Schweiz und anderswo Streikbewegungen in Scene. Es ging aber nicht lange, so entbrannte wilder Streit zwischen den Sozialdemokraten und den Anarchisten, die sich auf dem Kongresse im Haag 1872 förmlich trennten und seitdem zwei verschiedene Internationalen bildeten. Noch hielten sie zwar 1876 nach Bakunins Tod, einen gemeinschaftlichen Kongreß in Gent ab; aber die Trennung blieb bestehen. Ob die Kaisermörder Hödel und Nobiling (1878) mit anarchistischen Geheimbünden in Verbindung standen, ist nicht mit Sicherheit bekannt; wohl aber ist Thatsache, daß sie von den Anarchisten bejubelt wurden. Nach dem Erlasse des Sozialistengesetzes ging der bisherige Sozialdemokrat und Buchbinder Johann Most (geb. 1846 in Augsburg) in das der anarchistischen Richtung sich annähernde Lager über, während Liebknecht und Bebel mehr eine doktrinäre Richtung einschlugen. Most gründete 1879 in London die „Freiheit", wohl das schamloseste Blatt, das bisher die Welt gesehen, die Partei Liebknechts aber in Zürich den „Sozialdemokrat". Most wanderte als verfolgter Apostel des extremen Sozialismus in Westeuropa herum und knüpfte Verbindungen mit Dave und dem Schriftsetzer August Reinsborf (geb. 1849 in Pegau) an, die ihn erst zum vollendeten Anarchisten machten und stets auf der Wanderschaft waren, um ihre entsetzlichen Grundsätze zu verbreiten. Während die Sozialdemokraten wenigstens erklären, nach besseren Zuständen zu streben, verschmähen die Anarchisten dieses Ziel und wollen nur zerstören, ohne sich zu bekümmern, was daraus folge. Beweis dafür ist der teuflische Plan Reinsdorfs, bei Einweihung des Niederwalddenkmals 1883 den Kaiser und alle Anwesenden in die Luft zu sprengen, was der Feigling aber nicht selbst wagte, sondern dazu Rupsch und Küchler aussandte. Reinsdorf und Küchler wurden in Halle enthauptet; Rupsch in das Zuchthaus gesperrt. Ihr hauptsächlicher Entdecker Polizeirat Dr. Rumpf in Frankfurt a. M., fiel der anarchistischen Rache am 13. Januar 1885 zum Opfer; nur der geringste seiner Mörder, Julius Lieske, 22 Jahre alt, wurde entdeckt und enthauptet.

Neben der von London aus geleiteten, in allen Ländern Europa's verbreiteten anarchistischen Partei „gründete Most noch eine geheime Verbindung, die Propagandistengruppe, welcher nur die Führer angehörten", deren Sendlinge überall wühlten und deren Flugblätter alle Länder durchflatterten. Most stimmte ein Jubellied über die Ermordung Alexanders II. an und gab eine lange Liste der Stände und Klassen zum Besten, „über die man den Stab zu brechen habe." Er wurde darauf verhaftet; aber weder das Weitererscheinen der „Freiheit", noch die Abhaltung eines international-revolutionären Kongresses im Juli 1881 in London wurde verhindert. Dieser Kongreß beschloß die Vereinigung aller Revolutionäre zu einer internationalen Arbeiterassoziation mit dem Zwecke der sozialen Revolution. Die verschiedenen Komitees derselben sollten Geld zum Ankauf von Giften und Waffen sammeln und Plätze zum Anlegen von Minen ausfindig machen. Jedes Mittel, so wurde erklärt, sei erlaubt zum Zwecke der Vernichtung aller Herrscher, Minister, des Adels, der Geistlichkeit, der großen Kapitalisten u. s. w. Endlich, als die „Freiheit" den Phönixparkmord in Dublin feurig lobte, wurde sie unterdrückt, tauchte aber wieder in der Schweiz und dann in Amerika auf, wohin Most 1882 auswanderte. Seitdem erschien die „Freiheit" im alten Geiste in New-York und begann eine höchst erfolgreiche Propaganda des Anarchismus in den Vereinigten Staaten, dessen geheimer Hauptsitz Chicago wurde. Ein Kongreß in Pittsburg 1883 gründete die amerikanische Föderation der Internationale und erließ einen Aufruf zur Revolution an alle „Arbeiter" der Welt. Die „Arbeit" dieser sogenannten

Arbeiter, in Wirklichkeit Verbrecher, gipfelte in dem scheußlichen Dynamitattentat von Chicago, dem aber die Hinrichtung der Schuldigen und die Verhaftung Most's folgten.

Nach dem Dynamit-Attentat auf den Parlamentspalast in Westminster wandten sich die deutschen Sozialisten in London der gemäßigten Richtung zu.

In den Jahren 1883 und 84 wurden Straßburg, Stuttgart und Wien die Schauplätze jener furchtbaren Mordthaten des Schuhmachers Hermann Stellmacher, des Buchbinders Anton Kammerer und des Tischlers Michael Kumicz, welche Ungeheuer nicht einmal Kinder verschonten. Sie wurden entdeckt und gehängt.

Seit dem Jahre 1885 befindet sich der Anarchismus in Spaltung und Abnahme. Der „Freiheit" gegenüber entstand in London der von Most's Gegner, dem Stubenmaler Josef Peukert gegründete „Rebell", während Dave in Europa für Most wirkte. Mit gleicher Wut wie die bestehenden Verhältnisse bekämpften die Anarchisten einander selbst und prügelten sich erbittert bei ihren Zusammenkünften. Handelte es sich ja darum, ob die Anarchie eine zentralistisch geregelte, wie Most, oder eine individuelle, jedem einzelnen überlassene sein solle, wie Peukert konsequenter wollte! Noch heftiger eiferten die Anarchisten gegen die Sozialdemokraten, und es gab recht interessante Bilder von dem Zukunftsstaat, den sich diese Leute träumen.

Mit dem Anarchismus steht auch der russische **Nihilismus** (s. oben) in Verbindung, namentlich durch Peter (früher „Fürst") Krapotkin und Sergei Stepnjak in London und Nikolaus Tschaikowski und Peter Lawrow in Paris, wo der „Révolté" die Anarchie vertritt. Ja, die Nihilisten wollen überhaupt **diesen** Namen nicht mehr anerkennen und schlechthin als Anarchisten gelten. In London gibt es auch einen meist aus Juden bestehenden Nihilistenklub, der ein der „Freiheit" ebenbürtiges Blatt in Judendeutsch mit hebräischer Schrift herausgibt.*)

Der moderne Pessimismus und der moderne Materialismus sind die Nähreltern der Anarchie. Eine Wissenschaft, die

---

*) Nach der Schrift „der Anarchismus und seine Träger", Berlin 1887.

nicht bei der Forschung stehen bleibt, sondern das Wesen und
den Grund der Dinge auf eine Weise erklären will, die ebenso
gut wie die Dogmen der Kirchen auf bloßen Behauptungen
beruht, dabei aber überdies der sittlichen Grundlage entbehrt,
kann nur faule und grauenhafte Früchte tragen. Einer Wissenschaft, die jeden Zweck des Daseins leugnet, kann nur eine
Praxis folgen, welche die Zwecklosigkeit sogar zum Prinzip der
gesellschaftlichen Gestaltung der Zukunft macht. Die Ideen
der Anarchisten vom künftigen Zusammenleben der Menschen
sind der größte Blödsinn und der nackteste Rückschritt zum Faust-
rechte barbarischer Zeiten. Nicht klarer und vernünftiger erscheinen die Pläne der Sozialdemokraten, die sich von
den Anarchisten, ihren ungehorsamen und unbotmäßigen Söhnen,
nur durch größere Klugheit unterscheiden. Die schlimmsten Zustände der Gegenwart und sogar der Vergangenheit sind der
Verwirklichung der blutigen Phantasien jener Parteien vorzu-
ziehen. In der innern Uneinigkeit der Menschen des Umsturzes beruht aber die Hoffnung auf Erhaltung der bisherigen,
wenn auch noch so unvollkommenen Kulturgüter und auf ihre
Weiterentwickelung zum Besten der Menschheit.

10. Das internationale Gaunertum.

Das Gaunertum der Gegenwart ist eine nicht zu unter-
schätzende Macht geworden. In den vielgestaltigsten Erscheinungen durchsäuert und vergiftet es alle Stände und Berufsarten, wie Avé-Lallemant sagt, vom verdrängten Thronerben
mit dem Stern auf der Brust bis zum elendesten Bettler.
Im Jahre 1820 zählte Schrenden 650 jüdische und 1189
christliche Gauner auf, und 1840 schätzte Thiele die Zahl der
Gauner in den deutsch sprechenden Ländern auf 10000. Nach
obiger Berechnung wären die Juden, im Verhältnis zu ihrer
Anzahl, unter den Gaunern mindestens fünfzigmal so stark
vertreten als die Christen, und wirklich sind Sprache und
Schrift der Gauner immer noch beinahe ganz hebräischen Ursprungs. Auch zeichnen sich die jüdischen Gauner vor den
christlichen dadurch aus, daß sie das Gestohlene ängstlich festhalten, während die Letzteren es in der Regel prahlerisch ver-
schleudern, und daß sie gewisse gaunerische Manipulationen,

welche große Vorsicht und Gewandtheit erfordern allein aus-
zuführen imstande sind. Beide Klassen aber stimmen in Roh-
heit, Gewissenlosigkeit und namentlich in dem Hange zur Unzucht und Völlerei überein, während bei beiden der tolle Mut
der ehemaligen Räuberbanden einem feigen, unheimlichen
Schleichen im Finstern gewichen ist. Unverändert ist dagegen
der Aberglaube geblieben, den die Gauner sowohl selbst eifrig
bewahren, als hinwieder auf Seite ihrer Opfer benutzen. Noch
in den letzten Jahren hielt der Geschichtschreiber des Gauner-
tums Leichenschau ab über eine 62 jährige Weibsperson, welche
früher Lohndirne, dann Kartenschlägerin gewesen und mit einem
geschriebenen Zaubersegen auf der Brust und einer in einem
Beutel um den Leib gebundenen lebenden Katze in's Wasser
gesprungen war, um, wie sie meinte, sich verjüngen und ihr
Leben von Neuem beginnen zu können. Bei Einbrüchen und
anderen Thaten halten die Diebe und Gauner viel auf eine
angebliche Wunderkraft der menschlichen Exkremente, welche daher bei solchen Gelegenheiten stets an passenden oder unpassen-
den Orten deponiert werden. Auch ist unter den Gaunern der
scheußliche Glaube verbreitet, daß die Berührung unreifer Mädchen von der Syphilis befreie. Mit dem weltlichen Aberglauben verbinden die Gauner aber auch den kirchlichen, d. h.
sie huldigen, und zwar Juden mehr als Christen, dem Formenwesen ihrer Religionen in ängstlicher Weise, während ihnen
an deren geistigem und sittlichem Gehalte nichts liegt. Doch
kommt es auch vor, daß Gauner ohne alle Ahnung von
religiösen Dingen aufwachsen und nicht einmal wissen, welcher
Kirche sie ursprünglich angehören.

Erscheinen hiernach die Gauner schon von vorn herein
in allen möglichen Gestalten, so verleihen sie sich deren noch
mehrere zur bessern Durchführung ihres Lebenszweckes. Es
ist ihnen eine Kleinigkeit, die Personenbeschreibungen der Pässe
zu hintergehen. Dahin gehören falsche Zähne, Haare, Bärte,
gefärbte Haare und Augenbrauen, vorgebliche körperliche Gebrechen, eingeätzte Muttermale, Leberflecken, Tätowirungen und
deren Beseitigung u. s. w. Zu gewissen Zwecken, z. B. zur
Milderung der Haft oder gar zum Strafnachlasse, werden angewendet: erheuchelte oder verheimlichte Schwangerschaft, künstliche Nachahmung der Fallsucht; vorgegebene Taubstummheit

und Schwerhörigkeit dienen dazu, den Untersuchungsrichter zu necken, zu täuschen oder hinzuhalten; verrückt, albern, betrunken oder in verschiedenen Affekten stellen sich die Gauner, um die Aufmerksamkeit der Leute von ihren Spießgesellen abzulenken.

Die Gauner bilden eine wirkliche geheime Gesellschaft, deren Zusammenhang außer dem saubern Gewerbe selbst vorzüglich durch die Gaunersprache oder das Rotwälsch (franz. argot, engl. slang) erhalten wird. Dieselbe besteht größtenteils aus einer Mischung des Hebräischen und Deutschen, ist also hierin mit dem sogenannten Jüdischdeutschen nahe verwandt, ohne mit ihm eines zu sein; sie enthält vielmehr außer demselben auch noch Elemente der Zigeunersprache, verschiedener anderer Sprachen, der einzelnen deutschen Dialekte und der eigentümlichen Sprache mehrerer Volksgruppen, wie z. B. der Studenten, Jäger, Handwerksgesellen, Soldaten, vor allem aber der Bordellsprache, indem diese Anstalten infolge ihres Charakters und ihrer Heimlichkeit ein besonders beliebter Schlupfwinkel der Gauner sind. Als Schrift wird jedoch von den Gaunern nur die gewöhnliche gebraucht, höchstens mit Verstellungen der Buchstaben.

Außer der Sprache verständigen sich die Gauner durch das Zinkenen, d. h. durch Mienen, Zeichen u. s. w. Dazu gehört unter anderm das Fingeralphabet der Taubstummen, das den Gaunern wohl bekannt ist, das Schreiben in die Luft, in die Hand u. s. w. Die Gauner erkennen sich gegenseitig an der Handstellung, welche das C im Taubstummenalphabet hat, als Chessen, d. h. Genossen, am Schließen des Auges auf der Seite des Begegnenden, während das andere diesen anschielt („Scheinlingszwickeln") u. s. w. Jeder Gauner hat auch ein eigenes Zeichen, gleichsam ein Wappen, welches er an die Stelle seiner Thaten oder da, wo er will, daß Genossen seine Anwesenheit erfahren, an die Wand oder sonstwo hinzeichnet. Solche Zeichen haben auch gewisse Landsmannschaften der Gauner, gewisse Abarten derselben, z. B. falsche Spieler gemeinsam. Das Vorübergehen, die Zahl, die Absichten u. s. w. einer Bande werden den Genossen durch gewisse Zeichen, die man an Bäumen, im Schnee u. s. w. anbringt, kund gegeben. Ein Pfeil zeigt ihre Richtung an. Vernehmbare Zinken unter den Gaunern sind z. B. das Nachahmen der Tierstimmen,

Schnalzen, Husten, Niesen, gewisse Gaunerworte; in den Gefängnissen bedienen sie sich zur Verständigung des Klopfens („Halesen"), durch welches die verschiedenen Buchstaben, meist nach der Zahl ihrer Stellung im Alphabet oder nach dem Alphabet des Morse'schen Telegraphen dargestellt werden.

Um ihr Gewerbe leichter ausüben zu können, sorgen die Gauner dafür, daß ihre Genossen „Bertuff" machen, d. h. Einer begeht irgend eine auffallende Handlung, er zerbricht z. B. eine Fensterscheibe, mißhandelt ein Kind, fängt Streit an, spielt den Betrunkenen, damit der andere den „Freier", d. h. den, auf den es abgesehen ist, ungestört bestehlen kann. Auch Gaunerkinder helfen dazu, indem sie auf offener Straße zu weinen anfangen, über Verlorenes klagen u. s. w. In den Löden, wo ein Gauner stehlen will, sucht oft ein anderer, der „Schrekener", unterdessen des Verkäufers Aufmerksamkeit in Anspruch zu nehmen. Den plötzlich zum Schauplatze eines Diebstahls herannahenden Bestohlenen, Polizeidiener u. s. w. beschäftigen, nennen die Gauner „meistern".

Zur bessern Verheimlichung des Diebstahls wird die gestohlene Ware so schnell wie möglich bereitstehenden Genossen zur Entfernung vom Platze übergeben; man nennt dies „zuplanten", und derselbe Ausdruck wird auch gebraucht, wenn die Genossen dem gefangenen Gauner durch seine angebliche Frau, Kinder, seinen „treuen Hund" u. s. w. Gegenstände zukommen lassen, deren er bedarf, und die er beim Umarmen der Seinigen ihnen leicht abnimmt, ohne daß es der Wärter merkt. Auch die Gefangenen unter sich wissen sich Gegenstände zuzustellen durch das Kaspern, wozu unter anderm die „Kutsche" gehört, d. h. eine Schnur, die von einem Fenster zum andern gelassen wird. Finden die Gauner durch das Kaspern oder Zuplanten keine Werkzeuge zu ihrer Befreiung, so wissen sie sich oft durch das „Maremokum" zu retten, d. h. durch den Schwur eines Genossen, daß sie sich während der That an einem andern Ort befunden hätten.

Die Auskundschaftung der Gelegenheit zu einem Fange, das „Balbowern", gehört zu den schwierigsten Aufgaben des Gauners. Dazu verwendet man außer den Gewandtesten des Gewerbes z. B. „Dappelschicksen", d. h. gaunerische Dirnen, welche sich dem zu Bestehlenden preisgeben. Die Balbower nehmen unter Umständen auch die Gestalt von Polizeidienern, Dienstmännern, Handelsreisenden, Gewerbsleuten, Dienstmägden u. s. w. an. Dabei werden unter Umständen auch bereits Schlüsselabdrücke gefertigt. Das Gestohlene, der „Massematten", wird nicht nur zugeplantet, sondern auch in die „Kawure" gebracht, d. h. in ein Versteck, wozu die verschiedensten Hausteile, Kleidungsstücke, Körperöffnungen Verwendung finden; dasselbe geschieht auch mit Befreiungsinstrumenten, Sägen, Feilen u. s. w. in den Gefängnissen.

Die Gauner betreiben, teils gemeinsam, teils einzeln, eine Menge der verschiedensten Arten, sich fremdes Gut anzueignen. Man unterscheidet z. B. die Schränker (Einbrecher), Chassnegänger (Einbrecher und Räuber), Lailegänger oder Fichtehändler (Diebe zur Nachtzeit), Trararumgänger (Postdiebe), Schuckgänger oder Jeridhändler (Marktdiebe), Schottenfeller (Ladendiebe), Chalsener, (Gelddiebe in Bankgeschäften), Schussimlatchener (Pferdediebe), Golehopser oder Kracherfetzer (die Koffer von Wagen stehlen), Jaslehändler (Kirchendiebe), Reiwechsetzer (Beutelschneider), Theilefzieher (Taschendiebe), Schärfenspieler (die gestohlene Sachen kaufen), Vertussmacher (die Gelegenheit zum Stehlen verschaffen), Fallmacher (die zum Spiele verlocken), Freischupper (falsche Spieler), Kassiwe- oder Fleppemelochner (die falsche Pässe anfertigen), Kittenschieber (die in Häuser einschleichen), Hochstapler (die unter der Maske hohen Standes betteln), Linkstappler (die dazu falsche Urkunden verwenden), Linkemesummemelochner (Münzfälscher), Spiesse (Gaunerwirte, zugleich Kuppler), u. s. w. Manche dieser „Gewerbe" erfordern ein ausführliches und eingehendes Studium, z. B. das der Schränker die Kenntniss der Schlösser, Schlüssel, Dietriche, des Fensteröffnens, welche in ihrer praktischen Ausführung das „Makkenen" heisst. Im eigenen Verfertigen beweglicher Schlüsselbärte wird dabei oft Erstaunliches geleistet. Sehr erfinderisch sind auch die Schottenfeller, welches Gewerbe oft Weiber treiben, im Unterbringen der gestohlenen Sachen in Kleider, Schirme, Körbe, Muffe u. s. w. Hinsichtlich weiterer Spezialitäten verweisen wir auf Avé-Lallemant's treffliches Werk über das deutsche Gaunertum.

Vierzehnter Abschnitt.

Allerlei Erscheinungen im Geheimbundwesen.

1. Die Gesellschaften der Witzbolde.

Die Komik spielt in jeder Erscheinung der Geschichte eine Rolle; sie fehlt daher auch unter den geheimen Gesellschaften nicht, ja sie nimmt hier sogar eine Menge verschiedener Gestalten an. Wir finden nämlich geheime Gesellschaften, welche komisch sein wollen, ferner solche, welche komisch sind, ohne es zu wissen, und endlich einzelne Menschen und Parteien, welche sich durch ihr Auftreten gegen sogen. geheime Gesellschaften komisch machen, ohne es zu wollen.

Als Goethe in Wetzlar weilte, bildete sich dort (1771) der satirische „Ritterbund", merkwürdiger Weise auf Veranlassung Friedrich von Goué's, eines Ritters der strikten Observanz, und zwar eines Solchen, der im Ernste an die Abstammung der Freimaurer von den Templern glaubte, der aber ein komischer Kauz war und selbst auf Goethe's Werther eine Parodie schrieb. Die Mitglieder führten Ritternamen (z. B. Goethe: Götz von Berlichingen), sprachen im Stile des Rittertums, wie man letzteres sich dachte, betrachteten die „vier Haimonskinder" als symbolisches Buch, wozu Goethe seine Kommentare machte, und hatten vier Grade. Diese hießen, in sarkastischer Verspottung der in den höheren Graden der Aftermaurerei versprochenen, aber nicht gegebenen Aufschlüsse: 1. der Übergang, 2. des Übergangs Übergang, 3. des Übergangs

Übergang zum Übergang, und 4. des Übergangs Übergang zum Übergang des Übergangs! Nur die Eingeweihten konnten den tiefen Sinn dieser Grade verstehen.

Ähnlich mit dem letztgenannten Vereine war der Orden der Verrückten Hofräte, welchen der Arzt Ehrmann in Frankfurt a. M. 1809 stiftete. Die Mitgliedschaft bestand einzig darin, daß man vom Stifter für irgend eine in humoristischem Sinne verdienstvolle Handlung ein in lateinischer Sprache und burlesker Manier abgefaßtes Diplom mit großem Sigel erhielt. Mit einem solchen wurden z. B. beehrt: Jean Paul, E. M. Arndt, Goethe, Iffland, Schlosser, Creuzer, Chladny u. A. Der Grund der Verleihung war meist eine Anspielung auf Werke des Betreffenden oder auf seltsam ausgelegte Stellen solcher. Goethe z. B. erhielt es, auf Veranlassung seines „westöstlichen Diwans", für den „occidentalischen Orientalismus". Der Dichter Dambmann, von welchem ein Vers heißt:

> Rufet, Brüder, Heil und Segen
> unserm teuren Meister d'rum,

erhielt es „für den Meister Drum". Auch Frauen wurden mit Diplomen erfreut. Mit der Erteilung des hundertsten, im Jahre 1820, ließ man den Spaß fallen.

Neuere ähnliche Gesellschaften, in denen harmloser Witz das belebende Element war oder ist, hat in neuester Zeit besonders Wien hervorgebracht. Eine solche war die 1818 gegründete „Ludlamshöhle", so benannt nach einem nicht sehr günstig aufgenommenen Drama Oehlenschlägers. An der Spitze stand ein „Kalif". Unter den Mitgliedern sind Holtei, Lewald und Castelli erwähnenswert. Die Aufgenommenen hießen Körper, die Kandidaten Schatten. Letztere wurden in komischer Weise geprüft, und wenn sie nichts wußten, aufgenommen. Obschon nur höherer Blödsinn getrieben wurde, sah sich die Wiener Polizei veranlaßt, die Gesellschaft 1826 aufzuheben. Im Jahre 1855 entstand die „grüne Insel"; auch diesem Verein gehörte der Dichter Castelli an. Gesprochen wurde in einem komischen Ritterstil; aber die Gesellschaft hatte auch ernste Bestrebungen zu Gunsten von Litteratur und Kunst. Unter den Mitgliedern finden wir mehrere bedeutende Schriftsteller und Schauspieler. In Prag ist in den fünfziger Jahren die **Allschlaraffia** entstanden, deren Beispiel so stark wirkte, daß sie 1885 bereits 85 Tochtergesellschaften in Deutschland, Österreich-Ungarn, der Schweiz und anderen Ländern, selbst in Amerika zählte. Ein Konzil des Bundes fand 1876 in Leipzig statt, ein anderes 1883 in Prag. Der Vorsitzende jedes „Schlaraffenreiches" heißt Uhu, bei Freudenbezeugungen aber Aha und bei Vergehen gegen das Schlaraffentum Oho. Die Mitglieder heißen in drei Graden: Knappen, Junker und Ritter, die Gäste Pilger. Wir verweisen bezüglich aller näheren Angaben auf Flögels „Geschichte des Grotesk-Komischen", bearbeitet von F. W. Ebeling (Leipzig 1886).

2. Nachahmungen älterer Mysterienbünde.

Unter diese rechnen wir solche Geheimbünde, welche die Formen älterer geheimer Gesellschaften in einer Zeit nachahmen, in welche solche nicht mehr passen, oder deren Gebahren sonst einen possenhaften Anstrich hat, ohne daß sie solches beabsichtigen.

So gab und gibt es z. B. in Frankreich noch Gesellschaften, welche die **ägyptischen Mysterien** unter freimaurerischer Gestalt in unser Jahrhundert und nach Europa verpflanzen zu können wähnten. Vorübergegangen ist von diesen der „heilige Orden der **Sophisier**", welcher von französischen Offizieren gestiftet wurde, die den Feldzug Napoleons nach Aegypten mitgemacht hatten. Die obersten Würdenträger hießen Isiarchen, und so hatten auch die Übrigen (wohl meist erdichtete) ägyptische Priesternamen. Die Logen hießen „Pyramiden", und man zählte die Jahre nach einer Zeitrechnung, die gegen 15 Jahrtausende vor Christus begann. Noch gegenwärtig bestehen dagegen die Systeme von **Misraim** und **Memphis**, welche beide alles Ernstes ihren Ursprung in das ägyptische Altertum zurückversetzen und alle geheimen Gesellschaften, die wir in diesem Buche behandelten, mit Ausnahme der politischen, als Glieder einer einzigen betrachten, welche seit den ältesten Zeiten existiert habe. In Wirklichkeit entstand das System Misraim im Jahre 1805 durch einige Leute von schlechten Sitten, die sich zu Mailand in die Maurerei einzuschleichen gewußt hatten, dann aber, als sie nicht zu den

Ämtern befördert wurden, auf welche sie spekulierten, austraten, um eine eigene Maurerei zu gründen. Diese verbreitete sich zuerst in Italien und 1814 auch nach Frankreich, wo die drei Brüder **Bebarribe** dafür wirkten. Das System hat nicht weniger als 90 Grade, welche in 17 Klassen und 3 Serien zerfielen, und deren Namen sich in hochtrabendem Schwulst überboten. Den 90. Grad hatte blos der Großmeister; der Inhalt aller 90 aber ist einfach Unsinn. Die wenigen Logen, welche dieses System zustande gebracht, scheinen erloschen zu sein. Von den wirklichen Freimaurern waren sie nie anerkannt. Das System von **Memphis** wurde 1814 von einem Abenteurer aus Kairo nach Frankreich gebracht, erhielt 1815 die erste Loge in Montauban, war aber seitdem öfter und auf längere Zeit genötigt, seine Arbeiten zu unterbrechen. Die Großloge in Paris hieß „Osiris", der oberste Würdenträger: Großmeister des Lichtes, die Hierarchie war sehr verwickelt und pompös. Die Grade erstiegen ebenfalls die Zahl 90, denen sogar noch drei oberste hinzugefügt, die jedoch später insgesamt auf 30 reduziert wurden. Sie umfaßten die indische, persische, ägyptische, griechische, skandinavische und sogar mexikanische Mythologie und Theologie und enthielten ungefähr denselben Gallimatthias, wie jene von Misraim. Auch dieses System besaß nur wenige Logen, in verschiedenen Ländern, welche nach und nach erloschen, die zwei noch allein übrigen nahm der Groß-Orient von Frankreich unter seine Fittige, da sie ihre närrischen Ideen aufgaben und humanes, wohlthätiges Wirken an den Tag legten.

Eine andere anachronistische Erscheinung ist die, wie im vorigen, so auch in diesem Jahrhundert wieder spukende **Templerei**, welche jedoch nicht mehr, wie damals, die Freimaurerei beherrscht, sondern mit ihr nur lose, und teilweise **garnicht** zusammenhängt. Das letztere ist namentlich der Fall bei den bekanntesten dieser **Neutempler**, denen von **Paris**, welche zwar ähnliche Märchen für wahr hielten, wie die strikte Observanz, jedoch nicht die Freimaurer, welche ihnen als „Ketzer" galten, sondern **sich selbst** für die wahren Nachfolger der alten Templer hielten. Sie zählten deshalb unter sich die Jahre nach der Stiftung des Tempelordens (1118), und ihre „Gelehrten" erdichteten eine fortlaufende Reihe von

Großmeistern desselben, welche mit einem gewissen Larmenius aus Jerusalem, den Molay zu seinem Nachfolger bezeichnet haben soll, der aber nie existiert hat, an den Untergang der alten Templer anknüpft. Es ist also dies wieder eine neue Version, welche von derjenigen der strikten Observanz, des Stark und des Gugomos bedeutend abweicht. Die Neutempler besaßen eine angebliche Urkunde dieses Larmenius, durch welche er die Großmeisterwürde seinem Nachfolger verlieh, welche aber gefälscht ist, da einerseits die lateinische Sprache derselben nicht jene des 14. Jahrhunderts, und andrerseits nach den templerischen Regeln kein Großmeister, sondern nur der Konvent seinen Nachfolger ernennen konnte. Ebenso falsch wie dieses Pergament sind die zugleich damit aufbewahrten Reliquien (Waffen, Knochen u. s. w.); sie beweisen so wenig etwas wie andere dergleichen Sachen. Alles erwähnte ist in der zweiten Hälfte des 18. Jahrhunderts fabriziert worden, als einige vornehme Herren, denen die Maurerei zu gemein war, nach neuen, nobleren Vereinen lüstern wurden. In ihren Planen durch die französische Revolution unterbrochen, gelangten sie erst unter Napoleon, der sie gleich den Freimaurern beschützte, dem sie sich jedoch nicht, wie er zu wünschen schien, blind hingaben, zur Verwirklichung ihrer Ideen. In der Vorstadt Nouvelle France zu Paris erwarben sie ein prachtvolles Lokal und feierten von Zeit zu Zeit mit öffentlicher Totenmesse den Sterbetag Molay's, nicht ohne dabei das aufgeklärte Wesen der alten Templer hervorleuchten zu lassen. Ihre Aufnahmen und Zeremonien sollen denen der Letzteren nachgeahmt sein. Unter dem „Großmeister" (1804—1838: Raimond Fabré de Palaprat) standen vier Großvikare von Europa, Asien, Afrika und Amerika, welche jedoch in diesen Erdteilen nichts zu befehlen hatten; ja die ganze Erde wurde von diesem Orden in Großpriorate und Komthureien geteilt, mit deren Titeln die eiteln Mitglieder prangten. Auch Kleriker, mit neun Graden, deren höchsten die „Bischöfe" bildeten, besaßen die neuen Templer; die großen Kinder hielten ihre Versammlungen in möglichst getreu nachgeahmten Templerkostümen, Ordensketten und Schmucksachen ab und führten selbst die Ordens- und Kriegsfahne der alten Templer. Im Jahre 1825 zogen sogar sechs Pariser Templer den Griechen gegen die Türken zu Hilfe, doch ohne daß die Geschichte von ihren Thaten etwas zu erzählen weiß. Nach den Gesetzen der neuen Templer sollten blos Adelige aufgenommen werden; da jedoch das Gold, wenn es auch keine Ahnen hat, dennoch überall willkommen ist, so nahm man es mit der Ahnenprobe nicht immer genau, und so sollen viele ehrsame Krämer mit den rotbekreuzten weißen Mänteln geschmückt worden sein, worin sie allerdings komisch genug ausgesehen haben mögen. Dank dieser Nachsicht nahmen die Neutempler in Paris, ungeachtet öfterer Streitigkeiten unter den Würdenträgern, und dieser mit den Klerikern, ja sogar offener Parteiungen und Trennungen, so stark zu, daß es die Jesuiten und ihr Anhang der Mühe wert fanden, gegen den „aufgeklärten Orden" zu arbeiten, der Papst, seine Aufhebung zu verlangen, und die Regierung, den Großmeister einzusperren. Die „erleuchtete" Dogmatik der Neu= templer stützte sich auf zwei gefälschte heilige Schriften, das Levitikon und das Evangelium. Jenes besteht in einer aus dem Französischen (um altertümlich zu scheinen) in's Griechische übertragenen Auseinandersetzung der Prinzipien, Lehren und Gebräuche des Ordens, nach welcher dessen Theo= logie eine stark pantheistisch und zwar spinozistisch gefärbte war, indem sie alles Existierende in Gott aufgehen ließ. Das Evangelium aber ist dasjenige des Johannes im Original, aus welchem alle Stellen, welche Wunder erzählen, ausgemerzt und andere nach den Lehren des Levitikons verstümmelt sind; denn die Pariser Templer verwechseln den Täufer Johannes, den Schutzpatron der alten Templer, mit dem angeblichen Evan= gelisten gleichen Namens. Beide Schriften atmen aber nicht die Freidenkerei der alten Templer, sondern — jene des 18. Jahrhunderts! Zu gewissen Feierlichkeiten zogen die Pariser Neutempler auch die Damen bei. Seit dem Jahre 1848 sollen sie sich jedoch aufgelöst haben oder wenigstens ver= schollen sein.

Außer den Pariser Neutemplern gibt es auch solche, jedoch in weit größerer Ausdehnung, in England, Schott= land, Irland und Amerika. — Sie gingen fast sämtlich aus den sogen. höheren Graden der Freimaurerei hervor, sind jedoch den alten, echten drei Graden derselben, sowie den an= erkannten Großlogen, durchaus fremd; denn die Groß-

logen aller vier genannten Länder anerkennen die meisten Hoch=
grade nicht, sondern überlassen diese Spielerei den einzelnen
Logen und Brüdern. Die maurerischen Templer in Schottland
zerfallen in zwei Parteien, von welchen jede die einzig echten
Ritter zu besitzen behauptet; es gibt dort aber auch sogen.
Templer, welche aus dem Johanniter=Orden hervorgingen und
mit der Maurerei nie etwas zu schaffen hatten. Auch die
englischen Templer teilen sich in zwei sich bekämpfende Parteien,
deren jede aus den Kreuzzügen stammen will. Von einer der=
selben haben sich die irischen und amerikanischen Templer ab=
gezweigt. In alle diese Templerorden können nur solche
Christen aufgenommen werden, welche glauben, daß Christus
in der Absicht, die Sünder mit seinem Blute zu erlösen, in
die Welt gekommen sei, und müssen schwören, diesen Glauben
mit ihrem Schwerte zu verteidigen und mit ihrem Blute zu
besiegeln. Man hat jedoch leider von ihren Thaten zu Gunsten
des bedrohten Glaubens noch nie etwas gehört! Die irischen
und amerikanischen Templer und ein Teil der schottischen müssen
überdies die Grade eines „Rosenkreuzers" (den 18.) und eines
„Kadosch" oder „Heiligen" (! den 30. des sogen. schottischen
Systems) besitzen. Alle aber kleiden sich in ihren Versamm=
lungen in das Kostüm der alten Templer. In Amerika er=
scheinen sie in diesem sogar schon auf der Reise zur Versamm=
lung, und es ist ihnen schon begegnet, daß sie vom Volke für
wandernde Schauspieler oder Kunstreiter gehalten wurden!
Ihre Vereine heißen Encampments (Heerlager); diejenigen der
Vereinigten Staaten von Nordamerika, 42 an der Zahl, stehen
unter 13 Groß=Komthureien und einem General Grand En-
campment. Ihre Beamten sind denjenigen der alten Templer
nachgebildet und je nach Geschmack, Thorheit und Eitelkeit be=
deutend vermehrt; es gibt unter ihnen Schwertträger, Fahnen=
träger, Prälaten, u. a. Einzelne Grade nennen sich: Ritter vom
roten Kreuz, Ritter von Malta u. s. w. Die bedauernswerten
Ritter beraten sogar „Exerzierreglemente" (!!), und es ist un=
begreiflich, aber dennoch wahr, daß ganz bedeutende und geist=
reiche Männer, welche im Staatsleben eine hervorragende
Rolle spielen, diesen Unsinn mitmachen. Ja, die amerikanische
Templerei, samt den dortigen Hochgraden überhaupt, hat sogar
ihren Apostel gehabt. Jeremy Croß, so hieß er, reiste bei=

nahe sein Leben lang (er ist geboren 1783 und starb um 1860), zu dem Zwecke herum, Hochgrade kennen zu lernen, zu empfangen, zu bearbeiten und zu verbreiten. Schon seit 1819, also lange vor Morgan's Vorfall, veröffentlichte er maurerische Ritualien der verschiedensten Grade und sogar die „Hieroglyphen" der Templer und „Malteser-Ritter und jener vom roten Kreuze", welche Werke in vielen Auflagen erschienen, — so daß das beabsichtigte Werk des genannten Verschwundenen keineswegs das erste in seiner Art gewesen wäre, und erhielt schon 1824, in Anerkennung seiner Verdienste (!) vom „souveränen großen Rate" zu Charleston das Patent eines „souveränen General-Groß-Inspektors" mit dem Rechte, überall auf der Erde Logen und Kapitel zu errichten und zu regieren (!!), wovon er jedoch keinen Gebrauch machte.

3. Nachahmungen der Freimaurerei.

Nicht mehr als die Wiederherstellung der ägyptischen Mysterien und der Templerei entspricht dem Geiste unserer Zeit eine Wiederbelebung der alten D r u i d e n. Diese letzteren waren, neben dem Adel oder den Kriegern, der höchste Stand der alten Kelten in Gallien und Britannien. Religion, Kunst und Wissenschaft waren ihr Gebiet und ihr alleiniges Eigentum; sie waren also die Priester, Dichter und Gelehrten ihrer Nation. Ihr Oberhaupt war der Oberdruide, und unter sich bildeten sie einen Orden, welcher seine besondere Kleidung und Schrift, sowie seine Grade und Geheimnisse hatte. Die letzteren bestanden in theologischen, philosophischen, mathematischen, astronomischen, physikalischen und medizinischen Lehren und Fertigkeiten, und hatten die eigentümliche Form, daß sie in Sätzen von je drei Gliedern (Triaden) mitgeteilt wurden. Sie glaubten an die Unsterblichkeit der Seele, an ihre Wanderung durch andere Körper und an ihre Wiedergeburt, an einen einzigen Gott, an die Erschaffung der Welt aus nichts und an deren Umgestaltung (aber nicht Zerstörung) durch Wasser und Feuer. Ihre Versammlungen fanden in Höhlen, in Wäldern, auf Bergen und in von riesigen Steinen gebildeten Einfängen (Stonehenges) statt. Die römischen Kaiser verfolgten sie gleich den Juden und Christen, weil ihre Mysterien ihnen staatsgefährlich schienen. Nach der Eroberung Galliens durch Cäsar erhielt sich das Druitentum fast nur noch in Britannien und nach der Einnahme Englands durch die Angelsachsen nur noch in Wales und Irland, bis diese zum Christentum bekehrt wurden. In Britannien übten indessen die Barden, d. h. jene Druiden, welche sich vorzüglich mit der Dichtkunst beschäftigten, den größten Einfluß aus, indem sie einen angeblich von dem Sänger Merbbin oder Merlin gestifteten Orden bildeten und als Dichter auch noch in der christlichen Zeit fortwirkten. Sie zählten drei Grade: Probeschüler, geprüfte Schüler und gelernte Barden oder Meistersänger. Gelehrte Engländer versuchten die Freimaurerei von den Druiden abzuleiten; allerdings stimmen viele ihrer Ansichten und ihre Dreiteilungen mit denen der Freimaurer überein; aber ein Zusammenhang beider läßt sich in keiner Art nachweisen.

Im Jahre 1781 entstand in London eine Gesellschaft, deren Mitglieder sich Druiden nannten, sich für Nachfolger der alten Druiden ausgaben und ein dem freimaurerischen ähnliches Zeremoniell einführten. Sie verzweigten und entfremdeten sich jedoch mit der Zeit, so daß es 1858 27 von einander unabhängige Druiden-Vereine in England gab, die sich indessen teilweise wieder verschmolzen, so daß ihrer nur noch 15 sind. Sie verbreiteten sich auch nach Australien (in England und dort zusammen soll es 100 000 Druiden geben!) und 1833 auch nach Amerika. In Neu-York traten sie zuerst auf und errichteten 1849 eine Oberbehörde ihres Ordens für die Vereinigten Staaten, in denen ihre Zahl etwa 50 000 beträgt. Sie vereinigen sich in Lokalvereinen, welche Groves (Haine) heißen, und haben in 13 Staaten Grand Groves, über welchen der „Großhain der Vereinigten Staaten des vereinigten alten Ordens der Druiden" steht. Von den gegenwärtigen 92 Hainen verhandeln nur 24 in englischer, die übrigen in deutscher Sprache, — so viel Geschmack fanden die eingewanderten Teutschen an diesem Bunde. Sie arbeiten in drei Graben, zu denen noch höhere mit eigenen „Hoch-Erzkapiteln" kommen. Der oberste Würdenträger des Großhains heißt „Hochebler Groß-Erz," der Vorsteher des Kapitels „Sehr ehrwürdiger Hoch-Erz." Die Verhandlungen der amerikanischen Druiden werden gedruckt, jene der englischen aber streng geheim ge=

halten; beide Abteilungen stehen in geringer Verbindung mit einander. Ihre Zwecke sind: Verbreitung geselligen und geistigen Verkehrs unter den Mitgliedern, Sorge für Kranke und Notleidende, Beerdigung der verstorbenen Mitglieder durch den Orden und Unterstützung ihrer Witwen und Waisen. Im Jahre 1872 wurde von Amerika aus der Druidenorden in Deutschland eingeführt und besitzt hier einen Großhain des deutschen Reiches, etwa 40 Haine und ungefähr 2000 Mitglieder.

Um die Mitte des 18. Jahrhunderts entstand in England der Bund oder Orden, dessen Mitglieder sich Odd fellows (früher mit „sonderbare Gesellen", jetzt mit „freie Gesellen" oder „helfende Brüder" übersetzt) nennen. Auch sie zerfallen in eine englische und eine amerikanische Abteilung. Erstere zählt in den drei britischen Königreichen und in den englischen Kolonien (besonders Australien) 3600 Logen mit 750 000 Mitgliedern aus allen Ständen. Nach Amerika verpflanzte sich der Bund durch Thomas Wildey im Jahre 1819 und erhielt in Maryland 1821 die erste Großloge, deren es jetzt in sämtlichen Vereinigten Staaten welche giebt, seit 1825 überragt von einer Nationalgroßloge, deren erster Beamter „Grand Sire" heißt. Die drei Grade des Bundes heißen: der weiße, blaue und scharlachrote; auch giebt es einen Grad für Frauen (Rebekka genannt), sowie Hochgrade, welche nicht in den Logen, sondern in den höher stehenden „Lagern" erteilt werden, nämlich die Grade: der Eingeweihten oder Patriarchen, der „goldenen Regel" und des „königlichen Purpurs." Die Odd fellows tragen in den Logen weiße Schürzen mit Einfassungen von der Farbe ihres Grades, in den Lagern schwarze mit Verzierungen je nach dem Grade, und außerdem Zeichen an farbigen Bändern um den Hals. Der Orden hat Erkennungszeichen, Griffe und Worte, welche das einzige Geheime sind und überdies wird jedes halbe Jahr ein neues Paßwort ausgeteilt, damit sich keine Unberechtigten einschleichen. Aufgenommen werden nur Männer von wenigstens 21 Jahren. Ein Eid der Verschwiegenheit wird seit der Verfolgung der Freimaurer in Amerika, welche auch die Odd fellows traf, nicht mehr geleistet.

Schon in Amerika nahmen die Deutschen vielen Anteil

am Odd-Fellow-Orden; es gab 1878 ihrer 40 000 Brüder in 360 Logen. Im Jahre 1870 aber wurde der Orden durch Br. Morse auch nach Deutschland selbst verpflanzt. Die erste Loge entstand damals in Stuttgart; 1871 folgten Berlin und Dresden und faßten die O. F. in der Schweiz (Zürich) Fuß; 1872 wurde die Großloge des deutschen Reiches errichtet und ihre Unabhängigkeit vom amerikanischen Orden anerkannt, ebenso 1874 die der Schweiz; 1877 fanden die O. F. in Holland und 1878 in Dänemark Eingang, 1887 auch in Frankreich. Außerdem besteht der Orden auf den Hawai-Inseln, in Mejiko, Peru, Chile, Schweden und Spanien. Im Ganzen zählte er 1886: 54 Großlogen, 7956 Logen, über eine halbe Million Mitglieder und hatte eine Einnahme von 5 Millionen Dollars. Dabei sind die unter sich zerklüfteten O. F.-Vereine in England nicht inbegriffen, die aber ebenfalls über eine halbe Million Mitglieder zählen.

Was die Zwecke der Odd Fellows betrifft, so bestehen diese, ähnlich wie bei den Freimaurern, in allgemeiner Menschenliebe, Humanität und Selbstveredlung, und ähnlich wie bei den Druiden in Unterstützung der Armen, Kranken, Witwen und Waisen und in Beerdigung der Toten, für welche wohlthätigen Handlungen in Pennsilvanien allein jährlich 288 000 Dollars ausgegeben werden. Außer dieser aufopfernden Menschenfreundlichkeit zeichnen sich die Ordensbrüder auch durch festes Zusammenhalten, treue Freundschaft und Beistand in Glück und Unglück aus.

Den Odd Fellows nachgebildet sind die Harugari, ein 1848 in Neu-York geschaffener Geheimbund der Deutschen in Nordamerika, welcher den Zwecken seines Vorbildes auch noch jenen der Verbreitung der deutschen Sprache beifügt und daher jeder seiner Logen patriotische deutsche Namen gibt, z. B. Schiller, Arndt, Körner, Thusnelda, Nibelungen. Die Harugari behaupten, von einem alten deutschen Ritterorden (?!) abzustammen, und zählen unter mehreren Großlogen etwa 200 Logen mit etwa 16 000 Mitgliedern in den Vereinigten Staaten, besonders in Ohio und Pennsilvanien, mit Bibliotheken, Gesangschulen u. s. w.

Ein weiterer ähnlicher Unterstützungsorden mit Geheimbundformen in Amerika ist derjenige der Rotmänner (Red

Men). Er entstand 1812 während des Krieges der Vereinsstaaten mit England und hatte zuerst einen patriotischen Charakter. Seine Symbolik entlehnte er von dem Leben der Indianer; die Logen heißen Stämme, ihre Lokale Wigwams, die Verhandlungen Ratsfeuer, die Kassen Wampumgürtel u. s. w. und bei festlichen Gelegenheiten ziehen die Mitglieder öffentlich in Indianertracht auf. Nach und nach verschwand die Politik aus dem Orden und wich der Fürsorge für hilfsbedürftige Brüder und deren Witwen und Waisen. Auch in diesem Orden sind die Deutschen stark vertreten, und die Zahl ihrer Stämme verhielt sich 1848 zu der der englischen wie 5 zu 8. Da sie aber von den letzteren zurückgesetzt wurden, traten sie aus und gründeten den „Unabhängigen Orden der Rotmänner," welcher an dem Indianerwesen weniger hängt als der „Verbesserte Orden der Rotmänner," wie sich der englische Zweig nennt, ja es zum Teil aufgegeben hat. Jeder Zweig hat drei Grade; bei dem englischen heißen sie: Jäger-, Krieger- und Häuptlingsgrab, bei dem deutschen: schwarzer, blauer und grüner. Daneben gibt es auch noch Hochgrade, die in Lagern erteilt werden. Im Jahre 1873 zählte der „verbesserte" Orden über 24 000 und der „unabhängige" über 15 000 Mitglieder in 9 Großstämmen und 165 Stämmen.

Nach dem Bürgerkriege der Union entstand unter gewesenen Soldaten der Nordstaaten und unter dem Titel „**Große Armee der Republik**" ein Geheimbund mit Ceremonien zu dem Zwecke der Unterstützung hilfsbedürftiger Veteranen und ihrer Hinterlassenen. Die Einteilung des Bundes und die Benennung seiner Abteilungen ist rein militärisch, und die Politik ist aus den Verhandlungen verbannt. An der Spitze steht ein Generalkommandant, die Zentralbehörde heißt „nationales Lager," und die einzelnen Vereine nennen sich „Posten." Im Jahre 1887 zählte der Bund 372 000 Mitglieder und gab für Unterstützungen 1 Million Mark aus. Er unterstützt auch die von allgemeinen Unglücksfällen Betroffenen und hat ein Asyl für ehemalige Soldaten der Südstaaten gegründet.

Wie von den genannten Gesellschaften mittelbar, ist die Freimaurerei unmittelbar von den M o r m o n e n benutzt worden. Die 1840 gestiftete Großloge von Illinois bewilligte 1841 die Gründung einer Loge durch Mormonen in deren damaliger

Niederlassung Nauvoo, die aber mit dem Rechte der Aufnahme Mißbrauch trieb und in fünf Monaten 286 Mitglieder aufnahm. Die Großloge übte noch Nachsicht und teilte die übermäßig starke Loge in drei Logen, die aber dasselbe Wesen forttrieben, worauf sie von der Großloge aufgehoben wurden. Die Mormonen behielten aber die maurerischen Formen, und nachdem sie nach Utah ausgewandert waren und die Vielweiberei eingeführt hatten, wurde die sogen. Einweihungs-Ceremonie (Endowment) ausgedacht, die jeder Mormone und jede Mormonin durchzumachen hat und welche in drei Graden lediglich ein Abklatsch der freimaurerischen Aufnahmen ist, nur daß dem Eid oder Gelübde noch der Schwur ewiger Feindschaft gegen die Regierung der Vereinigten Staaten und der Rache an derselben beigefügt wird. Was die Freimaurer Amerika's betrifft, so verweigern sie seit Einführung der Vielweiberei jedem Mormonen die Aufnahme, obschon auch in Utah seit 1872 eine (nichtmormonische) Großloge mit 6 Logen und 365 Mitgliedern. (Angabe von 1878) besteht.

4. Anfeindungen der Freimaurerei.

Der erste neuere Versuch, die Freimaurer durch Veröffentlichung ihrer Gebräuche zu kompromittieren, wurde unternommen durch das Buch „Sarsena oder der vollkommene Baumeister," dessen Verfasser nie zuverlässig bekannt geworden ist. Der geschichtliche Teil desselben charakterisiert sich durch die lügenhafte Behauptung, Cromwell sei der Stifter der Freimaurerei gewesen, während es zu seiner Zeit nicht nur noch keine Freimaurer im heutigen Sinne gab, sondern die damaligen englischen Maurer vielmehr Anhänger des Königs und also Gegner Cromwells waren. Der ceremonielle Teil bezieht sich einzig auf das sogen. schwedische System und enthält auch bezüglich desselben viele Unrichtigkeiten. Das Wort Sarsena selbst ist endlich ein ganz unbekanntes, welches weder in der Freimaurerei, noch in irgend einer erforschten Sprache vorkommt.

Auch die engherzig-konfessionellen Angriffe neuerer Zeit gegen den Freimaurerbund begannen um dieselbe Zeit, indem der frühere Logenbeamte Friedr. Wilh. Lindner 1818 austrat und in demselben Jahre durch das Buch „Mac-Benae" (hebräisch: das Kind der Verwesung!) den Bund vom orthodox-protestantischen Standpunkte angriff und ihn zur Parteinahme für den „bedrohten Glauben" aufforderte. Zu gleicher Zeit schmähte auch der bekannte Dichter Adolf Müllner, Verfasser der „Schuld" und anderer schauerlicher Schauspiele, den Bund in gehässiger Weise. In neuester Zeit folgten ihm auf protestantischer Seite der bekannte Glaubensheld H e n g s t e n = b e r g in Berlin, in seiner „evangelischen Kirchenzeitung," und der Generalsuperintendent M ö l l e r in Magdeburg, welcher sich anmaßte, die Geistlichen und Lehrer seiner Provinz in einem „Hirtenbriefe" zum Austritt aus dem Bunde aufzufordern.

Mehr Aufsehen, als die protestantischen, erregten die k a t h o l i s c h e n Angriffe auf den Bund, weil diese nicht auf individuellen Ansichten, wie jene, sondern auf dem ganzen Prinzip der katholischen Kirche, und speziell der in ihr gegenwärtig herrschenden jesuitisch=ultramontanen Partei beruhen, und daher auch durch die wiederholten päpstlichen B a n n = b u l l e n (s. oben) unterstützt wurden. Diese Angriffe rühren daher, daß die katholische Kirche seit einiger Zeit fast übermenschliche Anstrengungen macht, das ihr durch die Reformation entrissene Gebiet wieder zu erobern, auf diesem Wege aber in dem toleranten, die Unterschiede der Konfessionen nicht berücksichtigenden Wesen des Freimaurerbundes auf unübersteigliche Hindernisse zu stoßen scheint. Die hauptsächlichsten Wortführer dieser Richtung waren der Bischof von Mainz, Freiherr von K e t t e l e r und der Professor der Theologie zu Freiburg im Breisgau, Alban S t o l z. Der Ton des Erstern ist ernst, der des Letztern possenhaft. Ketteler geht in seinem Werke von dem Grundsatze aus: der Mensch habe kein Recht, eine falsche Religion zu bekennen. Da aber der Verfasser, als Bischof, natürlich blos die katholisch Religion für die wahre hält, so sind wir mit dem Schlusse, der daraus folgt, bald fertig, brauchen uns übrigens auch mit Kettelers Angriffen nicht weiter zu beschäftigen, da sie durch Dr. Rud. S e y d e l in Leipzig bereits eine gehörige Zurechtweisung erfahren haben. Was S t o l z betrifft, so besteht seine Stärke lediglich im Schimpfen auf Alles, was nicht s e i n e r Meinung,

d. h. der päpstlich approbierten ist; denn von Selbständigkeit
ist bei ihm keine Rede. Sein elender Wisch „Mörtel für die
Freimaurer" wurde von Dr. Benebey in Freiburg zurecht-
geklopft, und sein „Akazienzweig", eine läppische Wiederholung
des Mörtels, mit Recht totgeschwiegen.

Diesen zwei ihrer Zwecke bewußten Kämpen sekundierten
aber noch zwei ganz verrückte Gesellen: der ehemalige österr.
Polizeispitzel Eckert und der chamäleonartige Schriftsteller
Daumer. Eckert hatte die fixe Idee, die Freimaurer wollten
das Christentum, die Familie und den Staat untergraben, das
Heidentum, Weiber- und Gütergemeinschaft einführen und hätten
an ihrer Spitze einen „Gottmenschen" und unter diesem einen
„Weltpatriarchen" und einen „Weltkaiser," — Daumer aber
jene: die Freimaurer seien die Urheber aller größeren Brand-
stiftungen und die Vergifter aller plötzlich gestorbenen Personen
von Bedeutung, — was, denken wir, allen vernünftigen
Menschen gegenüber, uns rechtfertigt, wenn wir uns mit diesen
Narren nicht weiter beschäftigen. Näheres über die Angriffe
von Ketteler, Stolz, Eckert und Daumer findet man in dem
Werke: Fiat lux, Verteidigung der wahren Freimaurerei 2c.
(Leipzig bei Wigand 1866, S. 88 ff.) und näheres über
Alban Stolz insbesondere in der Streitschrift: der heilige Rock
(in demselben Verlage 1868, 2. Aufl. 1869, S. 14 ff.).

Wie nicht anders zu erwarten, ließen in dieser Frei-
maurerhetze auch die Jesuiten ihre „Stimmen aus Maria-
Laach" erschallen. Die diesen Titel tragende Zeitschrift, benannt nach dem frühern Jesuitenkloster bei Koblenz, aber seit
der Entfernung des Ordens aus Deutschland von dessen Niederlassungen in Holland aus geleitet und zu Freiburg im Br. er-
scheinend, verfolgt in ihren sämtlich von Jesuiten geschriebenen
Aufsätzen wissenschaftlichen und feuilletonistischen Inhalts mittels
zahlloser Variationen den einzigen Zweck, die Welt zum
Katholizismus des Mittelalters zurückzuführen, d. h. eines
Mittelalters, wie es sich die Jesuiten vorstellen, nicht des
wirklichen, dessen Zustände ihnen fremd zu sein scheinen. Diese
Herren, die in ihrem Eigendünkel Männer wie Kant, Lessing,
Goethe u. a. gleich Schulbuben behandeln, behaupten frischweg,
daß nur im (päpstlichen) Katholizismus wahre Philosophie und
Poesie möglich seien und bedenken nicht, daß sie diese erhabenen

Erscheinungen durch ihre Vermischung mit dem Glaubenshaß und Glaubenszwang heruntersetzen und entwürdigen. Dadurch wird denn auch die in den genannten Blättern ausgekramte Wissenschaft wertlos und zu einem bloßen modernen Abklatsch des Thomas von Aquino und seiner Geistesverwandten. Mit der fabelhaften Anmaßung von Leuten, die über eine Sache absprechen, von der sie nichts verstehen, wird denn auch die Freimaurerei zu einer Karikatur verzerrt. Mit Hilfe vereinzelter Äußerungen über Fehler und Gebrechen der Maurerei, wie sie j e d e r menschlichen Einrichtung anhaften, wird von derselben ein Bild entworfen, das sie so ziemlich wie eine Räuberbande erscheinen läßt. Die Jesuiten fassen es nicht, daß im Freimaurerbunde F r e i h e i t herrscht und jeder Freimaurer schreiben kann was er will, so daß es leichter ist, dessen Wesen zu entstellen und zu verdrehen, als das des Jesuitenordens, dessen Mitglieder ohne Bewilligung ihrer Oberen nichts herausgeben dürfen. Da demnach die Jesuiten die Freimaurerei nur nach Äußerungen beurteilen, die entweder von nicht maurerischer Seite kommen, oder deren Urheber kein Recht und keinen Beruf haben, im Namen des Bundes als solchen zu sprechen, womit die genannten „Väter" ihre Unfähigkeit beweisen, den wahren innern Kern und Sinn des Bundes zu begreifen, so begegnet ihnen auch der fatale Widerspruch, auf e i n e r Seite den Bund als zerrissen, unbedeutend und nicht der Rede wert und auf einer a n d e r n Seite als einheitlich organisiert und höchst gefährlich darzustellen. Wahrlich, wollte man die „Gesellschaft Jesu" nach dem nämlichen Maßstabe und mit der nämlichen Leichtfertigkeit und Oberflächlichkeit bearbeiten, so käme ein weit schwärzeres Schauerbild heraus, als das, welches die „Stimmen aus Maria-Laach" von der Freimaurerei liefern.

Wer aber von der letzteren so genau unterrichtet ist wie wir, und dann die schamlosen Lügen des Jesuitenblattes über dieselbe liest, dem muß es gewiß erlaubt sein, auch die übrigen „Arbeiten" der genannten Zeitschrift nicht ernst zu nehmen.

Fünfzehnter Abschnitt.

Die Freimaurerei der Gegenwart und der Bund der Zukunft.

1. Die Sammlung der Trümmer.

Nach der französischen Revolution waren, wie wir zeigten, die geheimen politischen Vereine in den Vorder- und die Freimaurerei in den Hintergrund getreten. Die letztere konnte mit ihren allgemein humanen Grundsätzen und mit ihrer Antipathie gegen heftige Leidenschaften und wilde Thaten in einer Zeit, in welcher Blut in Strömen floß, erst auf den Schaffotten, dann auf den Schlachtfeldern, und zuletzt ein Regiment der Finsternis die Völker drückte, ihre Ziele nicht verwirklichen. Sie hatte aber vom Geiste der Geschichte die große Aufgabe zugewiesen erhalten, die Zeit vom Erwachen bis zum Austoben der politischen Leidenschaften zur Überwindung der Verirrungen, in welche sie während des 18. Jahrhunderts gefallen, und zur Gewinnung eines vernünftigern und zeitgemäßen Bodens für ihr Wirken zu benützen. Und sie hat diese Frist nicht unbenützt verstreichen lassen. Nachdem die politischen Vereine ihre Bedeutung dadurch verloren hatten, daß die Völker im Jahre 1848 selbst wieder auf den Schauplatz der Geschichte traten, da zeigte es sich, daß der Bund ein wesentlich anderer geworden war. Im 18. Jahrhundert hatten denselben beinahe nur vornehme Herren und etwa noch berühmte Schriftsteller gebildet, — jetzt bestand sein Heerhaufe aus Männern der Arbeit; früher hatten die sogen. höheren Grade mit Templerspielerei und Rosenkreuzerwahn ihn beherrscht; jetzt waren dieselben, wenn auch nicht verschwunden, doch von jeder Oberleitung entfernt und von der Großzahl als Spielerei belächelt; früher hatte in Bezug auf die Geschichte des Bundes die krasseste Unwissenheit geherrscht; jetzt erforschte man diese und kam ihr überall auf die Spur; früher hatte man keine Idee davon gehabt, daß sich der Bund den Bedürfnissen der Zeit anpassen und dem Fortschritte huldigen könnte; jetzt brach sich diese Überzeugung immer weiter Bahn und ist endlich auf dem Wege zum Siege begriffen.

Nachdem die Rosenkreuzer und ihre hirnverbrannten Gesinnungsgenossen in den verdienten allgemeinen Mißkredit geraten, und nachdem ihr Gegenpol, der Illuminatenbund, reaktionärer Gewalt erlegen, begannen die Maurer, wie wir bereits an dem Versuche eines „Deutschen Maurerbundes" und an der Gründung des „Eklektischen Bundes" gesehen haben, über die wahre, von allen Phantastereien entfernte Aufgabe der Freimaurerei nachzudenken, und auf diese Weise die in alle Welt hinaus zersprengten Trümmer des alten Bundes wieder zu sammeln. Dies führte zu allererst zur bessern Erforschung der Geschichte des Bundes, welche bisher aus lauter haltlosen Märchen und Fabeln bestanden hatte, gleich der ältesten Geschichte aller übrigen religiösen und philosophischen Systeme Auf diesem Forscherwege fand man kein größeres Hindernis, als die sogen. höheren Grade; ihre Entstehung und Berechtigung wurde daher ein Gegenstand eifriger Untersuchung, und die Resultate der letztern, wie nicht anders zu erwarten, der erste Anstoß zur Abschaffung jener Auswüchse.

Diese Bemühungen gingen von einigen geistig hervorragenden Männern aus, welche eine Zierde des Freimaurerbundes, wie nicht minder der bürgerlichen Gesellschaft, der Kunst und der Wissenschaft am Anfange unseres Jahrhunderts genannt werden können. Der erste unter ihnen, Ignaz Aurel Feßler, geb. 1756 in Ungarn, wurde in Wien Kapuziner, entdeckte aber im Klosterleben seiner Umgebung solche schauderhafte Zustände, daß er es verließ; obschon durch Kaiser Josefs Gunst zum Professor in Lemberg ernannt, war er doch vor der Wut der Mönche über seine freisinnigen Schriften so wenig sicher, daß er nach Preußen floh und dort zum Protestantismus übertrat. In Berlin gelangte er bald an die Spitze der Loge

Royal-York, die sich unter ihm zur Großloge entwickelte, wurde aber von unverständigen Brüdern mit Undank belohnt und folgte 1810 einem Rufe nach Rußland, wo er in der reformierten Kirche hohe Stellungen einnahm und 1839 starb. Er war der Erste, welcher den Hochgraden zu Leibe ging, wagte jedoch noch nicht ihre gänzliche Abschaffung, sondern ersetzte sie durch von ihm ausgearbeitete „Erkenntnisstufen", in welchen die Unsterblichkeit und die sittliche Weltordnung in ansprechenden und erhebenden Bildern zur Anschauung kommen. Feßlers Freund, Bundes- und Leidensgenosse im Ankämpfen gegen eingerostete Vorurteile war einer der größten deutschen Philosophen: Johann Gottlieb Fichte, geb. 1769 zu Rammenau in der Lausitz als Kind armer Webersleute. Als Professor in Jena und Berlin wirkte er mit Kraft für selbständiges Denken und zugleich für die Liebe zu dem von den Franzosen unterdrückten deutschen Vaterlande, kurz nach dessen Befreiung, 1814, er und seine edle Gattin, als Opfer hingebender Sorge in den Kriegslazarethen, starben, ohne die nachfolgende schmachvolle Reaktion zu erleben. Fichte führte mit Feßler, gegen dessen Phantasien er sich kühl und kritisch verhielt, tiefsinnige Korrespondenzen über Freimaurerei und hielt Vorträge über dieselbe; an seinem Beispiele können daher heutige Gelehrte ersehen, daß es nicht unter ihrer Würde wäre, dem Bunde anzugehören. Ja, der von der Welt vielfach mißverstandene Fichte hatte sogar den Plan, den Bund zum Organe seiner philosophischen Lehre und so zu einer Art pythagoreischer Gesellschaft zu gestalten. — Ein Koryphäe der Kunst und, wie die Vorigen, ein vorzüglicher Mensch, wirkte für echte Maurerei in Friedrich Ludwig Schröder, dem großen Dramatiker, geb. in Schwerin 1744, gest. in Hamburg 1816. Mit Lessing befreundet und durch Bode dem Bunde zugeführt, ging er einen Schritt weiter als Feßler, indem er sich nicht begnügte, die Hochgrade umzugestalten, sondern geradezu auf deren Abschaffung lossteuerte, wie nicht minder auf eine demokratische Logenverfassung und auf die Herstellung einer wahren Geschichte des Bundes, ohne jedoch die Geheimhaltung der maurerischen Eigentümlichkeiten preisgeben zu wollen. Im Sinne dieser Ideen reformierte er die englische Provinzialloge von Hamburg, welche sich unter seiner Leitung zur Großloge erhob, nach den ältesten und einfachsten maurerischen Formen arbeitet und keinen Würdigen aus Rücksichten auf Religion und Abstammung ausschließt. Schröder gründete auch den maurerischen „Engbund", welcher in Hamburg seinen Sitz und in den besten deutschen Logen seine Mitglieder hat, dessen Zweck in der wissenschaftlichen Erforschung der maurerischen Geschichte und Formen besteht und durch regelmäßige Korrespondenz verfolgt wird. Im Süden Deutschlands vertrat einen ähnlichen Standpunkt wie Schröder, in hartem Kampfe mit den Hochgraden, der Arzt Gottlieb von Wedekind, welcher 1805 den Mut hatte, aus einer Loge in Mainz zu treten, weil sie beschlossen, keinen Feind Napoleons aufzunehmen, und ebenso 1823 als Meister vom Stuhl in Darmstadt abdankte, weil ein hessischer Prinz dort höhere Grade einführen wollte. Seine Schriften sind körnig und klar. Er wünschte in den Logen Schulen der Beredsamkeit emporwachsen zu sehen. Geboren 1761 in Göttingen, starb er 1831 in Darmstadt. Die dritte Stufe nach Feßler und Schröder erstieg im Streben nach maurerischem Fortschritte der geistvolle Philosoph Karl Christian Friedrich Krause, der vielleicht weniger seiner schwer verständlichen Sprache wegen, als deshalb, weil er nicht das Glück hatte, Professor zu werden, in der Berühmtheit hinter Fichte, Schelling und Hegel zurückgeblieben ist. Geboren 1781 zu Eisenberg (Altenburg), gestorben 1833 in München, gelang es dem eigentümlichen Manne niemals, über die Stufe des Privatdozenten hinauf zu kommen. Unbefriedigt durch die bloße Polemik gegen die Hochgrade und die geschichtliche Forschung innerhalb der Logenwände, verlangte er frischweg Aufhebung des Geheimnisses und Erweiterung des Maurerbundes zu einem Menschheitbunde, um die Wiedergeburt der Menschheit und die Rückkehr zu ihrem Urbilde herbeizuführen, sie zu ihrer wahren Bestimmung, als einer Einheit in Gott, hinzuleiten. Aber seine Veröffentlichung der „drei ältesten Kunsturkunden der Freimaurerbrüderschaft" zog sogar ihm und seinem ihn unterstützenden gleichgesinnten Freunde, dem tüchtigen Schriftsteller Friedrich Moßdorf, den Ausschluß aus der Loge zu; das war der Lohn für sein ideales, die Menschheit liebend umfassendes Streben, und man bewies ihm damit schlagend, daß die Menschheit noch lange nicht reif sei, die wahrhaft göttliche Idee zu faſſen, die ihm nicht etwa nur die Menſchheit der Erde, ſondern das geſamte Weltall in einem unendlichen Verbande allwaltender Liebe umſchlang. Ein Strebens= und Schickſalsgenoſſe Krauſe's war auch Friedrich Heldmann, geb. 1776, Profeſſor in Aarau und Bern, geſt. 1838 in Darmſtadt, deſſen erſter Verſuch einer vollſtändigen Geſchichte des Bundes unter dem Titel „die drei älteſten ge= ſchichtlichen Denkmale der deutſchen Freimaurerbrüderſchaft" (1819) auch ihn nötigte, die Loge zu verlaſſen, weil er die übertriebene Geheimniskrämerei der am Alten Hängenden an= getaſtet hatte. Die Beſtrebungen der Brüder Krauſe, Moßdorf und Heldmann vervollſtändigte Johann Georg Kloß, Arzt in Frankfurt (1787—1854), welcher endlich in ſeinen hiſtoriſchen und bibliographiſchen Werken den deutſchen Maurern unwider= leglich zeigte, was Wahrheit ſei, woher der Bund ſtamme, und daß er nichts mit Rittertum und Myſtik zu ſchaffen habe.

Dieſen Begründern des maureriſchen Fortſchrittes der Neu= zeit, lauter untadelhaften, herrlichen Menſchen, welche nach den Unbilden, die ihnen zu ihrer Lebzeit Kurzſichtige zufügten, im Bunde hochgeehrt ſind, könnten wir noch eine lange Reihe an= derer edler Perſönlichkeiten folgen laſſen, welche die Logen zierten; aber ihre Aufzählung würde zu weit führen. Wir er= wähnen nur, daß der Dichter Wieland, welcher zu ſeiner Blütezeit den Bund mit Mißtrauen angeſehen hatte, von dieſer Richtung zurückkam und im Alter von 75 Jahren ſich noch aufnehmen ließ, daß der treffliche Gottfried Körner, der Freund Schillers und Vater des früh hingeſchiedenen Dichters und Freiheitkämpfers Theodor, der große Marſchall Vorwärts, Leberecht Blücher, der Dichter und Hiſtoriker Herder und der Volksſchriftſteller Heinrich Zſchokke thätige Mitglieder des Bundes in der Periode ſeiner Wiedererhebung aus den Banden der Verirrung waren.

2. Die Freimaurerei im Roman.

Die unvergänglichſten poetiſchen Denkmale hat dem Frei= maurerbunde der unſterbliche Bruder Goethe geſchaffen, deſſen „Wilhelm Meiſter" vorzugsweiſe ein Maurer-Roman, wie ſein Fauſt, als Menſchheitsdrama, auch ein Maurerdrama genannt werden kann. „Wilhelm Meisters Lehrjahre nehmen den erwähnten Charakter da an, wo sie aufhören, ein Theaterroman zu sein, und die „Wanderjahre" entwickeln die maurerischen Anklänge noch weiter. Goethe führt uns nämlich in diesen beiden Teilen seines unvollendeten biographischen Romans in die Geheimnisse einer Gesellschaft ein, welche er bald „den Bund," bald „das Band" nennt, und welcher er eine doppelte Aufgabe zuweist: Landeskultur und Jugendbildung. Zwei Stellen, welche diese Gesellschaft betreffen, sind vor allen anderen als freimaurerische Muster-Aussprüche hervorzuheben, der „Lehrbrief," welchen Wilhelm bei seiner Aufnahme in den Bund erhält, und die Auseinandersetzung der Bundeszwecke, wie sie Lenardo in seiner Rede zum Besten gibt.

Jener lautet: „Das Leben ist kurz, die Kunst lang, das Urteil schwierig, die Gelegenheit flüchtig. Handeln ist leicht, Denken schwer; nach dem Gedachten handeln unbequem. Aller Anfang ist heiter und spannt die Erwartung. Der Knabe staunt, der Eindruck bestimmt ihn; er lernt spielend, der Ernst überrascht ihn. Selten wird das Treffliche gefunden, seltener geschätzt. Die H ö h e reizt uns, nicht die S t u f e n; den Gipfel im Auge, wandeln wir gerne in der Ebene. Nur ein T e i l der Kunst kann gelehrt werden, der Künstler braucht sie ganz. Wer sie halb kennt, ist immer irre und redet viel; wer sie ganz besitzt, mag nur h a n d e l n und redet selten oder spät. Jene haben keine Geheimnisse und keine Kraft; ihre Lehre ist wie gebackenes Brot, schmackhaft und sättigend für e i n e n Tag; aber Mehl kann man nicht säen und die Saatfrüchte sollen nicht vermahlen werden. Die W o r t e sind gut, sie sind aber nicht das Beste. Der G e i s t , aus dem wir handeln, ist es. Wer blos mit Z e i c h e n wirkt, hält den Schüler zurück. Des echten Weisen Lehre schließt den S i n n auf; denn wo die Worte fehlen, spricht die T h a t . Der echte Schüler lernt aus dem Bekannten das Unbekannte entwickeln und nähert sich dem Meister."

Die Bundeszwecke sodann werden folgendermaßen zusammen gefaßt: „Unsere Gesellschaft ist darauf gegründet, daß jeder in seinem Maße, nach seinen Zwecken aufgeklärt werde ... So dürfen wir uns in einem Weltbunde begriffen ansehen. Einfach groß ist der Gedanke, leicht die Ausführung durch Verstand und Kraft. Einheit ist allmächtig, deshalb keine Spaltung, kein Widerstreit unter uns. Insofern wir Grundsätze haben, sind sie uns allen gemein ... Was der Mensch auch ergreife und handhabe, der Einzelne ist sich nicht hinreichend, Gesellschaft bleibt eines wackern Mannes höchstes Bedürfnis. Alle brauchbaren Menschen sollen in Bezug unter einander stehen, wie sich der Bauherr nach dem Architekten und dieser nach Maurer und Zimmermann umsieht ... Niemand sehen wir unter uns, der nicht zweckmäßig seine Thätigkeit jeden Augenblick üben könnte, der nicht versichert wäre, daß er überall, wohin Zufall, Neigung, ja Leidenschaft ihn führen könnte, sich immer wohl empfohlen, aufgenommen und gefördert, ja von Unglücksfällen möglichst wieder hergestellt finden werde. Drei Pflichten sodann haben wir auf's Strengste übernommen: jeden Gottesdienst in Ehren zu halten, — ferner alle Regierungsformen gelten zu lassen, und schließlich: die Sittlichkeit ohne Pedanterie und Strenge zu üben und zu fördern, wie es die Ehrfurcht vor uns selbst verlangt."

Dabei hat aber die Einrichtung des „Bundes" in Wilhelm Meisters Lehr- und Wanderjahren nicht die mindeste Ähnlichkeit mit der Freimaurerei und verbindet auf mystische, ja bizarre Weise die Mysteriensucht und die „unbekannten Oberen" des 18. mit der praktischen Thatkraft des 19. Jahrhunderts.

Ein modernes Seitenstück zu Wilhelm Meister, das sich von dem Nebelhaften dieses Werkes frei hält, und klare Ereignisse, wie nicht minder plastische Persönlichkeiten schildert, auch lokale, nationale und historische Färbung hat, aber dennoch nicht in die Wirklichkeit, sondern in das Reich der Phantasie greift, sind Karl Gutzkow's „Ritter vom Geiste." Der Dichter geht von der Voraussetzung aus, daß der Freimaurerbund nicht den Beruf habe, für die Zukunft zu wirken; er wirft demselben Lauheit gegen die bewegenden Fragen der Zeit und zu große Ergebenheit an den materiellen Genuß vor, was freilich nur einen Teil des Bundes trifft, — und regt daher die Gründung eines neuen Ordens an, der ein Programm freisinniger Grundsätze aufstellen und nach Kräften für dessen Verwirklichung arbeiten solle. Die „Ritter vom Geiste" knüpfen an die geistlichen Ritterorden an, jedoch mit ausschließlichem Bezug auf die Bedürfnisse der Neuzeit. Aus der Gestalt des

Kreuzes der in Preußen protestantisch gewordenen Johanniter, dessen Enden vierblättrigem Klee ähnlich sind, nehmen sie diese selten vorkommende Pflanzenform, als Symbol edler Charaktere, zum Zeichen ihres Bundes an und werfen sich mit Macht in die brausenden Wogen des von politischen und sozialistischen Stürmen gepeitschten Meeres der Gegenwart, — ohne jedoch von bitteren Enttäuschungen verschont zu bleiben.

Aus dem Reiche der Phantasie hat Gustav Kühne das nebelhafte Element in die historische Wirklichkeit überzutragen versucht in seinen „Freimaurern," welches Werk, obschon viele herrliche Gedanken darin verstreut sind, von dem Bunde nur ein unhistorisches Zerrbild liefert, und in eine Zeit, welche mit ihren auf einander platzenden Gegensätzen herrlichen Stoff zu pikanten Darstellungen wirklicher Zustände geboten hätte, eine Hexenküche niemals dagewesener Verhältnisse hinein zwängt. Mit Kühne teilt die beinahe vollständige Unmöglichkeit, freimaurerische Verhältnisse zu schildern, ohne dem Bunde selbst anzugehören, Max Ring. In seinen „Rosenkreuzern und Illuminaten" vermeidet er zwar den eben gerügten größten Fehler seines nächsten Vorgängers, indem er die wirklichen Parteien des 18. Jahrhunderts mit den wirklichen Personen, welche sie führten und — anführten (Schrepfer, Gugomos u. s. w.), auf die Szene bringt, die er jedoch, in auffallender Unkenntnis der wirklichen Verhältnisse, auf die lächerlichste Weise untereinanderwirft und verwechselt, was bei genauerm Studium der Geschichte und des Wesens der Freimaurerei leicht zu verhüten gewesen wäre. Das nämliche gilt von dem Roman Sauer's „Die Loge zur brennenden Fackel" (Görlitz 1876), welcher sich soweit versteigt, dem Freimaurerbunde einen gemeinsamen, nur wenigen Eingeweihten bekannten Großmeister anzudichten! Besser unterrichtet ist, weil dem Bunde selbst angehörend, Franz Julius Schneeberger, von welchem 1869 in Wien der Roman „Freimaurer und Jesuit" erschien.

3. Fortschrittliche Bestrebungen.

Die durch Feßler, Fichte, Schröder, Krause, Heldmann, Kloß u. A. angeregten fortschrittlichen Bestrebungen im Maurerbunde gelangten nicht ohne schwere, harte Kämpfe zu allgemeinerer Anerkennung. Aber ferne davon, sich hierdurch abschrecken zu lassen, haben in unserer Gegenwart neue Kämpfer nicht nur dieselben wieder aufgegriffen, sondern noch in bedeutendem Maße erweitert. Ihr Ringen galt: 1. einer reinern Lehrart, befreit von mystischen Phantastereien, 2. einer freiern Logenverfassung, nach welcher die einzelnen Logen nicht mehr unter despotischem Diktat und drückender Vormundschaft der Großlogen ständen, 3. einer humanern Auffassung der Maurerei, welche z. B. die Ausschließung der Juden verpönt, 4. einer Beschränkung der Geheimhaltung auf das Notwendigste, 5. völliger Abschaffung der Hochgrade und Verminderung der bisherigen Vorrechte der Meister gegenüber Gesellen und Lehrlingen, 6. einer Vereinfachung der Zeremonien und Unterordnung derselben unter die geistige Arbeit, und 7. einer größern Einheit im Bunde, wo möglich einer Vereinigung aller Logen der Erde zu einer Universal-Großloge mit freier Verfassung. Letzterer Gedanke hat jedoch keinen Anklang gefunden.

Für eine reinere Lehre und für Vereinfachung der Zeremonien hat besonders Oswald Marbach (geb. 1810), Professor in Leipzig, in seinen „Katechismusreden", „Arbeiten am rohen Steine" u. s. w. gewirkt, — Schriften, welche freisinnigen und nicht konfessionell beschränkten Menschen ganz gut als Erbauungsbücher dienen könnten. Für dieselben Ziele, und zugleich für Beschränkung der Geheimnissucht arbeitete in ähnlicher Weise Rudolf Seydel (geb. 1835), Professor der Philosophie in Leipzig, dessen „Reden über Freimaurerei an denkende Nichtmaurer" den Werken Marbachs an die Seite gestellt werden dürfen, und der zum ersten Male das große Wort frei aussprach: „Der Maurerbund sei kein Geheimbund mehr."

Für volkstümliche Darstellung der Bundesziele wirkte auch A. B. Cramer (geb. 1826). Von Josef Gabriel Findel (geb. 1828), Buchhändler in Leipzig, erschien die erste vollständige und kritische „Geschichte der Freimaurerei" (5. Aufl. Leipzig 1883) und wurde 1858 die freisinnige maurerische Zeitschrift „Die Bauhütte" gegründet. Neben ihr wirken die „Freimaurerzeitung" (red. von Pilz) und die „Latomia" (red. von Cramer). Im Jahre 1861 entstand der „Verein deutscher (d. h. deutsch sprechender) Maurer," welcher den Zweck verfolgt, in freierer und unabhängigerer Weise, als der zu sehr von Geheimnis umgebene „Engbund," 1. die maurerische Wissenschaft, d. h. die Geschichte, Rechtskunde, Symbolik und Lehre der Freimaurerei, zu fördern, und 2. unter den Maurern gegenseitige Verständigung über Alles, was zum Gedeihen des Bundes beitragen kann, anzubahnen und unter ihnen die Bande der Freundschaft und Bruderliebe enger zu knüpfen und zu befestigen. Jährlich hält er freie, zwanglose Wanderversammlungen, und 1867 hat er ein „Manifest an alle Großlogen des Erdenrundes" erlassen, in welchem er denselben ein von ihm entworfenes und durchberatenes „Allgemeines Grundgesetz des Freimaurerbundes" zur Annahme empfahl. Dieses Grundgesetz wäre dazu geeignet gewesen, eine wohlthätige Einheit im Bunde herbeizuführen.

Aber die Reformbestrebungen im Bunde fanden einstweilen in diesem Grundgesetze und dessen allmäliger Annahme in mehreren Logen ihren Abschluß, und man scheint allgemein der Meinung zu sein, der Freimaurerbund könne seine Eigentümlichkeiten nicht aufgeben, ohne etwas anderes zu werden, als was er seiner Bestimmung nach sein soll. Er ist nun einmal eine historische Erscheinung, deren charakteristische Merkmale in symbolisch aufgefaßtem Bauen und in der Nichtberücksichtigung aller speziellen sozialen, religiösen und politischen, nicht allgemein humanen Verhältnisse bestehen, und in welchem die Grundsätzlichkeit der Werkthätigkeit vorangeht, ohne letztere zu beeinträchtigen.*) Daß diese Kennzeichen des Bundes noch nicht aufgehört haben, zeitgemäß zu sein, zeigt das beständige Wachsen desselben, während nirgends im Entferntesten eine Abnahme zu bemerken ist. Auf der andern Seite aber ist ein fortschreitendes Auseinandergehen der einzelnen Teile des Bundes mit besonderer Betonung und Entwickelung ihrer natürlichen Eigen-

---

*) Wie in Findels „Geschichte der Freimaurerei" über das Allgemein-historische in zusammenhängender Weise, so kann heutzutage Jedermann auch über alle möglichen, den Bund betreffenden Spezialitäten in dem „Allgemeinen Handbuche der Freimaurerei" (4 Bände, Leipzig, bei Brockhaus, 1863—1867 u. 1879 sich Auskunft verschaffen, und auch dem Bedürfnisse Jener, welchen diese Werke zu groß und zu kostspielig sind, wurde durch das kurze und volkstümliche Büchlein „Adhuc stat" Rechnung getragen, welches 1882 in fünfter Auflage erschienen und in mehrere fremde Sprachen übersetzt ist.

tümlichkeiten zu bemerken. Diese beiden Erscheinungen werden durch folgenden kurzen Bericht über die neuesten Vorfälle in den einzelnen Ländern verdeutlicht werden.

4. Die Freimaurerei der neuesten Zeit.

Das erste Anzeichen größern Aufschwunges der Freimaurerei gab sich nach Erkämpfung der Einheit Italiens im Jahre 1860 kund. Die dortigen Logen, vorher nur in Piemont spärlich vertreten, wuchsen rasch an. Zwar brachte es die Zeit, in welcher dies geschah, mit sich, daß ein Teil derselben politischen Bestrebungen huldigte, allerdings nur im Sinne der Einheit des Landes und ihrer Aufrechterhaltung gegenüber den Gelüsten nach Wiederherstellung des Kirchenstaates. Längere Zeit herrschte noch eine Zerklüftung zwischen mehreren Oberbehörden; aber 1873 gelang die Vereinigung derselben in eine einzige, die ihren Sitz in Rom hat und wiederholt gegen religiöse und politische Streitigkeiten und für Erhaltung der Freimaurerei in ihrer Reinheit eingeschritten ist. Der Großorient von Italien zählt jetzt etwas über 100 Logen im Lande selbst und 30 teils im Orient und teils in Südamerika unter seiner Leitung.

In Österreich und Ungarn war bis 1867 die Freimaurerei vollständig verboten (siehe S. 284). Seit jenem Jahre ist sie in Ungarn wieder auferstanden, in Österreich aber nicht, wo die Maurer nur offene wohlthätige Vereine bilden dürfen, ihre Logen aber auf ungarischem Gebiete halten müssen, ohne daß dieses Land bisher darunter Schaden litt. Professor Lewis, ein Gelehrter ohne alle politische Bedeutung, brach dem Bunde dort Bahn. Die erste Loge in Pest wurde 1868 von der Regierung genehmigt, und 1870 entstand die Johannis-Großloge von Ungarn, deren Großmeister bis 1888 Franz Pulszky war. Neben ihr erhob sich zwar 1872 eine besondere Großloge des schottischen Systems; aber 1886 vereinigten sich beide Oberbehörden zu einer einzigen, welche etwa 50 Logen leitet.

In Spanien hat 1868 die Vertreibung der Königin Isabella der vorher unterdrückten Freimaurerei freie Luft gebracht, und es entstanden eine Menge Logen, unter denen es jedoch bisher noch nicht zu einer gemeinsamen Oberleitung gekommen ist;

auch hat man außerhalb des Landes keine zuverlässigen Berichte über ihre Anzahl. Ein Teil der Logen steht unter der Großloge von Portugal, die im Ganzen über etwa 50 Bauhütten die Aufsicht führt.

Unter denjenigen Ländern Europa's, welche von Anfang an der Freimaurerei keine Schwierigkeiten bereiteten, ist F r a n k r e i ch gegenwärtig isolirt. In seinen Logen scheint die Politik eine bedeutende Rolle zu spielen, allerdings zunächst in patriotischem Sinne, nämlich in demjenigen der Aufrechthaltung der Republik, dann leider aber auch in dem der Revanche gegen Deutschland! Mit den deutschen Freimaurern stehen die französischen schon seit dem Kriege 1870—71 in keinerlei Verbindung mehr und haben sich seither auch noch weiteren Kreisen des Bundes entfremdet.

Im Jahre 1877 nämlich, in der Generalversammlung vom 10. Sept., wurde der verhängnisvolle Schritt gethan, den ersten Artikel der Verfassung des Grand-Orient von 1849 abzuändern. Es handelte sich darum, die Stelle, welche den Glauben an Gott und Unsterblichkeit betrifft, aus dem Artikel zu entfernen. Der Berichterstatter Desmons begründete dieses Verlangen durch den Umstand, daß von 210 Logen zwei Drittel sich für die unbedingte Streichung jener Stelle als einer die Gewissensfreiheit beeinträchtigenden ausgesprochen hätten, und glaubte, die Maßregel werde der Freimaurerei nicht schaden, indem deren Gegner sie dessen ungeachtet bekämpfen und verleumden; er versicherte auch, daß die angefochtene Formel nicht durch ein materialistisches oder atheistisches Bekenntnis ersetzt werden solle, indem es sich nur darum handle, die Gewissensfreiheit zu proklamieren und theologische Dogmen zu beseitigen, welche die Kirche, aber nicht der Maurerbund zu lehren habe und welche bei der Aufnahme vielfach zu Unzuträglichkeiten oder Gesetzesumgehungen führten. Aus diesen Gründen wurde folgender Beschluß gefaßt: „In Erwägung, daß die Freimaurerei keine Religion ist und daß sie demgemäß auch in ihrer Konstitution keine Lehrsätze und Dogmen behaupten darf, gibt die Versammlung dem 1. Artikel der Konstitution folgende Fassung: Die Freimaurerei, eine wesentlich philanthropische, philosophische und fortschrittliche Institution, hat zum Zweck die Erforschung der Wahrheit, das Studium der universellen Moral, der Wissenschaften und Künste und die Übung der Wohlthätigkeit. Sie hat zum Prinzip die absolute Gewissensfreiheit und die menschliche Solidarität. Sie schließt Niemand um seines Glaubens Willen aus. Sie hat zur Devise: Freiheit, Gleichheit, Brüderlichkeit."

In Folge dieses Schrittes faßte die Großloge von England, zu deren Großmeister 1875 der Prinz von Wales gewählt wurde, am 6 März 1878, unter dem Vorsitze des Pro-Großmeisters Earl Carnarvon und bei einer Beteiligung von etwa 700 Mitgliedern folgende einstimmige Beschlüsse:
1) Diese Großloge betrachtet mit tiefem Bedauern den vom Großen Orient von Frankreich gethanen Schritt der Streichung derjenigen Paragraphen aus seiner Konstitution, welche den Glauben an die Existenz des Großen Baumeisters aller Welten behaupten, weil eine solche Änderung den Traditionen, der Praxis und den Gefühlen aller wahren und echten Maurer von den ältesten Zeiten bis zur Gegenwart widerstreitet. 2) Während diese Großloge stets bestrebt war, im brüderlichsten Geiste Brüder irgend einer fremden Großloge zu bewillkommnen, deren Verhandlungen den alten Landmarken des Ordens entsprechend geleitet werden, deren erste und wichtigste der Glaube an den großen Baumeister aller Welten ist, kann sie Brüder nicht als wahr und echt anerkennen, die in Logen aufgenommen sind, welche jenen Glauben leugnen oder unbeachtet lassen. 3) Mit Rücksicht auf die vorstehenden Resolutionen sind die Stuhlmeister aller Logen unter der Großloge von England angewiesen, keinen fremden Bruder als Besuchenden zuzulassen, es sei denn, daß ein Bruder dafür bürgt oder daß sein Certifikat ausweist, daß er in einer den Glauben an den Großen Baumeister aller Welten bekennenden Loge nach alten Riten und Zeremonien aufgenommen ist, und ferner soll ein Besuchender nicht zugelassen werden, ehe er nicht selbst anerkannt hat, daß dieser Glaube eine wesentliche Landmarke des Ordens sei. 4) Soll eine Abschrift der vorhergehenden Resolutionen den Großlogen von Schottland und Irland und all jenen Großlogen zugehen, mit denen diese Großloge in Verbindung steht, sowie allen Stuhlmeistern englischer Logen. — Die Stuhlmeister der unter der Großloge von England stehenden Logen wurden infolge dessen angewiesen, diese Beschlüsse in der nächsten Arbeit vorzulesen. Die

Großlogen von Schottland und Irland faßten in der nächstfolgenden Zeit Beschlüsse von gleichem oder ähnlichem Inhalt und auch einige amerikanische Großlogen folgten diesem Beispiel. —

Wir tragen nach, daß Frankreich unter dem Grand-Orient über 200 und unter dem neben ihm bestehenden Suprème-Conseil über 60 Logen zählt. Außerhalb des Landes, meist in französischen Kolonien, besitzen beide Behörden mehrere Logen. Die drei britischen Großlogen haben unter ihrer Leitung in Europa gegen 2000, im Ganzen, meist in den britischen Kolonien, über 2500 Logen. Die Großloge der Schweiz leitet über 30, die von Belgien etwa 15, die der Niederlande etwa 50 in Europa, mit den Kolonien aber etwa 80, die von Griechenland etwa 10, die von Dänemark 7, die von Schweden und Norwegen 18 Logen. Von den maurerischen Ereignissen dieser letzteren Länder ist nichts zu erwähnen, was außerhalb ihrer Grenzen von Bedeutung wäre. Das nämliche gilt auch von allen amerikanischen Logenbünden.

Anders steht es mit Deutschland. Im Jahre 1865 wurden regelmäßige Zusammenkünfte der Großmeister aller deutschen Großlogen in Anregung gebracht, welche 1868 unter dem Namen des Großmeistertages begannen. Der dritte Großmeistertag in Hamburg am 7. Juni 1870 vereinigte sich über folgendes allgemein maurerische Grundgesetz:

§ 1. Die Freimaurerei bezweckt, in einer zumeist den Gebräuchen der zu Bauhütten vereinigten Werkmaurer entlehnten symbolischen Form, die sittliche Veredlung des Menschen und menschliche Glückseligkeit überhaupt zu befördern. Indem sie von ihren Mitgliedern den Glauben an Gott, als den obersten Baumeister der Welt, an eine höhere sittliche Weltordnung und an die Unsterblichkeit der Seele voraussetzt, verlangt sie von ihnen die Bestätigung des höchsten Sittengesetzes: „Liebe Gott über alles und deinen Nächsten als dich selbst."

§ 2. Bibel, Zirkel und Winkelmaß sind dem Freimaurer die Symbole der jedem Maurer obliegenden Pflichten und als solche unveränderliche Hauptsymbole der Freimaurerei.

§ 3. Nur freie Männer von gutem Ruf und von einer solchen geistigen Bildung, wie sie die Ausübung des freimaurerischen Berufs voraussetzen muß, können als Mitglieder des Bundes zugelassen werden. Stand, Nationalität oder Farbe, Religionsbekenntnis und politische Meinung dürfen kein Hindernis der Aufnahme sein.

§ 4. Zweck und Wesen der Freimaurerei sind in den 3 Johannisgraden vollständig enthalten. In denjenigen freimaurerischen Systemen, welche höhere Grade bearbeiten, berechtigt deren Besitz an sich zu keinem besonderen Vorzug in der Leitung der Johannislogen; dagegen genießen jene 3 Grade in allen maurerischen Systemen gleichmäßige Anerkennung.

§ 5. Aller Vorzug unter den Maurern gründet sich einzig auf wahren Wert und eigenes Verdienst.

§ 6. Der Freimaurerbund ist keine geheime Verbindung; Zweck, Geschichte, Gesetzgebung und Statistik des Freimaurerbundes sind kein Geheimnis und können der Regierung, wenn es verlangt wird, vorgelegt werden. Das von jedem Freimaurer bei der Aufnahme (bezw. Beförderung) an Eidesstatt abgelegte Gelübde der Verschwiegenheit bezieht sich nur auf die Formen des maurerischen Ritus, auf die Gebräuche (das Ritual).

§ 7. Privathändel oder Streitigkeiten sollen nicht zur Thür der Loge hereingebracht werden, noch weniger aber Streitigkeiten über Religion, Politik oder Staatsverwaltung.

Der Krieg der Jahre 1870 und 1871 nahm die deutschen Freimaurer stark in Anspruch, und man kann nur sagen, daß sie bei diesem Anlasse ihre Pflichten der Wohlthätigkeit redlich geübt haben. Da viele Logenlokale zu Lazarethen hergegeben wurden, ruhten damals die Arbeiten an vielen Orten geraume Zeit. Viel beschäftigte aber zugleich die deutschen Maurer die teils wohlgemeinte, aber unpraktische, teils übelwollende Einmischung von ausländischer Seite in ihre Angelegenheiten. Nach dem Frieden hielt der deutsche Großmeistertag zu Pfingsten 1871 in Frankfurt a. M. seine vierte Versammlung ab, bei welcher alle 8 Großlogen vertreten waren. Den Hauptgegenstand der Verhandlungen bildete die Gründung eines deutschen **Großlogenbundes**, welcher folgendes Statut erhielt, das am fünften Großmeistertage zu Berlin am 19. Mai 1872 angenommen wurde und wozu Kronprinz Friedrich Wilhelm seine besten Glückwünsche den versammelten Brüdern darbrachte:

§ 1. Die in Deutschland bestehenden Großlogen, nämlich: 1) die Große Nationalmutterloge der preußischen Staaten, genannt „Zu den drei Weltkugeln" zu Berlin; 2) die Große Landesloge der Freimaurer von Deutschland zu Berlin; 3) die Großloge von Preußen, genannt „Royal-York zur Freundschaft" zu Berlin; 4) die Großloge von Hamburg zu Hamburg; 5) die Großloge von Sachsen zu Dresden; 6) die Große Mutterloge des eklektischen Bundes zu Frankfurt a. M.; 7) die Großloge der Freimaurer, genannt „Zur Sonne" zu Baireuth; 8) die Großloge des Freimaurerbundes „Zur Eintracht" zu Darmstadt, treten in eine nähere Vereinigung zusammen unter dem Namen: „Deutscher Großlogenbund.

§ 2. Zweck und Aufgabe dieses Bundes ist, die Einigkeit und das maurerische Zusammenwirken der Logen in Deutschland zu wahren und zu fördern und den außerdeutschen Großlogen gegenüber eine gemeinsame maurerische Stellung einzunehmen.

§ 3. Der deutsche Großlogenbund anerkennt die Autonomie die in § 1 genannten Großlogen und ihrer Systeme, soweit nicht durch gegenwärtiges (§§ 5 und 6) gewisse Beschränkungen aufgestellt sind.

§ 4. Der Großlogenbund anerkennt in Deutschland nur der in § 1 genannten Großlogen und deren Tochterlogen, außerdem noch die zur Zeit bestehenden unabhängigen Logen, und zwar: 1) „Minerva zu den drei Palmen" zu Leipzig; 2) „Balduin zur Linde" zu Leipzig; 3) „Archimedes zu den drei Reißbretern" zu Altenburg; 4) „Archimedes zum ewigen Bunde" zu Gera; 5) „Karl zum Rautenkranz" zu Hildburghausen.

§ 5. Darüber zu bestimmen, ob seitens der deutschen Großlogen neue Verbindungen mit außerdeutschen Großlogen anzuknüpfen und bereits angeknüpfte wieder aufzulösen sind, ist lediglich Sache des Großlogenbundes.

§ 6. Bei Streitigkeiten, welche zwischen einzelnen deutschen Großlogen entstanden sind, bildet der Großlogenbund die schiedsrichterliche Instanz.

§ 7. In den vorstehend (§§ 5 und 6) bezeichneten Angelegenheiten hat der Großlogenbund eine entscheidende, in allen anderen von den Großmeistern und Großlogen an ihn gelangenden Vorlagen eine beratende Stimme.

§ 8. Streitfragen über Lehre und Ritual sind von den Verhandlungen des Großlogenbundes ausgeschlossen.

§ 9. Das Organ des Großlogenbundes ist das Großlogenorgan.

§ 10. Der Großlogentag besteht aus den acht Großmeistern und zwei von jeder Großloge zu erwählenden Brüder Meistern, und wird alljährlich zu Pfingsten am Sitze einer der Großlogen im regelmäßigen Wechsel unter denselben abgehalten. In Verhinderungsfällen kann der Großmeister ein anderes Mitglied seiner Großloge sich substituieren.

§ 11. Den Vorsitz am Großlogentage führt der Großmeister derjenigen Großloge, an deren Sitz die Versammlung stattfindet. Dieser Vorsitzende hat bis zum nächsten Großlogentage die laufenden Geschäfte des Großlogenbundes zu besorgen.

§ 12. Den Gang der Verhandlungen und das Verfahren bei den Abstimmungen regelt eine auf dem nächsten Großlogentage festzustellende Geschäftsordnung.

§ 13. Die durch die Geschäftsführung erwachsenden Ausgaben werden von derjenigen Großloge, an deren Sitz der letzte Großlogentag stattgefunden hat, vorschußweise verauslagt und demnächst von den einzelnen Großlogen zu gleichen Anteilen erstattet.

§ 14. Jeder Großloge steht jederzeit das Recht des Austritts frei.

§ 15. Dieses Statut ist von den bevollmächtigten Vertretern der Großlogen auf Grund der ihnen erteilten Vollmachten unterzeichnet.

Der erste Großlogentag nach Stiftung des Großlogenbundes trat vollzählig am Pfingstsonntag 1873 in Bayreuth zusammen. Er sprach als Grundsatz aus: daß der Unterschied der Rasse und Farbe kein Hindernis der Anerkennung einer Großloge sei. Der zweite Großlogentag, am 24. Mai 1874 in Berlin versammelt, beschäftigte sich mit dem Sprengelrecht, das zwischen den verbündeten Großlogen wegfallen sollte, mit der Stellung zu den Odd-Fellows, die nicht als eine geheime Gesellschaft betrachtet werden sollen, deren Mitgliedschaft von derjenigen der Freimaurerei ausschlösse.

Deutschland zählt unter seinen acht Großlogen, wozu noch fünf unabhängige Logen kommen, gegenwärtig in runder Zahl 350 Logen mit über 50,000 Mitgliedern.

Im Jahre 1888 verlor die deutsche Freimaurerei beinahe mit e i n e m Schlage ihre zwei kaiserlichen Protektoren. W i l - h e l m I., der ehrwürdige Gründer des deutschen Reiches, ist als Kaiser wie als König an der Spitze des Bundes geblieben und versäumte es nie, wohin ihn auch seine Schritte, die Liebe seines Volkes und die Achtung der Welt leiteten, seiner Eigenschaft als Bruder huldvoll zu gedenken und Deputationen, welche ihm die Gefühle der Brüder übermittelten, freundlich zu empfangen, und diese Gesinnung dauerte unvermindert bis zum Hinschiede des beinahe 91 jährigen Monarchen.

Prinz F r i e d r i c h W i l h e l m von Preußen, später Kronprinz von Preußen und des Deutschen Reiches, endlich (leider nur für kurze Zeit) Kaiser und König Friedrich III., wurde am 5. Nov. 1853 in den Bund aufgenommen, zu derselben Zeit, als derselbe von Seite der Dunkelmänner Hengstenberg, Eckert und später Alban Stolz, sowie des Bischofs Ketteler die heftigsten Anfeindungen zu tragen hatte, und zwar mit Gutheißung und in Anwesenheit seines Vaters. Im Jahre 1860 erhielt er die Würde eines Ordensmeisters der Großen Landesloge des schwedischen Systems und im folgenden Jahre, nachdem sein Vater den Thron bestiegen, diejenige eines stellvertretenden Protektors der preußischen Logen. Hatte der königliche Vater, als er die Genehmigung zur Übernahme des Amtes als Ordensmeister erteilte, geäußert: „Ich wünsche, wenn mein Sohn dies Amt annimmt, daß er sich dann auch den Obliegenheiten dieses Amtes mit Ernst unterzieht," so war, ganz dem entsprechend, der junge Ordensmeister von seinem Eintritt ins Amt an eifrig bemüht, sich selbst zuerst genau über die ihm zugewiesenen Geheimnisse zu unterrichten. Das war nicht leicht. Es fehlte vielfach an klarer, sicherer Kenntnis. Namentlich bot die Geschichte des Ordens manche Überlieferungen, die dem Wohlunterrichteten bei ernster nüchterner Prüfung mehr als zweifelhaft erscheinen mußten. Der Kronprinz ließ deshalb, zunächst für seine persönliche Belehrung, die in den Archiven der Großen Landesloge vorhandenen Dokumente und Akten untersuchen. Als sich ergab, daß diese mit Sicherheit nicht weiter zurückreichten, als bis zur Mitte des vorigen Jahrhunderts, ward eine Deputation nach Schweden gesandt, um nach älteren Urkunden zu forschen.

Nachdem auch diese Nachforschung unbefriedigend ausgefallen, hielt der Kronprinz-Ordensmeister bei Anlaß der hundertjährigen Jubelfeier der Großen Landesloge am 24. Juni 1870 eine denkwürdige Rede, betonte darin nachdrücklich die Einheit der gesamten Freimaurerei bei aller Verschiedenheit der Systeme, sprach offen vor der Versammlung über den Mangel an gesicherter Überlieferung, und forderte vollen wissenschaftlichen Ernst für die historischen Untersuchungen und unbedingte Anerkennung der Wahrheit. Er sagte weiter u. a. wörtlich: „Gebe ein jeder die Eitelkeit auf, die da glaubt, allein die ganze und die echte Wahrheit zu besitzen, und allein für die Wahrheit die richtige Form anzuwenden!" ... In Betreff der freimaurerischen Geschichte heißt es dann ferner: „Während frühere Zeiten sich bei der Autorität der Überlieferung beruhigten, sind in unsern Tagen die Forschungen der historischen Kritik zu einer Macht geworden, der auch die heiligsten Überlieferungen sich nicht mehr entziehen können. Diese Macht stellt auch an unsern Orden Forderungen, die sich auf die Länge hin ungestraft nicht abweisen lassen." Aus ganz Deutschland nicht nur, aus England und selbst aus Amerika kamen Zeugnisse dafür, mit welcher Freude diese Rede aufgenommen und begrüßt wurde. Am 7. März 1874 legte der Kronprinz, dessen Anschauungen nicht nach Wunsch durchdrangen, sein Amt als Ordensmeister der Großen Landesloge nieder und behielt als freimaurerisches Amt nur die Stellvertretung des Protektors der preußischen Freimaurerei. Daß auch in dieser Stellung der Kronprinz seine Ansichten über die Freimaurerei und seine Gesinnung nicht geändert, hat er wiederholt durch Ansprachen an freimaurerische Deputationen bezeugt. Am 5. Nov. 1878 waren es 25 Jahre, daß der Kronprinz in den Freimaurerbund aufgenommen worden ist. Derselbe hat eine öffentliche Feier des Gedenktages abgelehnt, dagegen den Wunsch zu erkennen gegeben, es möchten die für ein solches Fest zur Verausgabung bestimmten Baarmittel zu einer Stiftung für Unterstützung von bedürftigen Freimaurerbrüdern, bez. deren Witwen und Waisen gesammelt werden. Infolge dessen wurde die Gründung einer

„Kronprinz Friedrich-Wilhelm-Stiftung" in Aussicht genommen und die ungesäumte Sammlung von Beiträgen veranstaltet.

In seiner schweren Leidenszeit hat der Kronprinz, welcher als Kaiser und König auch das Protektorat des Bundes übernahm, sich als edler Dulder und damit auch als wahrer Freimaurer kundgegeben, und seine hochherzigen Absichten sichern ihm für alle Zeit die höchsten Ansprüche auf die unvergängliche Verehrung des deutschen Volkes. —

Das Leben der deutschen Kaiser Wilhelm I. und Friedrich III. beweist für jeden, der nicht blind sein will, daß diese beiden Monarchen keine Prunkfiguren waren, mit denen sich der Freimaurerbund nach der Ansicht seiner Feinde schmückt, sondern sich sehr tief und eingehend mit den Angelegenheiten des Bundes beschäftigten, so daß ihnen nichts verborgen bleiben konnte, was denselben durchweht.

5. Der Bund der Zukunft.

Wenn wir das Gesagte zusammenfassen, so werden wir sagen müssen: Der Freimaurerbund wird voraussichtlich fortbauern, so lange es Menschen gibt, welche am Geheimnisvollen, an Symbolen und Zeremonien, an Grababzeichen u. s. w. Gefallen finden und in Verbindung damit Begeisterung für allgemeine Menschenliebe an den Tag legen, sowie stille Wohlthätigkeit und frohe Geselligkeit üben können.

Er hat aber auch eine tiefere, auf unabsehbare Dauer berechnete Bedeutung. Er ist der Bund der gegen alle einseitige Bestrebungen sich ablehnend verhaltenden, und noch stets als sittlich wohlthätig bewährten goldenen Mittelstraße, und wer ihm beitritt, ihn versteht, und seinem Grundgedanken treu bleibt, ist beiden schädlichen und wühlerischen Extremen der Inquisition und der Anarchie, für immer unzugänglich.

Ist nun aber der Freimaurerbund, so wie er sich geschichtlich entwickelt hat, d. h. als ein bloßer Inbegriff verschiedener von einander durchaus unabhängiger Bünde, nicht im Stande, gemeinsam das Ideal zu erreichen, das seinen erleuchteteren Brüdern vorschwebt, so dürfte, wie wir hoffen, die praktische und systematische Hilfeleistung zu Gunsten der leidenden Mensch=

heit einem **neuen Bunde** vorbehalten sein. Ein **geheimer** könnte derselbe unter den gegenwärtigen Zeiterfordernissen nicht mehr sein; ebensowenig könnte er besondere Gebräuche beobachten oder sich in Grade abstufen, da einer Schöpfung neuer Dinge dieser Art unsere Zeit entschieden ungünstig ist, welche sich überall bestrebt, **Öffentlichkeit, Ungezwungenheit** und **Rechtsgleichheit** herzustellen. Dann müßte aber der neue Bund den Forderungen der Zeit auch **darin** gerecht werden, daß er genötigt wäre, **Farbe** zu bekennen. Ein Bund dieser Art könnte nicht anders, als sich auf die Seite des **Fortschrittes** und der **Aufklärung** schlagen, da die bisherigen Bemühungen, inner den Schranken einer vorgeschriebenen Glaubensrichtung Gutes zu thun, entweder keine bemerkenswerten Resultate geliefert haben, oder, wenn sie solche erzielten, dieselben regelmäßig durch ihre konfessionelle Engherzigkeit wieder verderbten und zur Täuschung machten.

Wenn der Menschheit geholfen werden, wenn ihre moralischen, sozialen und politischen Schäden geheilt werden sollen, so ist hierzu kein **Glaube** berufen, dessen Artikel von Päpsten oder Konzilien, Synoden oder Konsistorien fabriziert wurden, sich aber darin gefallen, ihren Ursprung von göttlicher Eingebung herzuleiten. Es kann dies nur ein **heller Sinn** und **freier Geist**. Das materielle Wohl kann nicht anders begründet werden, als durch **Teilung und Organisation der Arbeit**, d. h. durch Entfernung der Ursachen des Elends, welche einzig und allein im **Mangel an Arbeit** bestehen und nirgends als in diesem aufgefunden werden können, man mag sie suchen, wo man will. Gegen den Mißbrauch aber, welcher mit angeblichem Streben nach Verbesserung des Loses der Menschheit durch Mittel des Umsturzes getrieben wird, und dessen Folgen nur scheußliche Unthaten sein können, gibt es kein anderes Heilmittel als **geistige Bildung**, und zwar gründliche wissenschaftliche und künstlerische Bildung. Der Mensch, der diese besitzt, bleibt sicher auf dem Wege gesunden Denkens, Fühlens und Wollens, redlichen Handelns und Wandelns, bleibt Herr seiner Leidenschaften und trotzt den Widerwärtigkeiten des Lebens, wie den Schrecknissen des Todes, — nicht aus Furcht vor jenseitigen Strafen und ihren diesseitigen Verkündern, sondern im Bewußtsein treu erfüllter Pflicht als Mensch und in der Überzeugung, daß Vervollkommnung das Ziel alles Daseins sei und auch die Unlösbarkeit des Rätsels der Ewigkeit und Unendlichkeit kein Hindernis jenes hehren Zieles bilden kann. Das zur allgemeinen Erkenntnis zu bringen, dürfte die Tendenz dieses neuen Bundes für Begründung materiellen und geistigen Wohles der Menschheit sein, eines Bundes, der zugleich auch ein solcher der **Freiheit** und **Aufklärung** sein müßte, weil nur **diese** über dumpfe Bande emporheben, in denen das Geheimnis des Elendes liegt, das durch künstliche Gliederung der Menschheit in Kasten, und Nährung dieser Ungleichheit mittels erheuchelter und niederdrückender Almosen gepflegt wurde. Das Zustandekommen dieses Bundes wäre ein Zeichen der **Kraft**, die noch in der Menschheit läge, — sein Scheitern ein Zeichen ihres **Verfalles**.

Andere **allgemeine** Bünde sind kein Bedürfnis in der Zukunft; **geheime** Gesellschaften wird diese aber nicht mehr kennen. Ist ja schon der Freimaurerbund nicht mehr geheim, sondern nur noch geschlossen, indem Jedermann seine Tendenzen und Einrichtungen kennen lernen kann, — sind ja die geheimen sozialen Vereine, welche an die Stelle der früheren politischen traten, als reine Verbrecherbanden entlarvt worden, — haben ja die Know nothings in Amerika, mit ihrem wahnsinnigen Beginnen, die einem weltgeschichtlichen Gesetze folgende Einwanderung beschränken zu wollen, trauriges Fiasko gemacht, — und haben alle Kirchen und Sekten ihre Tempel, alle volksvertretenden Behörden ihre Tribünen jedem Besucher geöffnet, alle civilisierten Staatsregierungen die Ergebnisse ihrer Verwaltung in jedes Lesers Hände gegeben! Die unbeschränkte **Öffentlichkeit** muß das Kennzeichen aller gesellschaftlichen Einrichtungen der Zukunft sein! —

Alphabetisches Register.

Die Zahlen weisen auf die Seiten des Buches.

Abendmahl 122, 147, 191.
Abraham 30.
Abutius 68 f.
Achtzehntes Jahrhundert 234.
Adoptionslogen 228.
Affilirte Templer 140, 141.
Afrikanische Bauherren, 263.
Afrikanische Geheimbünde 38.
Ägypten 10—26.
Ägyptische Maurerei, sog., 264 f. 330 f.
Ägyptische Mysterien 22—26.
Ägyptische Religion 10—22.
Aide-toi et le ciel t' aidera 296.
Albertus Magnus 176.
Alchemie 211 f. 258 ff.
Aldworth, Elisabeth, 229.
Alexander aus Abonoteichos, 131 ff.
Alexander d. Gr., 97.
Alexander I. Kaiser v. Rußland, 305 f.
Alexander II. Kaiser v. Rußland, 308, 309, 310 f, 321.
Alexander III, Kaiser v. Rußland, 311.
Alexandria 97.
Alfred der Große 185.
Alkibiades 54.
Amenhotep IV., Pharao v. Ägypten 17 ff, 25.
Amerika, geh. Gesellschaft in, 314 f. 336 ff.
Anarchisten 319 -323.
Anderson, James, 218, 220.
Andrea, Valentin, 212.
Antimaurer 315.
Apis, Stier in Ägypten, 13, 15.
Apokryphen 120, 121.
Apollon, griech. Gott 47.
Apollonios von Tyana, 124—130.
Apollos 117.

Apostel der altevangel. Gemeinden 191 f.
Apostelgeschichte 119.
Apulejus, röm. Schriftsteller, 134.
Areol 37.
Argonauten-Orden 235 f.
Aristaios 92 f.
Aristeas 93 f.
Aristobulos 99.
Aristophanes 57, 60.
Armee, große der Republik 339.
Arnold v. Brescia 189.
Äschines 74.
Äschylos 51.
Asiatische Brüder 262 f. 283 f.
Asklepios, griech. Gott, 47.
Astrologie 211.
Astronomie 11, 29, 82.
Athen 56, 60, 76.
Attis 70 f.
Auferstehung 56, 112.
Aufklärung 144, 145, 179 f., 239, 267—271, 275 f.
Aufnahme der Steinmetzen 178 f.
Aufnahme der Templer 148 f.
Aufnahmen der Freimaurer 223, 227.
Avignon Illuminierte von, 265.
Babeuf 296.
Babylonien 27—33.
Bacchanalien 67 ff.
Baffomet 148.
Bahrdt, Karl Friedrich, 280 f.
Bakchos, griech. Gott, 52, 63 ff, 89.
Barcelona, Freimaurer in u. bei, 233.
Bauhütte 175—181, 185, 192 f. 193 f.
Baukorporationen, 172, 175 ff, 184 ff.
Begharden u. Beguinen 189, 191, 193.
Beichte 147.

Benedict, XIV, Papst, 231.
Beschwörungen 47.
Betrügerische Orden 236 f.
Beutelssohn, Jan, 196 f.
Bibelübersetzung, templerische, 147.
Bilder der Templer 147 f.
Bischofswerder, Joh. Rudolf, 261 f.
Blitz u. Donner als Gottheit 7.
Bode, Christoph, 255, 273, 286.
Böhme, Jakob, 211.
Bonneville, Ritter von, 244.
Borgia, Franz, Jesuitengeneral, 209 f.
Born, Ignaz von, 280, 283.
Bourbonen 295.
Brahmanen 34 ff.
Braunschweig, Konvent in, 253.
Brückenbrüder 184.
Brüder vom gemeinsamen Leben 190 f.
Bruderbuch 176.
Buddha 36, 110.
Burschenschaft 290—295.
Cagliostro 264 f.
Calderari 299 f.
Camorra 304.
Carbonari 298—303.
Centralisten 265.
Chaldäa 27—33.
China, geh. Gesellsch. in, 315—319.
Christen, die ersten, 113 ff, 123 f.
Christentum, 95, 96, 103—107.
Christliche Mysterien 111 f.
Christlicher Charakter der Bauhütte 179.
Clairvaux, Bernhard von, 138.
Clemens V., Papst, 150 f, 151, 152, 153 f, 155, 156.
Clemens XII, Papst, 230.
Clemens XIV. Papst, 271.
Clermont, Kapitel von, 244, 247.
Coëns, Auserwählte, 265.
Comenius, Amos, 216 f.
Compagnonnages 181 ff.
Consalvi, Staatssekretär, 231.
Costanzo, Marquis, 273.
Cramer, U. B., 352.
Cruciferi 303.

Damis, Jünger des Apollonios, 125.
Dänemark, Freimaurerei in, 257.
Daumer 342.
Davids Reich 107.
Deisten 218.
Delphi, Orakel von, 47.
„Demagogische Umtriebe" 293.
Demeter, griech. Göttin, 52.
Demiurgos 25.
Demokratie 208.
Denck, Hans, 194, 195.
Desaguliers, Theophil, 218.
Deutscher Großlogenbund 357 ff.
Deutschland, Freimaurerei in, 250, 256 f, 286.
Deutschland, polit. Zustände in, 287—295.
Diagoras, griech. Dichter, 54 f.
Ding, offenes u. heimliches, 166.
Diodor 19, 23, 74.
Dionys, König v. Portugal, 153.
Dionysien 63—67.
Dionysos, f. Bakchos.
Dodona, Orakel von, 47.
Donaten der Templer 141.
Dortmund, Freistuhl von, 163, 165.
Drapirer 143.
Dreiunddreißig Grade 266.
Druiden, alte u. neue, 335 ff.
Dukatensocietät 236 f.
Dul-Dul 38.
Echten, Orden der, 236.
Eckert 342.
Eckhart, Meister, 192.
Eckhofen, Freiherr von, 262.
Ecrasons l' infâme 269, 282.
Eide 45.
Eideshelfer 168, 169.
Einweihungen 58 ff.
Eklektischer Bund 286.
Eleusinien, 51—60, 76.
Eleusis 52 f. 57 ff.
Enfantin 297.
Engbund 347.
Engel 116.
England, Freimaurerei in, 184 ff. 215 ff, 356 f.

Entfernung 170.
Epidauros, Orakel von, 47.
Epopten 58, 59.
Erde als Göttin 7.
Ernst, Herzog v. Gotha, 276, 279.
Erscheinungen 111 f.
Essener, 100 ff, 103, 106, 109.
Euripides 50, 54.
Evangelien 118 ff.
Evergeten 281 f.
Farbige Freimaurer 228.
Feme, Wort, 159 f.
Femgerichte 162—171.
Femrügige Sachen 165, 166.
Fenelon 236.
Fenier 313.
Ferdinand, Herzog von Braunschweig, 252 f, 260, 276.
Feßler, Ignaz Aurel., 281 f. 345 f.
Fichte 346.
Findel J. G., 352.
Firrao, Kardinal, 230.
Frank, Pater, 278.
Frankfurt a. M., Loge zur Einigkeit, 250.
Frankfurter Attentat 294.
Frankreich, Freimaurerei in, 242 ff, 266, 285 f, 355 f.
Frankreich, polit. Zustände in, 295 ff.
Französische Revolution 285 f.
Frauen i. der Freimaurerei 228 f.
Frauenorden 234 f.
Freidenker 218.
Freigericht 161.
Freigrafen 160, 161, 164 f, 168, 169.
Freimaurer, Name, 174, 185.
Freimaurerbund, Entstehung, 215—220. — Verbreitung, 220 f,
 — Verfassung, 221—225.
 — Einrichtung, 225—229.
 — Verfolgungen, 229—233.
 — Verirrungen, 239—257.
 — Mißbrauch durch andere Geheimbünde 259 ff. 273 ff.
 — neuer Aufschwung, 344 ff.
 — neueste Geschichte u. heutige Verbreitung, 354 ff.

Freimaurerei 342 f.
Freimaurerei, Nachahmungen, der, 312 f.
Freischöffen 161, 162, 164 f, 166 f, 168, 169.
Freistühle 163, 166 f.
Friedrich II. Kaiser, 144.
 — III. 161.
Friedrich der Große 269 f.
Friedrich (Wilhelm), Kaiser u. König, 361 ff.
Friedrich Wilhelm II., König v. Preußen, 282.
Galli 71.
Gauner u. geheime Gesellschaften 237 f.
Gaunersprache 325 ff.
Gaunertum 323—327.
Gebräuche der Steinmetzen 178 f.
Geheime Gesellschaften von Gaunern fingirt 237 f.
Geheimlehren u. Geheimbünde 4 f.
Geheimnisse der Freimaurer 224.
Geheimnisse der Templer 145—150.
Gehorsam der Jesuiten 204.
Geisterseherei 260 f, 264 f.
Gerhard de Groote 190.
Gilden 173 f.
Gleichnisse 108, 109 f.
Gnostiker 134.
Goldmacherei 258 f, 260, 268.
Goethe 276, 329, 318 ff.
Gotischer Baustil 175.
Götter 6 ff, 10—14, 41 ff, 52, 62.
Götterbilder 44 f.
Göttersöhne 110 f.
Gottesfreunde 192.
Gottmensch 120.
Grabe der Freimaurer 220, 226 f.
Grafen 159, 165.
Granada, Freimaurer in, 238.
Griechentum 96 f.
Griechische Mysterien 47—67, 103, 106.
Griechische Philosophie 48.
Griechische Religion 40—47.
Griechischer Freiheitskampf 204 f.
Großinger, Matthäus, 237.

Großlogen 218, 224 f.
Großmeister 142, 224.
Grüne Insel 329 f.
Gugomos 253 f.
Gustav III, König von Schweden, 256.
Gutzkow, Karl, 350 f.
Gymnosophisten 129.
Habergericht u. Haberfeldtreiben 288 f.
Halsbandgeschichte 265.
Harmonie des Pythagoras 82 f., 86.
Harmonieorden 237.
Harugari 338.
Hathor, ägypt. Göttin, 12, 13.
Haugwitz, Graf von, 263.
Hawaii 26 f.
Heidenchristen 115, 119, 121.
Heinrich der Seefahrer, Prinz v. Portugal 156.
Heldmann, F., 348.
Hellas 39—42.
Hellenisch, s. Griechisch.
Hengstenberg 341.
Herodot 19, 22, 26, 62.
Heroen 42.
Hetärie 305.
Hieroglyphen 24.
Hierophant 53, 59.
Himmel als Gott 7.
Hiram, Mythe u. dessen Tod, 243.
Hochgrade d. Freimaurerei 227.**)
Hoffnung, Orden der, 235.
Holzhacker, Orden der, 234 f.
Homerulers 313.
Hospitaliter 138, 139, 242 f.
Hund, Freiherr von, 245 f., 248 bis 253.
Hung, Geheimbund, 315 ff.
Hung-siu-tsuen, Rebellenkaiser, 318.
Hus, Johannes, 193.
Jakchos, Mysteriengott 52, 53, 57, 89, 94 f.
Jao, Gottesname 52.
Jasion, Jasios, 95 f.
Idol d. Templer 147 f., 149, 152.
Jenseits, ägyptisches, 20 f.

Jerusalem, Königreich, 137.
Jerusalem, Tempel in, 97 f., 138, 181 f.
Jesuiten 197—210. — angebl. Einwirkung auf den Freimaurerbund, 239 ff., 246, 254 f., 258, 271. — auf andere Geheimbünde 261, 265 f.
— ausgetretene 280, 282 f.
— Schmähungen der 342 f.
Jesuitenmoral 204 ff.
Jesus Christus 107—113, 146.
Illuminaten 271—280.
Imbert, Wilhelm, Inquisitor, 151, 152.
Indien 34 ff.
Joachim, Orden von St., 235.
Johannes, Offenbarung des, 118.
Johannes der Täufer 109, 146, 147, 227.
Johanniter, s. Hospitaliter.
Johnson, s. Leuchte.
Jonathan, Orden von St., 235.
Jones, Inigo, Baumeister 216.
Joseph II., Kaiser, 282, 283.
Irland, geh. Gesellsch. in, 311 ff.
Isis, ägypt. Göttin, 12, 16, 26.
Istar, chald. Göttin, 28, 32 f.
Italien, Freimaurerei in, 354.
Italien, polit. Zustände in, 297 ff.
Juden in der Freimaurerei 228.
Judenchristen 114, 121.
Judentum 96 f., 100, 105 ff.
Junges Italien und Europa 303.
Jünglingsbund 293.
Kabbalisten 134.
Kabeiren 61, 62.
Kalandsbrüder 186 f.
Kapodistrias, Graf, 305.
Karl der Große 159.
Karl IV, Deutscher Kaiser, 192.
Karl Eduard Stuart, Prätendent, 252, 255.
Karl Theodor, Kurfürst, 278.
Karlsbader Beschlüsse 293.
Katholische Kirche 121.
Keilschrift 27.
Kempen, Thomas von, 190.
Kette d. Pilgrime, Orden der, 235.

24

Ketteler, Bischof, 341.
Ketzer 121, 189.
Kleriker im Tempelorden 141 —
   in der falschen Templerei
   251 ff.
Klöbbergöll 37 f.
Kloß, Joh. Georg, 348.
Klöster 174.
Klubhäuser 217.
Knigge, Adolf von, 273, 277, 279 f.
Köhler 288, 298.
Kohlo, Konvent von, 252.
Köln, Dom von, 176.
Komödie 64.
Konvertiten, freimaurerische, 245 f.
   251.
Köppen, Kriegsrat, 263.
Korn, Michael, Pfarrer, 263.
Kotzebue 292.
Krause, Karl Chr. Fr., 347 f.
Kreta, Mysterien von, 62 f.
Kreuzbrüder, Kreuzfromme, 263 f.
Kreuzzüge 137 f., 150.
Kreuzverhöhnung 146, 152.
Kroton, Stadt, 80, 87 f.
Kühne, Gustav, 351.
Kurland, Karl, Herzog von, 260,
   261.
Kybele, Göttin, 70 f.
Labyrinth, ägyptisches, 19.
Lausanne, Kongreß in, 266.
Leibeigenschaft 305, 308.
Leo XII, Papst, 231.
Leo XIII., Papst, 231.
Leopold II., Kaiser, 284.
Lernais (Lerney), Marquis, 246 f.
Lessing 244, 270.
Leuchte, Betrüger, 247 ff.
Lindenhöfe 159.
Loge, Wort, 186. — Wesen 224 f.
   225—229.
Logos 99, 117, 120.
London 217, 218.
Losung der Femgerichte, 162.
Loyola, Ignaz von, 198 ff.
Lucian, griech. Schriftsteller, 130 ff.
Lublamhöhle 329.
Ludwig der Baier, Kaiser, 192.
Lullus, Raimund, 155.

Luther 194.
Mafia 304.
Mänaden 65 f.
Manichäer 134.
Männerbund 293 f.
Mano fraterna 304.
Mantik 46.
Marbach, Oswald, 352.
Maria Theresia, Kaiserin, 229.
Mariana, Jesuit, 209, 210.
Marianne 297.
Martinisten 265.
Masonen, englische, 184 ff., 215.
Maximilian I., Kaiser, 171.
Mazzini 303.
Meergott 8.
Memphis, System, 330 f.
M'naggrten 90.
Menschenrechte, Verein der, 296.
Menschwerdung 120, 122.
Mentalreservationen 207.
Merswin, Rulman, 192.
Mesmer, Magnetiseur, 264.
Messias 106 f.
Metraggrten 90.
Miguel, Regent v. Portugal, 232.
Misraim, System, 330 f.
Mithras, Gott, 72 ff.
Mittelalter 135 ff., 157 f., 172 f.
Molay, Jakob von, 150 f., 151 f.,
   154, 155 f. 244, 257.
Mönchsorden 135, 137 f.
Mondgöttin 7 f.
Monotheismus 13—18, 113 f.
Mopsorden 230.
Morgan, William, 314.
Morin, Stephan, 266.
Mormonen, 339 f.
Mozart 232, 283.
Münster, Aufruhr in, 196 f.
Münzer, Thomas, 195.
Murawiew, Alexander, 306, 307.
Murawiew, Sergei, 307.
Mystagog 59.
Mysten 58.
Mysterien im Allg. 9.
Mysterien, ägyptische, 22—26.
Mysterien, christliche, 111 f., 135.
Mysterien, hellenische, 47—67.

Mysterien des Orients, 70—75.
Mystik 51, 116.
Mystisches Haus 59.
Mystizismus 99, 114.
Mythologie 9.
Nachfolge Christi 190 f.
Naturvölker 26 ff.
Neues Testament 98, 117—121.
Neutempler 331—335.
Nihilisten 308—311, 322.
Nilstrom 10.
Nimrod 32.
Nirvana 36.
Observanz, strikte, 249 ff.
O'Connell, Daniel, 313.
Odd fellows 337 f.
Offenbarung 45 f. 99, 118.
Onomakritos 89.
Opfer 45.
Orakel 46 f.
Orange-Männer 312 f.
Ordnungen der Steinmetzen 176 f.
Orgien 65 f., 67 ff.
Orient (freimaur.), 224.
Orientalische Mysterien 70—75.
Orleans, Herzog von, 285 f.
Orpheotelesten 90.
Orpheus 22, 23, 65, 89.
Orphiker 89 ff.
Osiris, ägypt. Gott 14, 16, 20.
Österreich, Freimaurerei in, 282 ff., 354.
Palladium, Orden, 236.
Papsttum 137, 145, 157, 207.
Paracelsus 211.
Paradies, Lage desf., 31.
Parabeln f. Gleichnisse.
Paulus, Apostel, 115, 116, 117 f.
Payne, Georg, 218.
Payns, Hugo von, 138.
Pentateuch 98.
Peregrinus Proteus 134.
Persephone 52, 55 f.
Persien 33 f.
Pestel, Paul, 306, 307.
Petrus, Apostel, 116.
Pharisäer 100.
Philadelphen 295.
Philalethen 265.

Philipp IV., König v Frankreich, 151, 152, 153, 154.
Philon 99 f.
Philosophen, Unbekannte, 265.
Philostratos 124—130.
Philosophie, griechische, 48.
Pietismus 89.
Pius VII., Papst, 231, 298.
Pius IX., Papst, 231.
Platon 22, 23.
Plutarch 25 f.
Pluton, griech. Gott, 55 f
Polen, geh. Gesellsch. in, 307.
Priester, ägyptische, 14, 19.
Priester, babylon. und assyr., 28 f.
Priester, griechische, 43 f.
Priester, persische, 33 f.
Priesterliche Geheimlehre in Ägypten 22—26.
Probabilismus 205 f.
Propheten 120 f.
Pyramiden, ägyptische, 20.
Pythagoras 22, 23, 76—84, 88.
Pythagoreer 77, 84—88, 106.
Reformation 180, 188.
Reich Gottes 114.
Reichskammergericht, 171.
Reinigungen 50 f.
Reiser, Konrad, 193.
Religionsedikt, 262.
Religiöse Systeme, 91 f.
Rhea, Göttin, 70 f.
Ring, Max, 351.
Ritterbund, komischer, 328.
Ritterorden, geistliche, 135, 137 f, 142.
Romanischer Baustil 174.
Römische Bacchanalien, 67 ff.
Rosa, Philipp Samuel 247.
Rosenkreuzer, alte, 212 ff. — neue, 256, 258—262.
Rosenorden 237.
Rote Erde 162, 170.
Rotmänner 338 f.
Royal-Arch-Grad 241 f.
Rußland, geheime Gesellschaften in, 305—311.
Sabazios 74 f, 90.
Sadduzäer 100.

24*

Saint-Germain, Graf 264.
Saint-Martin 265.
Saint-Simonisten 296 f.
Sais, verhülltes Bild von, 26.
Samothrake, Mysterien von, 61 f.
Sand, Karl 292.
Sansebisten 303.
„Sarsena" 257, 340.
Satirische Bilder in Kirchen 179 f.
Schlaraffia 330.
Schöpfungssage, chaldäische, 30 f.
Schottische Grade 242 f, 266, 275.
Schrepfer, Joh. Georg 260 f.
Schröder, Friedr. Ludwig 346 f.
Schwarze Hand 304.
Schwarz, rot, gold, 291.
Schwedisches System 256 f.
Schwesternlogen 228.
Seher 46.
Sekten, christliche, 135, 179.
Senfkorn, Orden vom, 236. .
Septuaginta 98.
Seydel, Prof., 341, 352.
Siebenjähriger Krieg 246.
Sinnbilder 179, 192 f. 223 f.
Sintflutsage, chaldäische, 31 f.
Sokratische Gesellschaft 219.
Sonnengott 7 f, 11 f, 13 f, 17 ff, 28, 72 ff. 125.
Sonnenritter 265.
Sophister 330.
Sophokles 60.
Sozialdemokraten 320 f, 323.
Spanien, Freimaurerei in, 354 f.
Spanien, Geheimbünde in, 304.
Sphinx in Ägypten u. anderswo, 16.
Stark, Joh. Aug. v., 251 f.
Staupitz, Joh. v., 194.
Stein, Freiherr vom, 289.
Steinmetzen 174, 175 ff.
Sterngottheiten 7, 8 f.
Stimmen aus Maria Laach, 312 f.
Stolz, Alban, 341 f.
Straßburg, Haupthütte von, 177, 180.
Strikte Observanz 249 ff.
Stuart, Haus, 240.
Studentenorden 236.

Swedenborg 256.
Sybaris, Stadt, 80, 87 f.
Systeme der Freimaurerei 223.
Taufe Erwachsener 191, 194 f.
Tempel, ägyptische, 19.
Tempelpalast in Paris 152.
Tempelritter 138—156, 208.
— Sage von ihrem Fortleben 243 ff.
Templerei, falsche, 245—255, 331 —335.
Theologie 115 f.
Therapeuten 100.
Thiasen 66 f.
Tierdienst, ägypt. 12 f.
— altgriech., 40.
Toland, John, 218, 219.
Torrubia, Mönch, 232.
Totenbuch, ägyptisches, 21.
Totengericht, ägyptisches, 21.
Totenerweckungen, 111, 128.
Tragödie 64.
Traummoralel 47.
Tugendbund 289 f.
Turgenjew, Iwan, 308.
Union der XXII. 280 f.
Union, franz. geh. Ges., 295 f.
Unsterblichkeit 56.
Unterweltsgott 8, 20 f.
Unterweltsgöttin 32 f.
Veme, s. Feme.
Verfemte 168 ff.
Verrückte Hofräte 329.
Völkerwanderung 157.
Volkssouveränetät 208 f.
Voltaire 269.
Waldenser 189, 193.
Waldus, Petrus, 189.
Wartburgfest 292.
Wedekind, Gottl. v., 347.
Weishaupt, Adam, 271—274, 277, 278 f.
Weissagungen 122.
Westfalen 160, 162, 170 f.
Whiteboys 311, 312.
Wicliffe 183.
Wiedertäufer 195 ff.
Wiesbaden, Konvent in, 353 f.
Wilhelm, Abt v. Hirschau: 174.

Wilhelm I., Kaiser u. König, 361, 363.
Wilhelm Meister 276, 318 ff.
Wilhelmsbad, Konvent in, 255, 273.
Wissende 162—171.
Wißbolbe, Gesellschaften ber, 328 ff.
Wöllner, Joh. Christoph, 261 f.
Wren, Christoph, 217.
Wunder Jesu 110 ff.
Wunderglaube 45.
Wunderheilungen 111, 128 f.

Zagreus 66.
Zappatori 266.
Zauberer 37.
Zeremonien der Freimaurer 223.
Zeus, griech. Gott, 47, 62 f.
Zinnendorf 256 f.
Zoroaster, 33 f.
Zukunft, Bund der, 363 ff.
Zünfte 173 f.
Zungen, Reden in, 122.
Zweck, der, heiligt d. Mittel, 204 f.
Zwingli 195

Verlag von Otto Wigand in Leipzig:

Allgemeine Kulturgeschichte
von der Urzeit bis auf die Gegenwart.
Von
Dr. Otto Henne am Rhyn.

Sechs starke Bände mit einem Generalregister. Preis 56 Mark.

Inhaltsübersicht.

I. Band: Kulturgeschichte der Urzeit und der morgenländischen Völker bis zum Verluste ihrer Selbständigkeit. Preis 9 M.

II. Band: Kulturgeschichte der Hellenen und Römer und ihres Machtgebietes bis zum Siege des Christentums. Preis 9 M.

III. Band: Kulturgeschichte des Mittelalters. Vom Auftreten der nordeuropäischen Völker bis zum Wiederaufleben der Wissenschaften. Preis 9 M.

IV. Band: Kulturgeschichte des Zeitalters der Reformation. Vom Wiederaufleben der Wissenschaft bis zum Ende der Religionskriege. 2. Aufl. 9 M.

V. Band: Kulturgeschichte des Zeitalters der Aufklärung. Vom Ende der Religionskriege bis zum Ausbruche des Revolutionsgeistes. 2. Aufl. Preis 9 M.

VI. Band: Kulturgeschichte der neuesten Zeit. Vom Ausbruche des Revolutionsgeistes bis auf die Gegenwart. 2. Aufl. 9 M.

Generalregister über alle sechs Bände. Preis 2 M.

Geschichte des Schweizervolkes
und seiner Kultur von den ältesten Zeiten bis zur Gegenwart.
Von
Dr. Otto Henne am Rhyn.

Dritte verbesserte und ergänzte Auflage.
3 Bde. 12 M.

Das Jenseits.
Geschichtliche Darstellung
der Ansichten über Schöpfung und Weltuntergang, die andere Welt und das Geisterreich.
Von
Dr. Otto Henne am Rhyn.
4 Mark.

Verlag von Carl Ziegenhirt in Leipzig:

Das Echo der Todesbotschaft Kaiser Wilhelms im Auslande.

Stimmen der hervorragendsten Presse Oesterreichs, Italiens, Englands, Frankreichs, Rußlands ꝛc.

In deutscher Uebersetzung.

Mit Anhang: Nachruf Fürst Bismarcks für Kaiser Wilhelm im Reichstage.

2. Auflage. Preis 50 Pfg., eleg. gebunden 1 Mk.

Ein Jahrtausend wenigstens müßte man in der Geschichte zurückgehen, um auf ein Ereignis zu stoßen, das mit gleich schmerzlicher Teilnahme von einem großen Volke und mit gleich tief eingreifendem Interesse — wir dürfen wohl mit trostspendender Befriedigung sagen, auch mit gleich aufrichtigem menschlichen Mitgefühl — von allen Kulturvölkern des Erdenrundes empfunden wurde, wie das plötzliche Hinscheiden unsres vielgeliebten Heldenkaisers Wilhelm I., dem die unparteiische Geschichtsschreibung schon bei Lebzeiten den Beinamen des Siegreichen beilegte. —

Trotz höchsten Alters mit fast ungeschwächter Kraft, mit peinlichstem Pflichtgefühl und nie erschlaffender Arbeitsfreudigkeit an der Spitze des selbst geschaffenen geeinten Deutschlands, hat ihm der unerbittliche Tod erst, nachdem er dem Greise fast das Herz gebrochen, das Scepter aus der Hand winden können, und so tönte an allen Enden der Welt das Echo der erschütternden Botschaft — der deutsche Kaiser ist verschieden! — in so vielen Stimmen zurück, daß deren Kenntnisnahme aus der flüchtigen Tageslitteratur den deutschen, unter dem vernichtenden Drucke der allerjüngsten Zeit stehenden Leser durch ihre Fülle fast verwirrte.

Diese Stimmen zu sammeln und zu sichten, sozusagen eine verständlichere Harmonie aus den durcheinander schwirrenden Tönen zu gestalten, schwebte uns als Aufgabe vor, in der Ueberzeugung, daß alle diese Kundgebungen andrer Völker, soweit deren hervorragende Presse die vox populi wiedergiebt, im Fortschritte der Jahre mehr und mehr den Charakter nicht nur wertvoller Dokumente, sondern auch eines hoch gehaltenen Andenkens an den Fürsten gewinnen werden, den der Himmel mit einer ungewöhnlichen Reihe sonniger Lebensjahre, aber auch mit der noch selteneren Gabe gesegnet hatte, sich die aufrichtigste Liebe seines eigenen Volkes und eine an Verehrung grenzende Achtung noch außerhalb der Reichsgrenze bei Freund und Feind zu erwerben und ungetrübt zu erhalten.

Sein Andenken sei gesegnet für alle Zeit!

In demselben Verlage erschien:

Goldene Worte
des
Deutschen Kaisers Wilhelm I.
Ein Gedenkbuch für das deutsche Volk.
Zum ersten Male systematisch geordnet
von
Dr. Adolf Koßut.

Mit dem Portrait des Kaisers nach einer der letzten Aufnahmen.

15. bis 20. Tausend. Preis 50 Pf. Eleg. gebdn. 1 Mk.

Inhalt:

Gott und Vorsehung. — Religion und Glaube, Christentum und Kirche. — Lebens- und Regierungsgrundsätze. — Preußen und Deutschland, Volk und Vaterland. — Kaiser und Reich. — Armee und Marine. — Soldatische Ehre. — Krieg und Frieden. — Wissenschaft und Kunst, Freimaurerei und Nächstenliebe.

Wir besitzen bereits eine ziemliche Anzahl von Sammlungen der Reden, Proklamationen, Kriegsberichte, Erlässe, Botschaften u. s. w. des deutschen Kaisers Wilhelm I. Diese Schriftstücke sind sehr wertvolle und lehrreiche Dokumente nicht allein zur Beurteilung der Geschichte Preußens und Deutschlands in diesem Jahrhundert, sondern sie bilden auch einen klaren Spiegel, worin sich die außerordentliche Individualität des Kaisers wiederspiegelt. Wie schätzenswert nun aber auch derartige Zusammenstellungen sind, so konnten dieselben einerseits wegen ihres Umfangs und weil anderseits in denselben die eigentlichen goldenen Worte des Kaisers nicht systematisch an einander gereiht sind, natürlicher Weise nicht so allgemein populär werden, wie sie es wohl verdient hätten.

Es ist deshalb hier zum ersten Male versucht, jenen geistigen Schatz, unter Angabe der Ursprungsquellen, nicht chronologisch, sondern nach dem Inhalt systematisch zu ordnen, und zwar nach jenen allgemeinen großen Gesichtspunkten, welche sich wie ein roter Faden durch die Aussprüche hindurchziehen. Ueber Gott und Vorsehung, Religion und Glaube, Christentum und Kirche, Preußen und Deutschland, Volk und Vaterland, Kaiser und Reich, Armee und Marine, soldatische Ehre, Krieg und Frieden, Wissenschaft und Kunst, Freimaurerei und Nächstenliebe, über die Regierungskunst und die Aufgaben des Fürsten u. s. w. hat der Kaiser treffliche, kernige und beherzigenswerte Worte gesprochen, daß dieselben verdienen, ein Gemeingut für das deutsche Volk zu werden.

Druck von Oswald Schmidt, Leipzig-Reudnitz.

www.ingramcontent.com/pod-product-compliance
Lightning Source LLC
Chambersburg PA
CBHW030350230426
43664CB00007BB/597